Irland per Rad

Ein CYKLOS-Fahrrad-Reiseführer

Verlag Wolfgang Kettler

Wolfgang Kettler

Irland per Rad

Ein CYKLOS-Fahrrad-Reiseführer

Verlag Wolfgang Kettler

Die Deutsche Bibliothek – CIP-Einheitsaufnahme

Kettler, Wolfgang:
Irland per Rad / [Verf.: Wolfgang Kettler]. – 7. Aufl. (bearb. und erw.).
- Neuenhagen : Kettler, 1999
  (Ein Cyklos-Fahrrad-Reiseführer)
  ISBN 3-932546-05-9

Das Frontispiz entstand in der Klosterstadt Clonmacnoise.

7. Auflage (bearbeitet und erweitert) August 1999

ISBN 3-932546-05-9

© Copyright 1999 by Verlag Wolfgang Kettler, Bergstr. 28, 15366 Neuenhagen

Druck: Gallus Druckerei KG, Berlin

Inhalt

Eine Etappen-Übersichtskarte befindet sich am Schluß des Buches (ausklappbar)

Aktualisierungen zu diesem Reiseführer sind voraussichtlich ab Herbst 1999 über die Internetadresse des Verlags abrufbar:
❏ http://www.kettler-verlag.de

Mit dem Fahrrad auf Reisen: Irland

Irland per Rad?? Das doppelte Fragezeichen habe ich in den Augen vieler Bekannter gesehen, wenn ich von meinen Fahrrad-Reiseplänen für die „Grüne Insel" erzähle. Wer schon einmal dort gewesen ist oder sonst ein paar Kenntnisse über die geografischen und klimatischen Eigenheiten Irlands hat, betrachtet das Fahrrad offensichtlich meist als wenig angemessenes Verkehrsmittel.

Irland per Rad? Na, wie denn sonst!, lautet meine ebenso selbstverständlich ausgesprochene Antwort. Ein großer deutscher Automobilklub behauptet in seinem touristischen Merkblatt für Irland-Reisende, daß das Auto dort ein unverzichtbares Transportmittel sei – sonst bleibe „der Zauber dieses Landes verborgen", da man die schönsten, weil abgelegensten Gebiete nicht sehen könnte. Das ist jedoch allenfalls ein Plädoyer für ein *Individual*-Verkehrsmittel; Fahrräder werden von diesem Lobby-Verband eben nur als Ausgleichssportgerät für gestreßte Automobilisten angesehen. Ich behaupte aufgrund meiner Erfahrungen mit Auto- wie mit Fahrradreisen, daß das Fahrrad das eindeutig sinnvollste Reiseverkehrsmittel für Länder wie Irland ist – Länder, in denen noch Reisen im klassischen Sinne möglich sind; Reisen, bei denen man die Strecke nicht als zu überwindende Entfernung zwischen zwei Sehenswürdigkeiten betrachtet, sondern als die Hauptsache, als Landschaft, die im doppelten Sinne zu erfahren ist. Dazu gehören eine Landschaftsgestaltung, die den Reisenden nicht auf Asphaltschneisen von der Umgebung abtrennt, eine Fortbewegungsart, bei der Steigungen bewußt wahrgenommen und nicht nur anhand des Höhenmessers auf dem Armaturenbrett registriert werden, ein Tempo, das den Anblick der einzelnen Blume am Wegesrand genauso ermöglicht wie das Erreichen eines Zieles außerhalb der unmittelbaren Sichtweite.

Irland und das Fahrrad sind für solche Reisen die ideale Kombination. Kunstvollkünstlich angelegte, überbreite Schnellstraßen sind dort gottlob die Ausnahme; in der Regel richtet sich die Straßenführung nach den Begrenzungen der Weiden und Felder. Eine gute Straße (aus Radfahrersicht) ist schmal, gewunden, baum- oder heckengesäumt und unübersichtlich – für Autofahrer eine schreckliche Vorstellung.
Auf diesen Straßen ist der Fahrradreisende dem Automobilisten ebenso überlegen wie dem Fußgänger mit Rucksack und erhobenem Daumen, der meist lediglich zu einem Autotouristen in fremden Blechkisten wird. Zum Wandern eignet sich Irland wegen der stark zergliederten Landschaft ohne nennenswerte Wanderwege ohnehin kaum, von einigen wenigen Berggebieten einmal abgesehen, in denen einige Fernwanderwege ausgeschildert wurden. Das Fahrrad ist der ideale Kompromiß zwischen dem zu langsamen Laufen längs der Straßen und dem zu schnellen Kilometerfressen im Auto. Nicht nur der Anblick der durchradelten Landschaft wird auf dem Drahtesel intensiver erlebt, sondern auch der sonst meist stark vernachlässigte Geruchssinn kommt zum Einsatz. Ländliche Gerüche sind kein unerwünschter Gestank im vermeintlich wohlriechenden Fahrzeug, sondern verknüpfen sich nahtlos mit den erblickten Gehöften, Tieren und Menschen. Der Genuß, stundenlang zwischen duftenden Rhododendron- und

Fuchsienhecken hindurchzufahren, ist Nicht-Fahrradfahrern ohnehin verschlossen. Frisch gemähtes Gras und Heu verströmen ebenso Wohlgerüche wie Ziegen und Schafe, die am Straßenrand grasen. Ganz zu schweigen vom Rauch des Torffeuers, dem typischsten aller irischen Gerüche.

In Verbindung mit dem optischen Genuß der diversen „Grüns" der Insel (eine Farbenlehre für alle, die bisher glaubten, Grün sei nur *eine* Farbe) ergibt sich ein Landschaftserlebnis·von solcher Intensität, daß man geneigt ist, vorbeihuschende Autofahrer, denen das alles größtenteils entgeht, zu bemitleiden. Das Lustgefühl wird auch nicht dadurch geschmälert, daß Irland – zu Recht – den Ruf eines eher feuchten Urlaubslandes hat, denn auch Regen – in Maßen, nicht in Massen genossen – wird zum Teil der Landschaft und des Urlaubsempfindens.

Die normalerweise täglich – evtl. mehrmals – niederprasselnden Regentropfen dürfen daher den Irland-Reisenden nicht schrecken. Wer einen Ausruh-Urlaub ohne physische Anstrengungen sucht, sollte die Grüne Insel besser meiden – für solche Art Erholung bietet das Land zu wenig. Obwohl es natürlich auch die üblichen Ferienorte mit Andenkenläden, Hamburger-Ketten und Amüsierzentren gibt, bei denen der nächste Strand – mit viel zu kaltem Wasser – nicht weit ist; Ferienorte in der Art von Travemünde und Torquay, Alicante und Ajaccio, so typisch für Irland wie Coca-Cola und Kartoffelchips.

Dunquin Head, Co. Kerry

Wer in Irland wirklich Irland sucht und kein Einheits-Tourismusangebot, wird die glücklicherweise spärlich auftretenden Touristen-„Zentren" so weit wie möglich meiden. Das Land ist ohnehin da am interessantesten, wo seine Vermarktung noch in den Kinderschuhen steckt. Der vielgerühmte „Kontakt mit der Bevölkerung" ist hier noch möglich, ja fast unvermeidbar. Die nahezu südlich anmutende Offenheit und Freundlichkeit der Iren macht Einsamkeit zur Unwahrscheinlichkeit. Über das unerschöpflichste aller Themen – das Wetter – ist immer der Einstieg in eine Konversation gegeben; Ausmaß und Ende der Unterhaltung bestimmt jeder selbst. Wer mag, kann Kontakte auf der Landstraße knüpfen – vom (allgemein üblichen) Gruß bis zum längeren Gespräch ist es nur ein kleiner Schritt.

Der Fahrradreisende ist dabei eindeutig im Vorteil, da er, jederzeit akustisch erreichbar, auf einem Verkehrsmittel unterwegs ist, das als Alltagsgefährt vor allem der Landbevölkerung dient. Die Verwendung als Reisetransportmittel wird zwar meist – wie fast überall – als spleenige Obskurität betrachtet, hat aber angesehene historische Vorbilder. Anfang des 20. Jahrhunderts bereiste William Bulfin, ein Exil-Ire aus Argentinien, mit dem Fahrrad sieben Monate lang auf 5000 km die Insel und veröffentlichte seine vielbeachteten Reisenotizen *Rambles in Eirinn* zuerst in irischen und amerikanischen Zeitungen, später als Buch, das nach wie vor lesenswert ist.

Wer auf seinem Fahrrad in einem der unzähligen irischen Dörfer Halt macht, darf darauf vertrauen, daß die Einwohner ihm gegenüber weniger zurückhaltend sind als bei anderen Touristen. Das gilt selbst in der *Gaeltacht*, jenen irischen Sprachreservaten in abgelegenen Gegenden, in denen die Bauern an die Benutzung der englischen Sprache kaum gewöhnt sind. In jedem Fall ist die visuelle Kontaktaufnahme für beide Seiten ein Erlebnis; der eigenwillige Menschenschlag irischer Randgebiete ist für Touristen ebenso „sehenswert" wie der Fremde für die in der Dorfkneipe zusammengekommenen „Eingeborenen" – ein durchaus wechselseitiges Lustgefühl des Sehens und Gesehenwerdens.   ❧

Anleitung zur Benutzung

Informationen über Benzinpreise fehlen in diesem Reiseführer: er ist voll und ganz auf Fahrradreisen ausgerichtet und verzichtet daher auf alle Details, die für Radler unwichtig sind. Statt dessen legt dieses Buch Wert auf Fahrrad-Werkstätten und Bahntransport, Landkarten mit Höhenlinien und ruhige Nebenstraßen. Das westlichste Land Europas weist eine Fülle von nationalen Eigenheiten auf, deren Kenntnis für den Touristen durchaus nützlich ist, will er nicht stetig mit staunend geöffnetem Mund als lebender Fliegenfänger durch die Gegend radeln. Etwas Hintergrundwissen über Irland und die dort lebenden Menschen steht deshalb am Anfang des Buches. Dort finden sich aktualisierte Informationen ebenso über das zu Großbritannien gehörende Nordirland wie die Angaben zur Republik Irland.

Im Anschluß an die Hintergrundinformationen sind jene kleinen Dinge zusammengestellt, die der Besucher Irlands wissen sollte und möchte, wie z.B. Einreisebedingungen, geeignete Landkarten, Kulinarisches oder Fahrradverleiher.

Der eigentliche Fahrrad-Reiseführer beginnt erst danach. Nach einer Vorstellung der Hauptstadt Dublin (nebst Umgebung) wird Irland „etappenweise" behandelt. Dazu ist das Land in 121 (auf der Übersichtskarte am Schluß des Buchs ersichtliche) Teilstrecken aufgeteilt, so daß ein weitgehend individueller Reiseverlauf ermöglicht wird. Die durchnumerierten Teilstrecken sind mit Kartenskizzen und Streckenverlauf ausführlich beschrieben, Städte und Sehenswürdigkeiten, teilweise in hervorgehobenen Kästen, behandelt. Detailinformationen zu einem Ort stehen im allgemeinen nur in jeweils einer Etappenbeschreibung; sie sind über das Register am Ende des Buches schnell zu finden.
Auf diese Art ist dieses Buch auch in solchen Fällen (als Nachschlagewerk) nützlich, in denen von den Routenempfehlungen abgewichen wird.
Die Streckenführung der Etappen ist speziell auf die Belange des Fahrrad-Touristen abgestimmt: weitestgehend werden Nebenstraßen benutzt, starke Steigungen vermieden, landschaftlich und touristisch interessante Stätten ausgesucht.
Die Routenempfehlung beinhaltet keine Vorschriften über die zu vollbringende „Tagesleistung" – die Länge der Tagesstrecken bestimmen Sie ausschließlich selbst.

Landschaftsbeschreibungen sind den Vorstellungen der Etappen vorangestellt. Details über Ortschaften sollen sowohl der Vorauswahl der jeweils zu Aufenthalt und/oder Übernachtung angepeilten Dörfer und Städte dienen als auch touristische Tips „vor Ort" geben. Sie nehmen Ihnen jedoch nicht das Selbstentdecken der Orte ab; Näheres dazu in den Kapiteln über Übernachtung und Kulinarisches.

Die Auswahl der Informationen ist darauf gerichtet, daß sie einen guten Mittelweg zwischen den strikten Vorschriften von Rad-Wanderführern und den für Radtouristen unbrauchbaren Angaben gewöhnlicher Reiseführer bieten. Anhand dieses Fahrrad-Reiseführers allein werden Sie aber keine eigenverantwortliche Irlandreise unternehmen können: als Ergänzung sind gute Straßenkarten unbedingt erforderlich. Die nötige Präzision einer vielfarbigen Karte kann mit den in diesem Buch enthaltenen Skizzen – schon aus Maßstabsgründen – nicht erreicht werden.

Damit Sie nicht mit dem aufgeschlagenen Buch in der Hand durch Irland fahren müssen und womöglich dabei die besten Eindrücke verpassen, ist es sinnvoll, die Streckenführung im voraus mit einem Stift oder Textmarker auf die von Ihnen benutzte Karte zu übertragen. Markieren Sie sich Punkte mit Besonderheiten, zu denen Sie die Informationen dieses Buches dann an Ort und Stelle nachschlagen können. Auf diese Art und Weise ist auch die Umkehrung einer Etappenbeschreibung kein Problem.   ⚲

Land und Leute

Kilkenny Castle

Fläche und Topografie

Irland ist ein handliches Land: auf der geografischen Breite von Norddeutschland und dem Längengrad von Portugal umfaßt die ganze Insel 84.418 km², wovon 70.280 km² auf die Republik Irland entfallen, was in etwa der Größe Bayerns entspricht. Die größte Nord-Süd-Länge beträgt 486 km, die größte Ost-West-Breite 275 km. Wie es sich für eine Insel gehört, gibt es rundherum Küsten – insgesamt 3173 km. An keiner Stelle ist die Entfernung zur Küste (Luftlinie!) größer als 110 km.

Weite Teile der Küstenstreifen sind von Bergketten bestimmt, die bis zu 1000 m, meist aber „nur" 500-700 m hoch emporragen. Mit diesem Höhenunterschied entsprechen sie in etwa den deutschen Alpen; zum Vergleich: die höchste deutsche Paßstraße, das Oberjoch, liegt lediglich etwa 300 m oberhalb der Ebene von Hindelang, aus der sie emporsteigt. Wer unbedingt Vergleiche mit anderen Urlaubsgebieten ziehen möchte, würde das Ganze wohl als eine Mischung von Helgoland und Oberstdorf ansehen. Der – nicht geschlossene – Ring von Bergketten umgibt eine zentrale Tiefebene von etwa 50-120 m Höhe, bei der ein paar hundert Seen und etliche Hügel von bis zu 300 m Höhe dafür sorgen, daß keine landschaftliche Eintönigkeit aufkommt. Weite Teile dieser Tiefebene sind von Mooren bedeckt, die mit ihrem Torf für einen beträchtlichen Teil der irischen Energieversorgung zuständig sind.

Die früher reichlich vorkommenden Wälder sind in den letzten Jahrhunderten als Brennstoff für die aufkommende englische Industrie und für den Schiffbau fast völlig gerodet worden. Erst seit Anfang des 20. Jh. existiert ein Aufforstungsprogramm; in der Tat gibt es noch reichlich zu tun: nur etwa 5 % der Insel sind von Wald bedeckt. Eine Aufforstungskommission bemüht sich in der Republik um die Neuanpflanzung von jährlich etwa 10.000 ha Wald. Während Irland historisch hauptsächlich von Laub- und Mischwald bedeckt war, haben Versuche angeblich ergeben, daß Nadelhölzer unkomplizierter und beständiger seien. Entsprechend erfolgt die Aufforstung weitgehend mit Koniferen; die neuen Wälder entstehen vor allem in den Berggegenden der Wicklow Mountains, in Kerry und Donegal.

Im Vergleich mit der Republik ist Nordirland erheblich großzügiger mit Wäldern gesegnet. In allen Berggebieten der Nordprovinz sind *Forest Parks* und *Nature Reserves* anzutreffen. Die sichtbar weiter fortgeschrittene Wiederaufforstung ist nur eines der zahlreichen Indizien für den größeren wirtschaftlichen Wohlstand Nordirlands.

Entwässert wird Irland überwiegend vom *Shannon River*, mit 465 km der längste Fluß der britischen Inseln; bewässert wird es von den reichlichen, vom Atlantik kommenden Regenfällen, die der Insel das Attribut „grün" gegeben haben. Der Atlantik ist außerdem verantwortlich für die andere Eigenheit des irischen Klimas: die gemäßigten Temperaturen. Der Golfstrom, der weite Teile des Westens und Südwestens Irlands umspült, sorgt für die geringen Temperaturschwankungen im Jahresverlauf. Im Winter liegen die Durchschnittstemperaturen zwischen 4 °

und 7 °C, im Sommer bei etwa 14-16 °C. Dementsprechend schmelzen die seltenen Schneefälle gewöhnlich gleich wieder (außer auf Berggipfeln), und auch Dürre ist rar; Temperaturen von 30 °C, die z.B. in sogenannten „Jahrhundertsommern" für einige Tage erreicht werden, sind absolute Ausnahmen. Die heißesten Monate sind gewöhnlich Juli und August, die niederschlagärmsten Mai und Juni, was in den Empfehlungen zur Reisejahreszeit in diesem Buch berücksichtigt wird. Da alles Feuchte nicht nur von oben, sondern vor allem auch aus Westen bzw. Südwesten kommt, sind die Niederschlagsmengen in den westlichen Landesteilen etwas höher als im Osten; der relativ trockenste Fleck liegt im Südosten in der Nähe von Wexford. Jedoch grau wie Regenwolken ist alle Statistik: einen der fürchterlichsten Regentage auf meinen Irland-Reisen habe ich genau dort verbracht, wo nach den Prospekten der Fremdenverkehrszentrale die Sonne am sichersten anzutreffen sein sollte.

Herbeigetrieben werden die Wolken von im allgemeinen recht kräftigen Winden aus Südwest. Es ist daher zu empfehlen, die nach Südwesten gerichteten Strecken einer Irlandreise so kurz wie möglich zu halten und ansonsten sich vom Rückenwind schieben zu lassen.

Glücklicherweise ist der Regen in Irland zwar ein regelmäßiger, aber kein ständiger Gast. Tagelanger Dauerregen ist nicht zu befürchten, da die atlantischen Winde für stetigen Wetterwechsel sorgen. Außerdem sind die Niederschläge relativ warm und daher nicht unangenehm zu ertragen – wieder etwas, das man dem Golfstrom in die Schuhe, oder besser in die Wogen, schieben kann. Der Arme muß ohnehin für alles und jedes als Ausrede herhalten: die fast „südländische" Offenheit der Iren, die so gar nicht in das Klischee vom kühlen Nordländer passen will, wird manchmal zur Folge des Golfstroms erklärt. ❧

Bevölkerung

Irlands Haupt-Exportartikel waren in den letzten 150 Jahren die Iren selbst. Von 1845 bis 1945 reduzierte sich die Bevölkerungszahl von 8,5 auf etwa 4,5 Millionen – hauptsächlich durch Auswanderung nach USA, Kanada, Australien und England, aber eine runde Million Iren starben auch an den Folgen der großen Hungerkatastrophen in den vierziger Jahren des 19. Jahrhunderts.

Seit 1961 ist die Auswanderungswelle teilweise abgeebbt; der Geburtenüberschuß der Iren, der bis heute ungebrochen ist, sorgte bislang für ein Anklettern der Bevölkerungszahl auf rund 5 Millionen; davon leben etwa 3,5 Millionen in der Republik. Damit ist Irland eines der am dünnsten besiedelten Länder Europas: knapp 60 Einwohner je Quadratkilometer. Der dichter besiedelte Norden mit ca. 100 Einwohner je Quadratkilometer verschiebt das Bild dabei: die Republik verfügt lediglich über ca. 50 Einwohner je Quadratkilometer. Wenn man die Grafschaft Dublin mit etwa 1 Million Iren außer Betracht läßt, bleiben sogar nur 36 Einwohner je Quadratkilometer für den Rest der Republik. Dieses Zahlenspiel zeigt jedoch nicht, daß die Insel dennoch eigentlich übervölkert ist; die Arbeitslosenquote liegt trotz nationalem Wirtschaftsboom je nach Gebiet bei 10 %. Angesichts des Umstandes, daß derzeit fast ein Drittel der Republikbevölkerung, nämlich 1 Million, im schulpflichtigen Alter ist, ist in der Zukunft eher mit einem Ansteigen der Arbeitslosenzahlen durch neue auf den Arbeitsmarkt drängende Jung-Iren zu rechnen. Und jene – nach europäischen Maßstäben überdurchschnittlich gut vertretenen – hochqualifizierten Collegeabsolventen, die sich keine Sorgen um Jobangebote machen müssen, nutzen zum Leidwesen der irischen Regierung allzu häufig die Gelegenheit, im Ausland lukrativere Stellen anzunehmen.
Die Einkommen sind vergleichsweise niedrig, die Preise hingegen haben aufgrund der jahrelang galoppierenden Inflation durchaus europäisches Niveau erreicht, auch wenn die Preissteigerung in jüngster Zeit auf 2 % geschrumpft ist. Die angeblichen Stabilitätserfolge der Regierungen in Dublin und London sind auf den Preisschildern in den Supermärkten aber nicht festzustellen.

Entsprechend den Einkommensverhältnissen bauen die Iren ihre Behausungen zumindest auf dem Land fast durchweg mit ihrer eigenen Hände Arbeit. Die traditionelle Wohnform des *Cottages,* einer Ein-Raum-Hütte ohne Keller und Dachgeschoß, findet ihre Fortsetzung in der heute typischen Bungalow-Bauform eines relativ breiten Hauses von geringer Tiefe, das ohne Unterkellerung auf einem Betonsockel, nach wie vor einstöckig, erbaut wird.
Die statisch unproblematischen niedrigen Häuser wachsen oft über Jahre quasi organisch. In Feierabendarbeit wird zuerst das Fundament vorbereitet und gegossen, einige Mauern folgen. Bis zur Fertigstellung des „bezugsfertigen" Baus vergehen häufig zwei Jahre, wobei der Innenausbau sich möglicherweise noch über einen langen Zeitraum hinzieht. Küche und Schlafzimmer genügen für den Anfang, die restlichen Räume werden erst im Lauf der Zeit einer Verwendung zugeführt. Auch die Ver- und Entsorgung geschieht anfangs eventuell durch Brunnen und Sickergrube.

Leider hat das weitgehende Fehlen von Bauvorschriften zur Folge, daß ganze Landstriche durch immer neue bungalow-ähnliche Häuser zugebaut, im wahrsten Sinne des Wortes „zersiedelt" werden. Ein Ausweg aus diesem Dilemma ist bislang nicht in Sicht.

Fast 95 % der Iren in der Republik (in Nordirland sind es nur 35 %) bekennen sich zur römisch-katholischen Kirche, der Rest verteilt sich auf diverse protestantische Religionsgemeinschaften, Juden und etwa 2 % sonstige – seien dies Buddhisten oder andere „Heiden".
Die katholische Kirche, als Staatsreligion in der irischen Verfassung verankert, hat das Familienleben voll unter Kontrolle. Abtreibungen gibt es grundsätzlich nicht (verfassungsmäßig festgelegt), empfängnisverhütende Mittel nur an *Ehe*paare auf Krankenschein, Scheidungen gehören ebenso zum Teufelswerk. Als Resultat dieser strengen Sitten hat Irland zum einen eine extrem niedrige Heiratsquote mit entsprechend vielen „heiratsfähigen" Junggesell(inn)en, zum anderen Familien mit Kinderriegen nach dem Orgelpfeifenprinzip – alle Jahre wieder… Wie die Scharen von hungrigen Mäulern nur halbwegs gestopft werden können, gehört zu den Mysterien irischer Haushaltsführung.

Da die katholische Kirche nahezu das gesamte Schulwesen der unteren Stufen betreibt, ist der Einfluß auf die nachwachsenden Generationen gesichert. Der irische Staat gewährt der Kirche jede Art von Einfluß im Bildungswesen, den diese wünscht; eine Trennung von Kirche und Staat findet dort nicht einmal auf dem Papier statt – so ist das Priesterseminar in Maynooth offizieller Bestandteil der irischen Universität.

Die Religiosität der Iren kommt in einer Vielzahl von Dingen zum Ausdruck. Eine der unzähligen Kapellen und Kirchen zu besichtigen kann für sensible Gemüter durchaus ein Problem sein – es ist nicht jedermanns Sache, sich an Reihen betender Gläubiger vorbei durch das Kirchenschiff zu bewegen. Die Völkerwanderungen ganzer Familien an Samstagabenden zur Messe sind in allen Dörfern zu beobachten; anschließend wird die Sitzung in den Pubs fortgesetzt, wobei die Familie keineswegs in Männer (Pubs) und Frauen und Kinder (Kirche) aufgeteilt wird – Kirche und Kneipe sind sich ergänzende Punkte im Familienwochenendprogramm. Die Heiligenbilder bleiben ohnehin dabei – auf jedem Tresen stehen einige Sammelbüchsen verschiedener religiöser Organisationen, die auch vom Wirt mit dem Kleingeld gefüttert werden, das die Gäste auf der Theke liegen lassen.

Massiv sind die auch wirtschaftlichen Folgen einzelner Ausformungen der irischen Religiosität. So fand 1879 in dem Dorf *Knock* (Co. Mayo) eine Marienerscheinung statt, die von der katholischen Kirche als „echt" anerkannt wurde. 1976 erhielt der Ort zur Betreuung der immer stärker strömenden Pilgerscharen eine Kirche für stolze 5000 Gläubige, und 1979 erwies der Papst mit einem Besuch in Knock der Pilgerstätte seine Reverenz. Mit der Folge, daß auf Betreiben des örtlichen Pfarrers Knock einen eigenen Pilgerflughafen (*Horan International*, benannt nach eben diesem Gemeindehirten) bekam – immerhin zur Freude von Touristen, die nach Mayo fliegen möchten.

Der innerirische Religionstourismus erlebt seinen jährlichen Höhepunkt am letzten Juli-Sonntag (Girlanden-Sonntag), an dem Tausende von Pilgern den heiligsten aller heiligen irischen Berge hinaufstapfen, den *Croagh Patrick* bei Westport (765 m).

Für die protestantische Mehrheit in Nordirland ist die bestimmende Rolle der Kirche bei den irischen Katholiken nur ein Grund mehr, an der Anbindung ans britische Königreich festzuhalten. Die These stimmt eben nicht, die auch Iren immer wieder erzählen, daß die Religion eigentlich keine Rolle im Nordirlandkonflikt spielt: zu tief sitzen religiös bzw. kirchlich geschürte (Vor-)Urteile.

Die bunten Zigeunerwagen, mit denen heute fast ausschließlich Touristen unterwegs sind, dienten in früheren Zeiten den *Tinkers* als Behausung und Transportmittel. Diese fahrenden Handwerker und Händler geistern immer noch idealisierend als „Kesselflicker" durch die Reiseliteratur, fahren aber nicht mehr als solche und Schmiede über Land, sondern im besten Fall als Teppichhändler. Normalerweise benutzen sie relativ große, alte Autos und vergleichsweise kleine Campinganhänger, schlagen ihr Quartier an den Ein- und Ausfallstraßen von Städten und Marktflecken auf und schwärmen familienweise zum Betteln aus. Da die Iren auf ihr Gesülze in der Regel selten hereinfallen, sind Touristen die bevorzugten Opfer dieser Bettel-Zigeuner. In besonders dreisten Fällen wird gleich aus dem heruntergekurbelten Autofenster heraus geschnorrt.

Ob die Zigeuner auch das Gros der Bettler in Dublin stellen, läßt sich nicht feststellen. Fest steht hingegen, daß die in ländlichen Regionen niedrige Kriminalitätsrate in Dublin (wie auch z.B. in Galway) großstädtisches „Niveau" nicht vermissen läßt – die Warnungen vor Taschendieben, die überall zu lesen sind, haben ihre traurige Berechtigung.

Ein gängiges Klischee über das Äußere des „typischen" Iren wird durch die Realität leicht widerlegt: das des rothaarigen, grünäugigen Inselbewohners. Zwar gibt es in Irland vergleichsweise viele Rothaarige, aber sie stellen dennoch nur eine Minderheit (ca. 3 %) dar. Die meisten Iren sind (statistisch) blauäugig und dunkelhaarig.

Zeugen der Geschichte

Historische Spuren begegnen den Touristen auf Schritt und Tritt. Verwitterte Gemäuer aus fünf Jahrtausenden warten darauf, entdeckt, besichtigt und erlebt zu werden: Hügelgräber und Dolmen, Steinkreise und Hochkreuze, Abteien und Burgen – Überreste einer bewegten Vergangenheit, über die Gras gewachsen ist (im wahrsten Sinne des Wortes).

Die ältesten Hinweise auf menschliche Anwesenheit stammen von etwa 7000 v.u.Z., als – wahrscheinlich aus Nordengland – die ersten Siedler über den Seeweg auf die Insel kamen. In der Jungsteinzeit *(Neolithikum)* müssen neue Bevölkerungsgruppen aus England oder vom europäischen Kontinent gekommen sein, die den Ackerbau mitbrachten (ab ca. 4000 v.u.Z.). Erhalten sind aus dieser Zeit Gräber teilweise kolossalen Ausmaßes; das berühmteste ist wohl *Newgrange* (3000 v.u.Z.), Co. Meath, mit rund 80 m Durchmesser, ein statisch-architektonisches Wunderwerk, das aufgrund seiner ausgetüftelten Konstruktion 5000 Jahre irischen Regens trocken überstanden hat und gleichzeitig eine Art überdimensionaler Sonnenuhr ist.

In der frühen Bronzezeit (ab 2500 v.u.Z.) entwickelten sich zwischen Irland und dem übrigen Europa Handelsbeziehungen, bei denen zu den Hauptexportgütern Gold gehörte – die Insel verfügte über Gold- und vor allem reiche Kupfervorkommen, die schon früh ausgebeutet wurden und die Grundlage für Bronze- und Goldschmuck boten. Gegenstände aus gehämmertem Metall mit einfachen Mustern aus Kreuzen und Linien waren weit verbreitet: Sonnenscheiben, korbförmige Ohrringe, und vor allem die *Lunula,* eine sichelförmige Goldscheibe, die eine originär irische Erfindung ist.

In der späten Bronzezeit (ab 1200 v.u.Z.) erreichte Irland auf diesem Gebiet eine Meisterschaft, die dem exportierten Schmuck umfangreiche Verbreitung in ganz Europa sicherte. Zu den Lunulae gesellten sich als typisch irische Produkte Halsbänder und Lockenringe *(Torques)* mit immer differenzierteren Mustern; die Gold- und Kupferförderung und die Bearbeitung beider Metalle erreichte auch zahlenmäßig Spitzenwerte. Im National Museum in Dublin liegen etliche prachtvolle Beispiele dieser Kunst.

Die Schmuckstücke sind selbstverständlich keine allgemein-üblichen Besitztümer gewesen, sondern waren – wie überall – den besitzenden, d.h. herrschenden Schichten vorbehalten. Aber die quantitative und qualitative Reichhaltigkeit des Goldschmucks ist ein deutliches Zeichen für den wirtschaftlichen Wohlstand des Landes, von dem dessen Bewohner profitierten. Wälder und Felder gaben genügend Nahrung für alle.

Als spätbronzezeitliche Wohnform ist u.a. der *Crannog* belegt, eine Palisadensiedlung auf einer künstlichen Insel in Seen, die einer Großfamilie Schutz vor Tieren und raublustigen Nachbarn bot. Die Rekonstruktion eines solchen Crannogs steht z.B. im *Craggaunowen Projekt,* Co. Clare.

Mit Beginn der Eisenzeit (ca. 3000 v.u.Z.) kamen die Kelten – oder die Eisenzeit kam mit den Kelten, das ist ungeklärt. Sicher ist hingegen, daß die keltische Sprache, Kultur und Sozialstruktur Irland bis heute geprägt haben. Die Kelten brachten den verschiedenen Stämmen auf der Insel ihr Clan-System, in dem die Sippe die maßgebliche Form des Zusammenlebens war – mit Gemeineigentum und eigenem, gewähltem König. So etwa 150 dieser Clans dürfte es gegeben haben, die im Lauf der Jahrhunderte lockere Zusammenschlüsse zu Über-Königreichen durchführten, die ihrerseits am Schluß in der historischen Teilung Irlands in fünf Provinz-Königreiche mündeten. 254 u.Z. machte sich *Cormac MacAirt,* König der Provinz Connacht, auf dem Hügel von *Tara* (Co. Meath) zum Großkönig und begründete damit einen gesamt-irischen Staat, der allerdings einen eher theoretischen Wert hatte – de facto blieben Clans und Provinz-Königreiche unabhängig. Die Familien lebten mehr oder weniger einzeln im Land verstreut, Dörfer und Städte gab es nicht; das ist bis heute die vorherrschende Wohnform geblieben. Zum Schutz der Behausung wurden Ringforts gebaut, meist nur aus Erdwällen (*Rath*), teilweise mit Steinen verstärkt, andere aus massiven Mauern (*Cashel*) oder Holzpalisaden. Auf solche Ringforts stößt man heute noch alle Nase lang; als die schönsten Beispiele gelten das *Staigue Fort* in Kerry und das *Grianan of Aileach* in Donegal. Als Spezialität der Kategorie Palisaden-Ringfort blieb der Crannog ebenfalls in Gebrauch.

Der Bau solcher Schutzvorrichtungen richtete sich nicht nur gegen wilde Tiere (die es kaum gab), sondern vor allem gegen rauf- und raublustige Nachbarstämme. An kriegerischen Auseinandersetzungen scheint es keinen Mangel gegeben zu haben; Frauen und Männer waren dort gleichberechtigt und gleichermaßen angesehen. In den überlieferten Legenden der Zeit kommen sogar Frauen vor, die männliche Helden im Kampf ausbilden. Kein Wunder, daß solch streitbare Frauen auch im Familienleben gleichberechtigt waren und u.a. ebenso Scheidungen verlangen konnten wie die Männer. Diese „barbarischen" Zeiten sind in Irland lange vorbei...

Die Kelten brachten ihre spezifische Kultur mit, die in Irland eine besondere Blütezeit erlebte. Wissenschaft und Dichtung rangierten in der sozialen Hierarchie ganz oben – die *Druiden* (Priester) als Wissensvermittler und die *Barden* als Dichter und Sänger kamen gleich nach den Königen; die irischen Kelten verfuhren mit ihren Barden besser als die Gallier von Kleinbonum...

Die Gesänge der Barden gehörten einfach dazu – was wäre ein Festgelage ohne sie gewesen?! Und Gelage mußten sein, denn so verstreut die Kelten auch lebten, so gerne versammelten sie sich zu gutem Essen, Trinken und Fabulieren – ein eindeutiger Beweis für den hohen Stand ihrer Kultur.

Die keltische Kunst des damals herrschenden *Latène*-Stils fand auf irischem Schmuck aus Gold ihren Niederschlag. Halsringe, Torques und eine Vielzahl von Bronzegegenständen (Dosen, Schwertscheiden) tragen die typisch keltischen Spiral- und Flechtmuster. Vereinzelt tauchen diese Dekors auch auf Steinskulpturen auf, so auf dem Schwellenstein zum zweieinhalbtausend Jahre älteren Hügelgrab von Newgrange.

Steine sind ebenfalls Träger der wenigen schriftlichen Überlieferungen aus der vorchristlich-keltischen Zeit. Sie tragen Inschriften in der *Ogham*-Schrift, die, ähnlich den Runen, eingekerbt wurden. Eifrige Historiker haben es geschafft, die mit solchen Einkerbungen versehenen Grenz- oder Grabsteine zu entziffern. Die einzelnen Buchstaben werden von oben nach unten mit bis zu fünf Kerben quer über eine senkrechte Bezugslinie „geschrieben".

Während die Römer ihre Herrschaft nie bis Irland ausdehnen konnten, war die römische Kirche ungleich erfolgreicher. Vom Beginn des 5. Jh. an breitete sich das Christentum auf der Insel aus – zuerst zögernd, dann sehr schnell. Der erfolgreichste Missionar war der Brite *Patrick*, ein ehemaliger römischer Sklave, der von Seeräubern als 16jähriger bereits einmal nach Irland verschleppt, später in Britannien christlich erzogen worden war. Man kann darüber verschiedener Meinung sein, ob ihm das Land so gut gefallen hatte, daß er es missionarisch beglücken wollte, oder ob er einfach rachsüchtig war; fest steht hingegen, daß er ab 432 u.Z. nahezu den gesamten Norden Irlands bekehrte. Mit einem 40 Tage langen Fasten auf einem Berg bei Westport an der Westküste Mayos (441 u.Z.) verschaffte er der nach ihm *Croagh Patrick* genannten Erhebung den Titel des Heiligsten Berges Irlands. Der Papst in Rom revanchierte sich für die erfolgreiche Missionstätigkeit mit der Heiligsprechung des eifrigen Mönches; die etwas unkonventionellen Methoden Patricks wie Schlangenbeschwörungen und Saufgelage scheinen dem nicht entgegen gestanden zu haben. Den Regeln der heutigen katholischen Kirche entspricht Patrick hingegen nicht – er ist heute nicht als Heiliger „anerkannt".

Das Christentum war in Irland ein ausgesprochener Publikumserfolg, so daß die Christianisierung in Windeseile und ohne einen einzigen Märtyrer (auf beiden Seiten) vonstatten ging. Im 6. Jahrhundert konnten die zahlreich entstandenen Klöster bereits Mönche exportieren: Iren reisten durch ganz Europa, bekehrten Heiden und gründeten neue Klöster, so u.a. St. Gallen und Echternach. Für rund 200 Jahre war Irland das religiöse Zentrum Europas.

Wenn man der Legende glauben darf, hat ein irischer Heiliger, *St. Brendan*, von Dingle aus in einem Currach, einem seetüchtigen Boot mit Lederbespannung, zusammen mit 14 Gefährten im 6. Jh. Amerika entdeckt. Einige spärliche Belege dafür gibt es in der Tat; die *Möglichkeit* der Reise wurde 1977/78 von vier jungen Männern mit einem originalgetreu nachgebauten Boot nachgewiesen – sie erreichten über die Hebriden, Shetland-Inseln, Färöern, Island und Grönland die amerikanische Küste von Neufundland. Ihr Currach kann in Craggaunowen bewundert werden.

Mit dem Christentum kam die lateinische Schrift, mit deren Hilfe erstmals die bis dahin nur mündlich überlieferten irisch-keltischen Sagen und Legenden aufgezeichnet wurden. In Klöstern entstand auch eine Vielzahl von religiösen Büchern – Evangelien- und Meß-Handschriften –, die für die Tätigkeit der reisenden Mönche ebenso benötigt wurden wie als liturgische Texte in der Mönchskirche selbst. Große und wohlhabende Klöster verfügten über Prachthandschriften von größtem materiellen und spirituellen Wert, die wie Reliquien behandelt wurden. Als

Höhepunkt der heute noch erhaltenen Buchmalerei gilt das *Book of Kells*, das um 800 wahrscheinlich in Schottland entstanden ist und später in Kells aufbewahrt wurde. Auf feinstem Pergament sind die vier Evangelien wiedergegeben, wobei bis auf zwei Seiten sämtliche 340 Blätter mit verzierten Initialen, Randzeichnungen, Ornamenten geschmückt sind. Dieses Meisterwerk der Buchmalerei, das zu seiner Entstehungszeit von einem in Europa einmaligen Rang war, kann in der Bibliothek des Trinity College in Dublin besichtigt werden; jeden Tag wird eine Seite des hinter Glas aufbewahrten Buches umgeblättert.

Eine ähnliche Meisterschaft erreichten irische Kunsthandwerker des 6.-9. Jahrhunderts auf dem Gebiet der Bildhauerei und Goldschmiedekunst. Reliquiare und Schreine für kirchliche Zwecke, Kelche und Schmuckgegenstände für weltliche Auftraggeber zeugen noch heute von dieser Blütezeit irischer Kunst. Die irische Erfindung des *Hochkreuzes* ist in etlichen Exemplaren auf Friedhöfen und in Klosterruinen überall auf der Insel erhalten. Sie zeigen meist einzelne eingemeißelte Bibelszenen und dienten u.a. wohl dem Religionsunterricht bei schreib- und leseunkundigen Gläubigen. Allen gemeinsam ist die keltische Form des Radkreuzes, bei der Kreuz und (Welt-)Kreis einander symbolisch durchdringen.

Eine weitere irische Spezialität der keltisch-christlichen Zeit sind die *Rundtürme*. Sie stehen meist bei Kirchen und Klöstern und dienten den Mönchen als Glockenturm und Fluchtburg. Einige verfügen über mehrere Stockwerke im Inneren; der Eingang liegt im allgemeinen über 3 m hoch und konnte nur über Leitern erreicht werden. Diese Vorsichtsmaßnahme sollte ungebetene Besucher abschrecken und war durchaus begründet: der wachsende Reichtum der irischen Klöster lockte immer wieder Räuber und ab 795 u.Z. schließlich die Wikinger an.

Siedlungen norwegischer und dänischer Wikinger entstanden längs der Küsten und legten den Grundstein für die ersten irischen Städte: Dublin, Limerick, Waterford. Die Invasoren brachten den Kelten außer dem Städtebau die Schiffahrt, regelmäßigen Handel, das Münzwesen und den Hang zum Machtstreben. Die Wikinger gingen in der irischen Bevölkerung zwar bald auf, ihre Saat trug aber Früchte: die irischen Provinzkönige bekriegten sich ab der Jahrtausendwende permanent wegen der Oberherrschaft über die Insel. Im Lauf dieser Kämpfe verlor Dermot MacMurrough sein Königreich Leinster und beging daraufhin den größten Fehler der irischen Geschichte: er holte 1169 die Engländer zu Hilfe, die dann über 800 Jahre lang blieben. Mit der Invasion der Anglo-Normannen endete die Zeit einer unabhängigen irischen Kultur.

Den ersten Normannen ging es zwar noch wie allen bisherigen Einwanderern: sie wurden assimiliert. Ihr Führer Richard de Clare (*Strongbow* genannt) heiratete die Tochter MacMurroughs und wurde selbst König von Leinster. Heinrich II. von England hingegen sah seine Chance und nutzte sie: er beanspruchte die Oberherrschaft über ganz Irland, kam 1172 zur Durchsetzung seiner Ansprüche auf die Insel und konnte seine Anerkennung durch die meisten irischen Könige und die Kirche erreichen. Da England in den nächsten Jahrhunderten aber alle Hände voll zu tun hatte, einen Krieg nach dem anderen mit Frankreich auszufechten, konnten die normannischen Siedler ihr eigenes Leben führen – was eine nahezu vollkommene Verschmelzung mit der irischen Kultur zur Folge hatte. Aus Anglo-Normannen wurden Anglo-Iren, die englische Zentralgewalt beherrschte schließlich nur noch ein kleines Gebiet um Dublin (*Pale*).

Ab dem Ende des 15. Jh. begann die Zeit härtester Unterdrückung für die Iren. Das irische Parlament wurde abgeschafft, die Klöster wurden geplündert, die von Heinrich VIII. gegründete Anglikanische Kirche zwangsweise auf Irland übertragen. Damit waren die Fronten für die kriegerischen Auseinandersetzungen der nächsten Jahrhunderte errichtet: die Iren waren und blieben katholisch, die neuen Herren protestantisch. Zwar hatte die Konfession eigentlich mit der Politik wenig zu tun, aber da die gegnerischen Gruppen ihrem jeweiligen Glauben treu blieben, diente das Gebetbuch als Identifikationsmerkmal – für oder gegen die englische Krone.

Unter dem Deckmantel religiösen Interesses bereicherte sich Heinrich VIII. zuerst am Wohlstand der irischen Klöster; seine Nachfolgerin Elisabeth steckte ihr Ziel weiter – die völlige Unterwerfung und Enteignung des irischen Adels. Auf ihren Erfolgen konnten die nächsten englischen Könige aufbauen und Anfang des 17. Jh. die *Plantation*, die systematische Kolonisierung weiter Landesteile mit englischen und schottischen Siedlern, durchführen. Nach vergeblichen Versuchen in den wohlhabenden Ostprovinzen erwies es sich bald als sinnvoll, die Plantation im wesentlichen auf die Nordprovinz *Ulster* zu konzentrieren. Burgen wurden errichtet, Städte gegründet, die irische Bevölkerung (soweit sie als Arbeitskräfte nicht benötigt wurde) in andere Landesteile vertrieben.

Ab der Mitte des 17. Jh. war Irland voll in die Machtkämpfe innerhalb Englands einbezogen. Der Bürgerkrieg forderte große Opfer, als schließlich *Cromwell* mit seinem Heer auf der Insel landete und unter der Bevölkerung gründlich aufräumte; die nur etwa 500.000 (!) überlebenden Iren behielten ihn nicht gerade in guter Erinnerung.

Die „Befriedung" des Landes durch Cromwell hatte reichlich Platz für neue britische Siedler geschaffen. Aber die katholischen Iren witterten Morgenluft, als der Stuart-Herrscher James II. zum Katholizismus übertrat und der römischen Kirche einen Teil ihrer Rechte wiedergab. Das englische Parlament fürchtete Schlimmes, setzte James ab und machte Wilhelm von Oranien zum neuen König. Der abgesetzte König versuchte daraufhin 1688/89, über den Umweg der Eroberung Irlands seine Krone zurückzugewinnen. Mit französischer Hilfe landete er in Dublin und konnte nahezu das ganze Land auf seine Seite ziehen; nur die Stadt Londonderry widerstand erfolgreich seiner monatelangen Belagerung, was noch heute jährlich von militanten Protestantenorganisationen mit einer Parade gefeiert wird. Als 1690 Williams Heer nach Irland kam, war das aufrührerische Experiment bald vorbei: James' Truppen wurden in der Entscheidungsschlacht am Boyne geschlagen, seine Anhänger überall im Land besiegt. 1691 kapitulierten die irischen Katholiken. Zwar sicherte ihnen im Vertrag von Limerick der König weitgehende Toleranz zu, aber das Parlament erklärte den Pakt kurzerhand für ungültig. Rigoroseste Maßnahmen gegen die Katholiken waren die Folge: sie wurden sämtlicher Bürgerrechte enthoben, durften weder Grundbesitz haben noch Ämter bekleiden, selbst die Religion wurde ihnen verboten.

Dieser rechtlose Zustand dauert bis 1782, als dem Land ein unabhängiges Parlament „zugestanden" wurde – auf Betreiben irischer Protestanten! Die „Volksvertreter" erwiesen sich aber bald als korrupt und ließen den Gedanken an Aufstand nicht verschwinden. Im Gefolge der französischen Revolution kam es zu diversen Aufständen, teils unter Mitwirkung französischer Invasionstruppen. Die protestantischen Landbesitzer fürchteten für ihr Eigentum und förderten deshalb erfolgreich einen Zusammenschluß Irlands mit Großbritannien zu einem gemeinsamen Königreich; das irische Parlament stimmte am 1.1.1801 seiner Selbstauflösung zugunsten des Londoner Parlaments zu.

Obwohl Irland theoretisch gleichberechtigter Landesteil war, sorgte die englische Regierung dafür, daß Irland zwar Bodenschätze und Wälder geben durfte, aber selbst keinen Anteil an der aufkommenden Industrialisierung erhielt. Die Unterdrückung des Landes war noch lange nicht zu Ende. Die agrarische Monokultur forderte 1845-47 schließlich eine Million Tote, als Kartoffelmißernten das Hauptnahrungsmittel der Bevölkerung vernichteten und damit eine Hungersnot (*The Great Famine*) auslösten.

Daß die Unterdrückung der katholischen Gläubigen durch die Engländer nicht zu einem stärkeren Rückgang ihres Anteils an der Gesamtbevölkerung geführt hat, ist nur mit dem ausgeprägten Widerstandswillen der Iren zu erklären. Die Engländer setzten Katholizismus und irisches Unabhängigkeitsstreben gleich und bekämpften das eine, wo sie das andere zu sehen meinten. Auf diese Art wurden Religion und Politik fest zusammengeschweißt, Priester und Partisanen im Untergrund vereint. Das heimlich gesprochene Gälisch hatte den gleichen demonstrativen Stellenwert wie die illegal gehaltene Messe auf freiem Feld. Der irische Klerus, ohnehin im Land fest verwurzelt, erhielt dadurch noch zusätzliches Ansehen als nationale Eigenart; Nationalbewußtsein und Katholizismus wurden nahezu Synonyme.

Die spärlichen Fortschritte, die irische Autonomiebestrebungen im 19. Jh. erreichten, waren hingegen ausschließlich protestantischen Iren zu verdanken. Mit parlamentarischer Feinarbeit erreichten Leute wie *Charles Stewart Parnell*, daß Anfang des 20. Jh. den Iren die Unabhängigkeit für das Jahr 1914 zugesagt wurde. Aber mit Beginn des Ersten Weltkriegs überlegten die Briten sich die Sache anders, Irland sollte seinen Beitrag an Menschen und Material leisten. Das verhinderte zwar einen von den nordirischen Protestanten beabsichtigten Bürgerkrieg, führte aber zum Dubliner Osteraufstand von 1916, der vom englischen Militär blutig niedergeschlagen wurde.

Spuren der englischen Oberherrschaft sind mehr oder weniger deutlich noch überall zu sehen: Ruinen alter Klöster, Abteien, Burgen und Schlösser, Gedenktafeln für Schlachten wie die am Boyne von 1690, der *Vertragsstein* von Limerick, Straßennamen, die an Führer der diversen Aufstände erinnern, und als unsichtbares Zeichen das weitgehende Fehlen von Wäldern, die von den Engländern abgeholzt wurden. Zu den Namen, auf die man in Irland immer wieder stößt, gehören die von Daniel O'Connell, Nationalheld der Iren im 19. Jh., Theobald Wolfe Tone, der von der französischen Revolution zu einem Aufstand inspiriert wurde, Patrick Pearse und James Connolly, Führer des Osteraufstandes von 1916, Charles Stewart Parnell, Ende des 19. Jh. Vorkämpfer für die Selbstverwaltung (*Home Rule*, s.o.).

1918-21 führten die Iren gegen England einen Unabhängigkeitskrieg, der zur Gründung des Freistaates *Eire* führte – ein selbstverwaltetes Gebiet ohne die sechs Nordostgrafschaften Ulsters mit Anschluß an das britische Commonwealth. Ein Bürgerkrieg zwischen Freistaatlern und den für ein vereinigtes, unabhängiges Irland kämpfenden Republikanern endete 1923 mit der Niederlage der letzteren.

In wirtschaftlichem und politischem Kleinkrieg löste sich Irland schrittweise vom englischen Einfluß. Nach einer Volksabstimmung von 1937 wurde es zum „selbständigen, unabhängigen, neutralen Staat" erklärt, die Engländer zogen 1938 ihre letzten Truppen aus dem Freistaat ab, im Zweiten Weltkrieg blieb Irland (entgegen dem Rest des Commonwealth) neutral und trat 1949 nach Verabschiedung einer neuen Verfassung aus dem Commonwealth aus – als *Republik Irland* in die nationale Unabhängigkeit.

Das Nationalbewußtsein der Iren hat die Schwelle vom Bewußtsein nationaler Eigenarten zum Gefühl der – wie auch immer begründeten – Überlegenheit und Höherwertigkeit durchaus auch schon manchmal überschritten. Der blindwütige Terror in Nordirland, auf katholischer wie auf protestantischer Seite, ist nur ein Merkmal nationalistischer Verirrungen. Ein anderes Beispiel ist der noch heute anzutreffende Glaube, das nationalsozialistische Deutschland könne so schlecht nicht gewesen sein, habe es doch gegen England gekämpft.

Alle Bestrebungen, über Verhandlungen eine mehr oder weniger starke Anbindung der britischen Nordirlandgrafschaften Ulsters an die Republik zu erreichen, sind bis heute gescheitert. Das ist angesichts der wirtschaftlichen und politischen Verhältnisse in Nordirland auch nicht verwunderlich, haben doch gerade im industrialisierten Norden die Benachteiligungen der irisch-katholischen Bevölkerungsteile für eine tiefe Kluft gesorgt: eine Vielzahl von Gesetzen und Vorschriften sichert den Protestanten die besten Stellungen und meisten Rechte, hält Katholiken aus den Schlüsselstellungen weitgehend fern. Dazu wurden auch schon einmal Maßnahmen herangezogen, die dem Anspruch eines demokratischen Rechtsstaates nicht so ganz entsprechen: unter Ausnutzung des britischen Mehrheitswahlrechtes zogen die nordirischen Behörden Wahlkreisgrenzen stets so, daß sich die katholischen Stimmen auf wenige Kandidaten konzentrierten, während die Protestanten breit gestreute, aber dünnere Mehrheiten und somit mehr Kandidaten erhielten. Dieses *Gerrymandering* genannte Mogelverfahren erwies sich als äußerst effektiv, zumal Veränderungen der Bewohnerstruktur eines Wahlkreises durch einfaches Verändern der Wahlkreisabgrenzung aufgefangen werden konnte. Zur Unterstützung gab es zeitweise eine Art Mehrklassenwahlrecht, und wenn alle Stricke reißen wollten – sprich die Katholiken eine unbotmäßige Mehrheit errangen –, suspendierten die Regionalbehörden auch schon einmal eine untergeordnete Kommunalregierung.

Beide Konfessionsgruppen verfügen über militante Gruppierungen, deren bekannteste die katholische *Irisch Republikanische Armee (IRA)* bzw. deren „Provisorischer Flügel" ist. Die IRA hat einen (älteren) politisch aktiven Teil, die bereits 1899 gegründete *Sinn Féin* Partei, deren Beteiligung am nordirischen Parlament vielen Protestanten (und der Londoner Regierung) ein Dorn im Auge ist.

Schon seit 1968 betreibt die IRA terroristische Aktivitäten, die von militanten protestantischen Organisationen ebenso mit Gleichem vergolten wurden wie von der britischen Regierung, die das nordirische Parlament zeitweise auflöste und „Ruhe und Ordnung" mit Militäreinsatz zu garantieren versucht. Waren die britischen Soldaten den Katholiken anfangs als Hilfe gegen die protestantischen Angriffe willkommen, so legte sich dieses Vertrauen in die „Sicherheitsbehörden" bald, als das Militär immer mehr Teil des protestantischen Terrorismus wurde (s. Londonderry, Etappe 68). Konsequenterweise wandte die IRA sich im Lauf der Zeit von der protestantischen Bevölkerung als Ziel ihrer Anschläge ab und den Polizei- und Militärobjekten zu. Alles mit dem erklärten, aber unrealistischen Ziel, den Briten in Nordirland das Leben so schwer und teuer zu machen, daß sie sich zurückziehen. Eine Lösung dieser verfahrenen Situation könnte der 1998 abgeschlossene Pakt zwischen den verfeindeten Parteien sein, für den die daran beteiligten Politiker Trimble und Hume den Friedensnobelpreis erhalten haben – vielleicht etwas voreilig.

Aber immerhin haben die Volksabstimmungen in beiden Landesteilen dem neuen nordirischen Parlament und dem dazu gehörigen Exekutivkomitee ihre Zustimmung gegeben, so daß durchaus Anlaß zur Hoffnung besteht.

Verlassenes Haus auf Valentia Island

Sprache und Literatur

BUNREACHT NA hÉIREANN.
Diese merkwürdige Ansammlung von Buchstaben steht auf dem Umschlag der irischen Verfassung. Ganz klein darunter: Constitution of Ireland.

Das ist jedoch Vortäuschung falscher Tatsachen, ebenso wie Artikel 8 der Verfassung, der die irische Sprache (Gälisch) zur Nationalsprache erklärt und Englisch lediglich als „zweite offizielle Sprache" anerkennt. Irland ist heute wie vor hundert Jahren ein englischsprechendes Land, in dem lediglich aus Gründen politisch-nationaler Selbstdarstellung das Gälische am Leben erhalten wird. Nur etwa 50.000 Iren, die in der Regel in abgelegenen Gebieten an der Westküste oder auf Inseln leben, sprechen noch Irisch als Muttersprache, der Rest der Iren lernt es erst auf der Schule und braucht es dann nie wieder. Zwar müssen alle Gesetze und Straßenschilder zweisprachig ausgeführt werden, politische Ämter und staatlich kontrollierte Unternehmen tragen gälische Bezeichnungen, und es gibt ein Förderungsprogramm für die *Gaeltacht*, die irisch-sprechenden Gebiete, aber das alles kann nicht darüber hinwegtäuschen, daß diese uralte Kultursprache ein Schattendasein führt.

Das Gälische ist eine keltische Sprache, verwandt mit dem schottischen Gälisch und dem *Manx* der Isle of Man. Außer zu diesen *inselkeltischen* Sprachen besteht noch eine entfernte Verwandtschaft mit dem *Kymrischen* in Wales und dem *Bretonischen* der Bretagne; *Kornisch* gilt in Cornwall seit hundert Jahren als ausgestorben.

Das Irische war schon relativ früh die Sprache der gesamten Insel. Es weist über 60 Phoneme auf (im Deutschen gibt's etwa halb soviel Lauteinheiten), die von den frühchristlichen Mönchen in eine lateinische Schrift gezwängt wurden. Nur 18 Buchstaben müssen in einer Unmenge von Kombinationen die Vielfalt der Sprache wiedergeben; die Buchstaben j, k, q, v, w, x, y und z gibt es im Irischen nicht. Die Schrift des 6. Jh., die sogenannte *Unziale,* wird in modernisierter Form noch heute verwendet.

Für den Touristen am auffälligsten ist die Verwendung gälischer Ortsnamen, die auch in ihrer englischen Fassung meist keltischen Ursprungs sind. Rund 6000 mal trifft man auf Orte, die mit *Bally* beginnen (von *Baile* – Stadt), über 2000 Namen enthalten die Silben *Lis, Dun* oder *Rath*, die auf eine frühere Befestigung hindeuten; was mit *Innis* beginnt, ist in der Regel eine Insel.

Während die alten keltischen Namen meist blumige Übersetzungen à la „Dorf am reißenden Bach" haben, sind die heute üblichen Fassungen manchmal aus Bemühungen der Straßenbehörde hervorgegangen, die Aussprachen der englischen und gälischen Versionen möglichst anzunähern. Das Resultat ist dann meist ein irischer Ortsname, der sich nicht mehr sinnvoll übersetzen läßt.

Das Bemühen um die Wiedereinführung des Gälischen als eigenständiger, irischer Umgangssprache hat zu einigen seltsamen Skurrilitäten geführt. So wurden etliche Namen protestantischer oder gar englischstämmiger „großer Söhne" des Landes keltisiert: John Cassidy ging als Seán O'Casey in die Literaturgeschichte ein, der Cockney Patrick Pearse schrieb seinen Vornamen konsequent Pádraic, der Schotte James Connolly wurde zeitweise zu Seámus O'Conghaile usw. „Mac" und „O", fragwürdige Indizien keltischer Herkunft, wurden beliebig in englisch- und französischstämmige Namen eingefügt.

Außer in amtlichen Veröffentlichungen hat Gälisch heute vor allem in der Literatur nach wie vor Bedeutung. Es gibt eine Reihe gälischschreibender Iren, die die seit über 1000 Jahren bestehende Tradition irischer Literatur fortsetzen.

Aber auch in der Literatur und erst recht im Theater waren und sind *anglo*-irische Schriftsteller erfolgreicher. Jonathan Swift, Oliver Goldsmith, William Butler Yeats, Oscar Wilde, James Joyce, George Bernard Shaw, Seán O'Casey, Brendan Brehan, Samuel Becket und Seamus Heaney sind die bekanntesten Repräsentanten.

Einige Theater in Dublin sind auf anglo-irische Stücke spezialisiert, während gälische Bühnenaufführungen hauptsächlich in der Provinz stattfinden.

Selbstverständlich gibt es auch gälische Rundfunk- und Fernsehprogramme, aber interessanterweise keine entsprechende Tageszeitung – dafür ist der Markt einfach zu klein. Wer spricht schon Gälisch?

Selbst die irische Post hat dies eingesehen und hält auf ihren Ämtern ein Faltblatt mit einem englisch-irischen Vokabular bereit, damit Kunden die Briefmarken auf Gälisch bestellen können...

In Nordirland wird man nach Gälisch im öffentlichen Leben vergeblich suchen. Dort hat die Regierung bekanntlich wenig Interesse daran, die ohnehin nur noch rudimentären Gälischkenntnisse am Leben zu erhalten. Die einzige Sprache ist Englisch, so daß IRA-Aktivisten ihren Nachwuchs zu Sommersprachkursen in die Republik entsenden müssen, wenn sie ihre „Nationalsprache" erlernen sollen.   ૐ

Übersichtskarte: Irische Grafschaften und Provinzen

Staat, Verwaltung, Wirtschaft

a) Republik Irland

Die historische Vierteilung Irlands in Provinzen findet man heute zwar noch auf manchen Landkarten, vor allem in der Tourismuswerbung, in der Verwaltung spielt sie aber keine Rolle mehr. Das heutige Irland ist entsprechend der Verfassung von 1937 in 26 Grafschaften (*Counties*) aufgeteilt, die durch County Councils verwaltet werden; außerdem haben in den vier größten Städten (Dublin, Cork, Limerick, Galway) City Councils das Sagen.

Alle staatlichen Organe werden in der Republik Irland in der Regel mit gälischen Namen bezeichnet.

Das Parlament (*Oireachtas*) setzt sich aus dem Abgeordnetenhaus (*Dáil Éireann*) und dem Senat (*Seanad Éireann*) zusammen. Regierungschef ist der Premierminister (*Taoiseach*), Oberbefehlshaber des Heeres und oberster Repräsentant des Landes ist der Staatspräsident (*Uachtará na hÉireann*).

Die wichtigste Entscheidung der letzten Jahrzehnte für die Wirtschaftsentwicklung war zweifelsohne der Beitritt zur Europäischen Gemeinschaft. Der Anteil Großbritanniens am Außenhandel liegt zwar immer noch bei ca. 30 %, damit aber nur rund halb so hoch wie vor 20 Jahren. Der Rückgang des Handels mit dem Vereinigten Königreich erfolgte fast vollständig zugunsten der anderen EU-Staaten, von denen Deutschland und Frankreich den Löwenanteil bestreiten. Geködert werden ausländische Investoren mit enormen Entwicklungszuschüssen, Steuernachlässen und dem vergleichweise immer noch niedrigen Lohnniveau, die Irland für ausländische Kapitalgeber zu einem der profitabelsten Gebiete Europas machen. Angesichts der wieder steigenden Bevölkerungs- und Arbeitslosenzahlen kann Irland sich einen nationalen Alleingang der Wirtschaftsentwicklung nicht leisten; der Staat ist ohnehin stark überschuldet.

Mittlerweile ist die irische Außenhandelsbilanz in etwa ausgeglichen; die Zahlungsbilanz ist schon längere Zeit ausgewogen. Außer den vielgerühmten Kapitalgebern trägt vor allem der Tourismus zu letzterem bei – Touristen sind, gemessen an den Deviseneinnahmen (1998: 2,3 Mrd. Ir£), wichtiger als jeder einzelne Zweig der Fertigungsindustrie. Jeder Fahrradtourist darf sich somit als Wirtschaftsförderer betrachten.

Obwohl das Wachstum der Wirtschaft vor allem auf Steigerungen bei der industriellen Produktion zurückgeht, wird der Tourist davon vergleichsweise wenig registrieren. Die *Industrie* ist fast ausschließlich an der Ostküste mit Zentrum um Dublin und bei den wenigen größeren Städten zu finden. Zur Ausnutzung der günstigen See- und Lufttransportmöglichkeiten gibt es außerdem ein Förderungsprogramm für die Shannonmündung. Die Weite des Landes wird hingegen nach wie vor von der *Landwirtschaft* bestimmt. Die Rinderhaltung mit den daran geknüpften Zweigen der Milchproduktion und -verarbeitung ist mit rund zwei Dritteln an der landwirtschaftlichen Produktion absolut vorherrschend. Bei Einbeziehung der Schweine- und Schafzucht entfallen sogar 85 % der Erträge auf Viehzucht. Der Ackerbau betrifft im wesentlichen Gerste, Weizen und Kartoffeln, das traditionelle Volksnahrungsmittel.

Eine volkswirtschaftlich bedeutende Zwitterstellung zwischen Industrie und Landwirtschaft nimmt die *Pferdezucht* ein, die es auf einen stolzen Anteil am Bruttosozialprodukt bringt. Kein Wunder: irische Zuchthengste erzielen Preise bis zu 40 Millionen Ir£...

Der irischen Milch ist anzumerken, daß sie von Kühen aus Freilandhaltung kommt. Die Grundhaltung zu naturbelassenen Produkten trägt auch anderweitig Früchte: irische Tomaten aus Frischluftproduktion schlagen die in Deutschland weitverbreitete, geschmacklose holländische Treibhausware um Längen, obwohl sie nicht gerade „von der Sonne verwöhnt" sind. Die Palette der aus Milch gewonnenen Produkte ist hingegen recht kümmerlich, obwohl eine Renaissance der Bauernkäsearten eingesetzt hat, so daß vor allem in der Touristensaison eine beachtliche Vielfalt heimischer (durchweg milder) Käsesorten erhältlich ist. Die Europameister im Quarkkonsum, die Deutschen, können ihre entsprechenden Produkte jedoch immer noch nach Irland exportieren – Frischkäse jeder Art wird in Irland nicht hergestellt.

Die in der Vergangenheit von den Engländern kunstvoll unterdrückte *Fischereiindustrie* hingegen wird einen Aufschwung wohl kaum erleben. Auch die EU ist dabei nur hinderlich: seit dem Beitritt Irlands zum Gemeinsamen Markt werden die irischen Gewässer fast ausschließlich von Booten aus anderen EU-Ländern und aus osteuropäischen Staaten leergefischt. Gefördert wird dieses Schicksal aber auch durch eine tiefverwurzelte Abneigung der Iren gegen Fische als Nahrungsmittel, die teils noch aus der Zeit der großen Hungersnöte im 19. Jh. stammen mag, als Fisch das letzte Nahrungsmittel der Ärmsten der Armen wurde. Nur die teuren Edelfische der Flüsse und Seen, also Lachs und Meeresforelle, haben nicht diesen Ruf des Arme-Leute-Essens und sind dementsprechend beliebt. Konsequenterweise sind Fischgeschäfte und -stände äußerst selten und haben manchmal nur freitags geöffnet, wenn Fisch die Zwangsnahrung der Frommen ist.

Bei allem Zuwachs von Produktivität und Lebensstandard (in den letzten 30 Jahren hat sich das Lohnniveau verelffacht) geht es den sozial schwachen Schichten alles andere als rosig. Reichlich 10 % Arbeitslose begründen lange Schlangen vor den Büros der Sozialversicherung an Zahlungsterminen, und die Inflationsrate von zeitweise über 10 % ist mit viel Mühe auf ein niedriges Maß (ca. 2 %) zurückgeführt worden. Zwar hat das Lohnniveau mit den Preissteigerungen Schritt gehalten, aber wie üblich steigt die Sozialunterstützung nicht im ausreichenden Maße. Zu sozialem Unfrieden führt das erstaunlicherweise nicht: anscheinend ist die irische Bevölkerung seit Jahrhunderten an Zeiten der Verarmung gewöhnt.

b) Nordirland

Seit 1920 ist Nordirland eine teilweise unabhängige Provinz des Vereinigten Königreiches von Großbritannien. Das Parlament besteht aus einem Unterhaus (52 direkt gewählte Mitglieder) und einem Oberhaus (26 Mitglieder, davon 24 durch das Unterhaus gewählt, 2 von der britischen Regierung ernannt). Nach den schweren Unruhen Anfang der 70er Jahre suspendierte die Londoner Regierung 1972 das nordirische Parlament und setzte eine Direktverwaltung ein. Zwar fanden 1973 Neuwahlen (im Gegensatz zu früheren Wahlen nach einer Art von Verhältniswahlrecht) statt, aber die Teilautonomie Nordirlands ist erst durch das Nordirlandabkommen 1998 und die nachfolgende Wahl eines Regionalparlaments wieder hergestellt worden – was interessanterweise vorrangig der Politik der Londoner Labour-Regierung zu verdanken ist.

Jede Grafschaft hat wie in der Republik ein County Council als Verwaltungsbehörde, Belfast eine eigene Stadtverwaltung, Londonderry untersteht einem Entwicklungsgremium. Die Bezeichnung „Grafschaftshauptstadt", die in den Etappenbeschreibungen auftaucht, meint stets den Sitz der Grafschaftsverwaltung; dabei gibt es durchaus Anlaß zur Verwirrung: Belfast ist im Prinzip kein Teil einer Grafschaft, besitzt aber in Vororten Gebiete im County Antrim und County Down und beherbergt zudem die Verwaltung von Antrim.

Die Wirtschaft Nordirlands stützt sich traditionell auf die Industriezweige des Schiffbaus und der Leinenindustrie. Diese krisenanfälligen Bereiche sind in den letzten Jahrzehnten durch Chemie-, Elektronik- und Lebensmittelindustriebetriebe erweitert worden. Die Landwirtschaft steht auf den gleichen Grundlagen wie in der Republik Irland, exportiert aber rund drei Viertel ihrer Produktion nach Großbritannien – sofern man dabei von Export sprechen kann oder will.

Das gleiche gilt für die Fischereiwirtschaft, die genau wie im Süden fast ausschließlich auf Binnen- und Küstenfischerei (Lachs etc.) gerichtet ist.

In fast allen Wirtschaftsbereichen hat die jahrhundertelange Bevorzugung der sechs Grafschaften Nordirlands durch die britische Zentralregierung dazu geführt, daß Produktion, Infrastruktur, Erlöse und letztendlich auch der Lebensstandard der Bevölkerung auf einem höheren Niveau liegen als in der Republik Irland. Hingegen sind viele Luxusgüter wegen der unterschiedlichen Besteuerung in der Republik deutlich teurer und somit beliebte Schmuggelgüter im kleinen Grenzverkehr.

The Irish Way of Life

Morgenstund hat Gold im Mund, behauptet ein deutsches Sprichwort. Die Iren halten wenig davon. Sie sind ein ausgeschlafenes Volk, das sich nur ungern von rasselnden Weckern zu einem menschenunwürdigen Tagesrhythmus zwingen läßt. Vor 9 Uhr morgens sind die Straßen meist wenig belebt, und bis die Neigung zum ersten Schwätzchen des Tages aufkommt, vergeht noch eine Weile – was schon Heinrich Böll auffiel, als er in den fünfziger Jahren hierher kam; leider hat die „Europäisierung" den Traditionen zumindest in den Städten mittlerweile doch etwas zum Rückgang verholfen.

Ich weiß nicht, welche „Produktivitätsraten" der einzelne Ire erwirtschaftet, aber auch für Touristen ist offensichtlich, daß Streß für viele hier ein Fremdwort ist. Die tägliche Arbeit wird in den Tagesablauf wie selbstverständlich integriert und steht weder über noch unter den Pausen zum Ausruhen oder Gespräch und der abendlichen Freizeitgestaltung zu Hause, im Kino, im Pub.

Die Frage der Arbeitszeit wird auch in anderer Hinsicht nicht verbissen gesehen: vor allem kleinere Geschäfte haben in der Republik oft bis in den späten Abend geöffnet (auch sonntags), und wer Hilfe technischer Art, z.B. bei defektem Drahtesel, braucht, wird diese meist auch an Wochenenden bekommen. Die Selbstausbeutung der Arbeitskraft kleiner Ladenbesitzer ist enorm, was jedoch dazu geführt hat, daß die unflexibleren Supermärkte die Onkel-Paddy-Läden bislang nicht verdrängen konnten. Angesichts des weitgehend einheitlichen Preisniveaus in allen Geschäften ist das auch kein Wunder. Allerdings – für Nordirland gilt das alles nur sehr bedingt, da dort englische Vorstellungen eines geregelten Arbeitslebens die guten irischen Sitten verdorben haben.

Die beliebtesten Formen der Freizeitgestaltung sind neben dem obligatorischen Fernsehen und den Pubs diverse sportliche Betätigungen: alle Wassersportarten – wen wundert's? – und die nur in Irland anzutreffenden Rasenspiele *Hurling* (ein extrem schnelles hockeyähnliches Spiel) und *Gaelic Football* (eine Mischung aus kontinentalem Fußball und Rugby).

Pferde- und Windhundrennen ziehen große Zuschauermengen an und dienen als Anlaß für ein florierendes Wettgeschäft. Während der Hauptsaison im Sommer ist es keineswegs ungewöhnlich, wenn Rennen stundenlang im Fernsehen übertragen werden. Wer zu Hause keine Flimmerkiste hat, kann sich im nächsten Pub ebenso informieren.

Freunde geruhsamer Sportarten werden beim Angeln oder Golf Entspannung finden. Beides ist extrem populär und entweder gratis oder für ein Butterbrot zu haben. Der Snob-Geruch, mit dem Golf bei uns noch immer behaftet ist, fehlt in Irland völlig.

Kinos gibt es in den meisten, auch kleineren, Städten. Erstaunlicherweise werden dort nicht nur Haudrauf- und andere Billig-Action-Streifen gezeigt, sondern noch richtige Filme – ein positiver Nebeneffekt des weitreichenden Einflusses der katholischen Kirche. Englischsprachige Produktionen kann man so selbst in scheinbarer kultureller Wildnis früher sehen als in deutschen Landen.

Hilfreich bei der Erhaltung der Kinolandschaft war in jüngster Zeit der Aufschwung, den die irische Filmindustrie seit Ende der achtziger Jahre genommen hat – qualitativ wie ökonomisch.

Vor allem in kleineren Orten, in denen es nur einen *Pub* gibt, ist die Kneipe (neben der Kirche) der Treffpunkt aller Gesellschaftsschichten und Altersstufen.

Bei feuchter Witterung werden Pubs auch tagsüber zum Aufwärmen und einem Plausch aufgesucht. Am Wochenende gehen nachmittags und abends ganze Familien, vom Säugling bis zur Großmutter, in die Dorfkneipe, wo nach der üblichen „Sitzordnung" – Frauen und Kinder in der Lounge sitzend, Männer an der Bar stehend – Konversation betrieben wird. Nachrichten werden ausgetauscht, soziale Kommunikation ersten Ranges findet statt, und es ist oft keine Ankündigung im Kneipenfenster erforderlich, um spontan Musik erklingen zu lassen. Ein paar Musikanten mit Gitarren, Ziehharmonika oder *Tin Whistle* (Zinnflöte) finden sich eigentlich immer; stimmgewaltige Sänger nutzen die Gelegenheit, sich und ihr Können ins rechte Licht zu setzen. Die Ankündigung der Sperrstunde: „Last orders please!" kann da häufig nicht durchdringen, so daß der Kneipenwirt per Lichtschalter die Beleuchtung zum Flackern bringen muß. Die Sperrstunde wird nämlich im allgemeinen beachtet, nur geringfügige Überschreitungen sind üblich und werden vom örtlichen Sergeant durch rechtzeitiges Verlassen des Pubs ignoriert.

Wenn man vormittags oder am frühen Abend weder in Geschäften noch Pubs und Sportplätzen viel Volk antreffen kann, liegt der Verdacht nahe, daß gerade Messe in der örtlichen Kirche ist. Die gehört nämlich auch zur Freizeitgestaltung.

Das Reisen

King John's Castle, Limerick

Informationen

Zuständig für allgemeine Informationen und touristisches Werbematerial zur Republik Irland ist die Irische Fremdenverkehrszentrale (*Bord Fáilte*).

Adressen:

für Deutschland:
❑ Untermainanlage 7
60329 Frankfurt
℡ (069) 92318550
🖷 (069) 92318588
http://www.irland-urlaub.de

für die Niederlande:
❑ Spuistraat 104
1012 VA Amsterdam
℡ (020) 6223101
🖷 (020) 6208089

für die Schweiz:
❑ Irland Informationsbüro
Neumühle Töss
Neumühlestr. 42
8406 Winterthur
℡ (052) 2026906/7
🖷 (052) 2026908

für Österreich:
❑ Botschaft von Irland
Hilton-Center, 16. Etage
Landstraße-Hauptstr. 2
1030 Wien
℡ (01) 7158317
🖷 (01) 7136004

Als *Standardpaket* sollte man folgendes bestellen:
- Informationsbroschüre „Irland – Das Leben neu erleben"
- Angebote von Reiseveranstaltern „Die grünen Ferienseiten" mit den Fähren nach Großbritannien und Irland (Best.-Zeichen: SG)
- Hotelverzeichnis „Be our guest" mit ausgewählten Hotels (Best.-Zeichen: C0)
- Faltbroschüren über Freizeitsportarten (z.B. Radwandern)
- Faltblatt mit Liste der anerkannten Independent Holiday Hostels (gibt's nur auf ausdrückliche Anforderung!)

Alle diese Broschüren gibt's hierzulande gratis. Infoblätter zu bestimmten Freizeitsportarten wie Reiten, Angeln, Golf sollten Sie ggf. gleich mitbestellen.

Etliche weitere Publikationen sind nur noch gegen klingende Münze erhältlich (beim *British Bookshop*, s.u., bzw. dem Schweizer Irland Informationsbüro, zzgl. Versandkosten), so auch eine Irlandkarte und Unterkunftsverzeichnisse (je DM 12) u.a. von Privatunterkünften und Campingplätzen. In den meisten Fällen sind die entsprechenden Publikationen vor Ort in Irland übrigens erheblich billiger zu erstehen.

Vollständiger sind jedoch die Internet-Informationen, da die Druckwerke nur bezahlte Einträge aufweisen!

Die Tourismuszentrale für Nordirland ist dem Britischen Fremdenverkehrsamt angegliedert.

Adressen:
für Deutschland und Österreich:
❑ Northern Ireland Tourist Board
   Westendstr. 16-22
   60325 Frankfurt
   ✆ (069) 971123
   🖹 (069) 97112444
   http://www.ni-tourism.com
für die Niederlande:
❑ British Tourist Authority
   Stadhouderskade 2
   1054 ES Amsterdam
   ✆ (020) 6890002
   🖹 (020) 6186868

Die Schweiz wird vom Irland Informationsbüro mitversorgt (s.o., Bord Fáilte).

Auch das NITB verfügt über Prospekte über nahezu jedes Thema. Für einen guten Überblick sorgt die Broschüre *Nordirland*. Falls Sie weitere Informationen erhalten möchten, geben Sie diese möglichst genau an, da Sie sonst nur allgemein gehaltenes Material bekommen. Ebenso wie Bord Fáilte vertreibt das NITB fast alle detaillierten Verzeichnisse (z.B. Unterkünfte) nur gegen Bares.

Die kostenpflichtigen Publikationen der Fremdenverkehrszentralen sind zu beziehen vom
❑ British Bookshop, Börsenstr. 17, 60313 Frankfurt/M., ✆ (069) 280492, 🖹 (069) 287701
❑ British Bookshop, Weihburggasse 24-26, 1010 Wien., ✆ (01) 5121945, 🖹 (01) 5121026
bzw. beim Schweizer Irland Informationsbüro.

In Irland unterhält Bord Fáilte ca. 35 ganzjährig geöffnete Informationsbüros sowie überall im Land saisonabhängige Auskunftsstellen (Mai bis September, manchmal auch nur Juli und August). Die Adressen stehen weiter hinten bei den jeweiligen Regionen und Orten.

Das NITB verfügt über 21 ganzjährig geöffnete Infostellen sowie eine Handvoll saisonal besetzte Büros; desweiteren gibt es einige kommunale Touristeninformationen. Auch diese Adressen stehen bei den Ortsbeschreibungen.

Leider beschränken sich die Informationsstellen in der Regel auf Auskünfte über die Mitglieder der regionalen Tourismusorganisationen, so daß z.B. Details über nicht-angeschlossene Hostels und B&Bs (s. *Ein Dach überm Kopf*) nicht oder unvollständig erhältlich sind.

Anreise

Irland liegt verkehrstechnisch gesehen hinterm Mond. Wer nicht die Dienste einer Luftverkehrsgesellschaft in Anspruch nimmt, muß mit einer zeitlich und finanziell aufwendigen Anreise rechnen, obwohl gottlob in den letzten Jahren außer den Flug- auch die Fährtarife gesunken sind. Zu den allgemeinen Problemen des Fahrradtransports empfehle ich das Kapitel *Anreise* in *Der Wind kommt immer von vorn* von Jürgen Rieck (s. Reiseführer und -Literatur).

Thema: Umwelt

Ein weit verbreiteter Irrtum ist, daß das Flugzeug in jedem Fall das umweltschädlichste Verkehrsmittel ist. Nach Berechnungen der – ökologisch orientierten! – Zeitschrift *Irland journal*, die auf den Kriterien der „Schweizer Ökobilanz" der Universität Bern beruhen, schneidet jedoch bei der Anreise nach Irland die ebenso häufig verwendete Variante „Auto, zwei Insassen, Fähren" nur auf den langen Fährstrecken (Hull, Newcastle, via Schottland nach Nordirland) besser, sonst deutlich schlechter ab als das Flugzeug; erst ab drei Personen können die südenglischen Fährhäfen dem Flugzeug ökologisch Paroli bieten! Die Nase vorn haben nach Umweltgesichtspunkten eindeutig die Kombinationen Bahn/Fähre bzw. Bus/Fähre. Angesichts des ungeheuren Streßfaktors nutzen nur etwa 5 % der Irland-Reisenden diese Verkehrsmittel.

Flug

Die schnellste Möglichkeit und je nach Saison, Personenkreis und Abflugort auch die preisgünstigste. Im allgemeinen kann ein Fahrrad im Rahmen des Reisegepäcks mitgenommen werden (s.u.). Die gebotenen Strecken, Tarife und Sonderkonditionen wechseln alle Jahre wieder (mindestens einmal), so daß die folgende Auflistung nur zur groben Übersicht (Stand 1999) dient. Vor allem die Charterflüge sind (mindestens) saisonalen Veränderungen ausgesetzt.

Direkte Linienverbindungen nach Irland gibt es zum einen mit *Lufthansa* (ab Frankfurt nach Dublin), zum anderen mit *Aer Lingus* (ab Düsseldorf, Frankfurt und Zürich nach Dublin mit inneririschen Anschlußflügen, s. *Verkehrsverbindungen in Irland*) sowie einmal wöchentlich von Düsseldorf nach Shannon. Der Reiselust der Eidgenossen dient zudem eine Verbindung der *Air Engiadina* zwischen Zürich und Dublin; Österreich (Wien) ist seit 1998 von *Tyrolean Airways* wieder mit Dublin verbunden. Mittelfristig darf zumindest saisonweise mit weiteren Flügen z.B. ab Hamburg und Stuttgart gerechnet werden.

Charterflüge von diversen deutschen und Schweizer Flughäfen gibt's in der Regel nur samstags und meist nur nach Shannon, was aber nur dann ein Nachteil ist, wenn Sie unbedingt nach Dublin wollen. 1999 wird ein Wochenendcharter von München, Frankfurt und Düsseldorf nach Knock angeboten; bei Erfolg sicher auch in der Zukunft.

Die diversen Charterflüge ab Österreich sind vorrangig auf Dublin hin ausgerichtet.

Aus den Niederlanden fliegt KLM etwa viermal täglich nach Dublin.

Nach Nordirland gibt es keine direkten Flugverbindungen aus den deutschsprachigen Ländern; Umsteigen in Amsterdam, Brüssel, Dublin oder auf englischen Flughäfen (London, Birmingham, Manchester) ist erforderlich.

Die Liniengesellschaften haben alle diverse Spartarife eingeführt, die an die unterschiedlichsten Bedingungen geknüpft sind: manchmal nur feste Vorausbuchung (z.B. 14 Tage vor Abflug) der Flugtermine mit Vorschriften über die Mindestaufenthaltsdauer (in der Regel mindestens über ein Wochenende, also kein Problem), in anderen Fällen nur für bestimmte Alters- oder Personengruppen, manchmal nur für kurzfristige Buchungen in letzter Minute. In jedem Fall lohnt es sich, die Tarife zu vergleichen und mehr als nur ein Reisebüro aufzusuchen – der Tarifdschungel ist so undurchschaubar, daß kaum ein Reisebüro wirklich den völligen Durchblick hat.

Tarifbeispiele (Sommer 1999, jeweils hin und zurück):
Linienflug Aer Lingus Düsseldorf-Dublin, PEX-Tarif, 619 DM
dito, APEX-Tarif 539 DM
dito, Super-APEX-Tarif 499 DM
dito, Jugend-APEX für alle unter 25 Jahre 405 DM
Im Winterhalbjahr sind alle Tarife noch deutlich niedriger.

Die entsprechenden Lufthansa-Tarife sind durchweg höher, dafür aber von jedem deutschen Flughafen aus zu bekommen (mit Umsteigen in Frankfurt). *Achtung:* die preiswerten Aer-Lingus-Anschlußflüge (s.u.) gibt es nur für Direktflüge dieser Airline ab Deutschland!

Wie leicht ersichtlich ist, kann man bei etwas Suche und bei Erfüllen der jeweiligen Bedingungen erheblich unter dem Normaltarif fliegen. Allerdings bringen die Buchungsbedingungen und die extrem hohe Flugauslastung in der Hauptsaison es mit sich, daß das Ergattern eines APEX-Fluges, erst recht eines Jugendtarifs, ein Glücksspiel sein kann.

Inneririsch bietet sich bei fast allen Tarifen die Gelegenheit zu einem „Gabelflug", z.B. hin nach Shannon, zurück ab Dublin u.ä.

Vereinzelt werden bei den einschlägigen Billig-Flugreisebüros noch weitere günstige Flüge angeboten. Sofern die ausführende Gesellschaft damit nur Linienflüge mit zusätzlichen Charterpassagieren füllen will, ist in der Regel (nach Voranmeldung!) die Mitnahme eines Fahrrades möglich. Bei reinen Charterflügen ist die Lage unsicherer: da meist kein Übergepäck zugelassen wird, sollte man zumindest in der Hauptsaison nur nach ausdrücklicher Zustimmung der ausführenden Fluggesellschaft (nicht nur des Reiseveranstalters) buchen. In der Nebensaison gibt es aber auch bei Charterflügen in der Regel keine Probleme.

Charterreisen werden oft kurzfristig zu Sonderpreisen verkauft, wenn sie, vor allem in der Nebensaison, nicht ausgebucht sind. Es lohnt sich deshalb, die entsprechenden Reiseveranstalter 2-3 Wochen vor dem geplanten Abflug anzurufen und nach solchen Sonderangeboten zu fragen. Auch an manchen Flughäfen und in spezialisierten Reisebüros werden solche kurzfristigen Buchungen verkauft. Allerdings ist es recht schwer, solche Sonderangebote für Reisen von mehr als 2 Wochen zu entdecken.

Die inneririschen Anschlußflüge von Dublin nach Cork, Shannon, Kerry, Galway, Knock, Sligo und Carrickfinn (Donegal Airport) werden in Kombination mit *Aer-Lingus*-Direktflügen für nur DM 40-120 verkauft; allerdings ändert sich das mindestens jährlich. Auf manchen Flügen können keine oder maximal zwei Fahrräder transportiert werden, da die eingesetzten Maschinen für Sondergepäck zu klein sind. Die Zollabfertigung erfolgt mittlerweile immer erst am Zielflughafen, so daß Sie mit dem Rad nicht in Dublin durch den Zoll müssen. Platzreservierung für Fahrräder ermöglicht Aer Lingus übrigens nur zwischen Deutschland und Dublin, *nicht* für die Anschlußflüge. Ein kleiner Hauch von Abenteuer soll dem Fluggast wohl erhalten bleiben...

Bis 1993 war im Rahmen des Freigepäcks bei Liniengesellschaften in der Regel der Fahrradtransport kostenlos. Mittlerweile berechnen sowohl Lufthansa auch Aer Lingus je Strecke(nabschnitt) DM 50. Dafür steht aber auch das volle Freigepäck von 20 kg zusätzlich zur Verfügung.

Bei Charterflügen läßt sich keine Richtlinie für etwaige Transportkosten nennen, obwohl sich die meisten Gesellschaften theoretisch schon vor Jahren auf einen Einheitstarif von ebenfalls DM 50 dafür geeinigt haben, andere in gewissen Abständen immer wieder den Gratistransport (im Rahmen des Freigepäcks oder auch zusätzlich) einführen. Am günstigsten sind die Chancen für einen (Gratis-) Transport, wenn es sich um eine Liniengesellschaft handelt, die im Charter eines Reiseveranstalters fliegt.
Sinnvoll ist aber in jedem Fall die Beschränkung auf nicht zu viele Gepäckstücke. Wer mit 4 Packtaschen, Zelt, Isomatte und Schlafsack fliegt, darf sich nicht wundern, wenn das Abfertigungspersonal die Übergepäcktoleranz als etwas zu weit ausgereizt ansieht. Vorsichtshalber sollte man kleine, aber schwere Dinge (z.B. Fotoapparat, diesen Reiseführer, ggf. die abgeschraubten Pedale etc.; Werkzeug ist hingegen problematisch, da es als waffenähnlich eingestuft werden kann) ins Handgepäck nehmen, das meist nicht gewogen wird, obwohl es eigentlich zur Freigepäckmenge zählt.
Sowohl bei Linien- als auch bei Charterflügen ist die Anmeldung des „Sondergepäcks" unbedingt erforderlich, da dafür immer nur wenig Raum zur Verfügung steht!

Die meisten Fluggesellschaften verlangen gewisse Veränderungen am Fahrrad für den Transport: meist Lenker in Längsrichtung verdrehen, Pedale ab- oder nach innen schrauben, Luft aus den Reifen lassen. Es empfiehlt sich somit, frühzeitig am Flughafen zu sein – was auch schon deshalb sinnvoll ist, um das Rad sicher mitzubekommen – und das ggf. notwendige Werkzeug bereitzuhalten. Lassen Sie die Luft nicht vollständig ab, damit der Reifen sich beim Schieben zum Flugzeug nicht von der Felge lösen kann. Das Nach-Innen-Schrauben der Pedale wird zwar von den Fluggesellschaften gern empfohlen, ist aber mit einem Haken verbunden: Räder, die in diesem Zustand rückwärts geschoben werden, bekommt man möglicherweise mit verbogenem Schaltwerk zurück, da die Kette dann blockiert!

Land-/Seeweg

Eine Vielzahl vom Kombinationen ist denkbar.
Die Fähre ist unvermeidlich, aber für die Strecke dorthin und ggf. zwischen den Fähren (d.h. durch England) kann man aufs Auto, die Eisenbahn, den Bus oder die eigene Muskelkraft (sprich radeln) zurückgreifen – wobei die Bahnanreise schier unlösbare Probleme beim Fahrradtransport offeriert.

Fähren

Analog zu den Flugtarifen sind auch die meisten Fährpreise seit Jahren gottlob auf fallendem Preisniveau angesiedelt. Einen besonderen Sport entwickeln die diversen Fährgesellschaften darin, mitten in der Saison Sonderpreise so kurzfristig anzubieten, daß kein normales Reisebüro den Überblick behält. Selbst spezialisierte Buchungsstellen sind stetig bemüht, auf dem laufenden zu bleiben.

Einen (im Rahmen dieser Gegebenheiten) aktuellen Fährenplan gibt es bei den Fremdenverkehrszentralen; er enthält auch auszugsweise die Tarife.

Direktverbindungen werden nur von Frankreich aus angeboten: von Cherbourg und Roscoff nach Rosslare, bzw. von Roscoff nach Cork. Wegen der hohen Preise und der langen Anreise durch Frankreich ist diese Strecke allenfalls (und auch dann nur bedingt) für Urlauber von südlich der Mainlinie zu empfehlen. Alle anderen Strecken gehen über, d.h. durch England.

Dover bzw. Folkstone werden von Calais, Boulogne und Oostende aus angefahren. Nach Harwich gehen die Fähren von Hoek-van-Holland und Hamburg. Nach Hull in Nordengland kommt man von Rotterdam und Zeebrugge aus; der nördlichste in Frage kommende englische Fährhafen ist Newcastle, der von Hamburg und IJmuiden/Amsterdam angefahren wird.

Je nachdem, mit wieviel Personen und auf welche Art man reist, kann jede dieser Routen finanziell und/oder zeitlich attraktiv sein. Konkrete Empfehlungen lassen sich daher nur bedingt geben; der Preisvergleich für den jeweiligen Fall ist unverzichtbar, zumal fast alle Gesellschaften sich jährlich neue Sondertarife einfallen lassen.

Einige Fährverbindungen befördern Fahrräder gratis, andere nutzen diese Regelung zu einem Mogeltarif: Passagiere in Autos werden billiger befördert als Fußgänger und Radfahrer.

Bei der Anreise durch England wird als weiterführende Fähre eine der folgenden Verbindungen benutzt: Swansea-Cork, Fishguard- bzw. Pembroke-Rosslare, Holyhead-Dún Laoghaire bzw. -Dublin; nach Nordirland gibt es die Fähren Liverpool- bwz. Stranraer-Belfast, Cairnryan-Larne und einige Island-Hopping-Möglichkeiten über die Isle of Man. Die Verbindungen nach Nordirland sind allerdings nur bei Anreise per Auto attraktiv, so daß sie sich vorrangig für eine kombinierte Irland-Schottland-Reise anbieten.

Preisermäßigungen (ca. 10-15 %) gibt es auf etlichen Fährstrecken, wenn alle Fähren bis Irland für Hin- und Rückfahrt vorher gebucht und bezahlt werden (Durchbuchungstarif). Für Studenten und manchmal auch anderes Jungvolk bieten ebenfalls einige Gesellschaften Rabatte an. Allerdings gibt es diesen Rabatt nur für Nicht-Autopassagiere und nicht zusätzlich zu Durchbuchungstarifen, so daß seine Ausnutzung allenfalls für eine nicht-vorgebuchte Rückreise ab Irland sinnvoll erscheint. Ansonsten kann es leicht passieren, daß man durch die Ausnutzung des Jungvolk-Rabattes teurer reist als mit dem Durchbuchungstarif.

Auto

Die Anreise per Auto kann vergleichsweise preiswert werden, wenn die rollende Blechdose mit Passagieren und Rädern vollgestopft wird. U.a. lassen sich dabei die Fährpreise für die Fahrräder (bis zu ca. 60 DM je Strecke und Rad!) sparen. Zwar ist es in der Regel unrentabel, bis zur Ankunft in Irland per Auto zu reisen und es dort abzustellen (Ausnahme: bei Direktanreise bis Nordirland), aber im Zug der immer mehr sich auf Normalverbraucher ausdehnenden *Mitfahrgelegenheiten* kann man auch als Radler evtl. preisgünstig nach Irland gelangen. In der Regel sinnvoll ist die Anreise per Auto bis zum ersten Fährhafen und Weiterfahrt mit Schiff und Bahn.

Die Autoreise durch England ist nahezu in jedem Fall sehr zeitaufwendig, da der Weg entweder auf der Autobahn um London herum oder über Dörfer und gewundene Landstraßen führt. 400-750 km sind je nach Strecke zu bewältigen, wofür man 8-9 Stunden ansetzen muß. Wer solche Strecken auswählt, die kurze Fährverbindungen und lange Autostrecken beinhalten, sollte nach der Ankunft in Irland einen Ruhetag zur Akklimatisierung ansetzen.

Im folgenden wird davon ausgegangen, daß für den Aufenthalt in Irland das Auto nicht benutzt wird. Wer Benzinpreise u.ä. wissen möchte, sollte die Irische Fremdenverkehrszentrale oder Automobilklubs konsultieren.

Eurotunnel

Durch den Eurotunnel fährt „Le Shuttle" in 35 Minuten von Calais nach Folkstone. Es gibt einen viermal täglich verkehrenden „Cycle Service", bei dem die Autoverladung genutzt wird: Fahrräder in einen Anhänger, Passagiere in Minibusse; Auskunft in Deutschland unter der Eurotunnel-Servicenummer ✆ 0180 5000248. In der Schweiz und in Österreich wird der Eurotunnel durch Reisebüros vermarktet.

Eine weitere Möglichkeit, den 50 km langen Tunnel zu nutzen, besteht in der Fahrt mit der Eisenbahn: der „Eurostar" ab Brüssel oder Paris nutzt den Tunnel ebenso wie Schlafwagenzüge ab Frankfurt a.M. und Dortmund nach London.

Nähere Informationen bekommen Sie im Reisebüro, bei der Deutschen Bahn oder über die im Abschnitt Eisenbahn genannten Adressen.

Eisenbahn

Die Eisenbahn ist für Nicht-Autoreisende das einzige Transportmittel, das täglich verkehrt und – zumindest teils – keine Reservierung erforderlich macht. Theoretisch kann man über Frankreich, Belgien und Holland per Bahn bis zum jeweiligen Fährhafen anreisen oder den Eurotunnel nutzen. Durchgehende Züge mit Fahrradtransport ermöglichen dies inzwischen recht einfach. Leider ist der internationale Versand aufgrund verschärfter Bestimmungen unmöglich geworden, so daß die Selbstverladung der einfachste Weg ist, das eigene Fahrrad an das Urlaubsziel zu befördern. Je nach Anreiseland stellen sich jedoch trotzdem verschiedene Schwierigkeiten, eine Reservierung ist gerade in der Hauptsaison wegen der begrenzten Stellplatzzahl unbedingt zu empfehlen:

⇨ Nur in sehr wenigen französischen Fernzügen ist die Selbstverladung möglich, dagegen werden in fast allen Regionalzügen Fahrräder kostenlos mitgenommen.
⇨ Die belgischen Eisenbahnen bieten in fast allen Binnenverkehrszügen eine beschränkte Anzahl an Fahrradstellplätzen, ausgenommen TGV- und Thalyszüge. Im Sommer gibt es spezielle Fahrradzüge zur belgischen Nordseeküste.
⇨ In Holland ist die Fahrradmitnahme in fast allen Zügen möglich, ausgenommen sind einige Intercitys.

Wer sich der Probleme dadurch entledigen will, daß er das Fahrrad als Reisegepäck vorausschicken möchte, wird bitter enttäuscht sein, wenn er den entsprechenden Wunsch am Bahnschalter oder im Reisebüro äußert, denn seit 1992 ist dies nach Großbritannien und Irland nicht mehr möglich – angeblich aus Sicherheitsgründen. Da nach Frankreich und Belgien der internationale Versand auch nicht mehr möglich ist und das Rad in Deutschland nur von Adresse zu Adresse als Kuriergepäck versandt wird, bleibt im Grund nur die Selbstverladung.

Durchgehende grenzüberschreitende Züge mit Fahrradselbstverladung finden sich einige. Nach Holland fahren täglich 16 Züge von verschiedenen Orten, nach Belgien (Ostende) 5 Züge ab Köln oder Aachen, nach Frankreich fährt mehrmals täglich ein Interregio bis Strasbourg. Grenzüberschreitende Fahrradkarten kosten DM 16. Radreisende aus der Schweiz und Österreich haben Anschluß über Züge mit Fahrradmitnahme nach Deutschland oder z.B. direkt über die Verbindung Basel – Amsterdam.

Je nach Verbindung müssen Sie dann in einen französischen, holländischen oder belgischen Zug umsteigen, um den jeweiligen Fährhafen zu erreichen. Weiterhin besteht die Möglichkeit, sich mit Regionalzügen mit Fahrradabteil an die jeweilige Grenze zu begeben und dort umzusteigen.

Sollte das Reisebüro oder die Deutsche Bahn Ihre Fragen auch trotz Radfahrerhotline (0180 3194194) nicht zufriedenstellend beantworten können, hilft die Anfrage bei der jeweiligen Niederlassung der holländischen, französischen oder belgischen Bahnen in Deutschland meist weiter:

❑ Niederländische Eisenbahnen: Postfach 1948, 50209 Frechen, ✆ (02234) 273035, 🖹 273050.
❑ Französische Eisenbahnen (SNCF): Lindenstr. 5, 60325 Frankfurt a.M., ✆ (069) 97584641, 🖹 97584635.
❑ Belgische Eisenbahnen: Goldgasse 2, 50668 Köln, ✆ (0221) 134761, 🖹 132747.

Der normale und vergleichsweise schnelle Weg führt über London. Dort ist ein Bahnhofswechsel erforderlich, und sehr schnelle Intercityverbindungen nach Holyhead und Fishguard liefern den Anschluß an die Fähren nach Irland. Obwohl die Strecke nach Holyhead länger ist als die nach Fishguard, ist sie wegen weniger Stopps mindestens genauso schnell; die Anschlüsse sind ebenfalls oft günstiger (s. *Verkehrsverbindungen*).

Die normale Rückfahrkarte nach Dublin kostet z.B. durch den Eurotunnel ab Köln stolze 1307 DM. Mit etwa 500 DM kommen Reisende aus, wenn sie sich frühzeitig um ihr Ticket kümmern und sämtliche Rabattmöglichkeiten nutzen. Als Alternative gibt es die InterRail-Karte, bei der der Preis vom Geltungsbereich (1-3 Zonen oder ganz Europa; Zone „A" besteht aus Großbritannien und Irland) und vom Alter abhängt – ggf. bei gleichzeitiger Verwendung für die Anreise evtl. die bessere Wahl. Er gilt in Irland aber nur in der Eisenbahn. Preisbeispiel: Zone A kostet unter 26 Jahren DM 378, darüber DM 540 (Stand 1999).

Zu den Personentarifen kommen noch die Kosten für einen etwaigen Fahrradtransport. Wer seinen Drahtesel mitnehmen will, muß für alle Bahn- und Fährkarten noch einmal ca. 80-100 DM (Hin- und Rückfahrt) veranschlagen. Allerdings vergessen die Kontrolleure an den Fähren oft das Kassieren.

Das Angebot der British Rail gestaltet sich für Radreisende leider sehr vielschichtig. Während einerseits die Mitnahme (bei Selbstverladung) auf diversen Zügen umsonst und ohne Reservierung möglich ist, muß andererseits bei vielen (Fern-) Verbindungen nicht nur vorbestellt und bezahlt werden (£ 3 pro Rad), sondern sind auch noch diverse Ausschlußzeiten zu berücksichtigen. Die Zahl der von dieser Unsitte betroffenen Strecken ist ständig im Wachsen begriffen. Wenn Sie den Transport per Eisenbahn in Erwägung ziehen, empfiehlt es sich also dringend, die Broschüre „Biking by Train" bei der Britischen Eisenbahn zu ordern, und zwar unter folgenden Anschriften:

❑ Düsseldorfer Str. 15-17, 60329 Frankfurt, ✆ (069) 232381, Zweigbüros in Düsseldorf und Hamburg
❑ Centralbahnplatz 9, 4002 Basel, ✆ (061) 231404, Zweigbüro bei BTA in Zürich
Das Schweizer Büro ist auch für Österreich zuständig.

Die zum „Eurolines"-Konsortium gehörenden Unternehmen Deutsche Touring, Continentbus und Transline bieten Liniendienste nach London (teilweise auch nach anderen Orten) an; in der Hauptsaison täglich. Der Fahrpreis (hin und zurück) beträgt je nach Abfahrtsort und Gesellschaft DM 180-330.

Dennoch hat die Sache einen Haken: grundsätzlich ist bei den „normalen" Busgesellschaften die Mitnahme eines Fahrrades nicht vorgesehen – also müssen Sie den Drahtesel entweder zerlegen und verpacken (wozu mittlerweile eine ganze Reihe von Koffern, Taschen oder Kartons zur Auswahl steht), anderweitig vorschicken oder vor Ort ein Rad mieten.

Veranstaltet werden derartige Reisen zu ähnlichen Preisen außerdem von einigen unabhängigen Firmen; alle Verbindungen sehen in London einen Wechsel z.B. auf den *Supabus* nach Irland vor; das Supabus-Ticket muß entweder bei einer deutschen Agentur (Reisebüro) oder in London direkt gekauft werden. Für die Hauptsaison ist Vorbuchung unbedingt anzuraten. Die Strecke London-Dublin und zurück kostet je nach Saison ca. 130-200 DM; Anschlüsse in andere irische Orte sind ebenso möglich wie eine Verbindung London-Südirland.

Auskünfte gibt jedes bessere Reisebüro, aber auch hier gilt: mehrere Büros und vor allem Irlandspezialisten oder Jugendreisefirmen befragen.

Alle Linienbusdienste sind Bummelstrecken, denn 30-44 Stunden muß man ansetzen.

In der Saison können Sie auch mittels Radelbus, in dem die Fahrräder in einem speziellen Anhänger transportiert werden, von Deutschland über Großbritannien nach Irland gelangen. Das Programm „Bike & Bus" wird gegenwärtig von dem Veranstalter Sausewind angeboten. 1999 waren offizielle Zielorte in Irland Dublin und Kenmare; Abfahrtsorte sind: Oldenburg, Bremen und Duisburg. Der Veranstalter beschafft ferner günstige Bahntickets zu den Abfahrtsorten. Die Preise (H + R) liegen derzeit bei 500 DM.
❏ Sausewind Reisen GmbH, Lindenstr. 16, 26123 Oldenburg, ✆ (0441) 935650, 🖻 3047109, internet: http://www.sausewind.de

Ein ähnliches Angebot gibt es von einem Kölner Reisebüro, das allerdings weniger „Liniendienst"-Charakter hat. Befahren wird die Strecke Köln – Dún Laoghaire – Castlebar in der Saison einmal wöchentlich; der Preis (H + R, inkl. Fahrrad) liegt 1999 bei 410 DM.
❏ Highländer Reisen, Florastr. 83-85, 50733 Köln, ✆ (0221) 7609970, 🖻 7609972

Einreise

Personen

Personalausweis oder Reisepaß genügen, Visum entfällt. Wer länger als drei Monate bleiben will, muß sich bei der nächsten Polizeistation unter Angabe einer festen Adresse (B&B-Herberge oder ähnliches) anmelden, oder für mindestens ein paar Stunden die Grenze zwischen der Republik und Nordirland kreuzen und sich sowohl die Ausreise als auch die Wiedereinreise mit Stempel bestätigen lassen. Weitere drei Monate sind dann erlaubt.

Tiere

Wer seinen Goldhamster unbedingt mit auf die Fahrradreise nehmen möchte, sollte sich auf einen Langzeitaufenthalt einrichten. Alle Arten von Tieren müssen auf den gesamten britischen Inseln nämlich 6 Monate Quarantäne absolvieren.

Zoll und Devisen

Die Einfuhr von Zahlungsmitteln ist unbegrenzt. Bei der Ausreise dürfen nur bis zu Ir£ 150 ausgeführt werden; Nordirland hat keine Devisenbeschränkungen.
Für die Einfuhr von Waren gibt es, wenn Sie direkt aus einem EU-Land einreisen, seit der Einführung des Binnenmarktes nur die schwammige Beschränkung auf Mengen des privaten Verbrauchs. Inzwischen wurde aber bereits definiert, wie hoch die „üblichen Mengen des privaten Verbrauchs" zu sein haben, damit sie nicht vom Zoll belangt werden:

➪ 800 Zigaretten und 400 Zigarillos und 200 Zigarren und 1 kg Tabak; 90 l Wein; 20 l Sherry u.ä. (unter 22 Vol %); 10 l Spirituosen.

Ausnahmen für Duty-Free-Shop-Einkäufe innerhalb der EU sind per 1.7.99 entfallen.

Für Waren, die aus einem Nicht-EU-Land eingeführt werden, gelten die folgenden Beschränkungen:
➪ 200 Zigaretten oder 100 Zigarillos oder 50 Zigarren oder 250 g Tabak; 2 Liter Wein; 1 Liter Spirituosen oder 2 Liter Sherry o.ä. oder 2 weitere Liter Wein; 50 g Parfüm; ¼ l Eau de Toilette; sonstige Waren bis zum Wert von (Ir)£ 145.

Bei der Ausreise (bzw. Rückkehr ins Heimatland) gelten die obigen Mengen entsprechend.
Dinge des persönlichen Bedarfs (sprich Reisegepäck) sind immer zollfrei.

Verboten ist die Einfuhr von Waffen, von frischem und konserviertem Fleisch, Geflügel und Molkereiprodukten. Mit der Schweinehälfte im Gepäck darf man sich also nicht erwischen lassen.
Funkgeräte dürfen mitgeführt werden, sofern vorher eine Genehmigung eingeholt wurde bei

❏ The Radio Section, Department of Communications, Scotch House, Burgh Quay, Dublin 2, ✆ (01) 6718211, 🖹 6798834.

Hauptreisezeit

Die Iren und die Briten haben ihre Ferienzeit in den Monaten Juli und August, wobei ab Mitte Juli der stärkste touristische Andrang zu verzeichnen ist. Wer kann, sollte deshalb möglichst vorher nach Irland aufbrechen; das hat außerdem den Vorteil statistisch relativ trockener Witterung und des noch frischen Elans aller, die mit Tourismus zu tun haben. Vieles spricht für die Zeit von Mitte Juni bis Mitte Juli, so u.a. die geringeren Anreisekosten (Nebensaison), saisonbedingte kulinarische Köstlichkeiten und die geringere Zahl blutrünstiger Insekten.
Wer mehr Wärme und mehr Trubel sucht, kommt in Juli und August eher auf seine Kosten.   ⚲

Sneem

Verkehrsverbindungen in Irland

Nicht jeder wird die Irland-Fahrradreise am Fähr- oder Flughafen beginnen wollen – zeitliche und finanzielle Gründe sprechen möglicherweise dafür, gewisse Strecken mit Bahn oder Bus zurückzulegen, um die eigentliche Fahrradreise auf touristisch besonders interessant erscheinende Gebiete beschränken zu können. Und für Trips zu vorgelagerten Inseln sowie für Querverbindungen durch das ganze Land können auch die wenigen Flug- und Fährlinien sinnvoll eingesetzt werden.

Busse und Bahnen

Das früher dichte Bahnnetz von *Iarnród Éireann* (Irish Rail, Tochtergesellschaft des staatlichen Transportunternehmens C.I.E. = Córas Iompair Éireann), ist aufgrund einer verfehlten Verkehrspolitik mangels Fahrgästen auf einige Strecken geschrumpft, die Dublin mit den wichtigsten Städten des Landes verbinden. Der Bezug auf die Hauptstadt ist übermächtig: alle Züge enden dort.

Die Buslinien werden in der Republik Irland fast ausschließlich von der staatlichen Gesellschaft *Bus Éireann* (ebenfalls Tochter der C.I.E.) betrieben, einschließlich des Dorf-zu-Dorf-Verkehrs; ausgenommen sind der Dubliner Stadtverkehr und der nördliche Teil von Donegal, wo der *Lough-Swilly*-Busservice, ein regionaler Busdienst mit Sitz in Londonderry, mit nostalgisch anmutenden Bussen die meisten Strecken befährt.

Der Rest der Republik ist durch ein dichtes Busnetz miteinander verbunden. Auf den wichtigsten Fernlinien verkehren Expressway-Busse (teilweise nur im Sommer): Schnellbusse, die seltener halten und dafür etwas teurer sind als die gewöhnlichen *Provincial*-Busse.

Der staatlichen Gesellschaft ist in den letzten Jahren Konkurrenz durch private Busunternehmer erwachsen, die als „Rosinenpicker" natürlich vorrangig die lukrativen Hauptstrecken zwischen Dublin und den größeren Städten Irlands bedienen. Vor allem hat dieser Wettbewerb dazu geführt, daß das ohnehin vorhandene Chaos der Sondertarife durch Niedrigpreise der Privaten vergrößert wird; enorme Preisunterschiede sind die Folge. Die Auskünfte der Touristeninformationen sind zu dererlei Angeboten meist lückenhaft und unzuverlässig.

In Nordirland betreiben die *Northern Ireland Railways* die Eisenbahnstrecken, die allerdings noch weniger flächendeckend sind als die republikanischen Routen. Um so dichter ist das Netz der Busgesellschaft *Ulsterbus*, die ebenso wie Bus Éireann etliche Expreßlinien unterhält.
Fahrpläne für Bahn (Broschüre) und Bus (Taschenbuch) in der Republik Irland sind vor Ort erhältlich.
Ein Fahrplan der Northern Ireland Railways kann vor Ort ebenfalls erstanden werden. Der Busfahrplan von Ulsterbus ist auf 5 Broschüren verteilt und daher sinnvollerweise in Nordirland direkt einzusehen.

Für Viel-Fahrer bieten alle Organisationen Pauschalkarten an, mit denen Bahn und/oder Bus in Republik und ggf. auch in Nordirland beliebig oft genutzt werden können; ausgenommen sind die Stadtbusse in Dublin, Cork, Limerick und Galway. Die meisten Tickets gelten entweder an 3 Tagen innerhalb eines Zeitraums von 8 Tagen, an 8 Tagen innerhalb von 15 Tagen oder an 15 Tagen innerhalb von 30 Tagen.

Einige Preise (Stand 1999):

- Bus in der Republik (*Irish Rambler*): 3 Tage Ir£ 28, 8 Tage Ir£ 68, 15 Tage Ir£ 98
- Bahn in der Republik (*Irish Explorer*): 5 Tage innerhalb von 15 Tagen Ir£ 60
- Bahn und Bus in der Republik (*Irish Explorer*): 8 Tage Ir£ 90
- Bus in Republik und Nordirland (*Irish Rover*): 3 Tage Ir£ 36, 8 Tage Ir£85, 15 Tage Ir£ 130
- Bahn in Republik und Nordirland (*Irish Rover*): 5 Tage Ir£ 75
- Bahn und Bus in Republik und Nordirland inkl. Stadtbusse in Dublin und Belfast (*Emerald Card*): 8 Tage Ir£ 105, 15 Tage Ir£ 180.

Auf alle Tickets erhalten Kinder unter 16 Jahren 50 % Rabatt, und für Familien und Gruppen (ab 5 Personen) gelten niedrigere Preise.

Die nordirischen Eisenbahnen verfügen über das *7 Day Rail Runabout*-Ticket, mit dem man eine Woche lang nahezu alle Strecken befahren kann (auch Anschluß an Dundalk in der Republik). Ulsterbus verkauft das *Freedom of Northern Ireland*-Ticket, das das gleiche auf den Busstrecken bietet.

Bei den Rambler Tickets wird ein Fahrrad gegen eine Pauschale beliebig oft transportiert; Einzeltransport kostet entfernungsabhängig (Ir)£ 2-6.

Generell keinen Fahrradtransport gibt's lediglich auf den Vorortlinien im Raum Dublin und Cork.

Fahrradtransport ist auch auf Busstrecken möglich, hängt aber von der Zustimmung des Busfahrers und natürlich vom verfügbaren Stauraum ab. Das kostet in der Republik Ir£ 5 je einfache Fahrt, in Nordirland wird der günstigere Personentarif (s.u.) durch den höheren Gepäcktarif leider ausgeglichen: für das Fahrrad muß der halbe Normaltarif gezahlt werden. Diesen Gepäcktarif berechnen im übrigen auch die meisten Privatbus-Unternehmen der Republik.

Billiger wird evtl. das Reisen ohne Rambler Ticket für Schüler und Studenten, die sich in ihrem Heimatland einen internationalen Studentenausweis besorgt haben. Damit und der in Irland (s. *Service*, Preisermäßigungen) erstandenen Travelsave Stamp bzw. FairStamp gibt es dann beliebig oft 50 % Rabatt bei Bus und Bahn (ohne Stadtbusse). Aber nur auf die Normaltarife (die ja sonst niemand bezahlt) und nicht auf den Fahrradtransport! Im Regelfall sind damit keine nennenswerten Ermäßigungen zu erzielen.

Allgemein zugängliche Sondertarife für Reisende unter 26 Jahren (à la Transalpino) werden in Irland nur für Auslandstickets angeboten.

Generell hoch sind die Preisermäßigungen für Rückfahrkarten. So sind Tagesrückfahrkarten in der Regel nur wenig teurer als die einfache Fahrt, bei Sonderangeboten teils sogar billiger!

Flugzeug

Wegen der relativ geringen Entfernungen sind die meisten inneririschen Verbindungen nur in Kombination mit An- oder Rückreise interessant (s. *Anreise*). Außer den internationalen Flughäfen Shannon, Horan International (Knock) und Cork werden von Aer Lingus (mit kleineren Maschinen, teils ohne Fahrradtransport) Sligo, Kerry County (Killarney/Tralee) und Galway angeflogen.
Die irische Binnengesellschaft Aer Arann bedient die Strecken Galway – Aran Islands und Dublin – Donegal (Carrickfinn); die Tarife für diesen vor allem auf Geschäftsreisende gerichteten Luxus sind allerdings im allgemeinen keine Sonderangebote.

Fähren

Reguläre Fährdienste existieren u.a. nach Cape Clear Island (Cork), Garinish Island (Cork), Sherkin Island (Cork), Bere Island (Cork), Dursey Island (Cork); Aran Islands (Galway, Rossaveal und Doolin); Ireland's Eye (Dublin); Arranmore Island (Donegal); Rathlin Island (Antrim). Von verkehrstechnisch größerer Bedeutung sind die Autofähren über die Shannon-Mündung (Tarbert-Killimer), von Passage East nach Ballyhack (Wexford/Waterford) und von Strangford nach Portaferry (Down) sowie die Fußgängerfähre von Larne zur Island Magee (Antrim).
Im Sommer fahren außerdem Ausflugsboote zu vorgelagerten Inseln, so z.B. zu den Arans, die teils deutlich günstiger als ggf. vorhandene reguläre Verbindungen sind.
Fahrradtransport ist auf fast allen Strecken möglich.

Übersichtskarte: Eisenbahnverbindungen in Irland

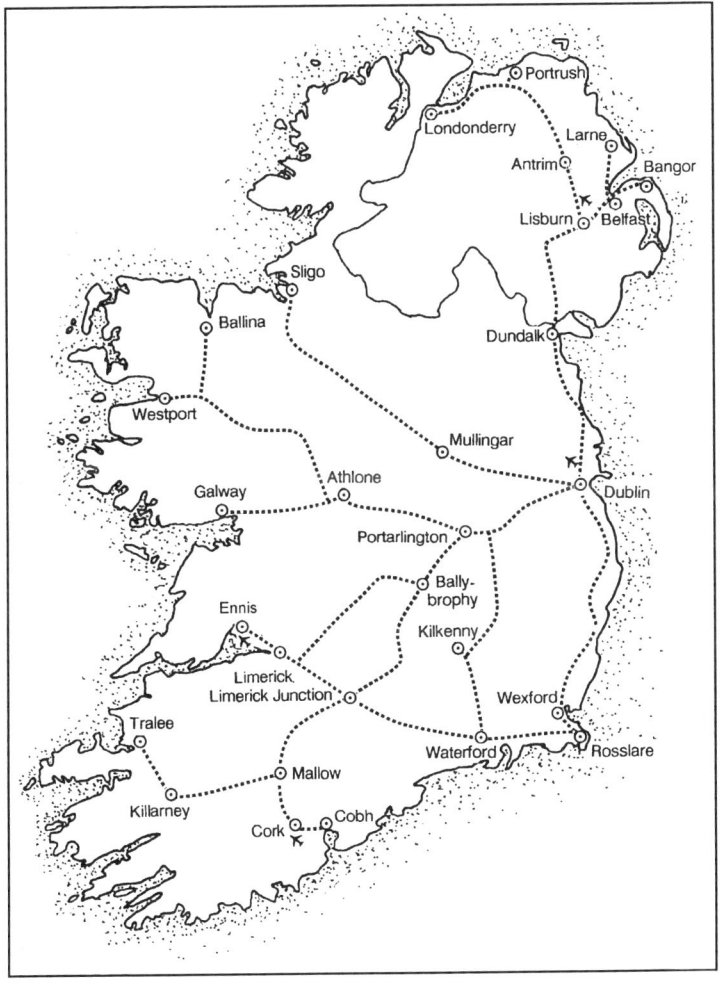

Übersichtskarte: Expreß-Busverbindungen in Irland

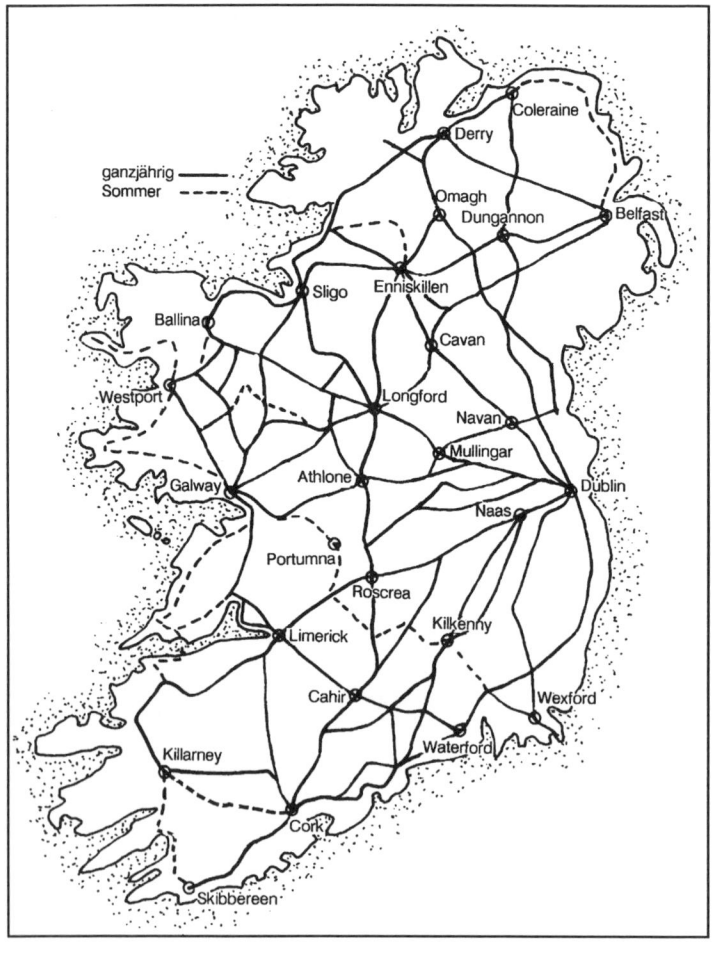

On the road again

Spätestens bei der Ankunft in Irland erinnert man sich dunkel, von den vom europäischen Kontinent abweichenden Verkehrsbestimmungen gehört zu haben. Stichwort: Linksverkehr.

Das ist auch gleich der markanteste Unterschied: in Irland wird wie überall auf den Britischen Inseln links gefahren. Im Interesse der Gesundheit sollte man das auch beherzigen, denn selbst auf den abgelegensten Straßen herrscht ab und zu Gegenverkehr. Faktisch ist der Linksverkehr jedoch völlig unproblematisch.

Die meisten Verkehrsregeln und Schilder entsprechen internationalem Standard. Wichtig: trotz Linksverkehr gilt bei der Vorfahrt, wie bei uns, rechts vor links! Höchstgeschwindigkeit, Anschnallpflicht etc. interessieren den Fahrradreisenden nicht, eher schon die Beschilderung.

Hinweisschilder stehen überall in Irland. Sie tragen Ortsnamen in der Regel in Englisch, in der Republik oft zusätzlich in Gälisch, und Entfernungsangaben in Meilen (1 Meile = 1,6 km) oder mit Kilometerangaben (vor allem in der Republik); zur Unterscheidung ist hinter (bzw. über!) der Entfernungszahl kurz (und klein) „km" angegeben, während Meilenschilder keinen Zusatz enthalten.

Entgegen der Beteuerung der irischen wie nordirischen Fremdenverkehrszentralen ist die Straßenausschilderung auf Nebenstraßen unzureichend und unzuverlässig oder irreführend. Nicht selten sind Schilder verdreht oder tragen grundsätzlich den Namen eines nahegelegenen größeren Ortes, egal in welche Richtung der kürzeste Weg verläuft. Ohne detaillierte Straßenkarten sind daher für den Radfahrer Irrfahrten vorprogrammiert.

Zu den Mysterien irischer Beschilderung gehört auch die Klassifizierung von Straßen in der Republik. Es gibt dort nämlich zwei verschiedene Numerierungssysteme, die sowohl auf Schildern als auch auf Straßenkarten gemischt vorkommen. In den Kartenskizzen und Etappenbeschreibungen dieses Buches werden daher immer beide Bezeichnungen genannt.

Die alte Klassifizierung sieht eine Unterteilung in *Trunk Roads* (Hauptstraße) und *Link Roads* (Verbindungsstraße) vor, z.B. T11 und L486.

Das neue System verwendet eine Unterscheidung in *National Roads* und *Regional Roads* mit entsprechender Numerierung, z.B. N81 und R348. Meistens entsprechen den neuen National Roads die alten Trunk Roads, haben aber durchweg andere Nummern. Die N-Schilder stehen schon seit etlichen Jahren und haben die alten T-Wegweiser weitgehend verdrängt, die R-Nummern sind aber erst vor ca. 20 Jahren eingeführt worden und noch viel zu selten auf Straßenschildern zu finden – eigentlich nur dort, wo aus irgendwelchen Gründen ohnehin neue Schilder angebracht werden mußten. Im Zug der Neuklassifizierung sind entsprechend dem heutigen Verkehrsaufkommen alte L-Roads gestrichen und R-Straßen neu eingerichtet worden.

In Nordirland erfolgt die Unterteilung gemäß den Regelungen in ganz Großbritannien in A- und B-Straßen. Eine manchmal etwas irreführende Beschilderung entsteht dadurch, daß kleinere Straßen, die zu Hauptstrecken hinführen, auf Schildern die Nummer der Hauptstrecke in Klammern nachgestellt aufzeigen; z.B. kann eine B277, die zur A2 nach Coleraine führt, mit „Coleraine (A2)" beschildert sein. Also: auf der Straße, die in Klammern genannt ist, befinden Sie sich noch nicht, sondern Sie gelangen lediglich auf diesem Weg dorthin.

Aufgrund geänderter Verkehrsführungen, vor allem in Grenznähe und im Zug von Stadtumgehungsstraßen, werden vereinzelt Straßennumerierungen auch geändert, so daß die Angaben auf den Karten nicht immer zuverlässig sind. Soweit bekannt, enthalten die Etappenbeschreibungen entsprechende Hinweise im Text und/oder den Kartenskizzen.

Eine sprachliche Besonderheit besteht bei der Kennzeichnung von Sackgassen. Sie werden in Irland mit einem Schild gekennzeichnet, bei dem weder englische noch gälische Wörterbücher helfen: es trägt die französische Beschriftung *Cul de Sac*.

Soweit wie möglich wird der Radfahrer die breiten, relativ stark befahrenen National- und A-Straßen meiden. Regionalverbindungen und die unzähligen kleinen, unnumerierten Straßen sind dagegen die reinste Radleridylle: schmale, heckengesäumte und ruhige Straßen, auf denen außerhalb der Feriensaison vielleicht einmal pro Stunde ein Farmerauto vorbeizuckelt.

Alle Straßen sind gewöhnlich asphaltiert, allerdings mit einem vergleichsweise rauhen und oft schadhaften Belag. In Irland werden Straßen nämlich so asphaltiert, daß eine ziemlich weiche Schicht aufgetragen und anschließend mit Straßensplitt überzogen wird. Der Splitt wird einfach in den weichen Asphalt eingewalzt, die Feinarbeit überläßt man dem Autoverkehr. Das führt dazu, daß z.B. von schweren Lkw Teile des Steinbelags aus der Straßendecke gerissen werden, so daß eine unebene, manchmal holprige Fahrbahn entsteht. Auch größere Krater werden so geschaffen, während es Löcher durch Frostschäden wegen des milden Klimas durchweg nicht gibt.

Das betrifft alle Straßen gleichermaßen. Schäden werden zwar auf Nationalstraßen schneller beseitigt, treten aber auch früher wieder auf. Es gibt somit keinen Grund, Nebenstraßen zu meiden, im Gegenteil.

In Nordirland ist der Straßenbelag in der Regel etwas weniger rauh als in der Republik, aber noch weit von der widerstandslosen Glätte mancher deutscher Straßen entfernt.

Ein Schrecken für Autofahrer, für Fahrradreisende hingegen unproblematisch sind auf Nebenstraßen die vielen „anderen Verkehrsteilnehmer": Kühe, Schafe, Esel auf dem Weg zur Weide oder einfach frei umherlaufend. Vor allem in Berggegenden sind Weiden nicht eingezäunt, das liebe Vieh läuft ohne Eingrenzung durcheinander und auch auf Straßen und Wege.

Hingegen kann eine andere Tierspezies durchaus zum Radlerschreck werden: des Menschen angeblich bester Freund, der Hund. In Irland gibt es unzählige, teils streunende bellende Vierbeiner, deren liebstes Vergnügen das Ankläffen von Radlerbeinen ist. Vor allem die Bauern- und Dorfköter pflegen wild japsend aus Einfahrten und Hecken zu schießen und den Fahrradfahrer ein Stück des Wegs zu begleiten, sprich ihn zu jagen. Kann der einzelne Radtourist diesem Schicksal meist noch wegen der verzögerten Reaktion der Hunde entgehen, ist für nachfolgende Teilnehmer einer Gruppe das Schicksal unabwendbar. Da helfen nur gute Nerven und Weiterfahren. Absteigen und Beruhigungs- oder Verscheuchungsversuche sind erfahrungsgemäß sinnlos.

Obwohl die Dorfhunde offensichtlich wilde Promenadenmischungen sind, an denen vor allem Jagdhunde und alle möglichen Terrierarten mitgestrickt haben, sind sie sich in Größe und Zeichnung so ähnlich, daß man schon wieder von einer eigenen Rasse sprechen kann.   ⚘

Kein tourentaugliches Fahrrad – gesehen in Bunratty

Karten

Zur Grobplanung der Fahrradreise reicht die Irlandkarte (1:625.000) der Irischen Fremdenverkehrszentrale aus. Günstiger für die Vorbereitung ist hingegen die Straßenkarte 1:400.000 von Michelin. Diese Karte ist erstaunlich zuverlässig und verfügt über Korrekturen, die die amtlichen Karten (s.u.) nicht aufweisen. Außerdem enthält sie die Numerierungen der alten wie der neuen Straßenklassifizierung in der Republik (s. voriges Kapitel), allerdings keine Höhenlinien und keine kleinen Nebenstraßen. Sie kostet DM 14,80.

Für die Durchführung der Reise ist jedoch eine detaillierte, großmaßstäbige Straßenkarte unverzichtbar, die spätestens bei der Ankunft in Irland im nächsten Buchladen oder Touristeninformationsbüro erstanden werden sollte.

Es gibt zwei geeignete Kartensätze, die alle über Höhenlinien verfügen und von den Vermessungsämtern beider Landesteile (Ordnance Survey) stammen.

Am detailliertesten ist die leider schon recht betagte Kartenreihe *Half-Inch*, so benannt nach dem Maßstab: ½ Zoll = 1 Meile, das entspricht 1:126.720. Die einzelnen Kartenblätter sind ziemlich klein und decken dementsprechend nur ein engumgrenztes Gebiet ab. Sie können deshalb nur für regionale Touren empfohlen werden, zumal für die insgesamt 25 Blätter je etwa Ir£ 2,50 zu zahlen sind (in Deutschland noch deutlich teurer)!

Für alle anderen Zwecke bieten sich die O.S.-Karten des Maßstabs 1:250.000 an; die aktuellste Fassung ist die vierblättrige *Holiday Map*. Diese Karte ist recht detailliert und übersichtlich, die Höhen sind durch farblich abgestufte Flächengekennzeichnet (leider nur in 120 m-Schritten), die Straßen sind in der vorliegenden (dritten) Ausgabe auf dem Stand von ca. 1998 aktualisiert und in vielen Gegenden durch kleine Stichstraßen ergänzt. Je Blatt kostet die Karte etwa Ir£/£ 3,90.

Leider weisen alle Karten einen Mangel auf: die im vorigen Kapitel beschriebene Umstellung der Straßenklassifizierung in der Republik ist unzureichend gekennzeichnet. Während der ältere Half-Inch-Kartensatz trotz angeblicher Aktualisierung die neuen Regionalstraßen und ihre Nummern noch nicht enthält, ignoriert die Holiday Map die alten T- und L-Numerierungen. Da gerade auf Nebenstraßen die alten Wegweiser relativ selten durch neue ersetzt wurden, erschwert das die Orientierung unnötig. Um diesen Mangel auszugleichen, sind in den Strekkenbeschreibungen und Skizzen dieses Buches jeweils die alten und neuen Straßennummern genannt.
Auch in einem weiteren Punkt ist die Holiday Map Vorkämpfer einer neuen Norm: Höhenangaben sind durchweg in Metern bezeichnet, der alte „Fuß" hat ausgedient.

In diesem Buch gehen die Etappenbeschreibungen von der Benutzung der Holiday Map aus. Zur Schließung von Informationslücken bietet sich die zusätzliche Mitnahme der Michelinkarte an. Letzteres vor allem deshalb, weil die redaktionelle Bearbeitung dieser Karte erheblich besser und aktueller als die des originalirischen Materials ist.

Reiseführer und -Literatur

Zum Thema Fahrradreise

Jürgen Rieck: *Der Wind kommt immer von vorn*. Mit dem Fahrrad auf Reisen. 6., bearb. und erw. Auflage, Verlag Wolfgang Kettler 1993.

Zur Einstimmung

Merian Heft 8/43: *Irland*. (Ansprechend illustrierte Berichte und Reportagen.)
Heinrich Böll: *Irisches Tagebuch*. Deutscher Taschenbuch-Verlag Bd. 1. (Ein Buch, das reisesüchtig macht, ohne eigentlich das heutige Irland darzustellen.)

Reiseführer (allgemein)

Baedeker-Allianz Reiseführer Irland. Baedeker Verlag, Ostfildern 1998.
Ralp-Raymond Braun: *Irland*. Michael Müller Verlag, Erlangen 1998 (Mit über 700 Seiten einer der detailliertesten Führer.)
Petra Dubilski: *Richtig Reisen Irland*. DuMont Buchverlag, Köln 1998.
Tessa Hofmann: *Irland*. Edition Erde Reiseführer, Edition Temmen 1998.
Interconnections Reiseführer Irland. Interconnections, Freiburg 1993.
Hans-Günter Semsek: *Irland-Handbuch mit Nordirland*. Peter Rump Verlag, Bielefeld 1999 (ReiseKnowHow).
Franz Rappel: *Irland*. Verlag Martin Velbinger, Gräfelfing 1997. (Für Freunde sehr „alternativer" Bücher.)
Helmuth Weiß: *Irland*. Merian XL-Reiseführer, Verlag Gräfe & Unzer, München 1997.
APA Guide Irland. Apa Verlag, München 1998. (Großformatiger Wälzer, gute Farbfotos.)

Spezielle Reiseführer und Hintergrundliteratur

Jürgen Elvert: *Geschichte Irlands*. dtv wissenschaft (TB 30148). Deutscher Taschenbuch Verlag, München 1999.
Dirk Wegner: *Anders reisen – Irland*. rororo Nr. 60407, Rowohlt Taschenbuch Verlag, Reinbek 1999. (Handbuch für Individualreisende.)
Susanne Tschirner: *Irland*. DuMont-Reisetaschenbücher, DuMont Verlag, Köln 1999.

Ein Dach überm Kopf

Angesichts der gemäßigten Temperaturen und der latenten Gefahr deutlich über 100 % liegender Luftfeuchtigkeit wird wohl kaum jemand auf die Idee kommen, auf einer Irlandreise nachts im Schlafsack am Straßenrand zu übernachten. Ein schützendes Dach zwischen Kopf und Himmel muß also her.

Aktuelle Verzeichnisse der anerkannten Unterkünfte (Hotels, Guesthouses, B & B, Camping, Ferienhausanlagen) sind von den beauftragten Buchversendern zu beziehen (s. *Informationen*).

In Nordirland gibt es ebenfalls ein Gesamtverzeichnis aller anerkannten Unterkünfte (mit Hotels etc.), das in Mitteleuropa von den gleichen Adressen vertrieben wird.

B & B

Die beiden Buchstaben sind auf Schildern an Häusern überall in Irland zu finden und bedeuten Bed & Breakfast, also Übernachtung mit Frühstück. Für viele Privathaushalte ist das eine Möglichkeit, von der Reisefreudigkeit der Touristen angenehm zu profitieren und eine Nebeneinnahme von Ir£ 15-20 je Nacht und Person zu erreichen. In Nordirland, wo dieses Angebot nicht ganz so verbreitet ist, darf man die gleichen Beträge in £-Sterling rechnen.

Dafür bekommt der Gast außer einem Bett für die Nacht vor allem ein opulentes irisches Frühstück, das eine optimale Grundlage für einen langen Radlertag darstellt. Dusche oder Bad müssen teils extra bezahlt werden. Einige B&B-Häuser bieten außerdem (nach Voranmeldung!) ein Abendessen, das in der Regel etwas billiger ist als die Übernachtung.

B&B ist nicht nur die „irischste" Übernachtungsform (auch Vertreter und Handwerker im Außeneinsatz übernachten so), sondern vor allem in jedem Teil der Republik zu bekommen. In den etwas dünner versorgten zentralen Gebieten ist es oft sinnvoll, in einem Laden oder Pub nach B&B zu fragen – manchmal gibt es versteckte Häuser, die evtl. nicht einmal ein Schild draußen hängen haben.

 Außer den in den Fremdenverkehrsbroschüren aufgeführten gibt es jedoch eine große Zahl weiterer B&B-Häuser, die in der Regel nicht unkomfortabler und meist etwas billiger sind als die amtlich registrierten. Die „offiziellen" Häuser erkennt man in der Republik an dem Vermerk *I.T.B. approved* oder dem nebenstehenden Zeichen. Eine ähnliche Kennzeichnung gibt es auch in Nordirland.

Anhand der Unterkunftsverzeichnisse lassen sich leicht die regional üblichen Preisgrenzen für Übernachtung und Frühstück feststellen. Die unregistrierte Konkurrenz orientiert sich daran in der Regel.

Hotels & Guest Houses

Wer sich's leisten kann, muß auf einer Fahrradreise nicht auf Luxus verzichten. Die irische Gastronomie setzt diesem Streben zumindest preislich keine Grenze. Zudem sind Guest Houses (Pensionen) nicht immer teurer als Privatquartiere; selbst kleine Hotels liegen manchmal nur unwesentlich darüber. Vor allem in der Nebensaison muß die Nacht im Hotel nicht zum finanziellen Ruin führen. Den Charme irischer Privathäuser kann das allerdings nicht ersetzen.

Alle anerkannten Hotels und Guesthouses sind mit einer Sterne-Klassifizierung nach internationalem Vorbild versehen worden. Bord Fáilte vergibt bei Hotels bis zu 5 Sternen, Guesthouses müssen sich mit maximal 4 Sternen begnügen.

Die in der *Irish Hotels Federation* zusammengeschlossenen Etablissements haben eine illustrierte Broschüre namens „Be our guest" herausgegeben, die von der Irischen Fremdenverkehrszentrale kostenlos zu beziehen ist (Best.-Nr. C 0).

Camping

Die einfachste und zweifellos mobilste Form der eigenen vier Wände stellt immer noch das Zelt dar. Für Irland sind dabei drei Eigenschaften unverzichtbar: das Zelt muß regendicht und sturmfest sein und über gute Moskitonetze verfügen – die schönsten Zeltplätze an Mooren und Flüssen sind mit beißwütigen und blutrünstigen Insekten bevölkert. Vorsichtshalber sollte man einplanen, daß das Zelt oft feucht zusammengepackt werden muß.

Das gleiche gilt auch für den Schlafsack, weshalb er ebenfalls pflegeleicht sein sollte.

Wenn man einmal von der Witterung absieht und ohnehin ein Freund des Zeltens ist, bietet sich Irland für diese Reiseart geradezu an. Außer den etwa 120 offiziell anerkannten Campingplätzen der Republik (klassifiziert mit ein bis vier Sternen) und den paar Dutzend in Nordirland ist hier nämlich Wildcampen sowohl möglich als auch erlaubt – für Nordirland gilt das mit Einschränkungen, aber in den dort weitverbreiteten Forsten in jedem Fall. Es versteht sich von selbst, daß man vor dem Aufschlagen des Zeltes auf Privatgrund den Eigentümer fragen sollte; normalerweise wird man nicht zurückgewiesen und kann sogar bei dieser Gelegenheit die Wasserbehälter nachfüllen. Desweiteren gibt es eine steigende Anzahl von 'inoffiziellen' Campingplätzen – bei Tourist Hostels (mit Küchenbenutzung!), auf Bauernhöfen oder schlicht auf ungenutzten Wiesen, deren Besitzer teils moderate, teils überhöhte Preise für die Stellerlaubnis verlangen.

Absolut unerwünscht ist, dem negativen Beispiel mancher Iren zu folgen und Abfälle zu hinterlassen. Im Interesse der nächsten Camper-Generationen und der sauberen Umwelt wird alles – aber wirklich alles! – mitgenommen.

Wer keine eigene Campingausrüstung besitzt, kann bei einigen Vermietern alles Nötige ausleihen. Die wichtigsten sind:
❏ O'Meara Holiday Ltd., 4/6 Bridgefoot Street, Dublin 8, ✆ (01) 6708639 (Filiale

in Limerick)
- [ ] The Tent Shop, 7 Parnell Place, Cork, ✆ (021) 278833, 🖹 278834
- [ ] Benbulben Caravans & Camping, P & C Maguire, Ballinode, Sligo, ✆/🖹 (071) 45618

Selbstversorgung wird in Irland leicht gemacht: Läden mit langen Öffnungszeiten gibt's zumindest in der Republik wirklich überall, und die Camping-Gaz-Kartuschen für übliche Campingkocher ebenso (andere Kartuschennormen hingegen nicht!). Achtung: *Spiritus* ist in Irland nicht erhältlich, und Gaz-Kartuschen sind bei der Anreise im Flugzeug verboten!

Wem das Wildcampen zu ungemütlich oder zu komfortfrei ist, kann seine Plastikmütze auf einem offiziellen Campingplatz aufschlagen. Angaben zu Plätzen, Saisonzeiten und Kapazitäten sind im Etappenteil dieses Buches enthalten.

Wer es genauer wissen will, z.B. Tarife (bis zu Ir£ 13 je Zelt!) und Serviceeinrichtungen, wird um den Bezug des Campingverzeichnisses der Irischen Fremdenverkehrszentrale nicht herumkommen. Für Nordirland gibt es eine – kostenlos erhältliche – Broschüre.

Die offiziellen Campingplätze sind leider oft mit Caravans und „mobile homes" vollgestopft; das gilt vor allem in Nordirland, wo überdies sehr viele Campingplätze von vorneherein keine Zelter aufnehmen. Einige sind außerdem so teuer, daß Alleinreisende in den Herbergen billiger davonkommen. Dafür sind sie oft mit einem kleinen Waschsalon ausgestattet, in dem man feuchte Kleidung trocknen kann, ohne gleich den ganzen Waschprozeß durchlaufen zu müssen.

Herbergen (Jugendherbergen / Hostels)

Aus Deutschland sind Jugendherbergen als oft große, komfortable Übernachtungsstätten mit Mahlzeitenangebot bekannt, die im Sommer womöglich schon vor Sonnenuntergang schließen und in denen Jugendgruppen den Begriff der Nachtruhe ad absurdum führen. All das trifft für Irland nicht zu.

Irische Jugendherbergen sind vergleichsweise klein (manchmal nur 20-30 Betten), eher spartanisch ausgestattet, werden im wesentlichen von Einzelwanderern besucht und bieten Mahlzeiten im allgemeinen nur auf Bestellung an (Ausnahmen: Dublin, Galway, Glendalough, Belfast und Newcastle).

Dafür haben sie Selbstkocherküchen, den Pubs angepaßte Öffnungszeiten und davon unabhängig eine bessere, d.h. früher funktionierende Nachtruhe.

Kurz: die Idee der preiswerten Übernachtungsmöglichkeit verknüpft mit Begegnung wanderfreudiger Leute funktioniert hier noch. Das kann auch den mit dem Jugendherbergsgedanken wieder versöhnen, den der Klassenausflugsmief aus deutschen Herbergen bereits vertrieben hat. Es gibt keine Altersbegrenzung, hingegen eine nach Komfortklasse, Saison und Alter stark gestufte Übernachtungsgebühr (zwischen Ir£ 4.50 und Ir£ 9 in der Republik [in Galway und Dublin höher, da inkl. Frühstück] bzw. £ 4.95 und £ 8.50 in Nordirland) und eine auf drei Tage beschränkte Aufenthaltsdauer. Einzige Voraussetzung ist – natürlich – ein gültiger Jugendherbergsausweis des jeweiligen Heimatlandes. Gruppen sollten stets im voraus buchen.

Im Gegensatz zu deutschen Herbergen sind in der Republik Irland im allgemeinen außer Leinenschlafsäcken auch (saubere) Mumienschlafsäcke (Daune oder Kunststoff) erlaubt, nicht hingegen in Nordirland (dort aber Preise stets inkl. Bettwäsche)!

Der irische JH-Verband *An Oige* unterhält z.Z. 34 Jugendherbergen in allen touristisch erschlossenen Teilen der Republik. Im Binnenland gibt es hingegen keine einzige Herberge; wer nur in JHs übernachten will, muß sich also die Küstengebiete entlang vorkämpfen.

In Nordirland betreibt die *Hostelling International Northern Ireland* (HINI) z.Z. 8 Herbergen, die sich ebenfalls überwiegend in den Küstenregionen befinden.

Einen gemeinsamen Faltprospekt der beiden Verbände gibt's kostenlos bei den Fremdenverkehrszentralen.

Außer den vorgenannten JHs gibt es eine stetig wachsende Zahl (z.Z. ca. 300) unabhängiger Herbergen (*Independent Hostels* oder auch *Holiday Hostels* genannt), die ähnliche Einrichtungen bieten wie die offiziellen JH-Verbände. Sie sind privat betriebene, meist vergleichsweise kleine Übernachtungsstätten (Ausnahmen in den Tourismuszentren), kosten ca. Irf 6-9 je Nacht und sind nahezu alle rund um die Uhr geöffnet. Einige Hostels bieten auch Mahlzeiten an. Eine umfassende Aufstellung der von Bord Fáilte anerkannten (ca. 150) hat die Organisation *Independent Holiday Hostels of Ireland* (IHH) herausgegeben, sie kann von den Fremdenverkehrsämtern bezogen werden; bis auf wenige Ausnahmen befinden sich alle Herbergen in der Republik Irland. Im Internet gibt's Infos unter: http://hostels-ireland.com.

Etwa genausoviel Hostels umfaßt die Konkurrenzorganisation *Independent Hostels, Ireland* (IHI), die aus der früheren IHO (Independent Hostel Owners) hervorgegangen ist, aber von Bord Fáilte totgeschwiegen wird. Verzeichnisse dieser Häuser gibt es zum einen in allen dazugehörigen Herbergen, im Internet (http://epcmedia.com/ihi) und bei folgender Adresse:

❑ IHI Information Office
  Dooey Hostel
  Glencolmcille, Co. Donegal
  ✆ (00353 73) 30130, 🗎 30339

Achtung: Die Wachstumsraten bei den unabhängigen Herbergen sind derart rapide, daß in diesem Buch u.a. eine Vielzahl von Häusern genannt sind, die gerade erst eröffnet wurden. Überprüfung ist daher unerläßlich! Andererseits gibt es etliche Hostels, die keinem Verband angeschlossen sind und die man deshalb nur vor Ort entdecken kann. Bei diesen ist die Fluktuation jedoch noch stärker als bei den organisierten Herbergen.

Außerdem hat die Einführung neuer Hygiene- bzw. Feuerschutzbestimmungen dazu geführt, daß einige Hostels ihre Bettenzahl reduziert haben, andere wegen der hohen Investitionen ganz schließen mußten.

Alle bekannten Herbergen (JHs und unabhängige) sind im Etappenbeschreibungsteil dieses Buches an den jeweiligen Orten genannt. Wer Wert auf die genauen Beschreibungen und Lageskizzen der „offiziellen" JHs legt, sollte sich deren Verzeichnisse besorgen (auch beim Deutschen Jugendherbergswerk – zu etwas höheren Preisen – erhältlich; billiger geht's im Internet):

❑ An Oige
Irish Youth Hostels Asssociation
39 Mountjoy Square
Dublin 1
✆ (00353 1) 8304555, 🖹 8305808; eMail: anoige@iol.ie
http://www.irelandyha.org

❑ Hostelling International Northern Ireland (HINI)
22 Donegall Road
Belfast BT12 5JN
✆ (0044 1232) 315435, 🖹 439699; eMail: info@hini.org.uk
http://www.hini.org.uk

Außerdem existiert eine Gesamtübersicht aller irischen Herbergen namens „Ireland All the Hostels", die von einem kleinen englischen (!) Verlag herausgegeben wird. Sie kann in Irland in einigen Hostels und Buchläden für Ir(£) 3 erstanden werden. Postalischer Bezug (Konditionen erfragen) ist möglich von:
❑ Ireland All the Hostels
Flat 2A, 72 Woodstock Road
Moseley, Birmingham B13 9BN
England

Alle Herbergen sind voll und ganz auf die Selbstbeköstigung der Gäste eingestellt. Sie verfügen über Kochgeräte, Töpfe, Geschirr und teilweise Bestecke. Ansonsten muß jeder Gast letztere und ein Geschirrhandtuch selbst mitbringen; außerdem braucht man für die Gaskocher Feuerzeug oder Streichhölzer.   🖎

Irland selbst entdecken

Bei der Auswahl von Übernachtungsmöglichkeiten und Restaurants stoßen Reiseführer an die Grenzen ihrer Möglichkeiten. Die Überprüfung vieler hundert Quartiere und Lokale würde Jahre dauern und notwendigerweise am Schluß ein größtenteils veraltetes Ergebnis bieten – ein Punkt, an dem die entsprechenden Führer auch stets kranken. Das *Selbst-Entdecken* von Stätten irischer Gastlichkeit soll daher dem Reisenden nicht abgenommen werden. Dieses Buch bietet lediglich Hilfestellung. Niedrigpreisunterkünfte wie Herbergen und Campingplätze sind stets aufgeführt, zu B&B-Häusern sowie Hotels finden sich Hinweise jedoch nur in „Problemgebieten", d.h. in Gegenden, die mit Übernachtungsstätten dünn versorgt sind. Die Verzeichnisse der Fremdenverkehrszentralen können diese Informationslücke besser, d.h. aktueller, vollständiger und zuverlässiger füllen als jeder Reiseführer. Wer sich entschließt, auf seiner Irlandreise hauptsächlich B&B-Häuser oder Hotels und Guest Houses zur Übernachtung aufzusuchen, sollte die paar hundert Gramm Papiergewicht für diese Verzeichnisse nicht scheuen.

Einfacher ist die Qual der Wahl bei der Auswahl von Restaurants. Sie gibt es ohnehin nur in kleineren oder größeren Städten, meist zentral um den überschaubaren Ortskern gruppiert. Während des obligaten Orientierungsspaziergangs am Übernachtungsort ist das vergleichende Studium von Speisekarten und Erscheinungsbild ein selbstverständlicher Nebeneffekt, der zum Einleben gehört wie der Einkauf im Dorfladen oder ein abendliches Bier im Pub.

Es liegt nicht in der Absicht dieses Buches, Restaurants oder Pubs mit dem Prädikat „touristisch interessant" zu versehen – zum einen sind die Geschmäcker zu verschieden, zum anderen wechseln Wirte, Publikum und Flair zu schnell und zu unüberschaubar, um halbwegs verläßliche Angaben ermöglichen zu können.

Ausnahmen von dieser Regel mache ich nur dort, wo die Gefahr besteht, daß der Reisende an vielleicht etwas abgelegenen kulinarischen oder anderen kulturellen Sehenswürdigkeiten vorbeifährt. Solche Ausnahmen haben stets den Charakter einer Empfehlung.

Kulinarisches

Essen

Vom Ruf Irlands als Schlemmerparadies haben Sie sicherlich noch nie etwas gehört. Zu Recht: aus kulinarischen Gründen sollten Sie die Reise besser nicht an-
treten. Trotzdem kann bei gezielter Auswahl landestypischer Spezialitäten die
Grüne Insel auch dem Leckermaul etwas bieten.

Beispielhaft auf Freunde eines üppigen Frühstücks ist das Morgenmahl abgestimmt. Zu einem vollständigen irischen Frühstück gehören: Fruchtsaft; Corn-
flakes oder Porridge, seltener Müsli; Eier in allen Variationen, Frühstücksspeck
und Schweinswürstchen (*bacon, sausage and eggs*); Toast und Weizenvollkorn-
brot (*brown bread*); Butter und Orangenmarmelade; Tee oder Kaffee; manchmal
zusätzlich gebratene Tomaten.

In Einzelfällen kann der eine oder andere Bestandteil entfallen, aber immer wird
ein abwechslungsreiches, sättigendes und gemessen am Ernährungswert preis-
wertes Frühstück geboten. Es wird gewöhnlich zwischen 9 und 10 Uhr einge-
nommen und läßt mindestens bis nachmittags keinen Hunger aufkommen. Wer's
lieber etwas weniger deftig mag, bekommt natürlich auch ein „kontinentales"
Frühstück ohne warme Essensbestandteile, teils auch mit Preisnachlaß.

Wer zwischendurch dennoch etwas zu beißen haben möchte, kann außer den
weltweit grassierenden Imbißketten auch einen *Pub Grub* (Pub mit kleinen Mahlzeiten, vor allem Salatteller und Eintöpfe/Suppen, ab ca. Ir£ 3) oder einen *Cof-
fee-Shop* (Mischung zwischen Grill-Restaurant und Café; vorwiegend in Städten
anzutreffen) aufsuchen. Dort gibt es tagsüber durchgehend Snacks und Mahlzeiten, seltener auch abends.

Tea-Rooms und Coffee-Shops laden nachmittags (ab 16 h) zur *Tea Time*, sind
aber weniger verbreitet als in Großbritannien. Eine kleine Sünde wert sind dabei
frischgebackene *Scones*, eine Art von Teebrötchen.

In Irland relativ wenig offeriert wird der *High Tea*, eine Mischung aus warmer,
kleiner Mahlzeit und Tea Time, der etwa von 17 bis 19 Uhr gehalten wird. Wo
High Tea zu bekommen ist, stellt er allemal eine preiswerte und gute Art des
Abendessens dar.

Die warme Hauptmahlzeit wird in Irland abends (*Dinner*) serviert. Die Sitte des
Außer-Haus-Essengehens ist allerdings viel weniger verbreitet als auf dem Kontinent, was sich in der Zahl der Restaurants ebenso bemerkbar macht wie in der
Art der gebotenen Gerichte. Die preiswerteren Restaurants erinnern durchweg
fatal an amerikanische Imbißketten. Die Speisekarte weist vor allem Fisch,
Würstchen, Hähnchen, Hamburger und Speck in wechselnden Kombinationen
mit Pommes Frites (*chips*) auf.

Einen besseren Einblick in ursprünglich irische Küche bekommt man, wenn man
das Glück hat, auf ein Hotel mit Restaurantbetrieb zu stoßen. Vor allem die dort

üblicherweise gebotenen Menüs sind ihr Geld wert und bestehen aus mindestens drei Gängen.

Kleine Hotels ohne öffentliche Restaurants bieten oft ebenfalls ein Dinner. Wer nachmittags danach fragt, kann sich ggf. vormerken lassen und ein wenig auf Irisch schlemmen.

Zu typischen Gerichten einer irischen Speisekarte zählen:

Vorspeisen (starters)

smoked salmon – Räucherlachs
seafood cocktail – Meeresfrüchtecocktail
thick chicken soup – gebundene Hühnersuppe

Hauptgerichte (main dishes)

lamb cutlet – Lammkotelett
pork chop – Schweinekotelett
fried fillet of plaice – gebratenes Schollenfilet
poached or grilled salmon – gedünsteter oder gegrillter Lachs
seatrout – Meeresforelle
gammon steak – Schinkensteak (aus gekochtem Schinken!)
sirloin steak – Rumpsteak

Beilagen

brussel sprouts – Rosenkohl
french beans – grüne Bohnen
creamed potatoes – Kartoffelpüree
baked potatoes – Folienkartoffeln

Desserts

lemon meringue pie – Zitronenbaisertorte
apple pie – Apfelkuchen, am besten heiß und mit halbfester Schlagsahne
sherry trifle – eine Art Fruchtpudding

Wer bei der Auswahl der Speisen auf die landestypischen Produkte zurückgreift, wird selten enttäuscht sein. Lachs, andere Edelfische und Lamm bekommt man kaum irgendwo so gut und preiswert wie in Irland. Frischer Lachs wird überall auf der Insel bis Ende September aus Flüssen und Seen gefischt und liegt abends schon auf dem Teller. Während dieser Zeit gibt es diese Köstlichkeit auch in vielen Imbißrestaurants, quasi zum Dumpingpreis; später nimmt der ganzjährig erhältliche Zuchtlachs den Platz ein. Besonders leicht zu bekommen ist ein Lachsschlemmermahl bei Selbstversorgung (Jugendherberge, Campingplatz), da pochierter Lachs ein völlig unproblematisches Gericht ist: Die Lachsscheibe (eine je Person ist ausreichend!) wird in wenig, leicht gesalzenes, fast kochendes

Wasser gelegt und muß dann ca. 15 Minuten darin garziehen, ohne zu kochen. Schon kann gegessen werden. Geeignete Beilagen: neue Kartoffeln mit etwas Butter und ein frisch zubereiteter Salat.

Gemüse spielen in der irischen Küche eine vergleichsweise geringe Rolle. Es ist daher empfehlenswert, tagsüber als Zwischenmahlzeit dem Körper ein paar Vitamine in Form von Obst und knabberfrischem Gemüse (z.B. Möhren) zuzuführen.

Das irische Nationalgericht, *Irish Stew*, ist fast nicht zu bekommen – Eintöpfe gelten überall auf der Welt als Hausmannskost und entsprechend als nicht restaurantfähig. Wer Glück hat, bekommt den delikaten Hammeleintopf evtl. in einem Farmhaus oder den spärlich auftauchenden Spezialitätenrestaurants, in Touristengegenden jedoch auch in Cafés und ähnlichen Etablissements.

Trinken

Zu den Mahlzeiten trinken die Iren meist Tee, (stilles) Mineralwasser oder gewöhnliches Leitungswasser. Dieser Sitte sollte sich der Tourist zumindest in den kühleren Jahreszeiten anschließen (im Sommer ist das Leitungswasser allerdings oft stark gechlort, was ein Ausweichen auf Mineralwasser angeraten sein läßt); die manchmal angebotenen Weine sind stets überteuerte Mischprodukte deutscher oder französischer Provenienz und weitgehend ungenießbar. Da der Bierausschank nur in Pubs erlaubt ist, ist ein süffiges Ale allenfalls bei einer *Pub-Grub*-Mahlzeit erhältlich.

Da die Wasserkaraffe gratis zum Service gehört, treiben die Getränkepreise die Kosten für Mahlzeiten nicht unnötig in die Höhe, was mit den manchmal etwas hohen Restaurantpreisen wieder versöhnen kann.

Außerhalb der Mahlzeiten findet der Gaumenkitzel in Irland flüssig statt: leichte Ales, samtig-würziges Guinness, milde Whiskeys fließen verlockend aus Zapfhahn und Flasche. Wer könnte da widerstehen?

Selbst in den kleinsten Orten der Republik gibt es mindestens einen Pub. Ein Pub ist nicht nur einfach eine Kneipe, sondern er ist das Kommunikationszentrum für Iren jeden Alters und ihre Gäste.

Bitter-süßlich ist der unverwechselbare Geschmack des *Guinness*, lange Zeit der einzig nennenswerte irische Exportartikel, ein süffiges Getränk aus geröstetem Malz (das ihm die dunkle, fast schwarze Farbe gibt) mit einer samtig-weichen hellen Schaumkrone. Es wird mit minimalem Zusatz von Kohlensäure gezapft und schäumt eine Weile in sich selbst nach; weißliche Schaumspuren scheinen nach unten zu verschwinden und dem ansteigenden dunklen Gerstensaft Platz zu machen, bis schließlich eine fingerbreite Krone übrigbleibt, die auch nach längerem Stehen das Bier davor bewahrt, abgestanden und schal zu schmecken.

Guinness ist der marktbeherrschende Vertreter der Gattung *Stout* und das alkoholhaltigste irische Bier, hingegen trotz seines kräftigen Geschmacks kein Starkbier in deutschem Sinne. Die Alkoholprozente liegen in Irland durchaus auf knapp normalem europäischen Niveau (ca. 4 %), alle anderen irischen Biere sind schwächer alkoholisch. Für den Export wird Guinness in deutlich stärkeren (und stärker pasteurisierten) Versionen hergestellt. Regionale bis überregionale Konkurrenz erwächst Guinness aus den Stouts *Murphy's* und *Beamish* aus Cork, die eine gewisse Bedeutung im Süden und Südwesten der Insel haben; das vom niederländischen Brauereimulti Heineken 'geschluckte' Murphy's bemüht sich – erfolgreich – um eine Ausweitung dieses Vertriebsgebiets.

Eine erfreuliche Neuerung der letzten Jahre sind Gründungen kleiner, meist nur lokal tätiger Brauereien, die in der Regel lediglich Faßbier produzieren und teils lediglich im eigenen Pub, teils in der unmittelbaren Umgebung zu bekommen sind. In den Ortsbeschreibungen der Etappen dieses Buches sind darauf Hinweise zu finden.

In Nordirland wird man, allerdings nur sehr vereinzelt, auch auf Flaschenbiere des Typs *Sweet Stout* treffen, deren Name schon erahnen läßt, daß britische Brauereien sowohl dem Geschmack als auch der Farbe mit Karamelstoffen nachgeholfen haben.

Guinness läuft in irischen Pubs in der Regel aus einem von drei Zapfhähnen auf der Theke. Wer versäumt, die gewünschte Biersorte zu benennen, und einfach „one beer" bestellt, bekommt entweder die Rückfrage oder ein *Ale,* ein erfrischendes, leichtes Getränk, das im Geschmack den deutschen dunklen Exportbieren verwandt ist. In längst vergangenen Zeiten gab es noch das *Porter*, eine Art leichteres Stout. Es taucht noch heute selbst in neuesten Reiseführern auf, ist aber in Irland vollkommen vom Markt verschwunden bzw. wird nur noch von wenigen Pubbrauereien hergestellt.

Neues Terrain hat hingegen in den letzten Jahren das *Lager* gewonnen, ein helles Bier Pilsner Brauart, das aber von den Bartendern genau wie Ale gezapft wird, d.h. in einem Zug, wodurch es bereits frisch eingeschenkt wie abgestanden schmeckt. Lagerbiere werden desweiteren in Flaschen importiert; bekannte Brauereien aus Holland, Dänemark und Deutschland nutzen die Gelegenheit, ihre Produkte zu überhöhten Preisen abzusetzen. Diesem Trend entsprechend gibt es vom Guinness-Konzern ein Lizenzgebräu einer dänischen Großbrauerei, die unter vier verschiedenen Namen zwei unterschiedliche Biersorten herstellt – das einfachste dieser Getränke (grünes Etikett) läuft auch aus irischen Zapfhähnen. Gegen das Diät-Pils (!) einer Hamburger Brauerei hat Guinness ein Eigenprodukt erfolgreich eingeführt, das unter dem deutschtümelnden Namen Satzenbrau Import-Qualität vorgaukeln soll. Daß alle diese Lager-Sorten auch noch teurer als Stout und Ale verkauft werden, ist angesichts der meist minderwertigen Qualität eine Frechheit, die der Tourist angemessen mit Verachtung straft. Ein Lichtblick ist in letzter Zeit lediglich, daß einige wenige deutsche Privatbrauereien mit beachtlichen Produkten in den irischen Markt drängen, wenn auch mit wieder rückläufigem Erfolg – zumindest das Flaschenbier, sofern es angemessen gekühlt wird, kann dabei den Ansprüchen von Bierfreunden genügen. Hingegen verebbt die Freude, die beim Lesen des Markennamens *Budweiser* aufkommt, schnell wieder, denn dahinter verbirgt sich nicht der delikate böhmische Gerstensaft, sondern die weltweit in diversen Lizenzabfüllungen vertriebene schlechte Kopie aus den USA.

Randbemerkung: Den neuen Markt der alkoholfreien Biere hat sich Guinness natürlich auch nicht entgehen lassen...

Irische Biergläser unterscheiden sich in ihrer Größe sympathisch von der Unsitte in manchen deutschen Gegenden, 0,3 l zum „großen" Bier zu erklären. Das Standardmaß ist das *Pint* (0,569 l), für weniger durstige Kehlen das Half-Pint (0,284 l). Wer keine Größe angibt bzw. „one glass" bestellt, bekommt in echt irischer Zurückhaltung das kleinere Bier serviert. Der Verfall guter Sitten mit der Einführung des metrischen Systems konnte sich bisher nicht durchsetzen, und sei es nur, weil es gar keine metrischen Gläser im Pub gibt.

Eine andere Modetorheit ist das Panschen von Ale oder Lager mit Limonade (*Shandy* genannt), dem vor allem die holde Weiblichkeit zu frönen scheint. Überhaupt herrscht eine bemerkenswerte Trennung der Geschlechter in den Pubs: Frauen und Kinder lassen sich meist auf Plüsch und Plastik an den Tischen der Lounge nieder, wo manchmal vom Wirt serviert wird, während ansonsten grundsätzlich an der Bar bestellt und gleich nach Erhalt bezahlt wird. Alle Arten von Limonaden und (selbstverständlich kleine oder Flaschen-) Biere sind übliche Frauengetränke, als „Entgleisung" ist ein Gin-Tonic gestattet.

Pub bei Dublin

Bei aller Geschlechtertrennung ist es auch für jüngere Frauen kein Risiko, in Irland allein einen Pub aufzusuchen. Die höfliche Zurückhaltung irischer Männer wird allenfalls zu einem kleinen Wortgeplänkel aufgegeben; die (seltenen) Volltrunkenen werden in der Regel vom Wirt im Zaum gehalten. Das gilt selbst dann, wenn eine Frau sich „emanzipationswütig" an die Bar setzt.

An der Bar, die oft deutlich räumlich von der Lounge getrennt ist, hält sich die Männergesellschaft auf und spricht den – großen – Bieren und dem Whiskey zu.

Die Bar beherrscht in irischen Pubs meist den gesamten Raum, dahinter schön aufgereiht alle Arten von Spirituosen in einer beträchtlichen Vielfalt. Daß die vier irischen Whiskey-Brennereien (einschließlich der nordirischen Bushmills-Brennerei, die allerdings noch selbst produziert) unter der gemeinsamen Holdinggesellschaft *Irish Distillers Ltd.* fusioniert haben, sieht man den Flaschen nicht an – gottseidank schmeckt man es auch nicht. Seit Anfang der 90er Jahre gibt es wieder Konkurrenz für die einstigen Monopolisten in Form kleiner Spezialbrennereien.

Der irische Whiskey wird anders als der schottische Artverwandte nicht nur zweimal, sondern in sorgfältig abgestimmten Destillationsprozessen dreifach gebrannt, bevor die Destillate gemischt (*blended*) und mindestens drei, teils bis zu 12 Jahre, in Fässern gelagert werden, bis der Whiskey auf Flaschen gefüllt werden kann. Das zum Brennen verwendete Torffeuer und die Eichenfässer geben irischem Whiskey ein einmaliges Aroma, das nicht durch einen aufdringlichen Rauchgeschmack zugedeckt wird.

Die Tradition des Whiskeybrennens geht in Irland bis ins 1. Jh. zurück. *uisce beatha* – Lebenswasser nannten ihn die Kelten. Es gehört zu den ewigen, ungelösten Streitfragen zwischen Iren und Schotten, wer als erster diese Kulturtechnik entwickelt hat und ob der zweifach destillierte schottische Whisky dem irischen Whiskey unter- oder überlegen ist.

Außer in purer Form trinken die Iren – nicht nur die Touristen – Whiskey als Grundstoff im berühmten, 1943 speziell für müde Transatlantikfluggäste in Shannon kreierten, *Irish Coffee* (oder Gaelic Coffee) aus langstieligen vorgewärmten Gläsern, aufgefüllt mit heißem, süßem und starkem Kaffee und mit einer Haube aus halbfester Schlagsahne. Eine herz- und magenerwärmende Köstlichkeit, bei der nur der relativ hohe Preis des Whiskeys verhindert, daß man davon süchtig wird.

Speziell in kühlen Wintertagen ist der an Grog erinnernde *Hot Irish* in Mode gekommen: ohne Kaffee, ohne Sahne, ohne Zucker, aber mit heißem, gewürzten Wasser aufgefüllter Whiskey.

Geld

Die nationale Währung der Republik Irland ist das Irische *Punt* (Ir£; ISO-Normabkürzung beim Geldwechsel bzw. auf Eurocheques: IEP), zu dem jeder *Pound* sagt, unterteilt in 100 Pence (p). Es gibt Noten zu 5, 10, 20, 50 und 100 Ir£, Münzen zu 1, 2, 5, 10, 20, 50 p und 1 Ir£. Trotz der 1979 aufgelösten Währungsgemeinschaft mit dem englischen Pfund ist eine äußere Gleichartigkeit der meisten Münzen gleicher Werte (alle außer den 20 p-Münzen und dem £-Geldstück) übriggeblieben. Trotz des unterschiedlichen Wechselkurses für die beiden „Pfunde" können Automaten daher noch mit beiden Währungen gefüttert werden. Der Wert des irischen Punt liegt bei 2,48 DM bzw. 17,47 öS/2,04 sFr/2,80 hfl/1,27 € (Fixkurs, da Irland zu den Euro-Ländern ab 2002 gehört).

In Nordirland ist das englische Pfund (£, ISO-Norm „GBP"; *Pound Sterling*) gültiges Zahlungsmittel. Die Münzwerte entsprechen denen der Republik, wobei die Münzen zu 20 p und 1 £ aber anders aussehen. Die Bank von Nordirland hat, ähnlich wie die Institute in Schottland, das Recht zu Herausgabe eigener Banknoten; Noten aller britischen Banken sind aber gleichermaßen gültig. Übrigens ist auch die £-Münze in Nordirland auf einer Seite abweichend vom restlichen Großbritannien gestaltet. Zur Zeit der Drucklegung dieses Buches lag der Kurs bei DM 3,00 bzw. 19,40 öS/2,10 sFr/3,07 hfl/1,50 €.

Geldwechsel ist bei allen Banken und (zu deutlich ungünstigeren Wechselkursen) in vielen Wechselstuben, Tourist Information Offices und Hotels möglich. Eurocheques werden in Landeswährung ausgestellt und von Banken bis zu Ir£ 125 bzw. £ 100 gebührenfrei eingelöst (die Erhebung von Gebühren ist ein eindeutiger Verstoß gegen internationale Abmachungen). Reiseschecks sind mit Eurocheques die beste Umtauschmöglichkeit, da sie im Gegensatz zu Bargeld von Banken zu einem günstigeren Kurs gewechselt werden. Eurocheques werden erst im Heimatland in DM/sFr/öS/hfl umgerechnet und per Einziehungsauftrag (bei 1,75 % Gebührenaufschlag, in Deutschland mind. DM 2,50) vom Konto des Einlösers abgebucht.

Wer nach Nordirland Reiseschecks mitnehmen möchte, sollte diese gleich in £ erwerben, da dann die Einlösegebühr in Nordirland entfällt.

Stark verbreitet sind in ganz Irland Kreditkarten der Organisationen VISA und MasterCard (Eurocard), mit denen selbst in Dorfläden und einigen Jugendbergen teils bezahlt werden kann.

Mit den gleichen Karten, aber auch mit der EC-Karte und der deutschen Postbank SparCard, läßt sich Bargeld an den Geldautomaten der meisten Bankfilialen „tanken" – im Regelfall der preisgünstigste Weg. ✠

Briefpost

Die irische Post ist zwar zuverlässig, aber entgegen den in manchen Publikationen verbreiteten Gerüchten nicht besonders schnell. Standardbriefe zwischen Irland und dem Kontinent sind im allgemeinen eine Woche unterwegs (Ausnahmen bestätigen die Regel); größere Sendungen laufen erheblich länger. Das gilt ebenso für Nordirland wie die Republik.

Entgegen den Zusagen der Postverwaltungen scheinen Ansichtskarten in der Regel nicht im Luftpostsack zu landen. Eilige Post sollte daher immer per Brief geschickt werden.

Die Postgebühren betragen (Stand 1999):
Standardbriefe (bis 25 g) & Postkarten
- innerhalb Irlands und nach Großbritannien 30 p
- aus der Republik Irland in alle Staaten der EU 32 p, in den Rest der Welt 45 p;
- aus Nordirland innerhalb Großbritanniens (1. Klasse) und in alle EU-Länder 26 p, ins übrige Ausland 31 p;
innerhalb Europas ggf. ohne Luftpostzuschlag.

Wer von unterwegs überschüssiges Gepäck oder Einkäufe nach Deutschland schicken möchte, sei darauf hingewiesen, daß Luftpostpakete nur wenig mehr als Pakete auf dem Land- und Seeweg kosten. Wegen nicht kalkulierbarer Postlaufzeiten ist vom Versenden von Gepäck *nach* Irland abzuraten! 🕭

Telefon

Die zahlreichen Telefonarbeiter, die man im Sommer überall in Irland auf Telegrafenmasten sitzen sieht, könnten den Eindruck erwecken, daß das Telefon hier eine enorme Verbreitung hat. Das Gegenteil ist der Fall: die Arbeiter sind damit beschäftigt, die eher niedrige Telefondichte zu erhöhen.

Auch der technische Standard des Telefonnetzes ist in den letzten Jahren erheblich verbessert worden. Direktwahl ist auch ins Ausland aus allen Landesteilen möglich – vorausgesetzt, man findet ein funktionsfähiges Telefon. Jedoch sind die bei den Telefongesellschaften so beliebten Kartentelefone weit aufs Land vorgedrungen, und bei den mittlerweile seltenen Münzapparaten findet sich selbst für £-Geldstücke immer häufiger Einsatzmöglichkeit.

Jedes Telefon hat eine Nummer und kann, auch im Telefonhäuschen, angerufen werden.

Da das Selbstdurchwählen nicht nur schneller geht, sondern auch billiger ist, sollte man es der Vermittlung über den *Operator* vorziehen. Bei Durchwahl wird nur die effektiv genutzte Zeit bezahlt, bei Handvermittlung jede angefangene Minute (mindestens 3 Minuten) sowie ein Operator-Aufschlag von mindestens 10 p (Ortsgespräche), bei Auslandsgesprächen ca. 50 p.

Handvermittlung ist nur sinnvoll für R-Gespräche. Dazu heißt's: die „10" wählen und dem Operator die Nummer des Apparates sagen, von dem aus man spricht, und die gewünschte Rufnummer. Dann wieder auflegen und Däumchen drehen, bis die Verbindung zustande kommt. Es ist dabei ratsam, solche Gespräche von Hotels etc. oder der Post aus zu führen. Da dort auch Münzapparate herumhängen, kostet das Telefonat vom Hotel oder Pub aus nicht mehr als vom nächsten Telefonhäuschen.

Die Telefongebühren sind in den letzten Jahren, der EU sei dank, erheblich gesunken und mit den üblichen Sondertarifen zu Niedrigverkehrszeiten im Regelfall nicht mehr teurer als in Mitteleuropa. Allerdings machen die häufigen Tarifänderungen es unmöglich, hier Konkreteres zu nennen.

Der von der Deutschen Bundespost Telekom angebotene Service *Deutschland direkt* – eine Art Komfort-R-Gespräch – kann auch von der Grünen Insel aus genutzt werden. Dazu wählen Sie gebührenfrei **1800 55 00 49** (aus der Republik) bzw. **0800 89 00 49** (aus Nordirland) und sind sodann mit einer deutschsprachigen Vermittlung verbunden, die für Sie den gewünschten Teilnehmer in Deutschland anruft. Falls der Angerufene das Gespräch annimmt, ist das für ihn allerdings für die ersten drei Minuten ein teures Vergnügen: 15,50 DM (jede weitere Minute dann noch 1,15 DM) tauchen später auf der Telefonrechnung auf.

Nach Österreich und der Schweiz gibt es bislang keinen entsprechenden Service.

Vorwahlkennzahlen:
Von Irland nach Deutschland 0049
          nach Österreich 0043
          in die Schweiz 0041
Aus allen mitteleuropäischen Ländern nach Irland: 00353
Aus allen mitteleuropäischen Ländern nach Nordirland: 0044

Bei allen internationalen Telefonaten ist die Anfangsnull der Ortsnetzkennzahl wegzulassen.

Aus der Republik nach Nordirland wird hingegen einfach „08" vorangestellt, also die Anfangsnull der nordirischen Vorwahl beibehalten.   ⚓

Die Zeit

Uhrzeit

In Irland gilt wie in Großbritannien die *Westeuropäische Zeit* mit ihrer sommer-zeitlichen Abart. In der Praxis bedeutet das, daß in Irland die Uhren eine Stunde „nachgehen". Also 12 Uhr in Mitteleuropa, 11 Uhr in Irland usw.

Öffnungszeiten

Informationsbüros

Die Tourist Information Offices sind zu erkennen am weißen „i" auf grünem (Republik Irland) bzw. rotem oder blauem (Nordirland) Grund. Sie sind zuständig für Auskünfte, Prospekte, Karten und Unterkunftsvermittlung.

Die Büros in der Republik sind in der Regel mo-fr 9.00-18.00 Uhr und sa 9.00-13.00 Uhr geöffnet (saisonale und lokale Unterschiede); in Nordirland meist mo-fr 9.00-17.15 Uhr, größere Büros auch samstags und manchmal sonntags (Näheres bei der jeweiligen Ortsbeschreibung).

Banken

Die Bankschalter sind geöffnet mo-fr 10.00-15.00 Uhr (vereinzelt Mittagspau-sen), in Nordirland bis 15.30 Uhr. In der Republik örtlich unterschiedlich an einem Nachmittag länger (meist do oder fr bis 17 h). In Wechselstuben, die es in Tourist Offices, Andenkenläden und einigen Hotels gibt, bekommt man ungünsti-gere Wechselkurse. An den Flughäfen gibt's auch am Wochenende Bares.

Postämter

Die Öffnungszeiten der Postämter entsprechen denen der Geschäfte (samstags nur bis 13 h). Außerhalb der Großstädte wird meist eine Mittagspause von 12.30-13.30 Uhr eingehalten; in ganz winzigen Nestern sind Poststellen nur zeitweise als Nebenerwerb besetzt. Da hilft nur eines: hinfahren und sehen, ob geöffnet ist. Die Hauptpost in Dublin (GPO) ist täglich bis 23.00 Uhr geöffnet.

Geschäfte

In Nordirland sind Geschäfte durchweg mo-sa 9.00-17.30 geöffnet, mit Mittags-pause bei allen kleineren Läden. In der Republik ist die übliche Geschäftszeit bis

18.00 Uhr verlängert.

Im ganzen Land verbreitet sind die *early closing days* und *late night shoppings*. Während erstere örtlich unterschiedliche Nachmittage mit geschlossenen Geschäften bezeichnen (meist am Wochenanfang), sind letztere verlängerte Einkaufsabende bis 20 oder 21 h (meist donnerstags oder freitags).

In Nordirland werden diese Öffnungszeiten recht penibel eingehalten, obwohl es kein Ladenschlußgesetz in Großbritannien gibt. In der Republik hingegen wird man fast überall Läden antreffen, die länger und auch am Wochenende offen sind.

Pubs

Die Pubs sind in der Republik geöffnet mo-sa 10.30-23.30 Uhr (Oktober-Mai nur bis 23.00 Uhr), so 12.30-22.00 Uhr. Die „Mittagspause" am Sonntagnachmittag (*Holy Hour*) ist seit Sommer 99 abgeschafft.

Die Öffnungszeiten der nordirischen Pubs sind etwas weniger freundlich auf durstige Radfahrer abgestimmt: mo-sa 11.30-23.00 Uhr, sonntags meist 12.30-14.30 h und 19.00-22.00 h.

Feiertage

Neben den üblichen kirchlichen Feiertagen gibt's in ganz Irland den *St. Patrick's Day* (17. März) sowie etliche sogenannte *Bank-Feiertage:* im ganzen Land der erste Montag im Mai, außerdem in der Republik die ersten Montage im Juni und August sowie der letzte Montag im Oktober, in Nordirland die letzten Montage im Mai und August. Mitte Juli finden in Nordirland Feiern der beiden verfeindeten Religionsgruppen statt, an denen man sich tunlichst aus den Hochburgen beider Seiten (Belfast und Londonderry) heraushalten sollte.

Schulferien sind in der Republik von Mitte Juni bis Anfang September, in Nordirland ab Anfang Juli. Die größten Touristenströme kommen übrigens aus England, wo ab Mitte Juli der Ferienverkehr einsetzt. ℞

Normen

Maße und Gewichte

Ein schwieriges Thema. Obwohl der Übergang zum metrischen System bereits vor Jahren beschlossen wurde, setzt es sich nur schwer und mühsam durch. Ohne Kenntnis der traditionellen Maße und Gewichte kommt man deshalb nach wie vor nicht weit.

Längenmaße

1 inch (Zoll)	2,52 cm
1 foot	30,48 cm
1 yard	91,44 cm
1 mile (1760 y)	1,609 km

Flächenmaße

1 sq. yard	0,836 m²
1 sq. mile	259,0 Hektar
	(2,59 km²)
1 acre	4047 m²

Hohlmaße

1 fluid ounce	0,029 l
1 pint (20 fl.oc.)	0,569 l
1 quart (2 pints)	1,136 l
1 gallon (4 quarts)	4,546 l

Gewichte

1 ounce	28,35 g
1 pound (16 ounces)	453,6 g
1 stone (14 pounds)	6,35 kg
1 hundredweight	50,8 kg
	(112 pounds)
1 ton (2240 pounds)	1016,06 kg

Strom

Spannung ist 220-240 Volt, aber diverse Steckdosenformen sind verbreitet. Euro-Stecker sind nur bei Rasierapparaten üblich, ansonsten sind Adapter erforderlich, die im Haushalts- und Elektrohandel erhältlich sind.

Service

Krankenversicherung

Deutsche und österreichische Krankenkassenmitglieder sollten sich vor der Abreise unbedingt das Formular E111 besorgen. Damit kann man in Irland im Krankheitsfall kostenlose ärztliche Behandlung und Medikamente bekommen. Welche Formalitäten man dabei beachten muß, steht in dem Informationsblatt der Krankenkasse, das man zusammen mit dem Anspruchsausweis E111 erhält. Privatversicherte sowie Reisende aus Nicht-EU-Staaten können bei ihrer jeweiligen Versicherung erfragen, welche Leistungen in Irland ggf. erstattet werden.

In Nordirland garantiert der britische National Health Service Gratisversorgung bei ambulanten Notbehandlungen in angeschlossenen Krankenhäusern.

Die Heimführung (Flug o.ä.) im Fall schwerster Erkrankungen wird von den Krankenkassen nicht ersetzt. Wer auf Nummer Sicher gehen will, sollte sich dafür (evtl. im Rahmen der Reisegepäckversicherung) zusätzlich reisekrankenversichern.

Preisermäßigungen

Für Jugendliche, Auszubildende, Schüler und Studenten gibt es in Irland unzählige Preisnachlässe, häufig bis zu 50 %. Um in den Genuß zu kommen, braucht man mindestens einen der beiden gängigen Ausweise, die in Irland von der gleichen Organisation, USIT (Travel Company of Union of Students of Ireland), betreut werden:

a) Die europäische Jugendkarte EURO<26. In Deutschland ist für die Ausstellung die DJH Service GmbH in Detmold zuständig, ✆ 0180 212626. Eine Übersicht über die Leistungen in Irland gibt es auf der Internetseite:
– http://www.euro26.org/countries/frameset_ireland.html.

b) Den standardisierten ISIC-Ausweis der International Student Identitiy Card Association (ISIC), Postbus 15857, NL-1001 NJ Amsterdam, den es bei Jugendreisebüros und den ASTAs der meisten Universitäten gibt; nächstgelegene Ausweisausgabestelle ggf. bei der ISIC erfragen.

Näheres über den ISIC-Ausweis und seine Anwendungsmöglichkeiten gibt es auch im Internet unter:
– http://www.istc.org (internationale Seiten)
– http://www.isic.de (deutsche Seiten mit anderem Inhalt)

Beide Ausweise unterscheiden sich vor allem im Kreis der Berechtigten: die Jugendkarte kann jeder unter 26 Jahren bekommen, den ISIC-Ausweis können Schüler und Studenten ab 12 Jahre (nach oben keine Begrenzung!) beziehen. In Irland gibt es bei allerlei Sehenswürdigkeiten, einigen Hostels und Restaurants Rabatte.

Der wichtigste Verwendungszweck ist aber, bis zu 50 % Rabatt auf die Normaltarife der Eisenbahn zu bekommen. Dazu muß der jeweilige Ausweis mit einer zusätzlichen „Rabattmarke" versehen werden, dem *FairStamp* (für EURO<26) bzw. dem *Travelsave Stamp* (für ISIC), die je nach Karte Ir£ 7-8 kosten. Mit dem Ausweis begibt man sich in Irland zu einer Niederlassung von USIT, die es zahlreich gibt, vor allem an Hochschulstandorten. Die wichtigsten sind:

- ☐ usit NOW, 19-21 Ashton Quay, O'Connell Bridge, Dublin 2, ✆ (01) 6021600
- ☐ Campus Travel Shop, Library Building, Belfield, Dublin 4 .
- ☐ UCC Travel, Student Centre, University College, Cork, ✆ (021) 902293
- ☐ usit NOW, 66 Oliver Plunkett Street, Cork, ✆ (021) 270900
- ☐ usit NOW, Victoria Place, Eyre Square, Galway, ✆ (091) 565177
- ☐ usit NOW, Central Buildings, O'Connell Street, Limerick, ✆ (061) 415064
- ☐ usit NOW, 36/37 Georges Street, Waterford, ✆ (051) 872601
- ☐ Youth Information, South Main Street, Wexford, ✆ (053) 23262
- ☐ USIT, Fountain Centre, Belfast, ✆ (01232) 324073
- ☐ USIT, Queens University, University Road, Belfast, ✆ (10232) 241830
- ☐ USIT, South Building, Univeristy of Ulster, Coleraine, ✆ (01265) 52161
- ☐ USIT, 33 Ferryquay Street, Derry, ✆ (01504) 371888

Crannog im Craggaunowen Projekt

Hilferufe

Wenn man sich finanziell verkalkuliert hat oder völlig ausgeraubt wurde, wird man in die Zwangslage kommen, um Hilfe betteln zu müssen.

Die einfachste und auch billigste Art ist immer noch, von Freunden oder Verwandten Geld nachschicken zu lassen. Da die irische Post zuverlässig ist, kann man die Zusendung einer Internationalen Postanweisung riskieren. Wichtig: der Empfänger muß sich bei Entgegennahme der Barschaft ausweisen können. Bei Verlust des Personalausweises oder Passes also lieber einen Ersatzempfänger suchen (z.B. Inhaber des B&B-Hauses, in dem man aufs Geld wartet).

Achtung: Postanweisungen an „anonyme" Adressen wie Hotels, Campingplätze oder Postlagernd werden im allgemeinen nur bis DM 250 je Überweisung von der Post akzeptiert!

Internationale Postanweisungen sind bis zum Höchstbetrag von Ir£ 250 (auch telegrafisch) bzw. £ 250 (auch Eilzustellung, aber nicht telegrafisch!) möglich. Wer mehr haben will, muß sich mehrere Anweisungen schicken lassen. Falls man sich ausweisen kann, ist die schnellste Empfangsadresse immer das Dubliner bzw. Belfaster Hauptpostamt, postlagernd (*poste restante*). In die Provinz dauert's erheblich länger; telegrafische Anweisungen nach Dublin sind normalerweise innerhalb von 24 Stunden da.

Wenn alle Stricke reißen, ist die jeweilige Botschaft zur Hilfe verpflichtet. Da man hinterher aber alles mit Zinsen und Gebühren zurückzahlen muß, sollte man dort wirklich nur im äußersten Notfall anklopfen.
Die Anschriften:
- ❏ Deutsche Botschaft, 31 Trimleston Avenue, Booterstown, Co. Dublin, ✆ (01) 2693011, 🖹 2693946
- ❏ Österreichische Botschaft, 93 Ailesbury Road, Ballsbridge, Dublin 4, ✆ (01) 2694577, 🖹 2830860
- ❏ Schweizer Botschaft, 6 Ailesbury Road, Ballsbridge, Dublin 4, ✆ (01) 2186382, 🖹 2186383

In Nordirland gibt es für keines der deutschsprachigen Länder eine Botschaft; zuständig ist immer London. Deutschland ist in Irland noch mit drei Honorarkonsulaten in Cork, Limerick und Larne/Nordirland vertreten. ⚑

Das Fahrrad

Die Streckenbeschreibungen in diesem Buch gehen davon aus, daß zum Erfahren Irlands ein tourentaugliches Fahrrad benutzt wird. *

Wer versucht, die unvermeidlichen Steigungen in den zahlreichen Bergen mit einem behäbigen Hollandrad oder gar einem Klapprad ohne Gangschaltung zu bewältigen, wird notwendigerweise frustriert, d.h. schiebend, enden.

Auch gewöhnliche Sporträder mit Dreigangschaltung sind den verschiedenen Anforderungen nur sehr bedingt gewachsen. Wer die Absicht hat, für die Reise ein Fahrrad neu anzuschaffen oder ein vorhandenes umzurüsten, sollte den folgenden Empfehlungen folgen:

Fahrradtyp: Stadtrad, All-Terrain-Bike (ATB) oder (noch besser) Reiserad richtiger Rahmenhöhe oder tourentaugliches Mountain-Bike.

Reifengröße: 32-622 bzw. 32-630 (Nostalgiebezeichnungen: 28 x 1¼ bzw. 27 x 1¼). Nicht nur in Deutschland die gängigsten Größen, sondern auch in Irland. Keine schmaleren Reifen verwenden, da sie den rauhen irischen Straßen nicht standhalten. Die frühere Ersatzteilproblematik bei Reifen mit dem Durchmesser 622 besteht nicht mehr, alle besseren Fahrradläden (auch in Kleinstädten) führen mitlerweile diese Größe – der EU sei dank.

Gangschaltung: Mindestens 12-18 oder mehr Gänge mit Kettenblättern (vorn) 52/42 Zähne oder besser weniger (z.B. bei Dreifachkettenblättern 46/36/26 o.ä.), Freewheel (Mehrfachfreilaufzahnkranz hinten) mit 13-32 Zähnen.
Um auch sehr steile Passagen fahrenderweise bewältigen zu können, sollte die Schaltung über möglichst leichte Berggänge verfügen. Mindestens sollte eine Berggangübersetzung von 1:1 vorhanden sein, d.h. gleiche Zähnezahl am kleinen vorderen Kettenblatt und dem größten hinteren Ritzel. Besser ist es, wenn noch leichtere Gänge zur Verfügung stehen.

Ausstattung: Schutzbleche und solide Gepäckträger sind das Wichtigste. Zum Schutz der Kette und der Füße am vorderen Schutzblech ggf. Schmutzfänger anbringen.

Bremsen: Zwei gut funktionierende Bremsen sollten eine Selbstverständlichkeit sein. Empfehlenswert sind Cantilever-Bremsen

---

* Die Kriterien für ein tourentaugliches Fahrrad sind ausführlich dargestellt in dem Buch „Der Wind kommt immer von vorn" von J. Rieck. (s. Literatur)

(bei guten Rädern inzwischen Standard). Möglichst keine Rücktritt- oder Trommelbremsen verwenden (neigen bei langen Abfahrten zu starker Hitzeentwicklung und zum Blockieren!).

Mitnehmen, mieten, kaufen?

Die Mitnahme anderer Fahrradtypen als vorstehend geschildert kann nicht empfohlen werden, da sie in Irland nur bedingt einsatzfähig sind und kleinere Räder (z.B. mit 26-Zoll-Reifen) günstiger in Irland zu mieten sind. Die hohen Transportkosten für das eigene Fahrrad lassen sich so sparen.

Das Mitnehmen des eigenen, tourentauglichen Fahrrades ist eigentlich stets die beste Lösung, aus finanziellen Gründen aber nicht immer anzuraten. Wer jedoch während seines gesamten Irlandaufenthaltes von mindestens zwei Wochen mit dem Fahrrad unterwegs sein will, sollte immer ein eigenes Rad benutzen oder vor Ort eines kaufen, das er nach der Reise mit nach Hause nimmt. Allerdings sind Fahrräder in Irland teurer als in den deutschsprachigen Ländern, so daß ein Fahrradkauf dort meist nur unter dem Aspekt des eingesparten Transports bei der Anreise sinnvoll sein kann.

Wer kürzere Zeit radeln oder nur einen Teil des Urlaubs per Fahrrad verbringen möchte, wird meist günstiger fahren, wenn er das Rad in Irland leiht. Da das Fahrrad in Irland zu den anerkannten und vielbenutzten Individualverkehrsmitteln gehört, sind Fahrräder überall zu kaufen und zu mieten, selbst in kleinsten Orten. Wo es keinen speziellen Fahrradhändler gibt, besorgen die Tankstelle oder der örtliche Haushaltswarenladen dieses Geschäft.

Nur die großen Vermieterketten (s.u.) haben sich mittlerweile auf 18-Gang-Markenfahrräder umgestellt, wobei meist zwischen Trekking- und MTB-Rad gewählt werden kann. Die Räder werden jährlich erneuert, stehen aber natürlich nicht in unbegrenzter Zahl und an jedem Ort jederzeit zur Verfügung. Vor allem im Juli und August ist deshalb Vorbuchung für diese Räder unerläßlich.

Fast jeder Fahrradhändler, in touristischen Gegenden auch spezielle Verleiher, vermietet Fahrräder. Adressen sind im Etappenbeschreibungsteil dieses Buches bei den jeweiligen Orten angegeben. Die meisten größeren Händler gehören zu der marktbeherrschenden Raleigh-Kette, die das *Raleigh-Rent-a-Bike*-System aufgebaut hat. Zu einheitlichen Tarifen sind Fahrräder bei jedem der angeschlossenen Händler zu mieten; sie müssen dort in der Regel auch wieder abgegeben werden (Ausnahmen s.u.). Eine aktuelle Liste der Verleiher kann bei folgender Anschrift angefordert werden:

❑ Raleigh Ireland Ltd., Raleigh House, Kylemore Road, Dublin 10, ℭ (01) 6261333, 🖷 6261770; http://ireland.iol.ie/raleigh
Die Mietpreise der Raleigh-Kette betragen pro Tag (Ir)£ 10, pro Woche (Ir)£ 40.

Jedes Fahrrad muß grundsätzlich beim Ausleihort zurückgegeben werden.

Ausnahmen:

– 14 ausgewählte Händler der *Raleigh-Gruppe* („Premier Raleigh", s. unter Ortsbeschreibungen) mit Rückgabemöglichkeit bei den jeweils anderen Partner-Firmen,

– *The Bike Store (Rent-a-Bike)*, 58 Lower Gardiner Street, Dublin 1, ✆ (01) 8725399, 🖷 8744247, mit zusätzlichen Vermietstationen in Cork, Galway, Limerick und Tralee.

Bei diesen beiden Unternehmen kann man Räder in der einen Filiale mieten und in einer anderen abgeben, was allerdings £ 10-15 Aufpreis kostet. The Bike Store ist außerdem vorbildlich in Gangschaltungsausstattung und Zustand der Räder und betreibt die Vermietung als Haupt- und nicht als Nebengeschäft; zudem sind die Preise standardmäßig um etwa ein Drittel niedriger, und es gibt „Mengenrabatt" ab der zweiten Woche.

Bei manchen Händlern können Fahrradpacktaschen und Campingausrüstung ebenfalls gemietet werden (s. Camping, Kapitel *Ein Dach überm Kopf*). Bei der Firma O'Meara in Dublin kann man eine Liste der Angebote anfordern; ein Hinweis auf benötigte Fahrradausrüstung ist sinnvoll, da man sonst nur eine Standardliste erhält.

Auf alle gemieteten Gegenstände (Fahrräder und Campingausrüstung) wird üblicherweise eine Kaution erhoben; Versicherungen sind gewöhnlich im Mietpreis eingeschlossen. Bei Raleigh beträgt die Kaution (Ir)£ 50.

In den diversen Ausstattungssets nicht enthalten ist hingegen etwas, das man unbedingt braucht: Regenkleidung, am besten einen vollständigen Regenanzug guter Qualität.

Ein besonders heikler Punkt bei Mietfahrrädern sind üblicherweise die Sättel. Wer schon einmal seinen Allerwertesten auf einem zu weichen oder zu harten Sattel wund gesessen hat, wird den folgenden Rat nicht mehr als Obskurität abtun: Wer zu Hause ein Fahrrad mit ihm genehmem Sattel besitzt, möge, wenn schon nicht das ganze Rad, zumindest den Sattel mitnehmen und gleich im Vermietergeschäft ummontieren.

Reparaturausstattung

Wer sein Fahrrad mit nach Irland nimmt, wird einige Ersatzteile wegen abweichender Normen dort nicht oder nur schwer beziehen können. Folgende Werkzeuge und Ersatzteile gehören deshalb ins Gepäck.

Luftpumpe
Flickzeug
Reifenheber
Ersatzschlauch – bei von der Empfehlung abweichender Reifengröße zwei (zu
        beachten: 27- und 28-Zoll-Schläuche gleicher Dicke sind austauschbar)
Maul- oder Ringschlüssel
Schraubendreher
Inbusschlüssel
Zahnkranzabzieher für Kettenschaltung
Ersatzspeichen, Nippel, Nippelspanner
Nähmaschinenöl oder Kettenfließfett
Taschenmesser
Brems- und Schaltzüge
Ersatzschrauben und Muttern für Schutzbleche etc. – wichtig, da in Irland erhältliche Schrauben meist Zoll-Gewinde haben.

Kinsale Harbour, Co. Cork

Fahrradteile-Vokabular

Im Falle eines Falles werden Sie in keinem normalen Wörterbuch die Übersetzungen für die wichtigsten Fahrradteile finden. Damit Sie sich gegenüber Fahrradhändlern und -werkstätten verständlich machen können, habe ich hier eine Liste der entsprechenden Vokabeln zusammengestellt.

Rahmenteile — frame

Rahmenteile	frame
Oberrohr	top tube
Unterrohr	down tube
Sattelrohr	seat tube
Steuerkopfrohr	head tube
Gabel	fork
Ausfallende	fork end, fork tip
Hinterrohre	chain stays
Hinterstreben	seat stays

Laufräder — wheels

Laufräder	wheels
Reifen	tire (tyre)
Schlauch	inner tube
Felge	rim
Speiche	spoke
Nabe (hinten, vorne)	hub (rear, front)
Achse	spindle

Antrieb

Antrieb	
Tretlager	bottom bracket
Tretkurbel	crank
Kurbelkeil	crank wedge
Kettenblatt	chain ring
Pedal	pedal
Kette	chain
Kettenwerfer (vorn)	front changer
Schaltwerk (hinten	rear changer
Schaltzug	gear cable
Schalthebel	shifting lever
Gangschaltung	gear shift
Mehrfachfreilaufzahnkranz	(multiple) freewheel
Kettenritzel	sprocket wheel

Ausstattung

Lenker	handlebar
Glocke	bell
Vorbau	stem
Steuerkopfsatz	head set
Bremsgriffe	brake lever
Bremszug	brake cable
Felgenbremse	caliper brake
Sattelstütze	seat pillar
Sattel	saddle
Schutzblech	mudguard
Schmutzfänger	dirt trap
Fahrradstütze, Ständer	bicycle stand
Gepäckträger	luggage carrier
Packtasche	pannier, luggage bag
Luftpumpe	air pump

Werkzeuge / tools

Schraubendreher	screw driver
Schraubenschlüssel	spanner, wrench
Inbusschlüssel	allen key
Zange	tongs, clippers
Hammer	hammer
Freilaufabzieher	freewheel removal tool
Nietendrücker	chain cutter
Flickzeug	repair outfit
Vulkanisierlösung	vulcanisation solution

Unterwegs

In Sneem, am »Ring of Kerry«

Unterwegs

Nicht nur in Irland, sondern auch in diesem Reiseführer dreht sich zunächst alles um die Hauptstadt Dublin. Daran schließen sich Beschreibungen des Umlandes, d.h. der Grafschaft Dublin und einer mehrtägigen Rundtour um Dublin an.

Irland ist flächendeckend, in 121 Etappen unterteilt, ausführlich behandelt. Der Reigen der Streckenbeschreibungen geht von Dublin aus nach Süden und Südwesten zur anderen Seite der Insel und weiter nordwärts bis in die Spitze der Grafschaft Donegal. Etappen durch das Binnenland stellen die Verbindungen zwischen allen Landesteilen her. Den Abschluß bilden die Strecken durch Nordirland.

In Rosslare ankommende Reisende finden in Wexford, in Shannon landende Touristen in Limerick oder Ennis Anschluß an die Etappen.

Die Etappenbeschreibungen nennen die benutzten Straßen (mit alter und neuer Numerierung), schildern die durchradelten Ortschaften und am Wege liegende Sehenswürdigkeiten, verweisen auf interessante Abstecher. Orte und Stätten, die einer ausführlichen Darstellung gewürdigt werden, sind in umrandeten Kästen hervorgehoben. Dort finden Sie auch Details wie Adressen von Touristeninformationsbüros, Jugendherbergen, Campingplätzen, Fahrradläden (Vermietung, Verkauf und Reparatur) und Waschsalons (Selbstbedienung) sowie Verkehrsverbindungen. Die gelegentliche Angabe von Waschsalons erfolgt mit Rücksicht auf den Umstand, daß die Mitnahme von Kleidung für mehr als 10 Tage im Fahrradgepäck nicht sinnvoll, also zwischendurch eine Waschmaschine einzusetzen ist. Nutzer von Hostels und offiziellen Campingplätzen finden dort aber auch häufig Gelegenheit zum Kleidungs-Recycling.

Alle Angaben entsprechen dem Stand von 1999. Die Übernachtungskapazitäten der Jugendherbergen werden in der Hauptsaison vereinzelt erhöht.

Den Etappenbeschreibungen sind Kartenskizzen im Maßstab 1:500.000 zugeordnet, die den Streckenverlauf markieren. Die Skizzen enthalten alle befahrenen Straßen, alle klassifizierten Straßen der entsprechenden Region und (ansatzweise gezeichnet) alle Abzweigungen von der befahrenen Straße. Das ermöglicht Ihnen das Radeln nach den Skizzen bei Beachtung der markierten Abzweigungen einerseits und die Umsetzung der Kartenskizzen auf die während der Reise benutzten Landkarten andererseits.

In die Kartenskizzen sind Ortschaften, Jugendherbergen und Campingplätze eingezeichnet. Dabei werden folgende Zeichen und Symbole verwendet:

- **ᵢ** ganzjährig geöffnetes Tourist Office
- **ᵢ** saisonal geöffnetes Tourist Office
- **✿** Hotel/B&B
- **△** Herberge (Hostel)
- **⊞** Campingplatz
- **Ⅱ** Burg, Kirche u.ä.
- **✈** Flughafen
- **⌣** Fähre

Die Symbole für Tourist Offices etc. sind den jeweiligen Orten – nach Möglichkeit lagerichtig – zugeordnet; bei nahe nebeneinanderliegenden gleichartigen Punkten, z.B. zwei Campingplätzen, ist das betreffende Symbol nur einmal enthalten. Näheres ist dem Text zu entnehmen.

Die genaue Lage von Ortschaften, Übernachtungsstätten usw. kann nur präzisen Landkarten entnommen werden. Die Lageskizzen basieren auf dem Informationsstand der *Holiday Map* der Ordnance Survey Offices, deren Benutzung daher die Umsetzung der Skizzen besonders leicht gestaltet.

Folgende Abkürzungen und Symbole werden in den Etappenbeschreibungen verwendet:
✆ – Telefon, ▤ – Telefax, Zstpl. – Zeltstandplätze, Stpl. – Standplätze, B. – Betten, Z. – Zimmer, Waschm. – Waschmaschine; außerdem die üblichen Abkürzungen für Monate und Wochentage.   ⚲

Nobody is perfect

Und Reiseführer sind „schnellverderbliche Ware".
Deshalb werden sich auch in diesen Reiseführer Fehler eingeschlichen haben. Bei aller Sorgfalt ist es unvermeidlich, daß dieses Buch dem Anspruch der Unfehlbarkeit nicht gerecht werden kann.
Wir bemühen uns, bei jeder Neuauflage eine komplette Aktualisierung aller Informationen durchzuführen, und sind deshalb dankbar für jeden Hinweis zu Korrekturen, Ergänzungen, für Tips zu der Streckenführung, für jede Art konstruktiver Kritik. Für verwertbare Tips revanchieren wir uns mit einem Buch aus unserem Programm.

Schreiben Sie uns:

Verlag Wolfgang Kettler
Redaktion „Irland per Rad"
Bergstr. 28
D-15366 Neuenhagen b. Berlin
▤ (03342) 202168
eMail: KettlerVerlag@t-online.de

Dublin

Es soll Leute geben, die eine Irland-Reise nur wegen Dublin unternehmen. Dabei ist die irische Hauptstadt (700.000 Einw., mit Vororten 1,4 Mio.) auf den ersten Blick eine Großstadt wie viele andere: betriebsam, laut und schmutzig. Die geringe Zahl konventioneller „Sehenswürdigkeiten" macht es dem Touristen nicht gerade einfacher, an Dublin überhaupt etwas zu finden. Für das Abklappern der Handvoll von wichtigen Museen, historischen Häusern und interessanten Plätzen reicht allemal ein Tag aus. Dennoch kann man in Dublin auch mehrere Wochen verbringen, ohne sich zu langweilen. Die irische Metropole offenbart ihre Attraktionen erst auf den zweiten und dritten Blick.

Die Stadt ist seit Jahrhunderten das wirtschaftliche und kulturelle Zentrum des Landes. Von den Wikingern wurde sie an der Mündung des Flusses Liffey gegründet und mit dem keltischen Wort *Dubhlinn* (dunkler Teich) benannt. Vorher gab es an gleicher Stelle nur ein paar Hütten, deren älterer Name *Baile Atha Cliath* (sprich: blah-klia, „Stadt an der Hürdenfurt") heute wieder die gälische Bezeichnung Dublins darstellt. Die lange Wortkombination (manchmal ohne *Baile*) steht vorne an sämtlichen Stadtbuslinien.

Die über tausend Jahre alte Stadt fällt hingegen nicht ins touristische Auge. Prägend für das Stadtbild war vielmehr die Blütezeit Dublins im 18. Jh. unter britischer Oberherrschaft, als großzügig angelegte Straßen und Plätze, gesäumt von meist dreistöckigen Häusern, für die betuchtere Bevölkerung gebaut wurden. Die Kunsthistoriker haben für den verwendeten Stil das schöne Wort „georgianisch" und rühmen Dublin als die Stadt mit dem besterhaltenen Erscheinungsbild jener Zeit. Die Türen der hochherrschaftlichen Wohnhäuser, z.B. an Merrion Square und St. Stephen's Green, sind in der Tat einen Bummel wert und dienen der städtischen Tourismusbehörde, auf einem Plakat zusammengefaßt, als Aushängeschild.

Eindrucksvolle öffentliche Gebäude künden von der damaligen Bedeutung Dublins als der „zweiten Stadt des Empires". Der alte Stadtkern ist bis heute fast völlig von Bausünden verschont geblieben; nur wenige einsame Hochhäuser ragen über die althergebrachte Bebauung empor. Architektonische Freveltaten finden in den Vororten statt, wo für Bewohner der innerstädtischen Sanierungsgebiete und die Neuzugänge aus der Provinz (die Landflucht ist in Irland ungebrochen) neue Wohnblöcke entstehen, ghettoähnliche Neu-Slums, für die lange Wartelisten geführt werden.

Dublin ist eine überschaubare Stadt; der Stadtkern erstreckt sich über wenige Quadratkilometer, so daß die gängigsten Sehenswürdigkeiten *per pedes* abzuklappern sind. Die städtische Tourismusbehörde hat sich dafür mehrere *Tourist Trails* ausgedacht, Rundgänge anhand von beschreibenden Broschüren, die jeweils in einigen Stunden zu absolvieren sind, etwaige Besichtigungen und Museumsbesuche nicht eingeschlossen, so z.B. den „Georgian Heritage Trail", den

Foto rechts: Georgianisches Portal in Dublin

„Cultural Heritage Trail", den „Old City Heritage Trail" und – aus dem Rahmen fallend – den „Rock'n'Stroll Trail", der Stationen der Karriere neuerer irischer Musiker (Dubliners, Chris de Burgh u.ä.) berührt. Ansonsten ist Dublin eine der wenigen Großstädte, in denen man auch als Ortsfremder das Fahrrad benutzen kann, ohne Knochenbrüche oder Schlimmeres befürchten zu müssen – grundsätzliche Erfahrung mit Großstadt-Fahrradverkehr vorausgesetzt. Die Autofahrer sind teils erstaunlich rücksichtsvoll und nehmen schräg über die Fahrbahn rollende Radler als normal hin. Die geringen Entfernungen – alle Vororte sind höchstens 10 km vom Stadtzentrum entfernt – und die höhere Bewegungsfreiheit (Busse fahren nur bis 23.30 Uhr) lassen das Fahrrad in Dublin als relativ günstiges Stadtverkehrsmittel erscheinen.

Wer sich jedoch partout nicht ins Verkehrsgewühl stürzen mag, kann im Rahmen der Betriebszeiten mit dem dichten Busnetz überall hinkommen. Fahrpläne gibt es zwar, werden aber ohnehin nicht beachtet. Die einzige brauchbare Methode, einen Bus zu erwischen, ist, sich an der Haltestelle hinten an die Schlange anzustellen und der Busse zu harren. Für alle Bahn- und Buslinien Dublins gibt es eine 4-Tage-Karte namens *Dublin Explorer* (beim Ticket Office, 59 O'Connell Street) für Ir£ 10, erst nach 9.45 h gültig.

Sehenswürdigkeiten

Ausgangspunkt aller Besichtigungen ist sinnvollerweise die O'Connell Street. Dort befindet sich das Tourist Information Office, in dem man Karten und Informationsmaterial für ganz Irland erhält, Zimmerreservierungen vornehmen und Geld wechseln kann.

Die O'Connell Street, die z.Z. in Richtung „Boulevard" umgebaut wird, ist mit den Spuren irischer Geschichte gleichsam gepflastert. Das beeindruckendste Gebäude ist die Hauptpost, das General Post Office (G.P.O.), ein klassizistischer Monumentalbau mit riesigem Portal und einer Inneneinrichtung aus den zwanziger Jahren, alles in schönem alten, dunklen Holz gehalten. Das G.P.O. war der Schauplatz des mißglückten Osteraufstandes von 1916, bei dem es völlig zerstört, später aber im Originalzustand wieder aufgebaut wurde. Im Innenraum befindet sich eine Statue des Sagenhelden *Cuchullain*; Teile der Proklamation des Aufstandes sind in die Fassade eingehauen.

Rechtzeitig zur Jahrtausendwende soll das neueste Wahrzeichen Dublins fertiggestellt sein, der *Millenium Spire*, ein 130 m hoher Edelstahlturm mit gläserner Spitze.

Denkmäler zur Erinnerung diverser Helden der irischen Geschichte stehen längs der O'Connell Street. Die Straße und die von ihr abzweigenden Quer- und Nebenstraßen bilden das kommerzielle Zentrum Dublins. Unzählige Geschäfte, Restaurants und Kaufhäuser beherrschen das Bild der teilweise zur Fußgängerzone gemachten Gegend. Nördlich hinter der Hauptpost riecht es in der Moore Street noch täglich nach irischem Leben – dort ist Markt, ein betriebsames Gequirle, bei dem Lebensmittel unter haarsträubenden hygienischen Bedingungen den Besitzer wechseln, die Straße täglich knöchelhoch mit Getränkedosen, Einwickelpapier und Kohlgestrüpp bedeckt ist, bis die Straßenkehrer dem ein Ende bereiten. Ein ähnlicher Wochenmarkt ist in der Cumberland Street östlich hinter dem Tourist Office zu finden.

Abends lebt das Gebiet um die O'Connell Street von Kinos und Kneipen; beides gibt es dort in großer Zahl.

Die meisten anderen Sehenswürdigkeiten, offizielle wie inoffizielle, sind südlich des Liffey-Flusses anzutreffen. Gleich hinter der O'Connell Bridge fängt es an. Am College Green steht zur einen Seite das Gebäude der *Bank of Ireland*, im 18. Jh. bis zum Zwangsanschluß an Großbritannien Sitz des irischen Parlaments; sein Kassenraum enthält berühmte Lüster aus Waterford-Kristall. Gegenüber erstreckt sich das 1592 gegründete *Trinity College*, mit ca. 5500 Studenten die ältere und deutlich kleinere der beiden Universitäten der Republik. Auf ihrem Gelände befindet sich zum einen „The Dublin Experience", eine der ach so beliebten Multimedia-Shows (in diesem Fall zur Dubliner Geschichte), zum anderen die Alte Bibliothek, eine echte Sehenswürdigkeit, die man sich nicht entgehen lassen sollte: im Saal der Bibliothek sind die größten Kostbarkeiten irischer Buchmalerei, darunter das *Book of Kells*, in Glaskästen ausgestellt, ebenso die Harfe des *Brian Boru*, das irische Nationalwahrzeichen. Öffnungszeiten: Ausstellung Mai-Sept tägl. 10-17 h, Bibliothek ganzj. mo-sa 9.30-16.30 h, so ab 12 h (Eintritt; Kombiticket erhältlich).

Das alte Kopfsteinpflaster-Viertel westlich von Trinity College wird *Temple Bar* genannt. In oft freundlich restaurierten Häusern hat eine bunte Mischung von Künstlern, Boutiquen, 'alternativen' Restaurants, Bars, Nachtklubs – und das Irish Film Centre – ein Domizil gefunden.

Südlich des Trinity College erstreckt sich das Regierungs-, Museums- und Einkaufsviertel Dublins. Grafton Street mit den westlichen Nebenstraßen verfügt über die besten Geschäfte für irisches Kunsthandwerk und Trödel. In der Nassau Street gibt es den besten Buchladen (Hanna), in Kildare Street stehen die Nationalbibliothek, das Leinster House (heute Sitz des irischen Parlaments) und das Nationalmuseum, das eine hervorragende Sammlung irischer Kunstschätze beherbergt. Eintritt ist frei, montags geschlossen.

Unmittelbar östlich der Regierungsbauten gruppieren sich georgianische Gebäude mit ihren bereits erwähnten berühmten Türen um den Merrion Square, dessen Grünfläche Naherholungsgebiet für die Anwohner ist. Der nahe gelegene Park *St. Stephen's Green* ist die größte Grünanlage des Stadtkerns und eine der schönsten dazu. Fahrräder bleiben draußen, will man einem Anschnauzer eines patrouillierenden Parkwächters entgehen. Das Anschließen des Drahtesels (auch gegen schlichtes Forttragen!) sollte man nie vergessen: die in Irland niedrige Kriminalitätsrate klettert in Dublin, gerade im Bereich der Eigentumsdelikte, auf großstädtisches Niveau. Während man sonst überall in der Republik das Gepäck auf dem unbeaufsichtigten Rad belassen kann, ist das in Dublin nicht anzuraten.

Wer sich nicht schämt, Elendstourismus zu betreiben, kann die innerstädtischen Slums in der Gegend um die St. Patrick's Kathedrale „bewundern". Ganz vermeiden läßt sich das kaum, denn St. Patrick's, die in der Nähe gelegene Christ Church Kathedrale und die Dubliner Burg sind Bestandteile des Sightseeing-Programms jedes ordentlichen Touristen. Die beiden Kirchen gehören übrigens der (protestantischen) *Church of Ireland* und sind beide auf ihre Art sehenswert: *St. Patrick's* wegen der regimentsfahnenbehängten Häßlichkeit, *Christ Church* hingegen wegen des besonders schönen Kirchenschiffs. Gleich neben Christ Church, mit der Kirche durch eine Straßenüberbauung verbunden, befindet sich in einem restaurierten Gebäude die Ausstellung „Dublinia", die mit Modellen und audio-visuellen Medien das mittelalterliche Leben in Dublin behandelt. Im Eintrittspreis (£ 3.95) ist das Besteigen des angrenzenden St.-Michael's-Turms ebenso enthalten wie der Besuch von Christ Church.

Zweifellos das obskurste sakrale Gemäuer ist die protestantische St. Michan's Church in der Church Street nördlich der Liffey. Aus nicht einwandfrei geklärten Ursachen ist die Luft in den Gruften dieser Kirche dem physischen Erhaltenszustand von Leichen besonders zuträglich – wer dort im Sarg abgestellt wird, ist noch nach Jahrhunderten gut mumifiziert zu besichtigen. Ein 700 Jahre altes Kreuzritterexemplar steht zum *shake hands* zur Verfügung. Zutritt gibt's aber nur im Zug einer Gruppenführung – suchen Sie also Anschluß...

Eine religiöse Sehenswürdigkeit ganz anderer Art ist das Jüdische Museum in der Walworth Road (eine kleine Nebenstraße der Victoria Street nahe des Südrings), das über die Geschichte der heute ca. 2000 irischen Juden berichtet. Das Haus enthält auch eine restaurierte Synagoge und ist Mai-Sept so/di/do 11.00-15.30 h geöffnet, sonst nur sonntags.

Ein Obskurität besonderer Art ist eine „Besichtigung" bei der weltbekannten *Guinness*-Brauerei, des größten Dubliner Arbeitgebers (10.000 Arbeitnehmer). Die früher üblichen Führungen durch das Brauereigelände sind den Guinness-Leuten über den Kopf gewachsen, so daß sie sich eine ebenso rationelle wie geschäftstüchtige Lösung haben einfallen lassen. Seit etlichen Jahren findet die Besichtigung im Saal statt: in einem eigens hergerichteten alten Hopfenspeicher, wo ein paar der wesentlichsten Bestandteile einer Brauerei aufgebaut sind, eine Ausstellung und ein Werbefilm über die Herstellung und Vermarktung des süffigen Getränks Einblick in die weltweiten Interessen des Konzerns bieten. Anschließend gibt's ein oder zwei Gratis-Biere. Außer per Rad erreicht man den *Guinness Hopstore* (Eingang Crane Street) mit den Bussen 21 und 78; Eintritt £ 3, Rabatt für Studenten und auf JH-Ausweis (tägl. 10.00-16.30 h).

Wer anschließend etwas Frischluft schnuppern möchte, begibt sich am besten an der Heuston Station vorbei über die Liffey zum Phoenix Park. Mit rund 800 Hektar Fläche ist dies der größte Stadtpark Europas und umfaßt außer jeder Menge Grün den Dubliner Zoo, Sportplätze, eine Rennbahn und die Residenz der irischen Staatspräsidentin.

Nach einem langen touristischen Tag hat jeder Mensch das Recht auf kulinarische und musikalische Genüsse. Dublins Hauptstadt-Charakter dokumentiert sich in einem nahezu unüberschaubaren entsprechenden Angebot. Wer genügend Bares eingesteckt hat, kann Restaurants nahezu jeder Geschmacksrichtung zum festlichen Mahl aufsuchen, sogar traditionelle irische Gerichte (!) sind zu bekommen.

Für Leute, die sich ohnehin lieber flüssig ernähren, ist die Hauptkneipengegend im Einkaufs- und Museumsviertel um Grafton Street, Trinity College und der oben genannten Baggot Street. In Dublin lockert sich das Bild vom irischen Pub mit viel Plüsch und Plastik auf; stilvolle alte Lokale mit Marmor und Holz zeugen von der langen kneipen-kulturellen Tradition. Auch Musik gibt's reichlich, die Qual der Wahl liegt beim Gast.

Bierfans werden außer der Guinness-Brauerei mindestens einer der beiden Dubliner Pub-Brauereien einen Besuch abstatten: der *Porter House Brewery* (im Temple-Bar-Viertel, Ecke Essex Street East/Parliament Street) und der *Dublin Brewing Company* (auf der anderen Liffey-Seite, nahe Smithfield Market).

Information: Tourist Office, Suffolk Street, ℭ 2844768, 🖹 2841751, mo-sa; dito Filialen Baggot Street Bridge und Flughafen, ℭ s.o., 🖹 8425886.
Telefonvorwahl: 01
Verkehrsverbindungen: *Flughafen* 10 km nördlich des Stadtzentrums an der N1 (T1). *Eisenbahn:* Connolly Bahnhof, Amiens Street, für Züge nach Wexford, Sligo, Belfast, Derry und Bahnstationen nördlich von Dublin; Heuston Bahnhof, Kingsbridge, für Züge nach Ballina, Westport, Galway, Cork, Limerick, Waterford, Killarney und Bahnstationen im Süden und Südwesten. Vorortzüge verkehren von den Bahnhöfen Connolly, Tara Street und Pearse Street. *Bus:* Überlandbusse und Flughafenbusse fahren von der Central Bus Station, Store Street, ab (nahe bei Connolly Station und O'Connell Street/Stadtzentrum). *Fähren:* In Dublin landen die Fähren der B+I-Line aus Holyhead. Wer mit der Eisenbahn ankommt, landet mit der Stena-Sealink-Fähre in Dun Laoghaire, 13 km südlich.
Karten/Literatur: Innenstadtplan in den meisten Lokalpublikationen der Irischen Fremdenverkehrszentrale. *Stadtführer* „The Dublin Guide" des Irish Tourist Board, „Dublin Holiday Guide" von Dublin Tourism, Veranstaltungsführer „What's on" erscheint vierzehntägig. Städteführer „Dublin" von Elsemarie Maletzke bei Mai sowie Insel-Verlag (keine identischen Publikationen!). Stadt- und Kultur-Reiseführer „Dublin" der Verlage Jürgen Häusser, Darmstadt, und Irland Journal, Moers (Gemeinschaftsedition).
Herberge: *An Oige:* Dublin International Youth Hostel, 61 Mountjoy Street, ℭ 8301766 & 8301396, 🖹 8301600, 350 B., modernes, zentrales Haus auch für Nichtmitglieder, Fahrradvermietung, Waschm., ganzj.
Unabhängige Hostels/Jugendhotels (alle ganzj.): „Goin' my way", Cardijn House, 15 Talbot Street, ℭ 8788484, 42 B.; ISAAC's Dublin Tourist Hostel, 2-5 Frenchman's Lane, ℭ 8556215, 220 B. in größeren Räumen, 30 kleinere Zimmer, am Busbahnhof; Abraham House, 82 Lower Gardiner Street, ℭ 8550600, 118 B.; Avalon House, 55 Aungier Street, ℭ 4750001, 281 B.; Kinlay House Christchurch, 2-12 Lord Edward Street, ℭ 6796644, 🖹 6797437, 149 B.; Marlborough Hostel, 82 Marlborough Street, ℭ 87447629, 76 B.; Globetrotters Tourist Hostel, 46 Lower Gardiner Street, ℭ 8735893, 168 B.; Backpackers Citi Hostel, 61 Lower Gardiner Street, ℭ 8550035, 76 B.; Backpackers Euro Hostel, 80 Lower Gardiner Street, ℭ 8364900, 60 B.; Mount Eccles Court Hostel, 42 North Great Georges Street, ℭ 8780071, 115 B.; Barnacle's Temple Bar House, 19 Temple Lane, ℭ 6716277, 78 B.; Ashfield House, 19-20 D'Olier St, ℭ 6797734, 104 B.; The Brewery Hostel, 22/23 Thomas St., ℭ 4538600, 51 B.; Belgrave Hall, 34 Belgrave Sq, ℭ 2842106, 50 B.; Jacob's Inn, 21 Talbot Pl, ℭ 8555660, 212 B.; Abbey Hostel, 29 Bachelor's Walk, O'Connell Bridge, ℭ 8780700, 100 B.
Camping: Camac Valley ****, Naas Road, ℭ 4640644, 🖹 4640643, 50 Zstpl., ganzj., an der N7 im Südwesten der Stadt; Shankill **, ℭ 2820011, 🖹 2820108, an der N11 vor Bray

gleich hinter dem Dorf Shankill, 66 Stpl., ganzj., weit außerhalb.

Fahrradläden: Reichliche Auswahl im ganzen Stadtgebiet, ggf. Branchentelefonbuch konsultieren. Größere Läden s. unten stehende Vermieter.

Fahrradgarage: im alternativen Fahrradladen (Reparatur) *Cycleworks*, Temple Lane South (2), gegenüber Georges Street.

Fahrradvermietung: The Bike Store, 58 Lower Gardiner Street, ✆ 8725399, neben Hostel ISAAC, s. Kapitel *Das Fahrrad*; C. Harding for Bikes, 30 Bachelor's Walk, ✆ 8732455; Tracks Bike Hire, 8 Botanic Road, Glasnevin, ✆/🖹 8500252 (Premier-Raleigh-Einwegmiete möglich, s. Kapitel „Das Fahrrad"); Cycle Ways, 185-186 Parnell Street, ✆ 8734748, 🖹 8729462; Joe Daly, Lower Main Street, Dundrum, ✆/🖹 2981485; Cycle Inn, 2 Greenhills Road, Tallaght, ✆ 4519202; P.J. Power, 124D Emmet Road, Inchicore, ✆ 4532647; Hollingsworth, 54 Templeogue Road, Templeogue, ✆ 4905094, 🖹 4920026; dito, 1 Drummartin Road, Stillorgan, ✆ 2960255; McDonalds, 38 Wexford Street, ✆ 4752586, 🖹 4979636; dito, 1 Orwell Road, Rathgar, ✆ 4979636.

Geführte Stadtbesichtigung mit Fahrrad bietet Dublin Bike Tours, Kinlay House, 2 Lord Edward Street, Dublin 2, ✆ 6790899, 🖹 6796504.   🚲

In den Wicklow Mountains

Dublin County

Die noch nicht einmal 1000 km² kleine Grafschaft ist vor allem Naherholungsgebiet für die Hauptstädter. Die vielen kleinen Seebäder sind entsprechend gut besucht und konsequenterweise für ausländische Besucher von geringem Interesse. Ausflüge nach Norden und Süden können Dublin County für Fahrradreisende leicht erschließen, sofern die Ziele nicht sowieso auf dem weiteren Reiseweg liegen. Wer die Zeit dafür jedoch nicht ohnehin übrig hat, kann sich diese Kurztrips ebenso gut sparen. Der größere Teil der Grafschaft liegt im Norden Dublins, entsprechend auch die meisten Ausflugsziele.

Noch zum Stadtgebiet Dublins gehört die hügelige Halbinsel **Howth** (gäl. Binn Éadair) mit dem darauf liegenden Howth Castle; der gratis zugängliche Schloßpark ist weit bekannt für seine Rhododendronhaine.

Ein paar Kilometer weiter nördlich liegt das Wassersportzentrum (Segeln und Wasserski) **Malahide** (gäl. Mullach Ide). In der mittelalterlichen Burg Malahide Castle befinden sich eine Sammlung irischer Stilmöbel und Teile der Gemäldesammlung der Nationalgalerie. Da historische Häuser mit zeitgenössischen Möbeln in Irland vergleichsweise selten sind, ist Malahide Castle einen Abstecher sicher wert. Geöffnet im Sommer täglich (Mittagspause).

Dem Castle angegliedert ist das *Fry Model Railway* Museum, ein Modelleisenbahn-Museum, dessen meiste Ausstellungsstücke vom Stifter Cyril Fry selbst angefertigt worden sind (April-Okt sa-do, Juli/Aug auch fr).

Unmittelbar an der N1 (T1) Richtung Belfast liegt der kleine Ort **Swords** (gäl. Sord), dessen lange monastische Vergangenheit sich in der ehemaligen Bischofsresidenz Swords Castle und einem alten Rundturm als letztem Überbleibsel eines Klosters dokumentieren. Swords ist der am dichtesten am Dubliner Flughafen gelegene Ort. Die kleinen Küstenorte *Donabate* (Campingplatz, s. Dublin), Rush, Skerries und Balbriggan sind allenfalls für Wassersportler und Angler von Interesse.

Der Süden des Countys Dublin ist mit einer fast lückenlosen Bebauung an die Stadt Dublin angeschlossen. Beherrschend ist dort **Dún Laoghaire** (sprich Dun Lieri), engl. Dunleary, 54.000 Einw., wichtigster Fähr- und Jachthafen Irlands, ein Urlaubsort wie aus dem Schreckenskabinett, mit Disco, Bingohalle, Souvenir-Shops. Einzig erwähnenswerte Sehenswürdigkeit ist das *National Maritime Museum* in der Mariners Church, Haigh Terrace.

Information: Tourist Office, St. Michael's Wharf, ℭ (01) 2844768, 🖹 8425886.
Verkehrsverbindungen: Fähre nach Holyhead, Vorortzug nach Dublin, Connolly Station, Stadtbusse 7/7A/8.
Herberge: Old School House (IHH), Eblana Ave, ℭ (01) 2808777, 148 B., ganzj.
Camping: Shankill **, s. Dublin.

Kurzreise „Rund um Dublin"

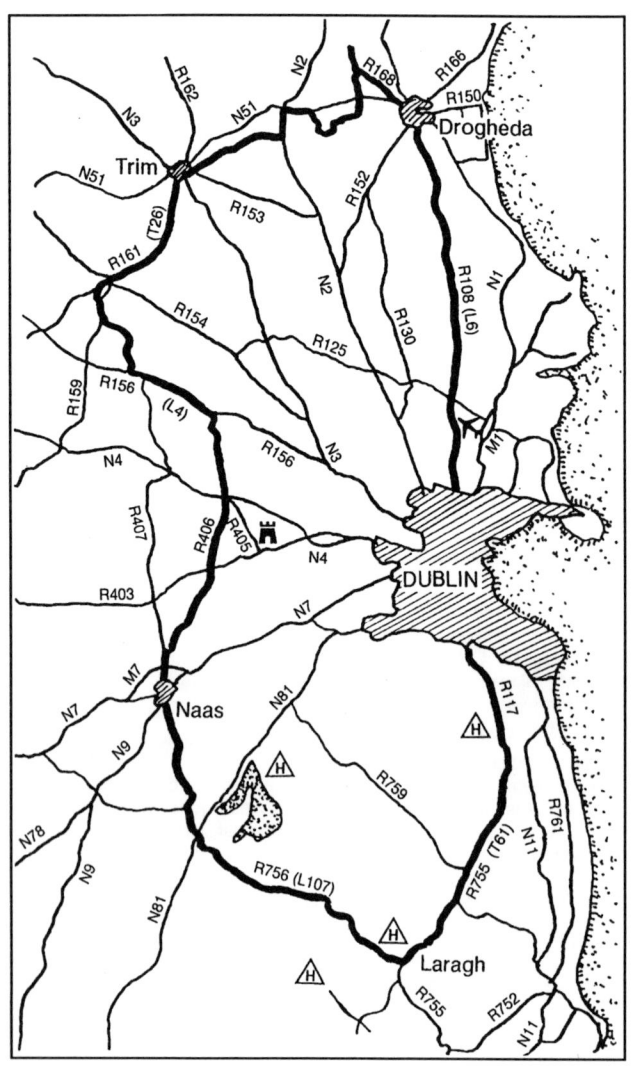

Die Tour folgt der Etappe 82 (Dublin-Drogheda) mit den dabei möglichen Abstechern nach *Howth* und *Malahide* (s. Dublin County). Daran schließt sich die
Etappe 86 nach *Trim* an.

Von Trim aus wird die R158 (L25) bis Summerhill benutzt, wo ein Wechsel auf
die R156 (L4) Richtung Dublin stattfindet. Der Ort *Mullagh*, angeblich Geburts-
stätte des Heiligen Kilian (deutsch-irisches Gedenkzentrum seit 1995), wird
durchfahren (Kreuzung mit der R125) und die nächste Abzweigung rechts nach
Maynooth (gäl. Maigh Nuad, Co. Kildare) gewählt.

Dieser Ort am ehemals bedeutenden Royal Canal liegt direkt an der Hauptstraße
von Dublin nach Galway, was eine beträchtliche Ansammlung von Restaurants,
Hotels und Bettlern zur Folge hat. Erwähnung in Reiseführern findet Maynooth
hingegen außer wegen seiner Burgruine aus dem 12. Jh. hauptsächlich wegen
des Priesterseminars: das St. Patrick's College von 1795 gehört heute zur Natio-
nal-Universität. Hier produziert die katholische Kirche Priester für den Export in
alle Welt.

Von Maynooth aus verläuft die Tour weiter südwärts über die R406, die R403
(L2) kreuzend, via Straffan zur R407 (L25), in die nach links eingebogen wird.
Durch Sallins führt die Straße nach Naas (s. Etappe 12).

Als Alternative ist ein Abstecher von der R406 gleich hinter Maynooth zu empfehlen. Über die R405 geht es nach *Celbridge* (Co. Kildare), wo im **Castletown
House**, dem Sitz der irischen georgianischen Gesellschaft, eine umfangreiche
Ausstellung von Möbeln und Gemälden zu betrachten ist (außer di, im Winter nur
so). Von Celbridge verläuft die Tour über die R403 (L2) weiter westwärts, die
nächste Abzweigung nach links führt nach Straffan, wo die Rundtour wieder
erreicht wird (s. auch Etappe 12).

Am südlichen Ortsausgang von Naas knickt von der N9 (T6) die R411 (L25)
nach Ballymore Eustace und *Hollywood* ab. Dort wenden Sie sich ostwärts auf
die R756 (L107) nach Glendalough; auf dieser Strecke sind etliche Höhenmeter
zu bewältigen (s. Etappe 1).

Von Glendalough aus folgt die Rundtour der Etappe 1 in umgekehrter Richtung
bis Dublin. &

Die Regionen

Der Südosten

Zwischen den Fährhäfen Rosslare und Dublin/Dún Laoghaire erstreckt sich ein Gebiet, dessen wesentliche Attraktion die *Wicklow Mountains* darstellen. Diese eröffnen ebenso atemberaubende Naturschönheiten wie Einsichten in die eigene physische Unzulänglichkeit.

Die Wicklows, ebenso oberflächlich wie unpassend-verkürzend als „irischer Harz" apostrophiert, sind auch weit mehr als die „Hausberge Dublins". Mit einer Ausdehnung von etwa 60 km sind sie eindeutig nicht nur für Ausflüge der Hauptstädter da, sondern ein eigenständiges Urlaubsgebiet ungewöhnlicher Qualitäten. Auf nahezu 1000 Meter steigen die Bergzüge in Sichtweite der Ostküste empor.

Die Wicklow Mountains gehören zu jenen Landschaften der Grünen Insel, die durch systematische Aufforstungsmaßnahmen verstärkt mit Wäldern angereichert werden. Hier sind tagelange Wanderungen von Tal zu Tal möglich, für die man ansonsten nur selten geeignete Gebiete findet. Zudem verläuft hier einer der wenigen Fernwanderwege Irlands, der Wicklow Way.

Die Ostküste zwischen Dublin und Rosslare ist von vielen, meist kleinen Seebädern gesäumt, die zu den beliebtesten Urlaubsorten der Iren gehören. Statistisch ist dieser Küstenstreifen der sonnenreichste und regenärmste Teil Irlands, die Strände sind zwar hübsch, können aber mit den Traumbuchten der Westküste nicht mithalten. Das Binnenland der Grafschaften Wexford und Carlow ist daher mindestens ebenso interessant wie die Küstenstreifen.

Der Süden: Counties Waterford und Cork

Der Süden Irlands ist eine durchweg bergige Angelegenheit. Gebirgszüge mit immer neuer, sich gegenseitig übertreffender Naturschönheit liegen so dicht nebeneinander, daß es einige Mühen kostet, fahrradfreundliche Strecken zwischen den Bergen hindurch zu finden. Die Küste südlich der Gebirgsketten ist recht zerklüftet, die Buchten sind meist weniger sandweiß-einladend als steinig und einsam.

Die Counties Waterford und Cork werden von den namengebenden Hauptstädten beherrscht, die beide zu den sechs größten Städten der Republik gehören. Ihre geografische Lage und ihre Bedeutung als Verkehrsknotenpunkte macht es weitgehend unmöglich, an ihnen vorbeizufahren, auch wenn man eigentlich nicht der Städte wegen nach Irland gekommen ist. Das gilt besonders für Cork, die zweitgrößte Stadt der Republik Irland. Cork City ist zwar touristisch nur von begrenztem Interesse – vor allem zum Einkaufen, Schlemmen und Folkmusik-Genießen –, in seiner Umgebung gibt es aber etliche interessante Orte und Plätze, die einen auch mehrtägigen Aufenthalt in Cork lohnend erscheinen lassen.

Südwestlich von Cork nimmt der Tourismus deutlich zu; man merkt, daß der Südwesten der Insel in den Grafschaften Cork und Kerry das Urlaubszentrum Irlands ist. Hier tummeln sich die meisten ausländischen Touristen, konzentriert auf wenige Städte. Abseits dieser Orte ist vom Rummel deutlich weniger zu spüren, man kann die Landschaft genießen. Und zu genießen gibt es einiges, da Irlands schönste, beklemmendste, rauheste und romantischste Gegenden dort zu suchen und zu finden sind.

Die Auswahl der Strecken fällt im Süden schwer: er ist groß genug, um viele verschiedene Straßen anzubieten, von denen jede ihren Reiz hat. Die Kunst der Selbstbeschränkung darf geübt werden; heben Sie noch etwas für die nächste Irlandreise auf.

Das südliche Binnenland: Torf und Wälder

Für viele in Dublin oder Dún Laoghaire ankommende Touristen liegt das eigentliche Ziel im Südwesten, auf den Halbinseln des County Kerry. Widerstehen Sie der Versuchung, diese innerirische Anreise mit der Eisenbahn oder dem Bus zu absolvieren, benutzen Sie Ihr Fahrrad.

Das südliche Binnenland der Grünen Insel ist genau das Richtige zum Eingewöhnen: weite Ebenen mit Weiden, Feldern und Torfmooren, zahlreiche Flüsse mit kleinen Marktstädten, die ersten noch harmlos anmutenden Hügelketten, irischer Alltag zum Anfassen. Beim Durchradeln des Binnenlandes bleibt ausreichend Zeit, irische Lebensart zu schnuppern, die „Normalität" des Landlebens zu erfahren und nicht gleich von den atemberaubenden Szenerien des Südwestens quasi erschlagen zu werden.

Zum südlichen Binnenland der Insel gehören die Counties Kildare, Offaly, Laois (auch Leix geschrieben), Kilkenny und Tipperary.

Hügelketten hat wer auch immer vor die Erreichung des irischen Südens und Südwestens gesetzt. In den Grafschaften Kilkenny und Tipperary sind Berge bereits beherrschendes Landschaftsbild, lassen aber noch so viel Raum für fruchtbare Ebenen, daß die Überquerung der Hügel nicht unbedingt vonnöten ist – man kann noch zwischen ihnen hindurchfahren. Beide Grafschaften haben außer ihrer landschaftlichen Schönheit etliche historische Stätten zu bieten; in Kilkenny, Cashel, Roscrea und vielen weiteren Orten harren mehr oder minder verwitterte Gemäuer der Besucher, die da kommen.

Der Südwesten: County Kerry

Es gibt jede Menge Irlandreisende, die außer der Grafschaft Kerry nur die Strecke von Shannon Airport nach Killarney kennen. Das ist natürlich eine sträfliche Ignoranz gegenüber dem Charme eines Landes, das mehr zu bieten hat als die – zugegebenermaßen grandiosen – Schönheiten von Kerry.

Gallarus Oratory, Dingle-Halbinsel, Co. Kerry

Allerdings gehört Kerry zu den unerläßlichen Genüssen des Landes. Völlig zu Recht ist der *Ring of Kerry,* die Küstenroute um die Iveragh-Halbinsel, Teil des touristischen Pflichtprogramms, wobei Kenner die Variante wählen, auch durch das Innere der Halbinsel zu radeln.

Drei Halbinseln bilden den Großteil der Grafschaft Kerry: der nördliche Teil von *Beara* (der Süden gehört noch zum County Cork), die große *Iveragh*-Halbinsel und die nördliche Halbinsel *Dingle.* Sie sind die westlichsten Gegenden Nordwest-Europas und können mit den entsprechenden Superlativen für die westlichste Stadt (Dingle), die westlichste Ansiedlung (Dunquin) und den westlichsten Punkt (Blasket Islands) aufwarten – die gerne gebrauchte Formulierung, daß diese Superlative auf ganz Europa zuträfen, ist jedoch falsch, da dabei die ebenfalls zu Europa gehörenden Bereiche Islands schlicht übersehen werden.

Der Atlantik schickt in die Buchten zwischen diesen Halbinseln seine Wellen, Winde, Regenwolken und den Golfstrom, der hier für geradezu deplaziert wirkende Vegetation sorgt. Nirgendwo sonst in Irland stehen soviele Palmen, nirgends gibt es aber auch soviel wild, „natürlich" gewachsene Rhododendronhaine und Fuchsienhecken; Pflanzen, die ansonsten eher spärliche Größe, in Kerry aber Baumhöhe erreichen. Die Blütenflut einer fuchsiengesäumten Straße gehört mit den zu den markantesten Eindrücken einer Irlandreise.

In Sichtweite der mediterranen Flora wird es auf den Höhen der Berge, mit denen die drei Halbinseln bis zum Rand – sprich zur Küste – vollgestopft sind, nordisch-karg. Einsame Schafe stecken ihre Köpfe in das dunkelgrüne Gras der baumlosen Hochebenen. Dunkle Seen, zwischen Bergkuppen hingestreut, versprechen fischreiche Anglergründe. Bergwandern aller Schwierigkeitsgrade ist hier möglich.

Der Küste vorgelagert sind so unterschiedliche Inseln wie das recht große, als Ferienziel beliebte, aber dennoch nicht überlaufene Valentia (s. Etappe 27) und die nur im Sommer bewohnten *Blasket Islands* (s. Etappe 29) – jede einzelne einen Besuch wert.

Der nördlichste Teil der Grafschaft, die Ebene zwischen Dingle und der Shannon-Mündung, paßt kaum in dieses Bild von Bergen und Küsten und wird deshalb meistens nur als Durchfahrtregion betrachtet. Das mag den Eigenheiten dieses Gebietes zuwenig Rechnung tragen, ist aber angesichts der überwältigenden Schönheiten des wilden Südwestens unvermeidlich.

Das Shannon-Gebiet: Counties Clare, Limerick und Tipperary-Nord

Das Shannon-Gebiet lebt von zwei Erwerbszweigen, die sich nur deshalb miteinander vertragen, weil sie sich nicht am gleichen Ort begegnen: Industrie und Tourismus. Während die 80 km lange Shannonmündung von Limerick bis zum Atlantik von Industriegebieten gesäumt ist, treiben im Binnenland, auf den ausgedehnten Shannonseen, „nur" Kabinenkreuzer ihr umweltverschmutzendes Unwesen. Erstaunlicherweise scheint der Shannon all diese Schaluppen zu verkraften; die einheimischen Angler sind allerdings der Meinung, daß der Fluß biologisch zerstört ist. So fischen dort auch fast ausschließlich die weniger verwöhnten deutschen Angler.

Abseits der Jachthäfen lockt das Shannongebiet hingegen mit ausgedehnten, relativ stark bewaldeten Höhenzügen, mit grünen Wiesen und felsigen Hochebenen. Während die Grafschaft Limerick in dieser Beziehung nicht viel vorzuweisen hat, lohnen sich im Norden Tipperarys Abstecher in die Täler der Hügelketten ebenso wie Aufenthalte in den kleinen Städten der Region.

Das County Clare wäre eigentlich einen eigenen Urlaub wert. An die Bergketten nahe der Shannonseen schließt sich ein fruchtbares Tiefland an, von dem aus ein Ausflug in das Burrengebiet nur ein Katzensprung ist.

Der *Burren* ist eines der erstaunlichsten geologischen Phänomene Irlands, eine Karstlandschaft mit höchst ungewöhnlicher Vegetation. Typisch für den Burren sind seine Kalksteinformationen, die wie Pflasterstränge die Hochebenen überziehen und an den Hängen der Hügel vom Wasser kahlgewaschen wurden. In den Lücken zwischen den Felsen wachsen Pflanzen, wie sie sonst nur am Mittelmeer vorkommen, neben solchen alpiner Herkunft. Für Nicht-Botaniker ist das alles allerdings kaum festzustellen. – Der beschilderte 20 km lange *Burren Way* zwischen Ballyvaughan und Ballinalackan ist ein Tribut der Tourismusförderung an die „Wünsche" des Massentourismus.

Zu den Eigenheiten der Region gehören auch die Turloughs, Seen, die über Nacht auftauchen, wenn üppige Regenfälle das Speichervermögen der Höhlen übertreffen, und ebenso wieder spurlos verschwinden. Der gesamte Burren ist im Grunde nichts anderes als das Dach eines riesigen Höhlensystems, das von Höhlenforschern permanent weiter erkundet wird.

Außer dem Burren hat die Grafschaft Clare Zentren des „alternativen" Musiktourismus wie *Milltown Malbay* und *Doolin* zu bieten und – nicht zuletzt – die *Cliffs of Moher*, zu Recht gerühmt als die beeindruckendste Steilküste Irlands.

Irlands rauher Westen: Connemara und Mayo

Heinrich Böll hat in seinem *Irischen Tagebuch* diesem Landstrich einen besonderen Rang eingeräumt und Generationen süchtig gemachter Leser hier hingelockt. Zwar sind die alten Eisenbahnlinien stillgelegt, die einsamsten Landstriche vom Tourismus erobert, aber was bleibt, ist allemal eine der unberührtesten Landschaften, die ich je zu Gesicht bekommen habe. Außer Bergen und vielen kleinen Seen gibt es Schafe, gälisch sprechende Fischer und Torf, Torf, Torf...

Connemara stellt die These auf, daß Kerry doch zu übertreffen ist, und Mayo bestätigt sie. Dabei wird der Zugang erschwert; Galway mit seinem Trubel-Vorort und die Südküste der Grafschaft bilden quasi eine Barriere vor der Einsamkeit. Connemara besteht fast ausschließlich aus so beeindruckenden Bergen wie den Twelve Bens oder dem Croagh Patrick und dazwischen gesprenkelten Seen, einige kaum größer als bessere Pfützen, andere von beträchtlicher Ausdehnung wie Lough Corrib und Lough Mask. Im Grunde spielt es keine Rolle, auf welchen Straßen man die Landschaft erradelt, denn eine Reihenfolge der schönsten Regionen Connemaras läßt sich nicht aufstellen.

Die Übergänge zu Mayo sind fließend, Lough Mask und der Croagh Patrick gehören bereits zu dieser Grafschaft.

Nördlich von Westport sind die Berge nicht mehr ganz so hoch, die Ebenen weiter, das Straßennetz womöglich noch dünner, die Buchten von traumhafter Einsamkeit. Anwandlungen des Massentourismus gibt es in Mayo außer an einigen populären Badebuchten nur in dem kleinen Ort *Knock* (s. Kapitel *Bevölkerung*), einem Zentrum des Religionstourismus.

Inseln, die der zerklüfteten Küste vorgelagert sind, gibt es reichlich, oft nur ein paar hundert Meter von der Küste entfernt. Die wichtigste Inselgruppe bilden dabei die **Aran Islands**, mit der Fähre von Doolin (Co. Clare), Galway-City und Rossaveel aus und auch per Flugzeug erreichbar. Die Arans sind rein gälisches

Sprachgebiet, was aber auch auf viele andere entlegene Teile der Counties Galway und Mayo zutrifft. Die weitgehende Abgeschiedenheit der drei Inseln Inishmore, Inishmaan und Inisheer hat dazu geführt, daß irisches Brauchtum einschließlich der Tracht sich bis heute erhalten hat.

Die Arans sind mit Ruinen von Klostersiedlungen und Wehrbefestigungen geradezu übersät. Die bekannteste ist das Steinfort *Dún Aengus*, 100 m hoch über dem Meer auf einer Klippe gelegen und etwa 4 Hektar groß.

Der Name „Arans" steht im irischen Kunstgewerbe als Synonym für handgestrickte, einfarbige Pullover aus dicker, oft ungebleichter Schafwolle, auch *Bainin* genannt. Beileibe nicht alles, das unter diesem Etikett angeboten wird, kommt wirklich von den Aran Islands; wer Wert auf „Originales" legt, wird sich schon selbst auf die Inseln begeben müssen – was im Sommer allerdings bis zu 1000 Touristen täglich tun…

Information: Tourist Office, Inishmore, ✆ (099) 61263, 🖷 61420, Osterm-Sept.
Herberge: Radharc na Mara Hostel (IHH), West Village, Inisheer, ✆/🖷 (099) 75024, 39 B., ganzj.; Dún Aengus Hostel (IHI), Kilmurvey, Inishmore, ✆ (099) 61318, 30 B.. April-Okt; Mainistir House (IHI), Inishmore, ✆ (099) 61169, 🖷 61351, 78 B., westl. von Kilronan; Killeany Lodge Hostel (IHI), Inishmore, ✆ (099) 61393, 🖷 61245, 12 B., März-Sept.
Camping: Lathair Campala *, Inisheer, ✆ (099) 75008 & 75022, 20 Zstpl., Mai-Sept.
Fahrräder: K & M Bicycles Hire, The Pier, Kilronan, ✆ (099) 61303; Aran Cycle Hire, Frenchman's Beach, Kilronan, ✆ (099) 61132, 🖷 61313.

Im hohen Norden: County Donegal

Der nördlichste Zipfel der Republik Irland wird vom zu Großbritannien gehörenden Nordirland fast völlig vom Rest des Landes abgeschnitten; ein nur etwa 10 km breiter Streifen bildet die schmalste Stelle der Verbindung zu der nördlichsten Grafschaft: Donegal.

Weite Teile dieser Region sind irischsprachig (Gaeltacht). Gälisches Sprachgebiet und unberührteste Natur fallen hier fast völlig zusammen, nirgendwo sonst auf der Grünen Insel gibt es so viele Berge, Sandstrände, zerklüftete Felsenküsten, karge Hochflächen, weite Moore.

Und nirgendwo sonst existiert ein so großes, zusammenhängendes Bergmassiv. Kann man in Kerry und Connemara meist noch Wege zwischen den Bergen hindurch nehmen, so wird diese Möglichkeit in Donegal relativiert: auch der Weg zwischendurch geht in der Regel noch über einen (niedrigeren) Berg.

Der anfangs schmale Landstreifen des County Donegal weitet sich bei der gleichnamigen Stadt zu einer 1800 km² großen Halbinsel. An dieser Stelle ist der südlich noch anzutreffende konventionelle Massentourismus zu Ende, die Einsamkeit beginnt. Außer in Letterkenny, der inoffiziellen Hauptstadt der Grafschaft, gibt es in Donegal so gut wie keine Industrie. Die Menschen leben von der Landwirtschaft und von Heimarbeit – der berühmte Donegal Tweed und die warmen Schafwollpullover werden fast ausschließlich am heimischen Herd gefertigt.

Das abrupteste Ende eines Berges bietet der Slieve League im Südwesten der Grafschaft, wo die Bergspitze von 601 m Höhe gleichzeitig eine Klippe hinunter zum Ozean bildet. Schwindelfreie Wanderer können von einem Pfad aus den Ausblick genießen.

Ein nicht minder prachtvoller Blick bietet sich vom *Grianan of Aileach*, einem der berühmtesten Stein-Ringforts Irlands, am anderen Ende der Halbinsel nahe der Grenze zu Londonderry. Zahlreiche Küstenstrecken und atemberaubende Paßstraßen ergänzen die Sammlung landschaftlicher Schönheiten.

Die irische Seenplatte: Counties Fermanagh, Leitrim, Longford und Roscommon

Schon William Bulfin wurde um die Jahrhundertwende bei seiner Fahrradreise durch Irland von einem Reiseführer britischer Provenienz über die angebliche touristische Unergiebigkeit des irischen Binnenlandes belehrt. Ähnliche Hinweise auf die fehlenden Highlights finden sich auch in neuesten Reiseführern und sind ebenso zutreffend wie unpassend. Zutreffend, weil touristische Attraktionen im herkömmlichen Sinn in der Tat äußerst dünn gesät sind; unpassend, weil gerade das den Reiz der Region ausmacht. Karge Heide, einsame Weideflächen, oft winzige Seen und unzählige Provinznester dokumentieren irischen Alltag. Dabei verfügt das Gebiet des oberen Shannon und des Erne River mit noch recht beachtlichen Hügeln, vergleichsweise viel Wäldern und dem verschachtelten System von Flüssen und Seen über landschaftlich durchaus Sehenswertes. Hier wird man nicht von Bergriesen und Klippen zu Begeisterungsschreien hingerissen, sondern die Schönheit liegt in der Harmonie von Landschaft und Bewohnern, von Dorfläden und einkaufenden Hausfrauen, von kleinen Restaurants und mittagessenden Bankangestellten. Historische Punkte wie die Klosterstadt *Clonmacnoise* und die Krönungsstätte der irischen Hochkönige, der *Hill of Uisneach,* liegen so weit abseits der allgemeinen Touristenströme, daß man sie noch fast für sich allein hat.

Die sanft hügelige, fast ebene Landschaft macht es leicht, die irische Seenplatte zu „beradeln". Eigentlich genau das Richtige zum Einstimmen in den Fahrradurlaub oder zum Entspannen am Reiseende. Wer die nötige Zeit mitbringt (erstaunliche Tagesetappen sind hier möglich), sollte das Durchradeln dieser Region daher nicht aussparen. Sogar eine offizielle Fahrradroute gibt es: den *Kingfisher Trail*, eine Rundtour mit den „Eckpunkten" Carrick-on-Shannon, Belturbet/Clones, Kesh und Belleek. Eine Tourenbeschreibung gibt's in den lokalen Touristenbüros, per Post vom Büro in Enniskillen.

Immer noch als Geheimtip ist das Gebiet des Erne River mit den von ihm gebildeten Seen zu betrachten, das zum überwiegenden Teil im County Fermanagh (Nordirland) liegt. Zwar steht es als Wassersportregion in Konkurrenz zum Shannon, die vielen verschachtelten Teile des Seengebiets sind aber deutlich weniger mit Kabinenkreuzern gespickt. Zudem ist das Wasser von Wald umgeben und durchzogen, so daß Grün und Blau als Farben der Landschaft dominieren.

Zwischen Dublin und Belfast: Obst, Gräber und Hügel

Der irisch-republikanische Nordosten ist touristisch weitgehend unerschlossen; nur an den historischen Stätten des Boyne-Tals bei Drogheda tummeln sich Ausflugsbusse aus Dublin. Ansonsten dient die Region den meisten Touristen nur als Durchfahrtgebiet nach Westen und Norden. Der Fahrradreisende hat es da besser. Die ruhigen Straßen der Ebenen und sanften Hügel führen zwischen fruchtbaren Obstpflanzungen und grünem Weideland hindurch und sind ein Genuß an sich.

Von Dublin aus sollte die erste Etappe ins Boynetal führen, wo eine solche Fülle von Sehenswürdigkeiten ersten Ranges auf engstem Raum konzentriert ist, daß man sie beinahe zu Fuß abwandern könnte. So faszinierende Stätten wie den Friedhof von Monasterboice und den Tumulus von Newgrange darf man sich nicht entgehen lassen.

Westlich von Drogheda warten hinter niedrigen Hügeln bereits die ersten Seen in immer kürzer werdenden Abständen, bis dann im nordwestlichen Cavan die Seenplatte des Erne River ein verschlungenes System von Wasser und Land bildet. Weiter südlich sind Seen nur ein Anzeichen für den feuchten Untergrund: Torf beherrscht das Landschaftsbild, und Rindviecher bevölkern es.

Die südlichen Teile der nordirischen Grafschaften Down und Armagh sind eine recht bergige Angelegenheit. So liegen in der Südwestecke Nordirlands in den Mourne Mountains immerhin ein volles Dutzend Gipfel mit Höhen über 650 m, meist in unmittelbarer Nähe der Küste. Daß in dieser Region beträchtliche Anforderungen an die physische Kondition eines Radtouristen gestellt werden, kann man u.a. daran erkennen, daß in den Mournes der höchste Straßenpunkt Nordirlands (410 m) liegt. Und selbstverständlich gibt es umfangreiche Möglichkeiten zu längeren Bergwanderungen.

Ulsters Norden: Counties Londonderry, Antrim und Tyrone

Die Nordhälfte Nordirlands taucht in Presseveröffentlichungen meist nur in Zusammenhang mit Bombenanschlägen und ähnlichen Ereignissen auf: Londonderry, wichtigste Stadt der gleichnamigen Grafschaft, ist neben Belfast Zentrum der IRA-Aktivitäten in Nordirland. Dem Touristen hingegen präsentiert sich das County eher idyllisch; weniger an der von uninteressanten Städten gesäumten Küste als vielmehr im Binnenland, wo die südlich angrenzende Grafschaft Tyrone sich mit Londonderry eines der schönsten irischen Berggebiete teilt: die *Sperrin Mountains*.

Diese Berge erstrecken sich über einen Großteil beider Counties. Bereits bei Omagh im Süden sind die Ausläufer zu spüren; die Straßen verlaufen weitgehend in den dünnbesiedelten Tälern, höher als auf 350 m führt keine Strecke. Hier gibt es noch winzige Dörfer wie aus dem irischen Bilderbuch, umrahmt von einer Berglandschaft besonders harmonischer Schönheit.

Spektakulärer sind die Sehenswürdigkeiten der Nordküste, die sich vor allem in der Grafschaft Antrim befinden. Kaum ein Nordirland-Reisender wird den *Giant's Causeway* links liegen lassen, ein erstaunliches Naturphänomen aus Basaltsäulen, wie ähnliches auf den britischen Inseln ansonsten nur noch auf *Staffa*, einer winzigen, unbewohnten Insel vor der schottischen Westküste, vorkommt.

Dennoch ist die Nordküste für die Masse der Irlandtouristen so abgelegen, daß außerhalb der Hauptsaison hier wenig Gedränge herrscht; auch die Küstenstraße A2 ist deshalb ohne weiteres für Radler befahrbar. Diese Strecke berührt unweit des Giant's Causeway den Ort *Bushmills*, wo die älteste irische Whiskeybrennerei zu Besichtigung und Probetrunk lädt.

Südwestlich dieser Attraktionen erstreckt sich das ausgedehnte Bergland der Grafschaft Antrim bis nahe an die nordirische Hauptstadt Belfast. Gut die Hälfte des Countys, das mit einem kleinen Zipfel im Süden noch an Belfast vorbei reicht, ist von Bergen bedeckt, immer an der Westküste entlang und durchzogen von neun Tälern, teilweise als Sackgassen ausgeführt, die als *Glens of Antrim* zu Recht als touristisch sehenswert gelten.

Die drei Grafschaften umschließen von drei Seiten das größte Binnengewässer der britischen Inseln, *Lough Neagh*. Mit 400 km² Fläche und 100 km Küstenlinie ist er fast so groß wie der Genfer See. Leider gibt es keinen durchgehenden Weg am See entlang.

Wie bei den meisten Naturphänomenen Irlands gibt es auch für Lough Neagh eine mythologische Entstehungstheorie. Der Riese Finn, eine häufige Hauptperson irischer Sagen, bewarf bei einem Streit mit einem schottischen Artgenossen diesen mit einem Erdklumpen. Der Brocken fiel ins Meer und bildete die Insel Man, das Loch füllte sich mit Wasser und wurde zu einem Paradies für Fische, Vögel und Menschen: Lough Neagh.   ॐ

Etappenübersicht

1: Dublin – Dundrum – Enniskerry – Roundwood – Laragh – Rathdrum (63 km)
2: Dublin – Rathfarnham – Brittas – Kilbride – Blessington – Hollywood – Baltinglass (61 km)
3: Rathdrum – Avondale – Arklow – Gorey – Courtown – Ballygarrett – Blackwater – Curracloe – Wexford (95 km)
4: Rathdrum – Aughrim – Carnew – Ferns – Enniscorthy (64 km)
5: Baltinglass – Kilmurry – Rathgall Stone Fort – Clonegall – Clohamon – Strahart – Ballycarney – Enniscorthy (60 km)
6: Enniscorthy – Killurin – Wexford (25 km)
7: Enniscorthy – New Ross – Waterford (57 km)
8: Wexford – Wellingtonbridge – Arthurstown – Ballyhack – Passage East – Waterford (50 km)
9: Waterford – Tramore – Bunmahon – Stradbally – Dungarvan – Whitechurch – Lismore (75 km)
10: Lismore – Tallow – Rathcormack – R614 – Cork (60 km)
11: Dublin – Lucan – Celbridge – Clane – Lullymore – Rathangan (60 km)
12: Dublin – Lucan – Celbridge – Straffan – Sallins – Naas – Athgarvan – Curragh Camp – Suncroft – Athy (75 km)
13: Athy – Castlecomer – Kilkenny (47 km)
14: Baltinglass – Carlow – Castlecomer – Kilkenny (66 km)
15: Kilkenny – Ballycallan – Callan – Mullinahone – Cloneen – Fethard – Blackcastle – Cashel (65 km)
16: Cashel – Tipperary (19 km)
17: Cashel – Cahir – Clogheen – Mitchelstown – Fermoy – Rathcormack (67 km)
18: Cork – Fivemilebridge – Belgooly – Kinsale – Ballinspittle – Timoleague – Clonakilty (59 km)
19: Cork – Coachford – Macroom (40 km)
20: Macroom – Ballingeary – Kealkill (Caolchoill) – Bantry (54 km)
21: Clonakilty – Rosscarbery – Skibbereen – Killeenleagh – Bantry (58 km)
22: Ring of Beara
Bantry – Glengarriff – Adrigole – Castletown Berehaven – Allihies – Ardgroom – Lauragh – Kenmare (128 km)
23: Tipperary – Emly – Kilmallock – Charleville – Dromina – Freemount – Kanturk (72 km)
24: Tipperary – Kilross – Ballylooby – Kilfinane – Ardpatrick – Ballyhaght – Buttevant – Castlecor – Kanturk (52 km)
25: Kanturk – Rathmore – Barraduff – Killarney (47 km)
26: Macroom – Ballymakeery – Clonkeen – Kilgarvan – Kenmare (58 km)
27: Ring of Kerry
Kenmare – Sneem – Waterville – Caherciveen – Glenbeigh – Killorglin – Killarney (125 km)
28: Killarney – Moll's Gap – Sneem – Waterville – Lissatinnig Bridge – Bealalaw Bridge – Killarney (160 km)

29: Killarney – Milltown – Castlemaine – Inch – Anascaul – Dingle – Kilcummin
– Tralee (112 km)
30: Tralee – Ballyduff – Ballylongford – Tarbert – Killimer (54 km)
31: Tralee – Abbeydorney – Listowel – Athea – Ardagh – Rathkeale (71 km)
32: Killimer – Kilrush – Creegh – Milltown Malbay – Lahinch (47 km)
33: a-c Lahinch – Ballyvaughan
  a) Lahinch – Liscannor – Cliffs of Moher – Doolin – Black Head –
  Ballyvaughan (48 km)
  b) Lahinch – Liscannor – Cliffs of Moher – Lisdoonvarna – Ballyvaughan
  (38 km)
  c) Lahinch – Ennistymon – Kilfenora – Caherconnell – Ballyvaughan
  (33 km)
34: Killimer – Labasheeda – Ballynacally – Ennis (52 km)
35: Ennis – Corrofin – Ballyvaughan (40 km)
36: Ennis – Bodyke – Tuamgraney (34 km)
37: Rathkeale – Adare – Limerick (29 km)
38: Tuamgraney – Killaloe – O'Brien's Bridge – Limerick (39 km)
39: Silvermines – Newport – Annacotty – Limerick (35 km)
40: Ballyvaughan – Kinvara – Kilcolgan – Oranmore – Galway (49 km)
41: Galway – Spiddle – Inverin – Screeb – Derryrush – Kylesa – Kilkieran
  (65 km)
42: Galway – Moycullen – Oughterard – Maam Cross (43 km)
43: a) Kilkieran – Carna – Roundstone – Ballyconneely – Clifden – Letterfrack
  – Leenane (90 km)
  b) Kilkieran – Carna – Lough Inagh – Leenane (45 km)
44: Maam Cross – Teernakill Bridge / Maum – Leenane (22 km)
45: Leenane – Louisburgh – Westport (53 km)
46: Leenane – Erriff River – Westport (31 km)
47: Maam Cross – Cong – Toormakeedy – Killavally – Westport (80 km)
48: Westport – Ballintober – Roundfort – Tuam (54 km)
49: Tuam – Athenry – Loughrea – Woodford – Mountshannon – Tuamgraney
  (98 km)
50: Westport – Newport – Mulrany – Ballycroy – Bangor – Bunnahowen –
  Glenamoy – Belderg (104 km [ohne Curraun/Achill])
51: Belderg – Ballycastle – Killala – Ballina (44 km)
52: Westport – Newport – Crossmolina – Ballina (45 km)
53: Westport – Castlebar – Pontoon – Knockmore – Ballina (51 km)
54: Ballina – Bunnyconnellan – Cloonacool – Coolaney – Collooney –
  Ballysadare – Sligo (63 km)
55: Tuam – Dunmore – Williamstown – Castlerea (40 km)
56: Castlerea – Loughglinn – Ballaghaderreen – Gorteen – Ballymote –
  Collooney – Sligo (67 km)
57: Sligo – Grange – Kinlough – Ballyshannon – Rossnowlagh – Ballintra –
  Donegal (70 km)
58: Donegal – Mountcharles – Dunkineely – Killybegs – Kilcar – Carrick –
  Glencolumbkille – Glengesh Pass – Ardara – Maas (92 km)
59: Donegal – Mountcharles – Frosses – Kilrean – Glenties – Maas (38 km)
60: Maas – Dungloe – Burtonport – Crolly (44 km)

61: Crolly – Bunbeg – Bloody Foreland – Falcarragh – Dunfanaghy – Creeslough – Carrickart – Millford – Rathmelton – Letterkenny (97 km)
62: Crolly – Gweedore – Dunlewy – Kilmacrenan – Letterkenny (51 km)
63: Maas – Doocharry – Glendowan – Churchill Forest – Letterkenny (57 km)
64: Letterkenny – Manorcunningham – Newtown Cunningham – Bridge End (33 km)
65: Letterkenny – Raphoe – Strabane (27 km)
66: Strabane – Plumbridge (16 km)
67: Strabane – Newtownstewart – Gortin (29 km)
68: Bridge End – Londonderry – New Buildings – Dunnamanagh – Plumbridge – Gortin (45 km)
69: Londonderry – Ballykelly – Limavady (27 km)
70: Bridge End – Burnfoot – Buncrana – Clonmany – Ballyliffin – Carndonagh – Culdaff – Moville – Carrowkeel – Muff – Bridge End (95 km)
71: Bridge End – Saint Johnstown – Raphoe – Convoy – Ballybofey – Barnesmore Gap – Donegal (76 km)
72: Bundoran – Kinlough – Rossinver – Kiltyclogher – Glenfarne – Dowra – Drumshanbo – Carrick-on-Shannon (82 km)
73: Carrick-on-Shannon – Elphin – Strokestown – Four Mile House – Roscommon – Athleague – Athlone (99 km)
74: Carrick-on-Shannon – Longford (37 km)
75: Longford – Danesfort – Keenagh – Ballymahon – Athlone (45 km)
76: Athlone – Ballinasloe – Laurencetown – Portumna – Mountshannon – Scarriff – Tuamgraney (94 km)
77: Mullingar – Hill of Uisneach – Ballymore – Athlone (48 km)
78: Athlone – Ballynahown – Bellmount – Cloghan (29 km)
79: Cloghan – Taylor's Cross – Killinaule – Borrisokane – Nenagh – Silvermines (58 km)
80: Roscrea – Moneygall – Toomevara – Silvermines (37 km)
81: Rathangan – Portarlington – Mountmellick – Kinnitty – Roscrea (78 km)
82: Dublin – Ballyboghil – Naul – Drogheda (48 km)
83: Dundalk – Castlebellingham – Annagassan – Clogher Head – Drogheda (63 km)
84: Drogheda – Collon – Shanlis Cross Roads – Drumcondra – Kingscourt (44 km)
85: Drogheda – Slane – Ceanannus Mór (Kells) km)
86: Drogheda – Slane – Hays – Navan – Trim (42 km)
87: Trim – Raharney – The Downs – Mullingar (42 km)
88: Kingscourt – Shercock – Cootehill – Tullyvin – Cavan – Crossdoney – Killeshandra (78 km)
89: Kells – Ballinlough – Oldcastle – Mount Nugent – Ballymachugh – Granard (51 km)
90: Granard – Ballinaslee – Longford (25 km)
91: Killeshandra – Carrigallen – Cloone Grange – Mohill – Drumsna – Carrick-on-Shannon (48 km)
92: Killeshandra – Belturbet – Ballyconnell – Derrylin (42 km)
93: Gortin – Greencastle – Dunnamore – Cookstown (38 km)
94: Cookstown – Draperstown (21 km)

95: Plumbridge – Glenelly Valley – Draperstown (34 km)
96: Limavady – Coleraine   265
97: Coleraine – Bushmills – Giant's Causeway – Ballycastle (48 km)
98: Draperstown – Maghera – Kilrea – Ballymoney – Bushmills (60 km)
99: Ballymoney – Glarryford – Clogh – Broughshane (34 km)
100: Broughshane – Ballyclare (22 km)
101: Ballycastle – Cushendall – Carnlough – Glenarm – Larne (69 km)
102: Larne – Ballyclare – Doagh – Parkgate – Antrim – Glenavy – Lurgan
     (72 km)
103: Larne – Island Magee – Belfast (45 km)
104: Ballyclare – Carnmoney – Belfast (24 km)
105: Glenavy – Hannahstown – Belfast (25 km)
106: Belfast – Comber – Newtownards – Millisle – Portavogie – Portaferry –
     Strangford – Ardglass – Clough – Newcastle (106 km)
107: Belfast – Comber – Newtownards – Greyabbey – Kircubbin – Portaferry –
     Strangford – Downpatrick – Clough – Newcastle (85 km)
108: Warrenpoint – Omeath – Carlingford – Dundalk (35 km)
109: Newcastle – Newry
     a) Newcastle – Hilltown – Newry (34 km)
     b) Newcastle – Annalong – Kilkeel – Warrenpoint – Newry (44 km)
     c) Newcastle – Silent Valley – Hilltown – Newry (48 km)
110: Lurgan – Gilford – Tandragee – Markethill – Mountmorris – Newry (45 km)
111: Shercock – Castleblaney – Keady – Markethill (49 km)
112: Donagh – Newtownbutler – Clones – Cootehill (35 km)
113: Donagh – Rosslea – Monaghan – Middletown – Armagh – Markethill
     (56 km)
114: Cookstown – The Battery – Mountjoy Castle – Coalisland – Dungannon –
     Caledon – Middletown (68 km)
115: Coalisland – Tamnamore – Ardress – Portadown – Lurgan (37 km)
116: Ballyshannon – Lough Erne (Südufer) – Enniskillen (54 km)
117: Ballyshannon – Belleek – Kesh – Castle Archdale – Enniskillen (63 km)
118: Enniskillen – Marble Arch Cave – Florence Court – Derrylin (36 km)
119: Enniskillen – Carrybridge – Derrylin (25 km)
120: Derrylin – Donagh (15 km)
121: Gortin – Omagh – Fintona – Murley Cross Roads – Clabby – Tempo –
     Enniskillen (65 km)

*Eine Etappen-Übersichtskarte (ausklappbar) befindet sich am Schluß des
Buches.* ꝏ

Etappen-Beschreibungen

Etappe 1:
Dublin – Dundrum – Enniskerry – Roundwood – Laragh – Rathdrum (63 km)

Von den drei Straßen, die von Dublin aus in die Wicklow Mountains führen, ist die mittlere (über Ballyboden und Sally Gap) für bergsüchtige Sportradler durchaus zu empfehlen – die zu bewältigenden Steigungen werden durch eine schöne Torflandschaft gerechtfertigt. Erheblich sanfter gelangt man hingegen über die östliche Strecke (via Enniskerry) in das Herz des Gebirges.
Das Hauptproblem ist, die richtige Straße aus Dublin heraus zu erwischen. Auf der Irlandkarte der irischen Fremdenverkehrszentrale ist eine Dublin-Umgebungskarte enthalten, die weit genug nach Süden reicht, um die jeweiligen Ausfallstraßen deutlich zu machen.

Die östliche Wicklow-Straße führt westlich der N11 (T7) über die R117 (T43) durch die Vororte Dundrum und Sandyford nach Enniskerry. Die leichte Steigung auf diesem Stück ist genau das Richtige zum Eingewöhnen; die Straße ist zwischen Kilternan und Enniskerry beidseitig von steil ansteigenden Felsen flankiert, die während der Eiszeit von Gletschern auseinander„gesprengt" wurden. Die so entstandene Schlucht wird *The Scalp* genannt.

Enniskerry, Co. Wicklow, ist ein kleines Dorf, das von relativ viel Wald umgeben ist. Wanderungen auf verschiedenen ausgeschilderten „Forest Walks" (Kurzwanderwege) und dem 90 km langem Wicklow Way sind von hier aus möglich. Hauptanziehungspunkt in Enniskerry ist das sich unmittelbar südlich anschließende Anwesen von *Powerscourt*, dessen Parkanlagen für ihre Pracht berühmt sind. Das 1974 vollständig ausgebrannte Schloß ist nach jahrzehntelanger Restaurierung seit 1997 wieder zugänglich. Im südlichen Teil des Parks befindet sich der höchste Wasserfall Irlands (121 m). Alle Attraktionen gegen Eintrittsgebühr (£ 2.50) zu besichtigen (März–Okt).
In der Nähe der JH Stone House befindet sich ein deutscher Soldatenfriedhof.

Herberge: An Oige, Stone House, Glencree, ✆ (01) 2864037, ▤ 2762755, 40 B. – fast 400 m hoch und nur nach steiler Anfahrt zu erreichen; An Oige, Lackan House, Knockree, ✆ (01) 2864036, ▤ 2762722, 58 B. in 4 Zi., direkt am Wicklow Way.
Camping: Shankill, s. Dublin.
Fahrräder (auch Vermietung): E.R. Harris, Bray, 87 Greenpark Road, ✆ (01) 2863357; Bray Sports Centre, 8 Main Street, ✆ (01) 2863046.

In Enniskerry knickt die Strecke auf die R760 (L43^A) Richtung Rathdrum ab. Etwa 2 km nach der Überquerung des Dargle River zweigt davon eine Nebenstraße nach Sraghmore ab, die mehr oder weniger steil ins Innere der Wicklow Mountains führt. Die 300 m Höhenunterschied dieses Teilstücks sind mehrfach zu bewältigen, da die Straße immer wieder etwas bergab verläuft, bevor ein neuer Hügel erklommen wird.

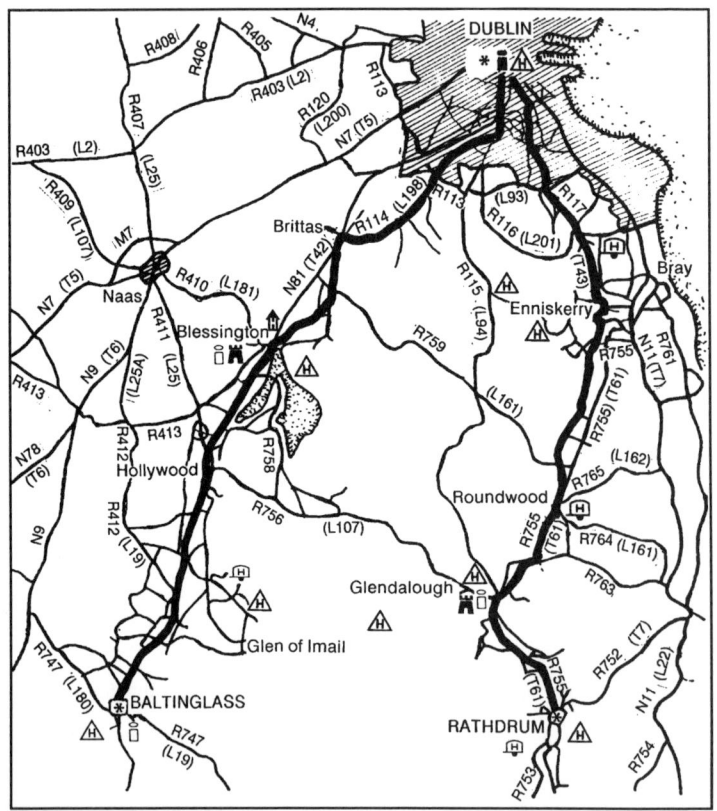

Unmittelbar vor *Roundwood,* Irlands höchstgelegenem Dorf (238 m ü. NN) erreicht man die R755 (T61).

Camping: Roundwood ****, ☏ (01) 2818163, 40 Zstpl., Waschm., April-Ende Sept, gegenüber der Straßeneinmündung an der Vartry-Talsperre.
Fahrradvermietung: Johnny Price's Garage, Main Street, ☏ (01) 2818128.

Die R755 (T61) führt weitgehend ostwärts über *Annamoe* (Abzweig zur *An-Oige-Herberge* Tiglin, Ashford, ☏/🖹 [0404] 49049, 50 B., ganzj., über R763) nach *Laragh.*

Dort (R756/L107) ist ein quasi obligatorischer Abstecher nach **Glendalough** (gäl. Glean dá loch, Co. Wicklow) fällig, der Ruine einer umfangreichen Klosteranlage, die von dem für seine Sanftmut berühmten St. Kevin im 6. Jh. in einem ebenso sanften Tal bei zwei Seen begründet wurde. Das Kloster war im frühen Mittelalter ein in ganz Europa bekanntes Bildungszentrum. Die Schönheit des Tales von Glendalough wird an Sommerwochenenden von wahren Touristenmassen aufgesucht; ein Besuch in der ersten Wochenhälfte ist deshalb sinnvoller.

Information: Tourist Office, ✆ (0404) 45581, Juni-Sept.
Verkehrsverbindung: Glendalough wird von Dublin aus nur vom *Saint Kevin's Busservice* angefahren. Info: College of Surgeons, St. Stephen's Green, ✆ (01) 2818119. Vom 1.6.-31.8. tägl. zwei Verbindungen, telefonisch erkundigen.
Herberge: An Oige, ✆ (0404) 45342, ▤ 45690, 120 B., ganzj., modernisiertes Haus bei den Klosterruinen.

Von Laragh aus führt die R755 (T61) am Avonmore River entlang durch das *Vale of Clara* bis **Rathdrum** (gäl. Ráth Droma) – eine schattige Straße mit geringen Steigungen, die auf dieser Strecke fast durchgehend von Wäldern eingerahmt ist.

Information: Tourist Office, ✆/▤ (0404) 46262, in der Hauptsaison.
Herberge: The Old Presbytery (IHH), The Fairgreen, Rathdrum, ✆ (0404) 46930, ▤ 46604, 48 B., Camping, ganzj.; Glenmalure (An Oige), 16 B., Juli/Aug, sonst nur samstags, sehr spartanisch. Liegt am Ende des Avonbeg River, der über eine Fußgängerbrücke (!) überquert werden muß – Autos fahren dort durch eine Furt quer durchs Flußbett. Der ideale Startpunkt für eine Besteigung des höchsten Gipfels der Wicklow Mountains, des *Lugnaquilla Mountain* (924 m). Viele Wild-Camping-Plätze und reichlich beißwütige Insekten.
Vor einer Überquerung der Berge beiderseits des Avonbeg River kann nur gewarnt werden – 5 km lange etwa zehnprozentige Steigungen können auch trainierte Radfahrer zur Verzweiflung treiben.
Camping: Avonmore Riverside**, ✆ (0404) 46080, 10 Zstpl., Waschm., Ostern-Sept., am Flußufer gleich beim Dorf.
Fahrradvermietung: T. McGrath, Main Street, ✆ (0404) 46172.

> **Etappe 2:**
> Dublin – Rathfarnham – Brittas – Kilbride – Blessington – Hollywood – Baltinglass (61 km)

Diese Strecke eignet sich sowohl als westliche Verbindung in die Wicklow Mountains und nach Wexford als auch als Straße Richtung Süden und Südwesten. Wenn Sie die anfangs verkehrsreiche N81 (T42) vermeiden möchten, müssen allerdings einige Steigungen in Kauf genommen werden.

Die Hauptstraße wird jedoch innerhalb Dublins benutzt. Wenn die N81 im Vorort Terenure rechts abknickt, radeln Sie geradeaus Rchtg. Rathfarnham weiter, überqueren den River Dodder und die gleich folgende Straßenkreuzung und verlassen die Vorfahrtstraße bald darauf, wenn diese links schwenkt, geradeaus auf die R114 (L199). Etwa 100 kräftige Höhenmeter sind zu überwinden, bis die Straße wieder etwas bergab nach Brittas führt, wo sie auf die N81 (T42) trifft. Nach links rollen Sie wenige hundert Meter auf der Hauptstraße und biegen gleich wieder links auf die Nebenstraße nach Kilbride ab, wobei die Grafschaftsgrenze des County Dublin nach Wicklow überschritten wird.

In Kilbride geht's ganz kurz rechts auf der R759 (L161), sofort aber wieder links auf die Nebenstraße Rchtg. Blessington; nach 1 km dürfen Sie die Rechtsabzweigung nicht verpassen. Das Sträßchen berührt unmittelbar einen Ausläufer des *Poulaphouca*-See, der dort als Staubecken des in nur ca. 20 km Entfernung entspringenden River Liffey entsteht; er dient sowohl der Energieerzeugung als auch der Trinkwasserversorgung für Dublin. Der Stausee kann auf verschiedenen Uferstraßen ganz oder teilweise umfahren werden. 1 km südlich von Blessington knickt z.B. die R758 von der N81 ab und führt zur R756 (L107) nach Glendalough.

In **Blessington** (2200 Einw.), dem touristischen Zentrum West-Wicklows, erreicht die Etappe wieder die N81 (T42), die mittlerweile erheblich verkehrsärmer geworden ist.

Bei Blessington ist das *Russborough House* zu besichtigen (Mai-Sept tägl.), ein georgianisches Herrenhaus von etwa 1750, das u.a. Sammlungen von Kunstgegenständen und irischem Silber beherbergt.

Information: Tourist Office, ☎ (045) 865850, 🖷 865870, in der Hauptsaison.
Unterkunft: zahlreiche B&Bs, meist an der N81.
Herberge: Baltyboys (An Oige), ☎ (045) 867266, 🖷 867032, 36 B., März-Nov, direkt an der R758 am Stausee.
Fahrradvermietung: Hillcrest Hire, Main Street, Blessington, ☎ (045) 865066.

Die Strecke führt nun weiter über die N81 nach Süden vorbei an dem Örtchen *Hollywood* (keine Filmstudios weit und breit…). Ca. 3 km südlich der Abzweigung Richtung Glendalough (R756/L107) befindet sich etwa 1 km abseits der Straße der *Athgreany Stone Circle,* der über einen Fußweg durch die Felder zu erreichen ist.

Etwa 5 km weiter südlich führt eine Nebenstraße durch das Dorf *Donard* zum *Glen of Imail*, einem Tal, das für seine wilde Schönheit berühmt ist. Am anderen Ende des Tales liegt der Lugnaquilla, an dessen Hängen die Quellen des Slaney River für die Bewässerung des Tales sorgen.

Herberge: Ballinclea (An Oige), ☎/🖷 (045) 404657, 40 B., März-Nov, sonst nur an Wochenenden, an der Straße von Donard ins Glen of Imail.
Camping: Moat Farm***, Donard, ☎/🖷 (045) 40727, 20 Zeltstandpl., im Ortskern.

Das Ende dieser Etappe ist in **Baltinglass** (gäl. Bealach Conglais, Co. Wicklow, 1700 Einw.), erreicht, das bereits abseits des Wicklow-Mountains-Tourismus liegt. Der Ort firmiert nach irischem Verständnis als Stadt und ist dementsprechend ein Marktflecken. Genau wie das „Stadtzentrum" liegt die Ruine der *Baltinglass Abbey* auf der Ostseite des Slaney River (gleich an der Brücke nordwärts ca. 200 m; *Foto rechts*).
2 km östlich der Stadt, auf dem Gipfel des 381 m hohen Baltinglass Hill, stehen die Überreste einiger Bronzezeitgräber und eines Forts.

Information: Tourist Office, ✆/🖷 (0508) 81615, in der Hauptsaison.
Verkehrsverbindungen: Busse nach Dublin, New Ross und Waterford.
Herberge: Rathcoran House (IHH), ✆ (0508) 81073, 46 B., Juli-Mitte Aug.

Etappe 3:
Rathdrum – Avondale – Arklow – Gorey – Courtown – Ballygarrett –
Blackwater – Curracloe – Wexford (95 km)

---

*Eine Etappe, die ohne nennenswerte Steigungen verläuft. Genau das Richtige
zum Erholen nach den Bergen der Wicklow Mountains.*

Am Ortsausgang von Rathdrum verlassen Sie die R752 (T7) entsprechend der
Beschilderung nach **Avondale** (2½ km südlich), einem historischen Herrensitz
aus dem 19. Jh., in dem Charles Stewart Parnell, Führer der Landreformbewe-
gung, 1846 geboren wurde. Das Gebäude dient heute als Forstschule (im Sommer fr-mo 14-18 h zu besichtigen) und ist von zahlreichen „Test-Wäldern" umgeben, in denen die Forstbehörde alle möglichen Gehölze ausprobiert. Ein Lehr-
pfad ist ganzjährig zugänglich.

Bei „Meeting of the Waters" erreicht man wieder die R752 (T7) und durchfährt
auf ihr und ab Woodenbridge auf der R747 (T7) das gesamte *Vale of Avoca*.
Trotz vereinzelter Industrieanlagen und etwas Bergbau eine landschaftlich sehr
reizvolle Strecke, sanft abfallend bis Arklow; kurz vor dem Ort wird die neue Umgehungsstraße N11 unterquert.

Arklow, gäl. An tinbhear Mór, ca. 8400 Einw., Co. Wicklow, früher ein betriebsames Fischerstädtchen, lebt heute vor allem vom Tourismus, begünstigt
durch die Nähe der Wicklow Mountains und die Küstenlage.
An der St. Mary's Road (biegt von der Hauptstraße direkt neben dem Tourist
Office ab) liegt das Arklow Maritime Museum (Juni-Sept täglich 10-13 & 14-
17 h).

Information: Tourist Office, The Courthouse, ✆ (0402) 32484, 🖷 39773, Juni-Sept.
Verkehrsverbindungen: Eisenbahn und Busse nach Dublin und Wexford.
Herberge: Avonmore House (IHH), Ferrybank, ✆ (0402) 32825, 🖷 33772, 20 B., Camping, April-Okt.
Camping: River Valley ****, Redcross Village, ✆ (0404) 41647, an der R754 von Avoca
nach Kilbride, Mitte März-Mitte Sept, 35 Zstpl.. preiswert; Johnson's ****, Redcross, ✆
(0404) 48133, ca. 2½ km nördlich von Redcross, im Dorf der Beschilderung gemäß
abbiegen, Ostern-Mitte Sept, 15 Zstpl. Beide Campingplätze haben Waschmaschinen.
Fahrräder: Black Cycles, Wexford Road, ✆ (0402) 31898.

In Arklow wählen Sie an der Kreuzung am Ortseingang die rechts abbiegende
Coolgreany Road (Verlängerung der Main Street) und folgen ihr über **Coolgreany**, dessen Stolz die Gärten des örtlichen *Ram House* sind (Mai-Aug fr-so
nachm.), bis Inch, wo sie auf die N11 (T7) stößt. Je nach physischer Leistungsfä-
higkeit nimmt man die N11 oder fährt geradeaus über sie hinweg auf der – aller-

dings steileren – Nebenstraße weiter; beide Straßen kommen am Eingang von **Gorey** (gäl. Guaire) wieder zusammen.
Dort biegt die Streckenführung auf die R742 (L31) nach **Courtown** ab.

Beide Orte liegen nur etwa 5 km voneinander entfernt und bilden eine Einheit von Marktstädtchen (Gorey) und Sommerfrische (Courtown). Entsprechend stark vertreten sind hier die üblichen touristischen „Annehmlichkeiten".

Information: Tourist Office, St. Michael's Road, Gorey, ✆ (055) 21248, ganzj.
Herberge: The Anchorage (IHI), Poulshane, Courtown Harbour, ✆ (055) 25335, 15 B., Mai-Okt.
Camping: Courtown ★★★★, ✆ (055) 25280 & 25147, im Dorfzentrum nahe der R742 (L31), 30 Zstpl., Waschm., Anf. Juni-Okt; Parklands ★★★★, Courtown, ✆ (055) 25202, 🖹 25689, 10 Zstpl., Mitte Mai-Mitte Sept. 3 km südlich des Ortes liegen noch weitere Caravan-Parks, die aber keine Zeltstandplätze haben.

Die R742 folgt südwärts der Küstenlinie durch ruhige Ortschaften wie Ballygarrett, Kilmuckridge, Blackwater und Curracloe.

Camping: Morriscastle Strand ★★★, Kilmuckridge, ✆ (053) 30124 & 30212, 🖹 30365, im Ort am Strand gelegen, Mai-Sept, 30 Zstpl., Waschm., prinzipiell nur Familien (!).

Südlich von Curracloe mündet die R742 auf die R741 (L29), der bis Wexford gefolgt wird.

Wexford, gäl. Loch Garman, 14.000 Einw., Co. Wexford, Hauptstadt der Grafschaft (84.000 Einw.), liegt an der Mündung des Slaney River und einer natürlichen, aber seichten Hafenbucht. Bei der Normanneninvasion 1169 war Wexford die erste Befestigung auf irischem Boden, die erobert wurde. Von den mittelalterlichen Festungsbauten ist nur das Westgate erhalten, das heute als Standort einer Autoreparaturwerkstatt (!) dient.
Heute ist Wexford zum einen eine lebhafte Markt- und Industriestadt, zum anderen die erste irische Stadt, auf die in *Rosslare Harbour* (gäl. Calafort Ros Láir, 23 km entfernt) landende Besucher stoßen. Entsprechend stark sind touristischer Andrang und touristisches Angebot.
Am Rand des Stadtzentrum, kurz vor dem Westgate, liegen die Ruinen der Selskar Abbey aus dem 12. Jh. Am Hafenquay in der Nähe des Tourist Office befindet sich in einem stillgelegten Feuerschiff das Wexford Maritime Museum.

Wexford ist das Zentrum einer Grafschaft, die besonders fruchtbaren Boden hat. Ein landwirtschaftliches Museum zeugt von der Bedeutung dieses Wirtschaftszweiges; es ist im *Johnstown Castle* untergebracht, das 6 km südlich der Stadt liegt und über einen schönen Park (u.a. viel Rhododendron) verfügt. Man gelangt dorthin am besten über die N25 (T8) Richtung Rosslare und biegt ca. 1 km nach Stadtende Richtung Murntown nach rechts ab. Das Castle liegt direkt an dieser Straße. Oder ab Wexford über die R733 (L159) gleich hinter dem Stadtausgang links ab Richtung Murntown.
Nördlich von Wexford dokumentiert ein Vogelschutzgebiet direkt am Nordrand der Hafenbucht den Anspruch der Region, zu den mildesten Gegenden der Nordhalbkugel zu gehören.

Kartenskizze Etappen 3 – 6

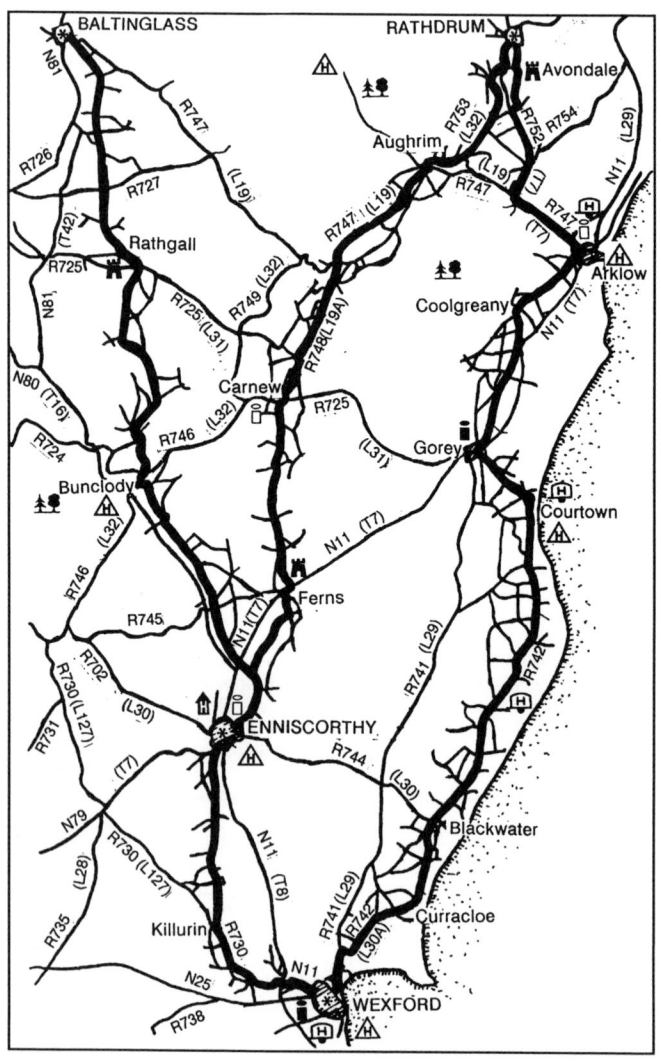

Information: Tourist Office, Crescent Quay, ✆ 23111, 🖷 41743; dito Rosslare Harbour, ✆ 33622, 🖷 33421, beide ganzj.

Telefonvorwahl: 053

Verkehrsverbindungen: Eisenbahn nach Dublin, Waterford, Cork, Limerick und Tralee; Busse ins Umland sowie nach Dublin, Waterford, Cork, Limerick, Galway, Tralee und London.

Herberge: Kirwan House (IHH/IHI). 3 Mary Street, ✆ 21208, 32 B., ganzj.; An Oige, Goulding Street, Rosslare Harbour, ✆ 33399, 🖷 33624, 82 B., Fahrradverm., direkt am Hafen, ganzj., Öffnungszeiten auf Fährplan abgestimmt.

Camping: Ferrybank ***, ✆ 42611, 🖷 45947, ca. 1 km nördl. der Stadt an der R741 (L29), 56 Zstpl., Waschm., Ostern-Sept; Burrow ****, Rosslare, ✆ 32190, 🖷 32256, 25 Zstpl., Mitte März-Okt; St. Margaret's **, Lady's Island, ✆/🖷 31169, 18 Zstpl., Ostern-Okt, ca. 10 km südl. von Rosslare bei Ballare.

Fahrräder: Hayes (auch Vermietung), 108 South Main Street, ✆/🖷 22462; The Bike Shop (auch Vermietung), 9 Selskar Street, ✆/🖷 22514; Vermietung außerdem bei der JH.

Etappe 4:
Rathdrum – Aughrim – Carnew – Ferns – Enniscorthy (64 km)

Diese Strecke führt zwischen den Ausläufern der Wicklow Mountains durchweg über ruhige Nebenstraßen in das Zentrum der fruchtbarsten Teile des County Wexford.

Von Rathdrum aus verläuft die Etappe über die R752 (T7) und knickt nach ca. 2 km rechts ab auf die R753 (L32) bis **Aughrim** (Co. Wicklow, 1000 Einw.), einem hübschen Dorf am Eingang des sich nordostwärts, bis zum Fuß des Lugnaquilla, durch umfangreiche Wälder erstreckenden Ow-Tales.

Herberge: Aghavannagh House (An Oige), Aughrim, ✆ (0402) 36366, 60 B., März-Nov, am Fuß des Lugnaquilla, sehr steiler Anweg.

Kurz hinter Aughrim mündet die Strecke in die R747 (L19) Richtung Tinahely, die nach etwa 10 km geradeaus auf die R748 (L19^A) verlassen wird; dieser Straße folgen Sie bis *Carnew*. Dieser kleine Ort (1400 Einw.) beherbergt ein noch heute bewohntes Schloß aus dem 17. Jh.

Information: Tourist Office, ✆ (055) 26247, 🖷 26555, im Geschäftszentrum am Westende des Ortes.

Biegen Sie hier nach rechts auf die R725 (L31) Richtung Tullow ein und nach wenigen Metern wieder links ab auf eine unklassifizierte Nebenstraße nach **Ferns** (Co. Wexford), im 12./13. Jh. die Hauptstadt des Königreichs Leinster und vom 6.-14. Jh. Bischofssitz. Relikte dieser Vergangenheit in dem ansonsten abseits des Tourismus gelegenen Ort sind die spärliche Klosterruine aus dem 12. und das teilweise restaurierte normannische Castle aus dem 13. Jh.

In Ferns knickt die Strecke an der Klosterruine vorbei auf die Nebenstraße Richtung Clondaw ab. Nach ca. 1½ km, nach Überquerung des River Bann, rechts ab

und am Fluß entlang; am Ende der Straße links ab nach Enniscorthy.
(*In Gegenrichtung: aus Enniscorthy auf R744/L30 Richtung Oulart/Blackwater, nach ein paar hundert Metern links ab Richtung Harrow, immer an Fluß und Eisenbahn entlang, etwa 1 km hinter der Abzweigung nach Harrow rechts ab Rchtg. „Clone House", nach ca. 6 km nächste Kreuzung links nach Ferns.*)

Enniscorthy, gäl. Inis Córthaidh, 5800 Einw., Co. Wexford, ist das Zentrum der Landwirtschaftsregion der Grafschaft und ein bedeutender Verkehrsknotenpunkt. Der Slaney River, an dessen steilem Westufer die Stadt sich im wesentlichen erstreckt, ist von hier ab schiffbar.
Die örtliche normannische Burg aus dem 13. Jh., die in diesem Jahrhundert wieder aufgebaut wurde, beherbergt ein County Museum von höchst individuellem Charakter mit einer bemerkenswert chaotischen Sammlung von Stücken hauptsächlich regionaler Bedeutung. Hauptanbauprodukt der Gegend um Enniscorthy ist die Erdbeere, nach der das jeweils Anfang Juli abgehaltene örtliche Volksfest „Strawberry Fair" genannt wird.

Information: Tourist Office, Market Square, ✆ (054) 34699, Mitte Juni-Aug.
Verkehrsverbindungen: Eisenbahn und Bus nach Dublin und Wexford/Rosslare, außerdem Bus nach New Ross/Waterford.
Unterkunft (Auswahl, ganzj.): Hotel Murphy-Floods **, 27 Main Street, ✆/🖹 (054) 33413, 21 Z.; Murphy's Bar, 9 Main Street, ✆ (054) 33522, 6 Z.; Lemongrove House, Blackstoops, ✆ (054) 36115, 5 Z., 1 km nördl. beim N11-Kreisverkehr; Vinegar Hill Country House, Clonhaston, ✆ (054) 35127, 🖹 37835, 3 Z., 2 km östl. an der R744; mehrere weitere B&Bs.
Herberge: Platform 1 (IHH), Railway Square, ✆ (054) 37766, 🖹 37769, 56 B., ganzj.
Fahrräder: Kenny for Bikes (Premier-Raleigh-Verm.), Slaney Street, ✆/🖹 33255.

Etappe 5:
Baltinglass – Kilmurry – Rathgall Stone Fort – Clonegall – Clohamon – Strahart – Ballycarney – Enniscorthy (60 km)

Diese Strecke führt ausschließlich über ruhige, meist unklassifizierte Nebenstraßen.

Sie beginnt auf der R747 (L19) Richtung Hacketstown/Tinahely, die nach etwa 1 km geradeaus nach Kilmurry verlassen wird. Die Nebenstraße verläuft stetig geradeaus, überquert die R727 und endet nach etwa 17 km auf einer anderen Nebenstraße. Rechts abbiegen, nach ca. 1 km liegt auf der linken Seite, über einen Fußweg erreichbar, das **Rathgall Stone Fort**, das größte konzentrische Steinfort Irlands mit zwei Steinwällen aus dem 2.-6. Jh. Tip: Picknickpause einlegen. Nach der Rast geht es zurück zur letzten Abzweigung und geradeaus weiter. Nach etwa 1 km mündet die Straße in die R725 (L31) Richtung Carnew, nach einem weiteren Kilometer geht es rechts ab auf eine Nebenstraße. An der zweiten Kreuzung links ab nach *Clonegall*, einem hübschen Dorf im Tal des Derry River, dort erneut links Richtung Bunclody. An der Mündung in die R746 (L32) rechts Richtung Bunclody, nach 1 km nächste Abzweigung links den Berg hinauf

und dort (nach ca. 500 m) wieder rechts.
Achtung: auf den Karten des Ordnance Survey Office ist eine durchgehende Nebenstraße über die R746 (L32) hinweg eingezeichnet, die aber faktisch ein zugewachsener Feldweg ist!

Herberge: Bunclody Holiday Hostel (IHH/IHI), Old Schoolhouse, Bunclody, ℰ (054) 76076, 20 B., Mitte März-Sept.

Von dort an geht es immer geradeaus oberhalb des River Slaney über Clohamon, Strahart (in diesem Teilstück noch als L33 beschildert) und Ballycarney, über die N11 (T7) hinweg bis **Enniscorthy** (s. Etappe 4).

Etappe 6:
Enniscorthy – Killurin – Wexford (25 km)

Eine Nebenstrecke am Westufer des River Slaney.

In Enniscorthy die N79 (T7) Richtung New Ross wählen, gleich am Stadtrand links ab, immer an Eisenbahn und Fluß entlang bis *Killurin* (Cornwall Inn), wo die Nebenstraße in die R730 (L127) von Kiltealy nach Wexford mündet. Links einbiegen Richtung Wexford und an den nächsten beiden Kreuzungen jeweils links, der Beschilderung entsprechend, Richtung Wexford abbiegen. Die Straße unterquert die Eisenbahnlinie und trifft an der Brücke über den Slaney auf die N11 (T8) nach **Wexford** (s. Etappe 3).

Etappe 7:
Enniscorthy – New Ross – Waterford (57 km)

Eine Strecke, die längs der Blackstair Mountains an die irische Südküste führt. Leider läßt sich dabei Hauptstraßenbenutzung nicht vermeiden.

Aus Enniscorthy führt die N79 (T7) heraus. Nach der Stadtgrenze biegen Sie an der dritten Einmündung rechts ab (Richtung Caim/Killann – Achtung: die vorige, zweite Einmündung führt auch dorthin, nicht verwechseln!). Die Nebenstraße steigt den Hügel hinauf; nächste Straße links (nach ca. 1 km) Richtung Donard abbiegen. Dann geht es immer geradeaus über die R730 (L127) hinweg und durch Donard hindurch. An der nächsten Abzweigung ist ein Abstecher nach *St. Mullins* möglich (s. New Ross). Ansonsten geradeaus weiter bis zur N79 (T7), die für die restliche Strecke bis New Ross benutzt wird.

New Ross, gäl. Ros Mhic Thriúin, 4500 Einw., Co. Wexford, liegt auf einem Hügel am Ostufer des River Barrow. Die Stadtanlage mit verwinkelten und steilen Gassen geht auf längst vergangene Zeiten zurück, als New Ross ein strategisch wichtiger Punkt war. Der River Barrow, noch über New Ross hinaus von

den Gezeiten beeinflußt, stellt die Verbindung zum Meer her (32 km) und macht die Stadt zu einem relativ bedeutenden Binnenhafen und Verkehrsknotenpunkt – es gibt keine Straßenbrücke über den Fluß südlich von New Ross.
Die Ruine der St. Mary's Abbey aus dem 12. und das Rathaus („Tholsel") aus dem 18. Jh. sind die einzigen nennenswerten historischen Gebäude am Ort. Etwa 8 km nördlich von New Ross liegt am River Barrow, schon im County Carlow, eine bedeutende Ansammlung von Klostergebäuden aus dem 7. Jh.: *St. Mullins*. Zu erreichen über N79 (T7) und R729 (L18).

Information: Tourist Office, The Quay, ✆ (051) 421857, Mitte Juni-August.
Verkehrsverbindungen: Busse nach Dublin, Galway, Limerick, Waterford, Wexford/Rosslare und London.
Herberge: MacMurrough Farm (IHH), ✆ (051) 421383, 17 B., ganzj.

Die restlichen 20 km von New Ross bis Waterford werden über die N25 (T7) gefahren. Die einzige Alternative dazu ist der folgende Umweg auf der Ostseite der Barrow-Mündung:

Dazu wird in New Ross die N25 (T12) Richtung Wexford eingeschlagen und gleich hinter der Stadtgrenze auf die R733 (L1599) verlassen. Diese Strecke führt vorbei am *John F. Kennedy Arboretum*, einem botanischen Garten, der zum Gedenken an den amerikanischen Ex-Präsidenten oberhalb des Wohnsitzes seiner Vorfahren auf den Hängen des Slieve Coilte angelegt wurde (ganzj. tägl. geöffnet).

Etwas weiter südlich, gleich hinter der Eisenbahnstrecke, liegt *Dunbrody Abbey*, deren umfangreiche Ruinen aus dem 12./13. Jh. stammen.
Ca. 5 km weiter existiert in Ballyhack eine Fährverbindung nach *Passage East* (s. Etappe 8), von wo es weiter nach Waterford geht.

Waterford, gäl. Port Láirge, 33.000 Einw., Co. Waterford, Hauptstadt der Grafschaft (72.000 Einwohner) und im Mittelalter Irlands bedeutendster Hafen, ist heute vor allem eine Handels- und Industriestadt. Für Touristen ist Waterford hauptsächlich ein wichtiger Verkehrsknotenpunkt.
Das älteste Gemäuer der Stadt ist der *Reginald's Tower* aus dem Jahr 1003, von den Wikingern erbaut und als Befestigung, Königssitz, Münzanstalt, Kaserne und Gefängnis im Lauf der irischen Geschichte benutzt. Heute beherbergt er ein Museum (so geschlossen). Im Rathaus gibt es Schlüssel und Besuchserlaubnis für den Turm des Dominikanerklosters (Blackfriars) am Arundel Square aus dem 13. Jh.
Eine ebenso alte Klosterruine ist die *French Church*, die um 1800 als Kirche der französischen Hugenotten gedient hat.

Alle weiteren erwähnenswerten historischen Gebäude sind von ein und demselben Architekten, John Roberts, Ende des 18. Jh. als wichtige georgianische Häuser Waterfords entworfen worden: das Rathaus (City Hall) in der Mall, die Christ Church Cathedral, die Handelskammer (1795 als Privathaus erbaut), die Holy Trinity Church, beendet 1796.

Kartenskizze Etappen 7 & 8

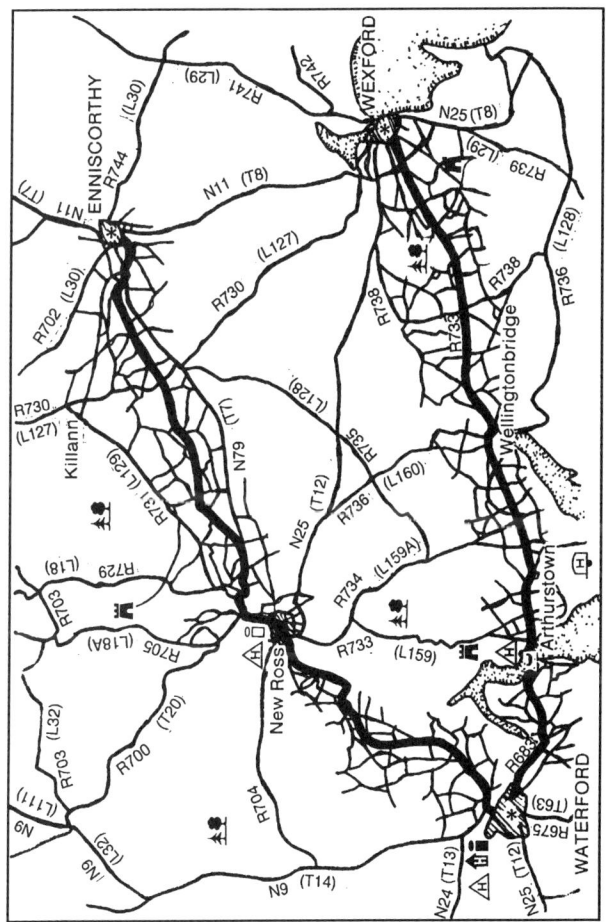

An der Ausfallstraße nach Cork (N25/T12) liegt der bekannteste Industriebetrieb der Stadt, die Waterford Glasfabrik, seit 1947 wieder in Betrieb. Sie kann besichtigt werden, wobei alle Produktionsstadien der Glasfabrikation vorgeführt werden, während der Betriebsferien (Mitte Juli-Mitte Aug) ggf. eingeschränkt; Anmeldung beim Tourist Office sowie der Rezeption der Glasfabrik.

Jährlich im September findet das Waterford International Festival of Light Opera statt, eine zweiwöchige Veranstaltung von Operetten- und Musicalaufführungen.

Information: Tourist Office, 41 The Quay, ℭ (051) 875788, 🖹 877388, ganzj.
Verkehrsverbindungen: Eisenbahn und Busse nach Dublin, Limerick und Wexford/ Rosslare; Busse außerdem nach Tralee, Galway, Cork, London und nahegelegenen Orten im Süden Irlands.
Unterkunft: Camping erst in Tramore, 16 km südlich, s. Etappe 9; etliche B&B-Häuser im Stadtzentrum.
Herberge: Waterford Hostel (IHH/IHI), 70 Manor Street, ℭ (051) 850163, 🖹 872064, 20 B., Juni-Sept.; Barnacles Viking House (IHH), The Quay, ℭ (051) 853827, 🖹 871730, 114 B., ganzj.
Fahrräder: Wright's Cycle Depot, 20 Henrietta Street, ℭ (051) 874411.

Etappe 8:
Wexford – Wellingtonbridge – Arthurstown – Ballyhack – Passage East – Waterford (50 km)

Diese Strecke verläuft durch den Süden des County Wexford auf Nebenstraßen.

In Wexford schlägt man zuerst die N25 (T8) Richtung Rosslare ein und wechselt noch im Stadtgebiet auf die R733 (L159). Gleich hinter dem Stadtende ist ein Abstecher zum *Johnstown Castle* möglich (s. Wexford). Die Strecke folgt ansonsten immer geradeaus der R733 (L159) durch Wellingtonbridge hindurch und an der *Tintern Abbey* (13. Jh.) vorbei über Ramsgrange bis **Arthurstown** (gäl. Colmán).

Herberge: Coastguard Station (An Oige), Arthurstown, ℭ (051) 389411, 32 B., Juni-Sept.
Camping: Ocean Island ***, Fethard, ℭ/🖹 (051) 39748, 22 Zstpl., April-Sept, ca. 3 km südlich der Tintern Abbey.

Von hier aus ist ein Abstecher nordwärts zur *Dunbrody Abbey* möglich (ca. 5 km, s. Etappe 7).

1 km von Arthurstown liegt *Ballyhack*, von wo aus eine Fährverbindung nach *Passage East* besteht (Pendelverkehr, 10 Min. Fahrzeit). Von dort aus führt die R683 (L157) nach **Waterford** (s. Etappe 7).

Etappe 9:
Waterford – Tramore – Bunmahon – Stradbally – Dungarvan – Whitechurch – Lismore (75 km)

Diese Strecke führt an der Südküste des County Waterford entlang bis zum westlichen Rand der Grafschaft.

Von der N25 (T12) Richtung Cork zweigt noch im Stadtgebiet von Waterford, in der Nähe der Glasfabrik, die R675 (T63) nach Tramore ab.

Tramore, gäl. Trá Mhór, 3000 Einw., Co. Waterford, ist das wichtigste Seebad des irischen Südens. Außer einem 5 km langen Sandstrand und einer zu längeren Spaziergängen einladenden Bucht gibt es hier alle Arten touristischer Einrichtungen, einschließlich eines riesigen Vergnügungsparks nach „Vorbild" englischer Urlaubsorte, eine Art Mischung aus Oktoberfest und Disneyland. Seit einiger Zeit präsentiert das *Celtworld* Visitors Centre in kitschiger Aufbereitung die keltischen Mythen der Grünen Insel.

Information: Tourist Office, Railway Square, ✆ (051) 381572, Mitte Juni-Aug.
Unterkunft: YWCA, The Cliff, Church Road, ✆ (051) 81363, 25 (kleine) Z., ganzj.
Camping: Atlantic View **, Riverstown, ✆ (051) 81610, nördlich des Stadtzentrums an der R675 (T63), 68 Zstpl., Waschm., Ostern-Mitte Sept; Newtown Cove ****, ✆ (051) 381979, ca. 3 km südwestl. der Stadt abseits der R675 (T63), 14 Zstpl., April-Ende Sept; Fitzmaurice's **, Riverstown, ✆ (051) 381968, 🖹 381466, 10 Zstpl., April-Sept, nordöstlich an der Einmündung der R685 in die R675.
Fahrradvermietung: Wright's Cycle Depot, 7 Main Street, ✆ (051) 386944.

Über die R675 (T63) geht es immer an der Küste entlang durch kleine Urlaubsorte und

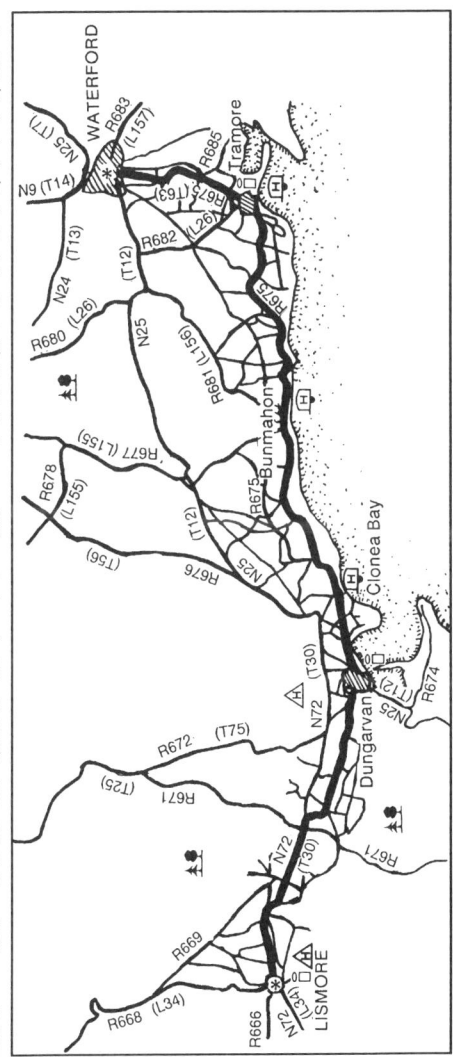

Fischerdörfer wie *Bunmahon*. Dort verlassen Sie die R675 (T63) und fahren über eine Nebenstraße längs der Küste über Stradbally zur Ballyvoyle-Straßenkreuzung, wo Sie wieder auf die R675 (T63) treffen. Weiter westwärts fahrend passieren Sie die *Clonea Bay* mit 5 km langem Sandstrand.

Camping: Casey's ***, Clonea, ℭ (058) 41919, direkt am Strand, Mitte Mai-Aug, 68 Zstpl., Waschm.; Bayview **, Ballinacourty, ℭ (058) 45345 & 42296, 5 Zstpl., April-Okt.

5 km hinter Clonea trifft die Strecke auf die N25 (T12) unmittelbar vor Dungarvan.

Dungarvan, gäl. Dún Garbhan, 5700 Einw., Co. Waterford, Markt- und Hafenstadt, eignet sich gut als Ausgangspunkt für Touren in die nördlichen Berge und die angrenzenden Küstenstreifen. Am Ostrand der Stadt liegen die spärlichen Ruinen des Prince John's Castle von 1185.
Ausflug: An der Kreuzung der R672 (T75) aus Clonmel mit der N72 (T30) nordwestlich von Dungarvan ist eines der obskursten irischen Denkmäler zu bestaunen: es ist *Master McGrath* gewidmet, einem Windhund, der den Waterloo Cup 1868/69/71 gewann und in 37 Rennen nur einmal geschlagen wurde. Dieses erstaunliche Wesen wird übrigens auch in einem irischen Folksong gepriesen.

Information: Tourist Office, The Square, ℭ (058) 41741, in der Hauptsaison.
Verkehrsverbindungen: Busse nach Dublin, Clonmel, Waterford, Mallow, Cork, Tralee, Wexford/Rosslare und London.
Herberge: Dungarvan Holiday Hostel (IHH), Youghal Road, ℭ (058) 44340, 52 B., Camping, ganzj.
Fahrräder (auch Vermietung): F. Murphy, Toys & Cycles, 68 Main Street, ℭ (058) 41376.

In Dungarvan wird die Strecke über die R672 (T75) Richtung Clonmel fortgesetzt und an der nächsten Abzweigung nach links (ca. 2 km hinter der Stadt) verlassen. Die Nebenstraße verläuft immer geradeaus und erreicht hinter Whitechurch die N72 (T30), die über *Cappoquin* (restaurierte Kornmühle mit Tourismuszentrum) nach Lismore führt.

Lismore, gäl. Lios Mór, 1000 Einw., Co. Waterford, ist ein Marktflecken am Blackwater River. Diese Lage ist die Hauptattraktion des Ortes, denn der Blackwater ist ein Fluß wie aus dem irischen Bilderbuch, weitgehend unbefestigt, mit bewachsenen Ufern und naturbelassen. Im frühen Mittelalter war Lismore eines der irischen Bildungszentren von europäischem Rang; das Kloster und die dazugehörige Schule wurden 1173 zerstört. Das Schloß aus dem 19. Jh. enthält etliche Überreste des ursprünglichen Castles von 1175, ist jedoch nicht der Öffentlichkeit zugänglich – im Gegensatz zum Schloßpark (April-Sept nachm.).

Information: Tourist Office, ℭ (058) 54975, April-Okt.
Verkehrsverbindungen: Busse nach Waterford, Mallow, Cork, Tralee und London.
Herberge: Kilmorna Farm (IHI), Lismore, ℭ (058) 54315, 22 B., auch B&B, Camping, ganzj., südlich.

Etappe 10:
Lismore – Tallow – Rathcormack – R614 – Cork (60 km)

Von Lismore aus führt die N72 (L34) über eine Hügelkette nach Tallowbridge; dort knickt die Strecke südlich auf die R634 (L36) Richtung Youghal ab. Nach ca. 1 km biegen Sie in Tallow rechts in die R628 (L188) ein und fahren immer entlang dem River Bride bis zur Einmündung in die N8 (T6). Nicht südwärts (Richtung Cork) einbiegen, sondern nach Norden Richtung Fermoy. Nach einem knappen Kilometer, am Ortseingang von *Rathcormack*, links abbiegen auf die R614 (L188) Richtung *Glenville*, die im Bogen nach Cork führt.

Diese Strecke ist zwar etwas länger als der Weg über die N8 (T6), aber erheblich angenehmer zu fahren, da sie, wenn auch über eine lange, nicht zu steile Steigung, über eine ruhige Nebenstraße führt.

Kartenskizze Etappe 10

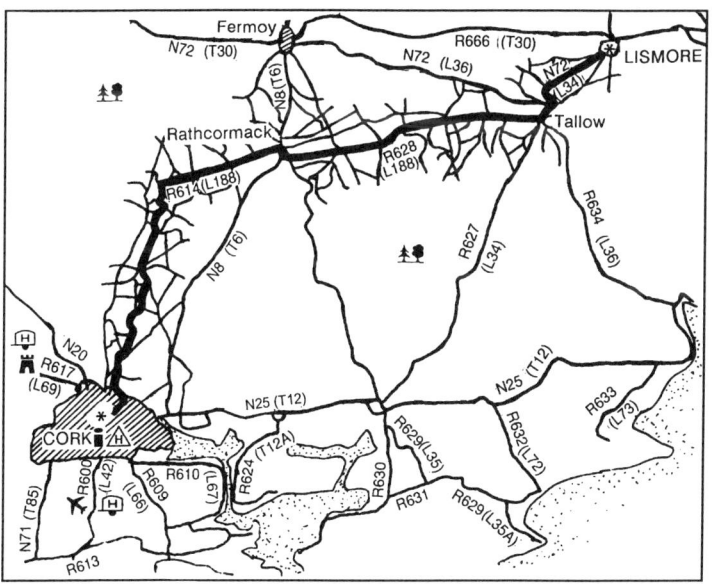

Cork, gäl. Corcaigh, 137.000 Einw., Co. Cork, ist Hauptstadt der gleichnamigen Grafschaft (mit 400.000 Einwohnern nach Dublin die größte der Republik) und zweitgrößte Stadt des Landes.

Die zweite Stelle unter den irischen Städten verdient Cork vor allem, weil Cork außer Dublin die einzige echte Großstadt der Republik ist. Cork ist nicht nur einfach eine aus den Fugen geratene Marktstadt wie z.B. Limerick, sondern hat jenen urbanen Flair, der sich nicht beschreiben, sondern nur erleben läßt. Cork hat alles dazu Nötige: geschäftige Straßen, enge Gassen mit versteckten Kneipen, ein reges kulturelles Leben, attraktive Restaurants, gemütliche Pubs – und Ausflugsvororte, wo sich die Städter den Seewind um die Nasen wehen lassen. Cork ist auch (Fähr-) Hafenstadt und hat einen der vier internationalen Flughäfen der Republik.

Obwohl – oder besser: weil – Cork ein geschichtsträchtiges Pflaster ist, kann man hier Urlaub von der Besichtigung mittelalterlicher Gemäuer machen; die bis zum Bürgerkrieg des 20. Jh. über Cork sich ergießenden Schlachten haben nichts aus grauer Vorzeit übriggelassen. Corks historische Bauten stammen durchweg aus dem 18. und den folgenden Jahrhunderten.

Ungewöhnlich ist sicherlich das *Cork City Gaol* am Sundays Well, ein zum Museum ausgebautes Gefängnis aus dem 19. Jh. (März-Okt tägl.).

Ein besonders interessantes, weil von Leben erfülltes Bauwerk ist der *City Market* von 1786, auch English Market genannt, ein Markthallengebäude mit unzähligen kleinen Ständen im Zentrum der Stadt. Ein weiterer Markt findet unter freiem Himmel unweit davon am Coal Quay statt. Die Einkaufszonen der Innenstadt sind von etlichen Arkaden, d.h. überdachten Geschäftsreihen, durchzogen, so liegt z.B. direkt neben dem City Market die Queens Old Castle Arcade.

Auch die meisten erwähnenswerten Restaurants liegen in der Innenstadt. Eine Ausnahme ist allerdings weit draußen am Stadtrand untergebracht: im *Blackrock Castle*, einem kleinen Schloß aus dem 19. Jh. in gotisch angehauchtem Stil, das 5 km östlich des Stadtzentrums direkt am Ufer des River Lee liegt. Ein schöner Platz, um das Treiben im Hafen von Cork zu beobachten; die Anfahrt durch ein Industriegebiet ist allerdings alles andere als anheimelnd.

Die Unterlagen der Irischen Fremdenverkehrszentrale weisen über ein Dutzend angeblich sehenswerte kirchliche Gebäude aus. Die einzige Kuriosität darunter ist *St. Anne's Church* im Nordteil der Stadt (Eingang Church Street), in der eine Art Selbstbedienungs-Glockenspiel die Besucher zu nervtötendem Geläute verführt. Bedienungsanleitungen für bekannte Schnulzen liegen aus.

Obwohl Cork als Großstadt, Fährhafen und Flugziel viele Touristen verkraften muß, kann man den Massenandrang des Fremdenverkehrs nirgendwo so gut „bewundern" wie in *Blarney*. Dieses Dorf, 8 km nordwestlich von Cork gelegen, beherbergt nämlich ein Castle, daß jährlich unzählige Touristen anlockt. Dieses Wunder ist nicht etwa einer grandiosen Architektur zu verdanken, sondern einem im Burgfried eingelassenen Stein, der jedem, der ihn küßt, Beredsamkeit verleihen soll.

In der Umgebung: Auf der Insel *Fota*, die östlich von Cork an der Straße Rchtg. Cóbh liegt, kann ein Arboretum besucht werden (April-Aug., gratis); der angeschlossene Wildpark fordert einen Obolus .

In *Cóbh* starteten im 19. Jh. die Auswandererschiffe nach den USA, und auch die tragische Jungfernfahrt der „Titanic" nahm hier ihren Anfang. Die Geschichte der Hafenstadt wird mit einer Ausstellung im restaurierten Bahnhof dokumentiert.

Information: Tourist Office, Grand Parade, ✆ 273251, 🗎 273504, ganzj.; dito, Blarney, ✆ 381624, ganzj.
Telefonvorwahl: 021
Karten/Literatur: Stadtplan auf der Irlandkarte von Bord Fáilte und in der ITB-Broschüre „The Cork Guide"; Stadtführer „Tourist Trail".
Verkehrsverbindungen: Flughafen 6 km südlich der Stadt an der R600 (L42) Richtung Kinsale; Fähren nach Le Havre und Roscoff vom Ferry Terminal, Ringaskiddy, ca. 20 km südlich, zu erreichen über R609; Eisenbahn nach Dublin und Tralee, Anschlüsse nach Limerick, Waterford und Rosslare; Busse nach über 60 Zielorten in Irland, Nordirland und Großbritannien.
Herbergen: Nr. 1 + 2 Redclyffe (An Oige), Western Road, ✆ 543289 (Warden) bzw. 543396 (Gäste), 🗎 343715, 102 B., etwa 2 km vom Stadtzentrum an der N22 (T29) Richtung Killarney. *Unabhängige Hostels:* Sheila's Cork Tourist Hostel (IHH), 4 Belgrave Place, Wellington Road, ✆ 5085562, 108 B., Waschm.; ISAAC's Cork (IHH), 48 MacCurtain Street, ✆ 508388, 64 B., auch Doppelzi. mit B&B, Fahrradvermietung des Bike Store (s. Dublin); Kinlay House (IHH), Bob and Joan Walk, Shandon, ✆ 508966, 🗎 506927, 118 B., Fahrradkeller; Campus House (IHH), 3 Woodland View, Western Road, ✆/🗎 343531, 20 B.; N. Kelly's (IHI), 25 Summerhill South, ✆ 315612, 15 B., ganzj.; Cork City Independent Hostel (IHI), 100 Lower Glanmire Road, ✆ 509089, 25 B., ganzj.; Arran House (IHI), Lower Glanmire Road, ✆ 509089, 25 B., ganzj., gegenüber vom Bahnhof.
Camping: Cork City ***, ✆ 961866, etwa 4 km südwestlich des Stadtzentrums an der Togher Road, zu erreichen über Washington Street (Richtung Killarney), erste links über den Fluß, halbrechts den Hügel hinauf über Barrack Street und Bandon Road, links in die Lough Road, Verlängerung ist die Togher Road, recht ruhiger Platz, Mai-Sept., 20 Zstpl.; Bienvenue **, ✆ 312711, 20 Zstpl., Mai-Okt, 6 km außerhalb an der R600 (L42) Richtung Kinsale, gegenüber vom Flughafen; Blarney ***, ✆/🗎 385167, 20 Zstpl., Aufenthaltsraum, ganzj., beim Dorf Blarney (s.o.).
Fahrräder (Auswahl; auch Vermietung): Rothar Cycles, 2 Bandon Road, ✆ 313133, 🗎 274143, auch Premier-Raleigh-Einwegmiete (s. Kapitel „Das Fahrrad"); Kilcully Stores, 30 North Main Street, ✆ 273458; Cycle Scene, 396 Blarney Street, ✆/🗎 301183, Premier-Raleigh. *Vermietung* außerdem im An-Oige-Hostel und bei ISAAC's, s.o.

Etappe 11:
Dublin – Lucan – Celbridge – Clane – Lullymore – Rathangan (60 km)

Das erste Teilstück der Diagonalverbindung von Dublin nach Limerick.

Die ersten ca. 8 km von Dublin nach Lucan werden auf der N4 (T3) Richtung Mullingar/Athlone gefahren. *Lucan* ist aufgrund seiner Lage am River Liffey ein Anglerzentrum. Der Herrensitz Lucan House aus dem 18. Jh. dient z.Z. dem italienischen Botschafter als Wohnsitz und ist daher nicht zu besichtigen.

Ca. 1 km hinter Lucan biegt die Strecke nach Süden auf die R403 (L2) ab und führt nach etwa 8 km durch **Celbridge**, Co. Kildare. Dieses Dorf ist der Standort des *Castletown*-Hauses, des wohl imposantesten georgianischen Herrenhauses in Irland, 1722 erbaut. Nach dem Durchradeln der 800 m langen Lindenallee, die zum Haus führt, können Möbel, Malereien und reiche Stuckarbeiten im Inneren besichtigt werden (täglich außer di, im Winter nur so).

Die R403 (L2) führt weiter über Clane (links in R407/L25 einbiegen und gleich wieder rechts auf R403/L2 weiterfahren), vorbei an Prosperous und wird kurz vor Allenwood nach links auf die R414 (L81^A) verlassen. Dieser Straße folgen Sie über Lullymore bis **Rathangan**. Das ist ein kleiner Ort am Slate River und dem Grand Canal, unmittelbar an der Grenze zwischen Kildare und Laois.

Camping: Caraslí, ✆ (045) 24331, 6 Zstpl., Ostern-Okt, am Südostrand des Ortes an der R401 Rchtg. Kildare.

Kartenskizze Etappen 11 & 12

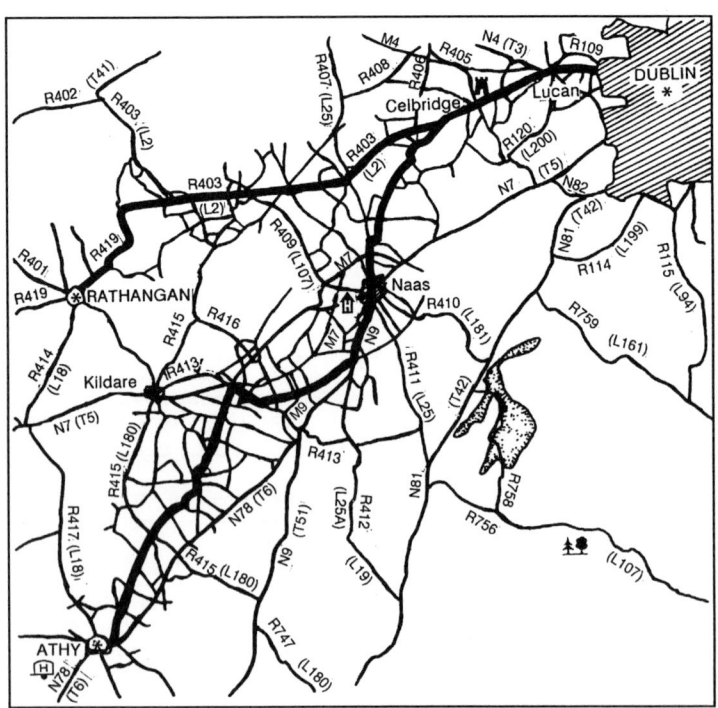

Diese Etappe ist erstes Teilstück der Südwestverbindungen nach Kilkenny, Cork und Killarney.

Bis Celbridge folgt die Strecke der Etappe 11. An der nächsten Abzweigung nach links (ca. 3 km hinter Dorfende) verlassen Sie die R403 (L2) auf eine Nebenstraße nach Straffan, wo Sie erneut links abbiegen. Hinter der Brücke über die Liffey rechts abbiegen und immer geradeaus weiterfahren. In Sallins unmittelbar an der Brücke über den Grand Canal links in die R407 (L25) nach Naas einbiegen; auf diesem Teilstück überqueren Sie die vorerst nur 5 km lange Autobahn M7, die hier als Ortsumgehung dient.

Naas, gäl. Nás, 10.000 Einw., Co. Kildare, ist Grafschaftshauptstadt, Marktstadt, Industriedorf, Garnisonsort und umgeben mit Pferdezuchtgebieten.
Jigginstown House, an der N7 Richtung Südwesten gleich hinter dem Stadtrand gelegen, wäre die größte unbefestigte Residenz Irlands gewesen, wenn es jemals fertiggestellt worden wäre. Der 1632 begonnene Backsteinbau ist weitgehend abgesperrt: „Betreten auf eigene Gefahr!"
Pferdeluft ist in der Umgebung von Naas überall zu schnuppern. In *Kill,* ca. 5 km Richtung Dublin an der N7 (T5) gelegen, gibt es etliche berühmte Gestüte; die *Punchestown*-Rennbahn (5 km südlich von Naas) zieht Tausende von Zuschauern aus dem nahen Dublin an.
Für den Ruf der Gegend als Pferdegebiet ist hingegen die *Curragh*-Ebene ausschlaggebend, die sich westlich von Naas zwischen Droichead Nua und Kildare erstreckt und mit Pferdeställen geradezu gespickt ist.

Verkehrsverbindungen: Busse nach Dublin, Birr, Waterford, Cork und nahegelegenen Orten.
Unterkunft (Auswahl, ganzj.): Harbour View Hotel **, The Harbour, ℰ (045) 879145, ✉ 4002, 10 Z.; Mrs. Bridie Doherty, Two Mile House, ℰ (045) 879824, 5 Z.

Für die Weiterfahrt ist die N9 (T6) Richtung Waterford anfangs unvermeidbar, wird aber an der vierten Abzweigung rechts (nach ca. 4 km) verlassen. Auf ruhigen Nebenstraßen geht es weiter durch Athgarvan über die R416 (L107) hinweg bis zur R413 (L19), der rechts Richtung Kildare bis zur Kreuzung mit der N7 (T5) gefolgt wird.

Hier ist ein Abstecher über die R413 (L19) nach Kildare möglich. Weiterfahrt nach einem Abstecher über die R415 (L180) bis Boley Cross Roads, dort rechts ab nach Athy.

Kildare, gäl. Cill Dara, 3200 Einw., Co. Kildare, ist eine reine Pferdestadt. Auf dem Tully-Gelände, ca. 2 km südöstlich der Stadt, befinden sich das Irische Nationalgestüt, das Irische Pferdemuseum (einschließlich Rennpferdskelett)

und – zum Erholen von den vielen Vollblütern – ein japanischer Garten (zu besichtigen Mitte Feb-Mitte Nov).
Auf der Rennbahn des Curragh, auf halbem Weg zwischen Droichead Nua und Kildare gelegen, finden viele Rennen statt.

Information: Tourist Office, Market Street, ℂ (045) 522696, Mitte Mai-Sept.
Verkehrsverbindungen: Eisenbahn nach Dublin, Cork, Limerick und Tralee; Busse nach Dublin, Birr, Cork und Clonmel/Dungarvan.
Unterkunft (Auswahl): Curragh Lodge Hotel **, Dublin Street, ℂ (045) 522144, 521247, 10 Z.; Mrs. E. Corcoran, Mount Ruadhan, Old Road, Southgreen, ℂ (045) 521637, 3 Z., März-Nov.

Ansonsten biegen Sie direkt vor der Kreuzung mit der N7 (T5) links auf die Nebenstraße ab, die mitten durch das *Curragh Camp*, einen riesigen Militärspielplatz, führt. Immer geradeaus bis Suncroft; hinter diesem Dörfchen links abbiegen, zweite Straße wieder rechts und nach ca. 2 km erneut rechts abbiegen. Dann geht es geradeaus weiter bis Athy.

Athy, gäl. Baile Atha, Co. Kildare, mit rund 11.000 Einw. die größte Stadt der Grafschaft, liegt an der Nahtstelle des River Barrow mit dem Grand Canal. An der Brücke über den River Barrow steht noch das bewohnte White's Castle aus dem 16. Jh.
Eine Dominikanerkirche mit fünfeckigem Grundriß zeugt von der ungebrochenen Baulust der katholischen Kirche – sie entstand 1965/66. Östlich von Athy, 13-15 km entfernt, bieten einige Dörfer an der N9 (T51) touristische Besonderheiten. In *Ballitore*, einst eine Quäkersiedlung, gibt es ein Museum mit Bücherei im ehemaligen Versammlungshaus (Mai-Sept sonntags 15-17 h). Ein paar Kilometer weiter südlich existiert am südlichen Ortsrand von *Timolin* eine Zinngießerei („World of Pewter"). Wiederum 1 km südlich davon steht bei *Moone* (1 km westlich der N9; dort nicht beschildert) eines der bedeutendsten Hochkreuze Irlands, das St. Colmcille's Cross aus dem 8. Jh., stolze 5,30 m hoch und mit 51 Feldern von Reliefdarstellungen verziert.

Verkehrsverbindungen: Eisenbahn und Busse nach Dublin und Waterford.
Unterkunft: Mrs. Mary McManus, Forest Farm, Dublin Road, ℂ/▤ (0507) 31231, 4 Z., Camping, ganzj., 5 km nördl. an der N78.

Etappe 13:
Athy – Castlecomer – Kilkenny (47 km)

Diese Strecke führt ausnahmsweise durchgehend über eine – allerdings wenig befahrene – Hauptstraße, da es keinen sinnvolleren Weg Richtung Süden gibt; die im Tal des River Barrow verlaufende N9 (T51) ist keine Alternative, da erheblich stärker befahren.

Für die Etappe wird die N78 (T6) benutzt, auf der ca. 200 m Höhenunterschied leicht zu bewältigen sind. Nach Überqueren der Hügelkuppe erreichen Sie **Cast-**

lecomer (gäl. Caisleán an Chomair, Co. Kilkenny), eine kleine Stadt am Ufer des Dinin River in der ursprünglichen Gestaltung von 1636, die bis vor einigen Jahrzehnten Standort der wichtigsten irischen Kohleförderung war.

Auf halbem Weg von Castlecomer nach Kilkenny, ca. 10 km von beiden Städten entfernt, befindet sich die Tropfsteinhöhle *Dunmore Cave*. Sie ist nicht sehr groß, aber interessant verschachtelt, mit vielen Seitenhöhlen und in allen Farben mineralischen Ursprungs prangend (tägl. geöffnet, im Winter mo geschl.).

Die N78 (T6) mündet nach einigen Kilometern in die N77 (T6) nach Kilkenny.

Kartenskizze Etappen 13 & 14

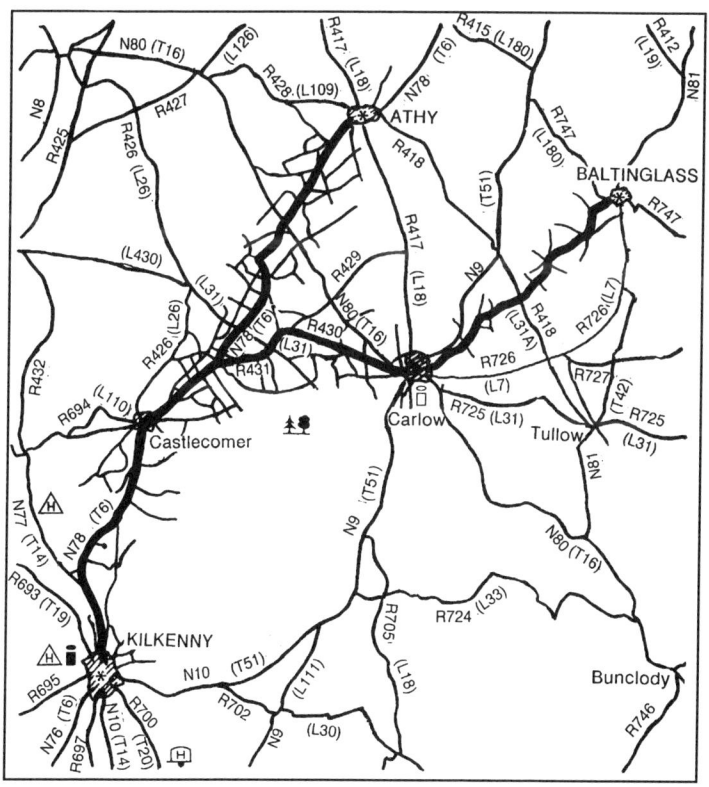

Kilkenny, gäl. Cill Chainnigh, 16.000 Einw., Co. Kilkenny, ist die Hauptstadt der Grafschaft (67.000 Einw.). Sie liegt recht schön im Tal des River Nore und weist etliche historische Bestandteile in ihrem Stadtbild auf, ist allerdings von so vielen Hauptverkehrsstraßen durchzogen, daß die Innenstadt tagsüber nicht gerade zum Ausruhen am Straßenrand einlädt.

Kilkenny Castle überragt die Stadt und ist schon von weitem zu sehen. Der Gebäudekomplex, dessen älteste Teile aus dem 13. Jh. stammen, diente 1391-1935 der Familie Butler als Wohnsitz. Der „bürgerlich" anmutende Familienname ist vom Ehrentitel des Adelsgeschlechts abgeleitet – sie waren Chefbutler des Königs und hatten u.a. das Weinimportprivileg. Daß dieses Geschäft etwas einbrachte, ist an der weitläufigen, prachtvollen Schloßanlage zu erkennen (zu besichtigen Mai-Sept tägl. 10-19 h). Wenn der deutsche Touristenandrang eine gesonderte Führung nicht rechtfertigt, kann man den Text der deutschsprachigen Führung am Eingang erhalten; zur Geschichte des Schlosses wird u.a. ein Video gezeigt. In der Schloßküche ist jetzt ein Café untergebracht.

Gegenüber dem Eingang zum Schloß befinden sich die Kilkenny Design Workshops in den ehemaligen Schloßställen. Hier werden Gebrauchsgegenstände entworfen, verkauft und teilweise auch gefertigt.

Da Kilkenny katholischer und protestantischer Bischofssitz ist, dürfen die zugehörigen Kathedralen nicht fehlen. Die wichtigere gehört in diesem Fall der (protestantischen) Church of Ireland: *St. Canice's Cathedral* aus dem 13. Jh. Diverse Abteigemäuer runden das Stadtbild im klerikalen Bereich ab. Wer mehr Interesse an profanen Dingen hat, sollte einen Besuch in *Kyteler's Inn* machen, dem wohl ältesten Pub in Irland, um den sich allerlei Geschichten ranken.

Vom Ende des 16. Jh. stammen zwei restaurierte Bürgerhäuser: *Shee Alms House* in der Rose Inn Street, in dem das Tourist Office und eine Ausstellung „Kilkenny in miniature" (£ 1) untergebracht ist, und das *Rothe House* an der Parliament Street, ein Kaufmannshaus aus drei Gebäuden mit Innenhöfen, in dem heute die Kilkenny Archaeological Society ein Museum unterhält (tägl.).

Ausflüge: Im Süden Kilkennys liegen gleich zwei relativ große Klosterruinen. *Jerpoint Abbey* bei Thomastown ist über die R700 (T20) und N9 (L32) zu erreichen, *Kells Priory* liegt direkt beim gleichnamigen Dorf, 15 km von Kilkenny entfernt an der R697 (L26); hier ist vor allem die weitläufige Befestigung der Umfriedung erhalten.

Information: Tourist Office, Shee Alms House, Rose Inn Street, ✆ 51500, 🖷 63955, ganzj.

Telefonvorwahl: 056

Verkehrsverbindungen: Eisenbahn nach Dublin und Waterford; Busse nach Dublin, Portlaoise, Dungarvan, Galway, Limerick, Waterford und Wexford/Rosslare.

Herberge: Kilkenny Tourist Hostel (IHH), 35 Parliament Street, ✆ 63541, 🖷 23397, 60 B., ganzj., im Stadtzentrum nahe der Kilkenny Brewery; The Ormonde Accomodation Centre (IHI), John's Green, ✆ 52733, 🖷 52737, 45 B., ganzj.; Bikes-n-Beds (unabh.), 49 John St., ✆ 62165, 21 B., Fahrradverm.; Foulksrath Castle (An Oige), Jenkinstown, ✆/🖷 67674, 52 B. in 3 Sälen, ganzj., eine Burg aus dem 16. Jh., ca. 13 km nordwestlich der Stadt an der N77 (T14).

Camping: Tree Grove **, Danville House, ✆ 70302, 🖷 21512, 18 Zstpl., März-Mitte Nov; Nore Valley ***, Bennettsbridge, ✆ 27229, 🖷 27748, 30 Zstpl., März-Mitte Nov, 11 km südl. an der R700 (T20).

Browne's Hill Dolmen

Etappe 14:
Baltinglass – Carlow – Castlecomer – Kilkenny (66 km)

Diese Strecke verläuft südwestwärts und trifft unter Vermeidung der N9 (T51) vor Castlecomer auf die Etappe 13 nach Kilkenny.

In Baltinglass beginnt die Etappe auf der R747 (L180) Richtung Ballitore, zweigt aber schon am Ortsrand links ab auf eine Nebenstraße, auf der nach ca. 3 km die Carrigeen Straßenkreuzung erreicht wird. Hier halten Sie sich rechts und radeln über Graney zur Knocknaeree Kreuzung, wo Sie die R418 (L31^) queren. Nach weiteren ca. 2½ km trifft die Straße auf eine kreuzende Nebenstraße, der Sie links Rchtg. Carlow folgen. Kurz vor Carlow endet diese an der R726 (L7).

Wenn Sie sich hier links halten, können Sie einen Abstecher zum unmittelbar an der R726 gelegenen *Browne's Hill Dolmen* machen, der über 4000 Jahre alt ist und den größten Deckstein Europas (6 x 6 x 1½ m, 100 Tonnen Gewicht) besitzt. In Gegenrichtung geht's nach Carlow.

Carlow, gäl. Ceatharlach, 12.000 Einw., Co. Carlow, Hauptstadt der Grafschaft (34.000 Einwohner), ist eine bedeutende Handels- und Industriestadt (u.a. Zuckerfabrik). Sie liegt direkt am River Barrow und der Hauptstraße Dublin-Kilkenny und hat aufgrund ihrer strategisch wichtigen Lage in der Geschichte Irlands eine bedeutende Rolle gespielt. Im örtlichen Museum (Mai-Sept täglich 14.30-17.30 h, im Winter nur sonntags) kann man Näheres darüber erfahren.

Einziger Überrest des historischen Carlow ist die Burgruine, bestehend aus zwei Türmen und einer Verbindungsmauer. Der Rest der Normannenburg aus dem 13. Jh. wurde im 19. Jh. in die Luft gesprengt.

Information: Tourist Office, College Street, ✆ (0503) 31554, ganzj.
Verkehrsverbindungen: Eisenbahn und Busse nach Dublin und Waterford.
Herberge: Otterholt Riverside Lodge (IHH), Kilkenny Road, ✆ (0503) 30404, ⌨ 30200, 39 B., Camping, ganzj.; „Verona" (IHI), Pembroke Street, ✆ (0503) 31700, 20 B., ganzj.

Durch Carlow hindurch folgt man der N80 (T16) Richtung Portlaoise, die am Stadtrand auf die R430 (L31) Richtung Abbeyleix verlassen wird. Nach ca. 5 km steht in *Killeshin* eine sehenswerte Kirchenruine aus dem 12. Jh. mit einem gut erhaltenen romanischen Westportal.

Die Straße schlängelt sich sanft ansteigend an den südwestlich gelegenen Hügeln entlang. Etwa 10 km hinter Carlow verlassen Sie sie geradeaus auf die R431 (L110), die etwa 6 km vor Castlecomer auf die N78 (T6) einmündet. Ab dort wird der Etappe 13 nach **Kilkenny** gefolgt. (Das Hauptstraßenstück ließe sich nur vermeiden, wenn Sie bereits ab Killeshin quer über die beachtlichen Hügel nach Kilkenny fahren würden.)

Etappe 15:
Kilkenny – Ballycallan – Callan – Mullinahone – Cloneen – Fethard – Blackcastle – Cashel (65 km)

Eine Strecke zum touristischen Hauptanziehungspunkt des zentralen Irland.

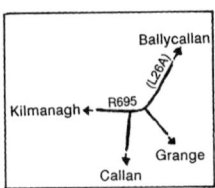

In Kilkenny ist die Nebenstraße nach Callan nur über das Schild zum Orthopädischen Hospital zu finden. Die Straße (R695/L26^A) verläuft über Ballycallan zur Ballykeefe-Straßenkreuzung, an der Richtung Callan abgebogen wird (s. Skizze; Beschilderung Rchtg. Callan steht unübersichtlich schon an der ersten der beiden Abzweigungen). Kurz vor *Callan* (gäl. Callain) trifft die Straße auf die N76 (T6), die durch diese Kleinstadt hindurch benutzt wird.

Ca. 2 km hinter Callan knickt von der N76 (T6) rechts eine Nebenstraße (alte Klassifizierung: L111) nach *Mullinahone* (Co. Tipperary) ab. In diesem Ort biegen Sie nach halblinks Richtung Drangan, nach etwa einem Kilometer erneut halblinks nach Cloneen ab. Etwa 2 km vor dem Dorf trifft die Nebenstraße wieder auf die L111 (hier: R692), auf der die Strecke bis *Fethard* (gäl. Fiodh Ard, Co. Tipperary) verläuft. Dieser Ort ist eine Stadtgründung aus dem 14. Jh. und eine bemerkenswerte Ausnahme von der relativen Gleichförmigkeit irischer Kleinstädte. Hier blühen in den Vorgärten mehr Blumen als anderswo, und die Mauer vor der Klosterruine im Südosten der Stadt lädt müde Radler zu einer Verschnaufpause ein. Im Stadtzentrum stehen außerdem noch Überreste dreier Castles – Fethard war durchweg befestigt. Eine neuere Errungenschaft des Ortes ist das *Folk Farm and Transport Museum* an der Straße nach Cashel.

Kartenskizze Etappe 15

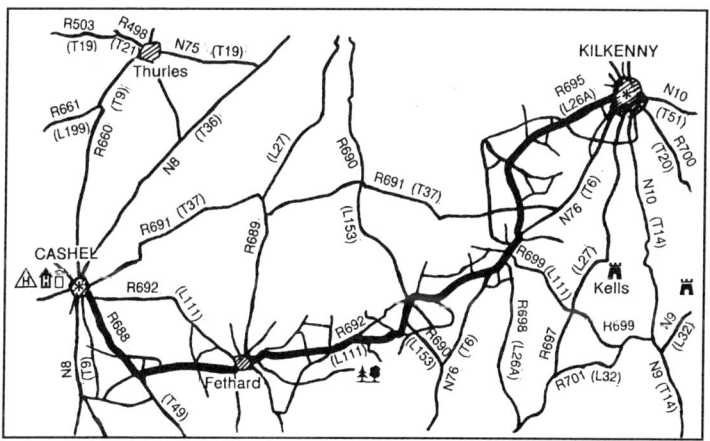

Von Fethard aus kann die Strecke entweder weiter über die R692 (L111) gewählt werden, oder aber man nimmt – was ich wegen der geringeren Steigungen empfehle – im Ortskern die R689 (L27) Richtung Clonmel und gleich wieder rechts die Nebenstraße nach Rosegreen. Dort trifft sie auf die R688 (T49) nach Cashel.

Cashel, gäl. Caiseal, 2700 Einw., Co. Tipperary, ist eine Marktstadt am Fuß des alles überragenden Kalksteinfelsens *Rock of Cashel*, der das bemerkenswerteste Sammelsurium historischer Gemäuer in ganz Irland trägt. Die Tourismuswerbung bezeichnet ihn oft als die „Akropolis Irlands", was nachhaltige Wirkung vor allem auf Busladungen amerikanischer Touristen hat. Der Besuch Cashels in der Nebensaison ist deshalb eher anzuraten. Und entgehen lassen sollte man sich das Städtchen nicht.
Über 700 Jahre (370-1101) haben die Könige von Munster auf dem Felsen gehockt und ihn dann der Kirche vermacht. Die baute zuerst eine romanische Kapelle (Cormac's Chapel), ab 1169 direkt daneben eine Kathedrale; waghalsige Besucher können über die Reste klettern und – sehr zu empfehlen – den Mittelturm besteigen. Um die beiden Kirchen herum sind außer einem der hin-

reißend ungeordneten irischen Friedhöfe ein Rundturm und ein Hochkreuz aus dem 12. Jh. zu bewundern; die Ruinen der Vicars Choral Hall, einer Unterkunft für die niedrige Geistlichkeit, am Eingang sind restauriert worden. Unterhalb des Rock of Cashel liegt auf einer Wiese die Ruine der *Hore Abbey*, eines Zisterzienserklosters aus dem 13. Jh.

Zur Nutzung der Touristenscharen gibt es seit 1996 ein *Heritage Centre* unterhalb des Felsens, mit Folktheater, Ausstellungen und Restaurant (ganzj., im Sommer tägl. bis 24 h, Nebensaison mo-fr zu „Normalzeiten").

Cashel ist aufgrund des ganzjährigen Tourismus mit Unterkünften und Restaurants gut versorgt; ein (teures) Feinschmeckerrestaurant ist in einer ehemaligen Kirche unterhalb des Felsens untergebracht. Sogar eine örtliche Käsespezialität existiert: *Cashel Blue* ist ein Blauschimmelkäse, der mit international renommierten Produkten konkurriert.

Information: Tourist Office, Town Hall, ℂ (062) 61333, April-Sept.
Verkehrsverbindungen: Busse nach Dublin, Cork, Dungarvan, Waterford, Belfast, Derry und nahegelegenen Orten.
Unterkunft: Das offizielle Hotel-/B&B-Verzeichnis listet gut zwei Dutzend Beherbergungsunternehmen.
Herberge: O'Brien's Farmhouse (IHH), Dundrum Road, ℂ (062) 61003, 🖹 62797, 14 B., Camping, ganzj., an der Straße Rchtg. Dundrum; Cashel Holiday Hostel IHH), 6 John Street, ℂ (062) 62330, 🖹 62445, 43 B., ganzj., Fahrradverm., im Zentrum.

Etappe 16:
Cashel – Tipperary (19 km)

Diese Strecke wird, sofern man nicht einen Abstecher (s.u.) davon machen möchte, auf der N74 (T36) absolviert, die trotz Hauptstraßencharakters nicht übermäßig stark befahren ist.

In *Golden*, nach Überquerung des Suire Rivers, hat man die Gelegenheit, einen Abstecher zur *Athassel Abbey* zu machen, einer der größten Klosteranlagen des Mittelalters, deren imposante Ruinen am Flußufer liegen.

Wer mag, kann den Abstecher in das südlich gelegene *Glen of Aherlow* ausdehnen (s. Etappe 17). Ansonsten geht es im Bogen zurück zur N74 (T36) und weiter nach Tipperary.

Tipperary, gäl. Tiobraid Arann, 4800 Einw., Co. Tipperary, ist zwar Namensgeber des Countys (126.000 Einw.), aber nicht dessen Hauptstadt. Die Grafschaft ist nämlich so groß, daß sie zu Verwaltungszwecken geteilt wurde – Hauptstädte sind Nenagh und Clonmel.

Tipperary ist eine bedeutende Industriestadt und touristisch völlig uninteressant; der *long, long way to Tipperary* lohnt sich nur für die Durchfahrt.

Information: Tourist Office, James Street, ℂ (062) 51457, Mai-Okt.
Verkehrsverbindungen: Eisenbahn nach Limerick, Waterford und Wexford/Rosslare; Busse außerdem nach London.

Camping: Ballinacourty House ****, Glen of Aherlow, ✆/📠 (062) 56230. Zwar nur 10 km von Tipperary entfernt, aber auf kurzem Weg nur über die R644 Richtung Newton zu erreichen, die über die Kuppe der Slievenamuck Hills führt (300 m Höhenunterschied!). Oder mit etwa 18 km Strecke über die R662 (L119) und R663 mit Umfahren der Hügel. April-Sept, 25 Zstpl., Waschm.

Kartenskizze Etappen 16 & 17

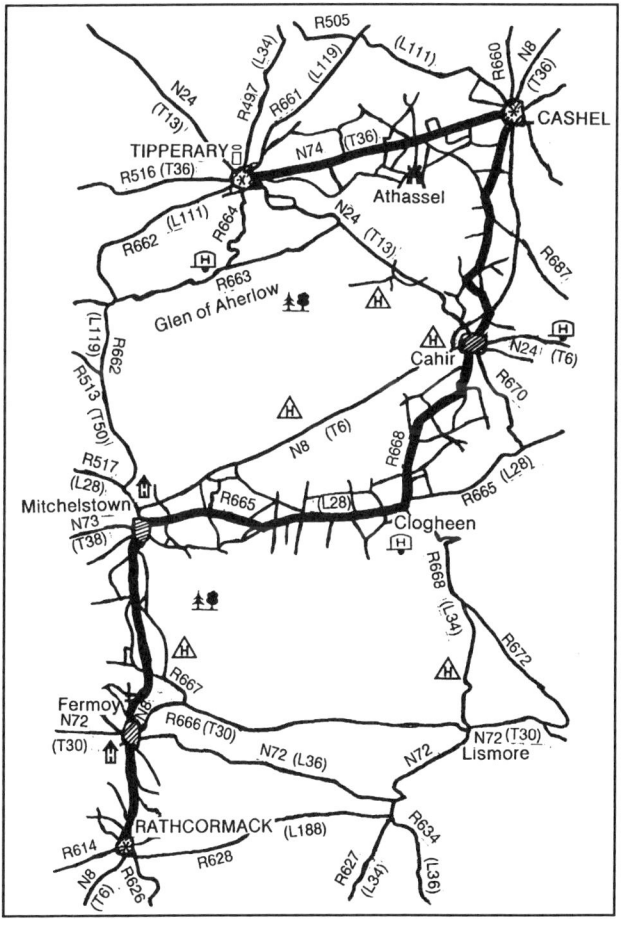

Etappe 17:
Cashel – Cahir – Clogheen – Mitchelstown – Fermoy – Rathcormack (67 km)

Diese Strecke verbindet die Binnenlandetappen mit der Südküstenetappe 10 (Lismore-Cork).

Falls Sie eine verkehrsarme Zeit (z.B. Sonntagvormittag) erwischen, können Sie das erste Teilstück von Cashel nach Cahir über die N8 (T9) absolvieren. Ansonsten biegen Sie am Ortsausgang von Cashel, noch zwischen den Tankstellen, rechts ab auf eine Nebenstraße, die nach 4 km an einer T-Mündung endet. Hier halten Sie sich links Rchtg. Newinn, nach 1½ km dann wieder rechts, und radeln so auf den schon von weitem sichtbaren *Knockgraffon Mote* zu, einen pyramidenförmigen Erdhügel von 18 m Höhe und gleichem Durchmesser, auf dem angeblich die Könige von Munster gekrönt wurden, bevor sie nach Cashel übersiedelten. Hier geht's links, nach 1 km rechts und dann immer der Straße nach zur N8 (T9), die nach 2 km Cahir erreicht.

Cahir, gäl. An Chathair, 1800 Einw., Co. Tipperary, ist eine alte Marktstadt, deren Stadtbild vom Castle und dem Schloßpark bestimmt wird. Das vollkommen restaurierte Castle, dessen Hauptteile aus dem 15. Jh. stammen, gilt als stärkste Befestigung Irlands. Der Schloßpark von Cahir erstreckt sich über 3 km an beiden Ufern des River Suir entlang und gibt Gelegenheit zu längeren Spaziergängen.

Information: Tourist Office, Cahir Castle, ℰ (052) 41453, Mai-Sept.
Verkehrsverbindungen: Eisenbahn nach Limerick und Wexford/Rosslare; Busse nach Dublin, Athlone, Sligo, Dungarvan, Limerick, Cork, Waterford, Dundalk, Belfast, Derry und London.
Herberge: Lisakyle (IHH/IHI), Ardfinnan Road, Cahir, 20 B., ganzj., an der R670 Rchtg. Ardfinnan, melden bei Maurice Condon's Shop, Church Street, ℰ (052) 41963; Kilcoran Farmhouse (IHI), ℰ (052) 41906, 🖹 42630, 11 B., 6 km westl. von Cahir 1 km südl. der N8; Ballydavid Wood House (An Oige), Bansha, Glen of Aherlow (s.u.), ℰ (062) 54148, 40 B. in teils großen Sälen, März-Nov, ca. 10 km von Cahir entfernt; Mountain Lodge (An Oige), Burncourt, ℰ (052) 67277, 30 B., keine Duschen, März-Sept, abseits der N8 (T6) nach Mitchelstown am Berghang der Galtee Mountains gelegene ehemalige Jagd-Hütte, idyllisch, sehr begehrt (frühzeitige Ankunft ist anzuraten, vor allem am Wochenende).
Camping: The Apple ***, ℰ (052) 41459, 🖹 42774, Mai-Sept, 16 Zstpl., auf halbem Weg an der N24 (T6) nach Clonmel; Campingmöglichkeit beim Lisakyle Hostel.

Von Cahir aus (oder bereits von Knockgraffon Motte) ist ein Ausflug in das Glen of Aherlow möglich und sehr zu empfehlen.

Das **Glen of Aherlow** ist ein Tal zwischen den Galtee (auch: Galty) Mountains im Süden und den Slievenamuck Hills im Norden, so abgelegen, daß es in vergangenen Zeiten als Zufluchtsort für verfolgte Iren diente. Die angrenzenden Hänge sind durchweg bewaldet und bieten Möglichkeit zu Wanderungen und Spaziergängen.

Zwei Straßen führen durch das Tal: die R663 im Norden, an deren Westende der Campingplatz „Ballinacourty House" liegt (s. Tipperary, Etappe 16), sowie eine unklassifizierte Nebenstraße im Süden, an der sich auch die An-Oige-Herberge Ballydavid Wood (s.o., Cahir) befindet; es gibt zudem ein paar B&B-Häuser.

Die Streckenführung Richtung Süden verläuft von Cahir aus über die R668 (L34) bis *Clogheen*, einem kleinen Dorf am Rand der Knockmealdown Mountains.

Camping: Parson's Green ***, ✆ (052) 65290, 🖹 65504, 20 Stpl., ganzj.

Hartgesottene Bergsteiger unter den Fahrradtouristen können hier weiter bis Lismore fahren (steile 350 m Höhenunterschied!). Ansonsten biegen Sie auf die R665 (L28) nach Mitchelstown ab. Auf halbem Weg, in *Ballyporeen*, können über eine Nebenstraße die *Mitchelstown Caves* erreicht werden, zwei Tropfsteinhöhlen beträchtlichen Ausmaßes; Höhlenerfahrung ist anzuraten. Ballyporeen ist im übrigen einer der vielen irischen Orte, deren Namen auf irgendeine Art mit den Vorfahren amerikanischer Präsidenten verknüpft ist. In diesem Fall mit Michael Reagan, Urgroßvater des ehemaligen US-Präsidentendarstellers.

Mitchelstown, gäl. Baile Mhistéala, 7300 Einw., Co. Cork, ist das Zentrum der südirischen Milchwirtschaft und eignet sich gut als Ausgangspunkt für Touren in die Berge in Norden und Osten.

Unterkunft: Hotel Fir Grove **, ✆ (025) 24095, 15 Z.; Mrs. M. Kiely, Coolacunna, Fermoy Road, ✆ (025) 24170, 3 Z., März-Okt.

Da alle Alternativen erheblich länger sind, folgt die Etappe der N8 (T6) über *Fermoy* (gäl. Fhear Maí), ein Anglerzentrum im Blackwater-Tal mit zahlreichen B&Bs beim Ort, bis **Rathcormack**, wo der Anschluß an die Etappe 10 (Lismore-Cork) hergestellt wird.

Herberge: Fuchsia House Hostel, The Square, Kilworth, ✆ (025) 27565, 🖹 33156, 16 B., ganzj., auf halbem Weg zwischen Mitchelstown und Rathcormack ca. 5 km vor Fermoy.

Etappe 18:
Cork – Fivemilebridge – Belgooly – Kinsale – Ballinspittle – Timoleague – Clonakilty (59 km)

Die südlichste aller beschriebenen Strecken, entlang der Küste der Grafschaft Cork; mit vielen schönen Ausblicken und zahlreichen Steigungen und Gefällen.

Den Weg aus Cork hinaus nimmt diese Etappe über die R600 (L42), durch Fivemilebridge und Belgooly nach Kinsale.

(Zur Orientierung in Cork ist in Anbetracht der Vielzahl von möglichen Startpunkten ratsam, einen Stadtplan zu konsultieren. Die R600 ist zwar beschilderte Zufahrtstraße zum Flughafen, den Wegweisern ist aber nicht durchgängig zu trauen, da diese teilweise auf die südliche – autobahnähnliche – Ringstraße leiten.)

Kinsale, gäl. Cionn tSáile, 1800 Einw., Co. Cork, war im 17. Jh. der wichtigste Hafen der irischen Südküste. Hier verschanzte sich 1601 eine spanische Invasionstruppe, die zusammen mit irischen Rebellen gegen die Engländer kämpfte und verlor. Der Niederlage folgten ein Exodus des irischen Adels und die Umwandlung Kinsales in eine rein englische Stadt, wo Iren der Aufenthalt verboten war. Aus jener Zeit, etwa von 1677, stammt das mächtige *Charles Fort*, das den Hafen Kinsales vom Ostufer her überragt und bis 1922 in Benutzung war; von hier bietet sich auch der schönste Blick auf die Bucht von Kinsale.

Kinsale ist bekannt für seine (teuren) Feinschmeckerrestaurants und Weinlokale. Die Nähe von Cork sorgt für einen ganzjährigen Ausflugstourismus, der der Gastronomie eine sichere Existenzgrundlage gibt.

Beziehungen zu Frankreich sind nicht nur im kulinarischen Bereich zu spüren, sondern auch in Desmond Castle, einem Haus aus dem 16. Jh. in der Cork Street, das im 17. und 18. Jh. als Gefängnis vor allem für Franzosen diente und daher auch French Prison genannt wird.

Von Kinsale aus lohnt sich ein Ausflug zum *Old Head of Kinsale*, einer Landzunge im Südwesten, zu der man aber auch im Verlauf der Weiterfahrt nach Westen gelangen kann. Vor der Spitze der Halbinsel sank im Mai 1915 die „Lusitania", ein amerikanischer Luxusliner, der von einem deutschen U-Boot für ein Waffenschiff gehalten und torpediert wurde. Der Angriff kostete 1500 Menschenleben unmittelbar und paar Millionen später – er führte im Endeffekt zum Eintritt der USA in den 1. Weltkrieg.

Information: Tourist Office, Pier Road, ✆ (021) 772234, 🖹 774438, März-Nov.
Herberge: Dempsey's (IHH/IHI), Eastern Road, ✆ (021) 772124, 32 B., ganzj., beim Ortseingang und der gleichnamigen Autowerkstatt; Castle Park Marina Centre (IHH), ✆ (021) 774959, 🖹 774958, 30 B., Mitte März-Okt.
Camping: Garretstown House ****, ✆/🖹 (021) 778156 , 40 Zstpl., Mai-Sept, 13 km von Kinsale entfernt, über R600 (L42) und ab Ballinspittle über R604 zu erreichen.

Von Kinsale aus verläuft die Etappe (anfangs Rchtg. Bandon und Garretstown beschildert) über die R600 (L42) durch *Ballinspittle*, wo ein Abstecher zum *Old Head of Kinsale* über die R604 möglich ist, und Timoleague nach Clonakilty.
In **Timoleague**, einem kleinen Dorf an der Courtmacsherry Bay mit üppiger Pub-Szene, stehen die Ruinen einer Franziskanerabtei aus dem 13.-16. Jh.

Clonakilty, gäl. Cloch na Coillte, 2700 Einw., Co. Cork, ist eine der wichtigsten Städte von Westcork. Hier trifft die Streckenführung auf die Hauptküstenstraße N71, die der Stadt den Tourismus in die Straßen bringt. Die Eigenheiten der regionalen Geschichte können im West Cork Regional Museum in der Western Road erfahren werden (am Wochenende geschl.).
3 km nördlich der Stadt steht einer der kleinsten Steinkreise in Irland. Von ursprünglich neun Steinen des *Templebryan Stone Circle* sind noch fünf übriggeblieben.
3 km östlich der Stadt befinden sich die *Lisselan Estate Gardens*, ein Park von immerhin 12 ha Größe (April-Sept ab 8 h).

Information: Tourist Office, Rossa Street, ℂ (023) 33226, Juni-Mitte Sept.
Verkehrsverbindungen: Busse nach Cork, Killarney und Skibbereen/Goleen.
Unterkunft: zahlreiche B&Bs sowohl in Timoleague als auch in Clonakilty.
Camping: Desert House **, ℂ (023) 33331, 🖹 33048, an der Einmündung der R600 in die N71, Mai-Sept., 22 Zstpl.; Sexton's **, Timoleague, ℂ (023) 46347, 16 Zstpl., März-Okt.

Kartenskizze Etappen 18 & 19

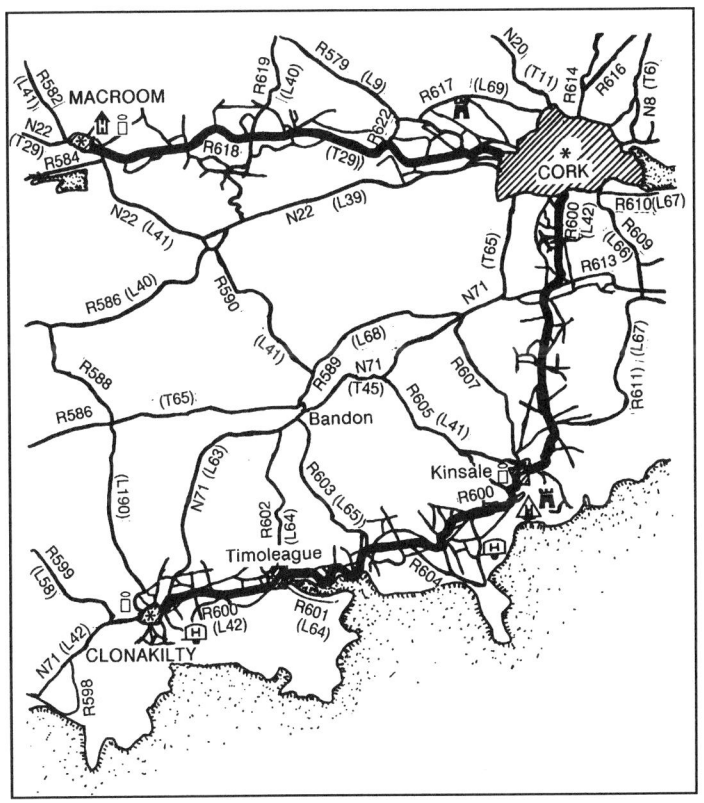

x

Etappe 19:
Cork – Coachford – Macroom (40 km)

Diese Strecke folgt dem idyllischen Tal des River Lee.

Im Zentrum von Cork benutzen Sie den Straßenzug Pope's Quay – North Mall – Sundays Well Road, immer nördlich des River Lee, um westwärts aus der Stadt herauszufinden. Etwa 4 km nach dem Stadtrand trifft die Nebenstraße auf die R618 (T29) nach Macroom.
(Von der An-Oige-Herberge aus folgt man der N22/L39 bis zur nächsten Brücke über den River Lee und fährt von dort an auf dem Nordufer weiter.)

Nach wenigen Kilometern befindet sich in einer Ansammlung von Häusern namens Inniscarra der Standort der *St. Senan's Abbey* aus dem 6. Jh. Die Strecke verläuft immer längs des Flusses über winzige Dörfer wie Dripsey und Coachford bis zur N22 und kurz darauf nach **Macroom** (gäl. Maigh Cromtha, 2500 Einw., Co. Cork), einer Marktstadt im Tal des Sullane River mit einigen schönen georgianischen Häusern. Sie dient als Ausgangspunkt zu Touren in das südwestliche Cork und nach Killarney.
Das Castle Museum „Peadar O Laoirc" an der Brücke ist geöffnet mo-fr 10-13 und 14-17 h.

Information: Tourist Infostelle am zentralen Marktplatz.
Verkehrsverbindungen: Busse nach Cork, Killarney, Galway und Bantry.
Unterkunft: 2 Hotels, etliche B&B.

Etappe 20:
Macroom – Ballingeary – Kealkill (Caolchoill) – Bantry (54 km)

Wer nicht in Macroom anhalten möchte, kann diese Strecke nahtlos an Etappe 19 anfügen. Sie führt durch irisches Sprachgebiet, so daß man auf Straßenschilder mit gälischen Ortsnamen gefaßt sein muß.

In Macroom verläuft diese Etappe ein kurzes Stück über die N22 (T29) Richtung Cork und biegt dann am Stadtrand rechts auf die R584 (T64) ein. Sie folgt dem River Lee und den von ihm gebildeten Seen, die ein besonders abwechslungsreiches Tal formen. Nach ca. 6 km knickt die R584 gleich nach Überquerung eines Nebenflusses des Lee rechts ab Rchtg. Ballingeary. Am Lough Allua liegen die beiden Anglerorte Inchigeelagh und **Ballingeary**, gäl. Béal Atha An Ghaorthaidh, im Sommer Standort von irischen Sprachkursen für Hunderte junger Iren, die die Sprache ihrer Vorväter lernen wollen. Traditionelle irische Folklore ergänzt das Programm.

Herberge: Tig Barra (IHH/IHI), ✆/🖷 (026) 47016, 18 B., Campingmöglichkeit, Mitte Mai-Sept., 2 km westlich.

Hinter Ballingeary steigt die Straße zum Paß von Keimaneigh an, einem tiefen – fast schluchtartigen – und extrem schmalen Einschnitt zwischen den Bergen, nach dem sich das Tal des River Ouvane hinunter zur Bantry Bay öffnet. Bei Ballylickey mündet die Straße in die N71 (T65) nach Bantry.

Bantry, gäl. Beantraí, 2900 Einw., Co. Cork, ist Marktstadt und Namensgeberin der gleichnamigen Bucht, die sich tief und geschützt zum Meer hin erstreckt und Öltankern das Anlaufen von Whiddy Island, unmittelbar vor Bantry gelegen, ermöglicht. In Bantry findet regelmäßig ein stimmungs- und eindrucksvoller Viehmarkt auf den Straßen statt.
Bantry House, eine georgianische Residenz südwestlich der Stadt, ist hochherrschaftlicher Kontrapunkt. Möbel, Gemälde, wertvolle Gobelins gehören zur Inneneinrichtung (März-Okt täglich 9-18 h), der zugehörige Park ist im italienischen Stil angelegt; Zufahrt von der N71 am südlichen Ortsrand. Etwa 3 km nördlich der Stadt befindet sich an der N71 (T65) ein vom Mealagh River gebildeter Wasserfall. Ein Spaziergang durch bewaldetes Gebiet führt dicht daran vorbei.

Information: Tourist Office, Old Courthouse, ℂ (027) 50229, Mai-Okt.
Verkehrsverbindungen: Busse nach Cork, Killarney, Skibbereen und Macroom.
Herberge: Bantry Hostel (IHH), Bishop Lucy Place, ℂ (027) 51050, 30 B., Mitte März-Okt., sehr schön gelegen hoch über dem Ort.
Camping: Eagle Point ****, Ballylickey, ℂ (027) 50630, 65 Zstpl., 6½ km nördlich von Bantry gegenüber der Einmündung der R584 (T64), Mai-Sept, Supermarkt direkt gegenüber vom Eingang.
Fahrräder: Kramer's (auch Vermietung), Glengarriff Road, Newtown, ℂ/◨ (027) 50278.
Waschsalon: Laundrette, Wolfe Tone Square, mo-sa, keine Selbstbedienung, aber preiswert.

Etappe 21:
Clonakilty – Rosscarbery – Skibbereen – Killeenleagh – Bantry (58 km)

Die Strecke verläuft bis Skibbereen über die N71 (L42); allerdings sind Abstecher möglich.
In *Rosscarbery*, einer kleinen Stadt (450 Einw.) mit einer (heute protestantischen) Kirche von 1612, kann man südwärts auf die R597 (L191) nach **Glandore** abbiegen. Abseits dieser Straße, die allerdings hügeliger als die Hauptstraße ist, liegen ein ausgebranntes Herrenhaus aus dem 17. Jh. namens *Coppinger's Court*, der *Drombeg Stone Circle* (über 2000 Jahre alt, ca. 1 km abseits der Straße) und, am Ortsrand von Glandore, *Kilfinnan Castle*, ein Schloß mit 4 m dicken Mauern und einem prachtvollen Blick auf den natürlichen Hafen der Stadt (dort auch B&B und Ferienwohnungen).

Herberge: Curraheen Lodge, Rosscarbery, ℂ (023) 48498, 10 B., Mai-Sept.
Camping: The Meadow **, Glandore, ℂ (028) 33280, 19 Zstpl., Mitte März-Sept., an der R597.

Bei Leap trifft die Straße wieder auf die N71 (L42) nach Skibbereen.

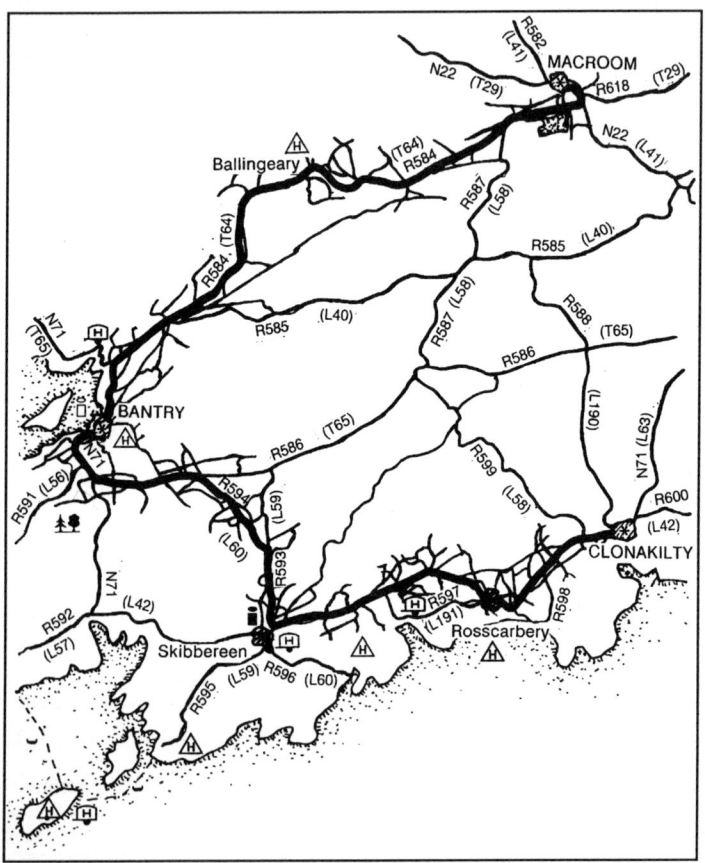

Skibbereen, gäl. An Sciobairín, 2200 Einw., Co. Cork, ist ein kleines Städtchen, das vor allem als Ausgangspunkt für die kleinen Fischerdörfer der Südküste von Interesse ist.

Etwa 2 km westlich der Stadt liegen die kümmerlichen Überreste der *Abbeystrewery Abbey* aus dem 14. Jh., auf deren Friedhof etliche Gräber mit Opfern der großen Hungerkatastrophen vor 150 Jahren zu finden sind.

Südöstlich, vor Castletownsend, zu erreichen über die R596 (L60), befindet sich das *Knockdrum Fort*, eine prähistorische Steinbefestigung mit 3 m dicken

Wänden. Im Südwesten führt die R595 (L59) nach **Baltimore**, einem beliebten Ferienort und Angler- und Seglerhafen, dessen Bucht durch die vorgelagerte *Sherkin Island* vor Wind und Wetter geschützt ist.

Auf die Insel kann man per Autofähre genauso übersetzen wie nach **Cape Clear Island** (gäl. Oileán Cléire), dem südlichsten Punkt Irlands. Wer Irisch lernen will, kann das hier tun: Cape Clear ist fest in gälischer Hand und lockt mit Sprachkursen etliche hundert junge Iren alljährlich an. Die Fähre verkehrt im Sommer dreimal täglich in beide Richtungen; für Gäste der An-Oige-Herberge auf der Insel (JH-Ausweis!) gibt's Sondertarife.

Während der Hauptsaison gibt es auch eine Bootsverbindung von Baltimore via Hare Island nach *Skull*, einem für seine Schlemmerlokale bekannten Örtchen (IHH-Hostel), von dem auf der R592 und R591 eine empfehlenswerte Teil-Umrundung der nördlich gelegenen Halbinsel *Mizen Head* auf dem Weg nach Bantry eingeschoben werden kann; der Fahrplan ermöglicht auch Tagesausflüge.

Information: Tourist Office, Town Hall, North Street, ℘ (028) 21766, 🖹 21353, ganzj.
Verkehrsverbindungen: Busse nach Cork, Killarney und Baltimore.
Herberge: Maria's Schoolhouse (IHH), Cahergal, Union Hall, ℘/🖹 (028) 33002, 30 B., Mitte März-Okt, ca. 8 km östl. von Skibereen und 2 km südl. der Etappe; Russagh Mill Hostel (IHH), Castletownsend Road, Skibereen, ℘ (028) 2451, 🖹 21256, 50 B., Camping, Mitte März-Okt., knapp 2 km von Skibereen; Rolf's Hostel (IHH), Baltimore Hill, Baltimore, ℘ (028) 20289, 34 B., Campingmögl., zubereitete Mahlzeiten, ganzj., Fahrradverm., schön gelegen; South Harbour (An Oige), Cape Clear Island, ℘/🖹 (028) 39144, 40 B., März-Nov; 3 unabhängige Hostels auf Cape Clear Island.
Camping: The Hideaway ***, Skibereen, ℘ (028) 22254, 35 Zstpl., Mai-Mitte Sept, 1 km Rchtg. Castletownsend; Alandale, Oldcourt, Skibbereen, ℘ (028) 21683, 5 km westl. an der R595; Cuas an Uisce **, Cape Clear Island, ℘ (028) 39119, 20 Zstpl., Juni-Sept, preiswert.
Fahrräder (auch Vermietung): Roycroft Cycles, Ilen Street, ℘ (028) 21235; Vermietung auch bei Baltimore Holiday Cottages, ℘ (028) 20400 & 20308.
Waschsalon: West Cork Cleaners, Bridge Street.

In Skibbereen heißt es, der Verlockung zu widerstehen, die Halbinseln der Westküste nach der anderen zu umrunden: die südlichste (Mizen Head) ist ohnehin die am wenigsten spektakuläre, und der schmale *Sheep's Head* lohnt allenfalls als Abstecher (s.u.). Deshalb führt die Etappe nordwärts weiter: ein kurzes Stück über die R593 (L59) Richtung Drimoleague, nach etwa 6 km links ab auf die R594 (L60) über Killeenleagh nach *Aghaville*, wo die Straße in die R586 (T65) Richtung Bantry mündet, die nach weiteren 7 km in die N71 (T65) nach **Bantry** übergeht (s. Etappe 20).
(In Gegenrichtung: Abzweigung der R586 von der N71 ist als Hauptstrecke Rchtg. Cork beschildert.)

>OPTION: Wer einen Abstecher über den *Sheep's Head* einlegen möchte, hält sich bei der Einmündung der R586 in die N71 links, überquert nach ca. 1 km einen kleinen Fluß und biegt sofort dahinter rechts ab auf die Nebenstraße nach Durrus. Dort radeln Sie links 50 m an Kneipe und Laden vorbei und zweigen rechts ab Rchtg. Kilcrohane und Sheep's Head.

Der Süden der Halbinsel ist eher mild-harmonisch und vegetationsreich, aber Blicke auf das Massiv der innerinsularen Berge verraten schon spätestens ab Ahakista, daß ein hoher Berg zu überwinden ist. So ist es dann auch: eine lange, steile Steigung ab Kilcrohane, ebensolches Gefälle danach, alles auf sehr schmalen Straßen.

Die Nordseite der Halbinsel ist sehr steinig-karg, bietet aber permanent schöne Ausblicke auf die Bantry Bay und die Beara-Halbinsel.<

Etappe 22: Ring of Beara
Bantry – Glengarriff – Adrigole – Castletown Berehaven – Allihies – Ardgroom – Lauragh – Kenmare (128 km)

---

*Eine Rundtour um die **Beara**-Halbinsel, mit der im zweiten Teil der Wechsel vom County Cork zur Grafschaft Kerry erfolgt.*

Kartenskizze Etappe 22

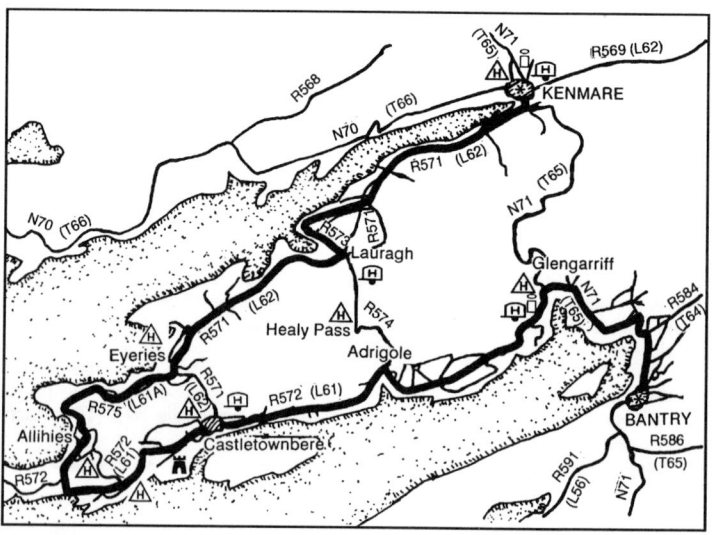

Aus Bantry heraus führt die Strecke über die N71 (T65) an der Küste entlang bis Glengarriff; die Szenerie ist bei Glengarriff und später bis Adrigole sehr rauh, und insgesamt ist der Ring of Beara imposanter, unbekannter und anstrengender als der berühmte *Ring of Kerry*.

Glengarriff, gäl. Gleann Garbh, 300 Einw., Co. Cork, ist ein Dorf, in dem im Sommer mehr Touristen als Einheimische anzutreffen sind. Es liegt an einer geschützten Seitenbucht der Bantry Bay und ist klimatisch dermaßen begünstigt, daß es als mildester Ort Irlands im Winter gilt. Die deshalb üppig wachsende Vegetation bietet einen Vorgeschmack auf die erstaunlichen Rhododendron- und Fuchsienhaine, die die Grafschaft Kerry auszeichnen. Ein weiterer Vorgeschmack auf die Tourismuszentren Kerrys erfolgt durch die Bootsleute, die arglose Besucher zu einem Trip nach *Garinish Island* überreden wollen. Diese kleine Insel vor Glengarriff beherbergt einen der schönsten künstlich angelegten Gärten Irlands. Aber Achtung: der auszuhandelnde Bootspreis enthält noch nicht die Eintrittsgebühr! März-Oktober fahren auch zwei offizielle Fähren alle 20 Minuten hinüber.

Information: Tourist Office, ✆ (027) 63084, Juli/Aug.
Verkehrsverbindungen: Busse nach Cork und Killarney.
Herberge: Murphy's Village Hostel (IHH), ✆/🖷 (027) 63555, 33 B., ganzj.; Glengarriff Hostel (IHI), Kenmare Road, ✆ (027) 63211, 20 B., ganzj., beim Hafen rechts halten; Hummingbird Rest (IHI), Kenmare Road, ✆ (027) 63195, 13 B., ganzj.; Pat Somer's Cottage Bar (IHI), ✆ (027) 63331, 🖷 63532, 12 B., ganzj.
Camping: O'Shea's **, ✆ (027) 63140, 25 Zstpl., Mitte März-Mitte Okt; Dowling's ***, ✆ (027) 63154, 45 Zstpl., Ostern März-Okt; beide ca. 2 km westlich von Glengarriff an der R572 (L67).
Fahrradvermietung: Michael Burniston, Jem Creations Craft Workshop, Ladybird House, ✆ (027) 63113, 🖷 63547.

Paßstraße am Sheep's Head, Co. Cork

In Glengarriff beginnt die Rundstrecke um die Beara-Halbinsel. Sie führt auf der R572 (L61) nach *Adrigole* (Hostel mit Camping s..u.), wo der lange und windungsreiche Aufstieg zum Healy-Paß (10 % Steigung) möglich ist. Sparen Sie sich die Schweißtropfen für später auf und radeln Sie weiter westwärts nach Castletownbere.

Castletownbere, auch Castletown Berehaven genannt, 900 Einw., Co. Cork, bis 1936 der Standort der englischen Atlantikflotte, ist heute einer der bedeutendsten irischen Fischereihäfen. Mit einer ganzjährig bis zu viermal täglich verkehrenden Fähre kann man auf die vorgelagerte *Bere Island* übersetzen, Auskunft unter ✆ (027) 75004.
Etwa 3 km weiter westlich liegt abseits der Straße auf einer Insel die Ruine von *Dunboy Castle* (16. Jh.), der letzten Burg, die vor den elisabethanischen Truppen kapitulierte. Eine zweite – gleichnamige – viktorianische Ruine neueren Datums direkt an der Straße zieht eher Besucher an.

Herberge: Beara Hostel (IHI), Heathmount, ✆ (027) 70184, 16 B., Camping., ganzj., ca. 2 km westlich des Ortes, beschildert; Adrigole Hostel (IHI), ✆/📠 (027) 60228, 10 B., Camping, ganzj.
Camping: Berehaven Camping & Amenity Park **, ✆ (027) 70700, 12 Zstpl., ganzj.
Fahrräder: Dermot Murphy (auch Verm.), Super Valu Lebensmittelmarkt, ✆ (027) 70020, nach 19 h 70248, 📠 70520.

Die R572 (L61) führt weiter nach Cahermore und biegt dann nach Norden ab. Ein Abstecher zur Spitze der Halbinsel und – mit der einzigen Kabelbahn Irlands – auf die vorgelagerte Insel *Dursey Island* (keine Übernachtungsmöglichkeit!) ist hier möglich. Ansonsten verläuft die Strecke über die R575 (L61^A) nach Allihies. In jedem Fall ist westlich von Castletownbere die Straße sehr felsig und steigungsreich; eine Abkürzung nach Eyeries ist möglich.

Allihies, Co. Cork, ist ein winziges Anglerdorf mit bunten Häusern. Im 19. Jh. war hier das Zentrum der Kupferförderung; die letzten Schürftätigkeiten wurden 1962 eingestellt. Besichtigung der Gruben ist auf eigene Gefahr möglich.

Verkehrsverbindungen: Privater Busdienst O'Donoghue's, ✆ (027) 70007.
Herberge: Cahermeelabo (An Oige), ✆ (027) 73014, 34 B., Juni-Sept, 1 km oberhalb des Dorfes gelegen, ggf. direkt von der R572 aus ansteuern (Allihies ist beschildert, kürzere, aber steilere Strecke); Bonnie Braes (IHH), Allihies, ✆ (027) 73107, 20 B., Mitte März-Okt.

Die R575 (L61^A) führt entlang der Küste nord- und dann ostwärts und trifft bei *Eyeries* auf die R571 (L62). Östlich dieses kleinen Ortes steht der größte bekannte Stein (5,18 m hoch) mit Ogham-Inschriften (nur durch Fragen zu finden, da nicht beschildert).

Herberge: Urhan Hostel (IHI), ✆ (027) 74005, 20 B., ganzj.

Über Ardgroom fahren Sie weiter nach **Lauragh** und sind mittlerweile im County Kerry angekommen. Kurz vor dem winzigen Dorf liegt der *Derreen Woodland* Garden, der im 19. Jh. angelegt worden ist; April-Sept tägl. 11-18 h.

Herberge: Glanmore Lake (An Oige), ✆ (064) 83181, 36 B. in 4 Zi., Ostern-Sept, 5 km südlich im Tal des Glanmore River gelegen.
Camping: Creveen Lodge **, ✆ (064) 83131, 16 Zstpl., Ostern-Okt, 2 km vom Dorf entfernt an der R574 Richtung Healy Pass.

In Lauragh knickt die Strecke links auf die R573 (Küstenstraße) ab und trifft bei Tousist wieder auf die R571 (L62). Bei schönem Blick auf die Mündung des Kenmare River hat man dabei den Vorteil, sich einen Hügel zu ersparen. Die Straße folgt der Küste und mündet kurz vor Kenmare in die N71 (T65).

Kenmare, gäl. Neidín, 1100 Einw., Co. Kerry, ist der Anfangspunkt für die zu Recht berühmte Rundtour *Ring of Kerry.* Gegründet wurde der Ort im 17. Jh. als Zentrum der mittlerweile längst eingestellten Eisenindustrie; heute sind die Erwerbsquellen außer im Tourismus vor allem in Fischerei, Landwirtschaft und Leichtindustrie angesiedelt. Der industrielle Vorzeigebetrieb ist *Convent of the Poor Clares,* wo handgeklöppelte Spitze hergestellt wird. 3 km südlich von Kenmare ist nahe der N71 (T65) der Wasserfall des Sheen River zu bewundern. In gleicher Entfernung, aber westlich der Stadt an der N70 (T66), erhebt sich auf einem Felsen Dunkerrott Castle, erbaut 1596.
Nur etwa 1 km südwestlich der Stadt (über Market Street zu erreichen), befindet sich am Ostufer des River Finnihy ein Druidenkreis aus 15 Steinen, die einen großen Dolmen umgeben.

Information: Tourist Office, Heritage Centre, ✆ (064) 41233, April-Okt.
Verkehrsverbindungen: Busse nach Cork und Killarney.
Herberge: Fáilte Hostel (IHH), Shelbourne Street, Kenmare, ✆ (064) 42333, 39 B., März-Okt.
Camping: Ring of Kerry, ✆ (064) 41648, 🖹 41631, 30 Zstpl., März-Sept., 4 km westlich der Stadt an der N70 (T66); Shady Rest, 2 km vor Kenmare an Etappe 27.
Fahrradvermietung: Finnegan's Souvenir Shop, 37 Henry Street, ✆ (064) 41083.

Etappe 23:
Tipperary – Emly – Kilmallock – Charleville – Dromina – Freemount – Kanturk (72 km)

Die nördliche der beiden Alternativstrecken Richtung Killarney.

Sie folgt einer völlig unkomplizierten Streckenführung: in Tipperary wählen Sie die R515 (T36) und fahren auf ihr über Emly, vorbei am traditionellen Jagdzentrum der Grafschaft Limerick, *Knocklong,* weiter nach **Kilmallock**, gäl. Cill Mocheallog. Hier war im späten Mittelalter ein wichtiger strategischer Punkt zur Überwachung der Berge im Süden und Südosten. In dem kleinen Landstädtchen sind noch einige Zeugen der bewegten Geschichte zu sehen, so die Dominikanerpriorei von 1291 und das Blossom Gate, das einzig erhaltene Stadttor der Befestigungen aus dem 16. Jh.

Unterkunft: Mrs. A. O'Sullivan, Deebert House, ✆ (063) 98106, 🖹 82002, 5 Z., Feb-Nov.

Kartenskizze Etappen 23 & 24

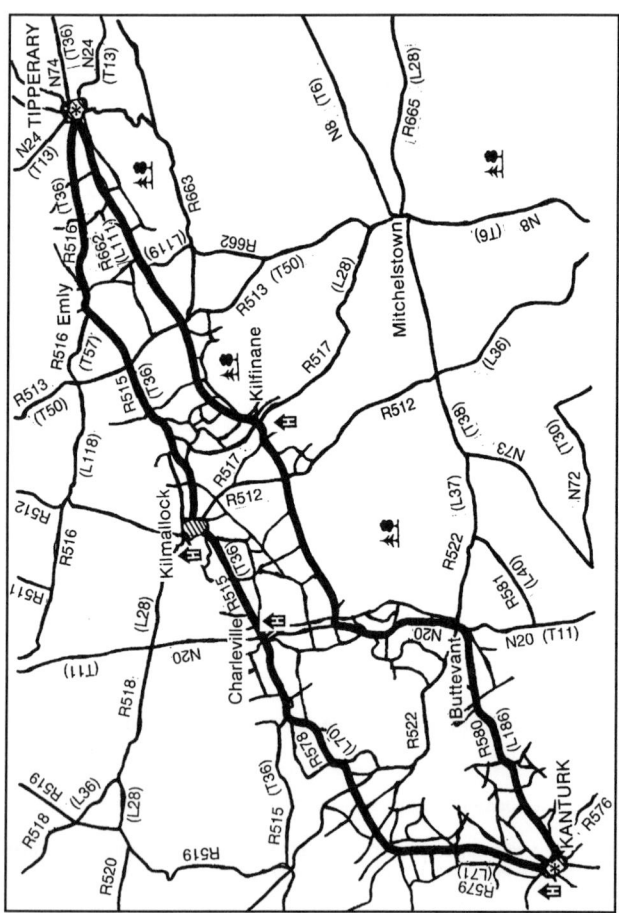

Die R515 (T36) verläßt hinter Kilmallock wieder den Südzipfel des County Limerick und trifft auf die nördlichste Stadt der Grafschaft Cork, **Charleville** (gäl. Rath Luirc), eine Marktstadt von ca. 2200 Einwohnern.

Verkehrsverbindungen: Eisenbahn nach Dublin, Cork und Limerick; Busse nach Listowel/Ballybunion, Ballina, Limerick und Cork.

Unterkunft: Deerpark Hotel **, Limerick Road, ℂ/🖹 (063) 81581, 20 Z.; Mrs. M. Flynn, Ashling, Smith's Road, ℂ (063) 81871, 4 Z.; Inishfree, Limerick Road, ℂ (063) 81034; alle ganzj.

Ca. 5 km hinter Charleville knickt die Streckenführung südwärts auf die R578 (L70) ab und folgt dieser Straße über Dromina und Freemount bis zur Kreuzung mit der R579 (L71), auf der Sie nach Süden bis **Kanturk** (gäl. Ceann Toirc, Co. Cork) weiterfahren, einer alten Marktstadt am Rand des Tals des River Blackwater. Die Umgebung ist mit Burgruinen gleichsam gespickt, z.B. liegt 2 km südlich des Ortes Kanturk Castle aus dem frühen 17. Jh.

Unterkunft: Duhallow Park Hotel **, Dromcummer, ℂ (029) 56042, 🖹 56152, 16 Z., ganzj.; Mrs. P. Grace, Hillside, Millview Road, ℂ (029) 50241, 5 Z., Mai-Sept.
Fahrradvermietung: Kanturk Cycles & Sports, O'Brien Street, an der Flußbrücke.
Waschsalon: Kanturk Laundrette, Church Street, ℂ (029) 50907.

Etappe 24:
Tipperary – Kilross – Ballylooby – Kilfinane – Ardpatrick – Ballyhaght – Buttevant – Castlecor – Kanturk (80 km)

Die südliche Strecke als Alternative zur Etappe 23 orientiert sich an den Ballyhoura Mountains, an deren Fuß auf ruhigen, sanft hügeligen Nebenstraßen ein besonders geruhsames Radeln möglich ist.

In Tipperary beginnt die Etappe auf der R662 (L119) Rchtg. Galbally/Kilfinane; nach ca. 10 km wird in Ballylooby die abknickende Straße geradeaus auf die Nebenstraße nach *Kilfinane* (gäl. Cill Fhionáin) verlassen.

Unterkunft: Mrs. P. Nunan, St. Andrew's Villa, ℂ (063) 91008, 4 Z.; April-Okt.

In diesem Dorf, das in einem bewaldeten Tal liegt, ist ein Wechsel auf die R517 (L28) Richtung Kilmallock fällig; nach ca. 1 km wieder links auf die Nebenstraße nach Ardpatrick, erneut rechts auf die R512 (L36) und links auf die Nebenstraße über Ballyhaght immer geradeaus bis zu N20 (T11), der Sie leicht bergab bis **Buttevant** folgen.

In dieser Kleinstadt von ca. 1000 Einwohnern, die eigentlich nur – wie die meisten irischen Orte – aus einer Straße besteht, knickt die Streckenführung westwärts auf die R580 (L186) nach **Kanturk** ab (s. Etappe 23).

Etappe 25:
Kanturk – Rathmore – Barraduff – Killarney (47 km)

Diese Etappe verläuft zwar weitestgehend auf der Hauptstraße; die ist aber vor allem in der Nebensaison die sinnvollste Verbindung: wenig befahren, sehr schöne Streckenführung im Tal des River Blackwater bei Vermeidung der angrenzenden Bergketten.

In Kanturk wählen Sie die Nebenstraße Richtung Boherboy und biegen nach ca. 2 km links ab Richtung Killarney (unbeschildert, aber in Gegenrichtung Wegweiser „Kanturk 2 km"). Die Straße mündet auf die N72 (T30), der durch Rathmore und Barraduff gefolgt wird; kurz vor Killarney mündet sie auf die N22 (T29).

Killarney, gäl. Cill Airne, 7700 Einw., Co. Kerry, ist die touristische „Hauptstadt" Irlands. Dabei ist der Ort selbst – vor allem in der Hauptsaison – eher abschreckend, nämlich eine Aneinanderreihung von Andenkenläden und Schnellrestaurants. Trotzdem sollte man Killarney nicht links liegen lassen, denn die Umgebung ist es wert, daß man die Kutscher, die Touristen zu einer Fahrt in einem Jaunting Car (einspännige Pferdekutsche) überreden wollen, und all den sonstigen Nepp und Kitsch erträgt. Allerdings ist anzuraten, Killarney möglichst außerhalb der Hauptsaison (also nicht Mitte Juli-Ende August) zu besuchen. Ende Juni hält sich der Trubel noch in erträglichen Grenzen.
Der Tourismus hat natürlich auch Vorteile: in Killarney ist das Angebot an Unterkünften und gastronomischen Betrieben so groß wie nirgendwo sonst in Irland.
Die eigentliche Attraktion der Stadt ist ihre Umgebung, eine idyllische Seenlandschaft mit angrenzenden Wäldern, eingerahmt von hohen Bergen und von einer Ausdehnung, die durchaus in der Lage ist, größere Touristenmassen zu verkraften.
Den besten Überblick über die Naturschönheiten Killarneys hat man von *Ladies View*, 20 km von Killarney an der N7 (T65) Richtung Kenmare. Die Berge und Wälder des 8000 Hektar großen Killarney National Parks sind für Autos gesperrt, zu Fuß und per Rad ist die ganze Pracht jedoch jederzeit und gratis zu genießen. Ein möglicher Zugang zum Nationalpark ist an *Ross Castle* zu finden, einer Burgruine aus dem 14. Jh. direkt am Lough Leane, ca. 3 km vom Stadtzentrum entfernt (April-Okt zu besichtigen).
Dort kann man auch Boote mieten zur Überfahrt nach *Innisfallen Island*, einer 332 Hektar großen Insel im See, die eine besonders üppige Vegetation aufweist. In der Nähe des Landungsstegs steht die Ruine der Innisfallen Abtei, wo in der Zeit von 950 bis 1320 von 39 verschiedenen Mönchen die Annals of Innisfallen geschrieben wurden, eine Geschichtschronik in Irisch und Latein, die heute in Oxford aufbewahrt wird.
Ein weiterer Zugang zum Nationalpark ist am *Muckross House*, einem Herrenhaus aus dem 19. Jh., dessen Gärten das Herzstück des Parks bilden. Es beherbergt ein Volkskundemuseum sowie, in den Kellergewölben, Werkstätten für alle möglichen Handwerke, in denen Handwerksmeister und Künstler ihrer Tätigkeit nachgehen; die Produkte ihrer Mühen können (auch in anderen Geschäften Killarneys) erworben werden. Im Park des Hauses befinden sich die Ruinen von Muckross Abbey, einer restaurierten Franziskanerabtei aus dem 15. Jh.
Zwei touristische Pflicht-Programmpunkte empfehlen die örtlichen Tourismusförderer: einen Trip durch die *Gap of Dunloe* und eine Tour über die Seen. Meistens wird beides zusammen (und teuer) verkauft: Busfahrt zum Eingang der

Gap, eine Fahrt mit der Pferdekutsche hindurch, per Boot über die Seen zurück nach Killarney. Leider gibt es aber nur geringe Möglichkeiten, die Tour anders zu machen, und verzichten sollte man darauf allenfalls in der Hauptsaison. Die Gap of Dunloe ist eher ein ansteigendes Tal als eine Schlucht; der ca. 11 km lange Weg von Kate Kearney's Cottage am unteren Ende zum Upper Lake am anderen Ende ist daher leicht zu Fuß zu bewältigen. Genau das ist auch anzuraten; zum einen spart man das Geld für die Jaunting Car, zum anderen hat man mehr von den Ausblicken auf Berge und kleine Seen im Tal.

Mit dem Fahrrad ist die Tour vor allem dann sinnvoll zu absolvieren, wenn das Ziel die An-Oige-Herberge am Südende des Tals ist. Der staubige Fahrweg ist zum See hin nämlich sowohl sehr steil als auch zeitweise teils arg mit Geröll übersät – absteigen und schieben ist dann auch bergab angesagt, so daß zu empfehlen ist, in Killarney vorher Kontakt zu anderen Reisenden zu suchen, die evtl. Auskunft über den Zustand des Weges geben können. Wer dennoch hindurchradeln will, kann am See auf eigene Faust einen Bootstransfer für Mensch und Rad nach Killarney buchen.

Die gesamte Strecke dauert in der Bus-/Bootversion rund 6 Stunden, wovon etwa jeweils die Hälfte auf die Gap of Dunloe und die Bootsfahrt entfallen. Also ein echter Tagesausflug.

Eine andere, wegen des geringeren Kontakts mit den Jaunting-Car-Massen empfehlenswertere Alternative ist die Fahrt per Rad, aber in umgekehrter Richtung als Tagesausflug von Killarney aus: über Ladies View und Moll's Gap (s. Etappe 28) zur R568, dann rechts ab zum Blackvalley Youth Hostel und dort hinauf zur Gap of Dunloe. Nach insgesamt ca. 65 km ist die Runde in Killarney geschlossen.

Information: Tourist Office, Beech Road, ✆ 31633, 🖷 34506, ganzj.
Telefonvorwahl: 064
Verkehrsverbindungen: Flüge nach Dublin (Flughafen Kerry County 15 km nördl. bei Farranfore); Eisenbahn nach Tralee, Cork und Dublin; Busse nach Cork, Bantry, Galway, Limerick, Skibbereen, Waterford, London und nahegelegenen Orten.
Herbergen:
a) An Oige: Aghadoe House, Killarney, ✆ 31240 (Warden) & 33355 (Gäste), 🖷 34300, 200 B., 5 km westl. der Stadt an der R562 (T67) Richtung Killorglin, gilt als Spitzenherberge, im Sommer stark frequentiert; Black Valley, Beaufort, ✆ 34712, 50 B., März-Nov, am südlichen Ende der Gap of Dunloe.
b) IHH: Neptune's Town Hostel, New Street, ✆ 35255, 🖷 36199, 102 B., ganzj.; Railway Hostel, Dennehey's Boreen, ✆ 35299, 🖷 32197, 71 B., ganzj.; The Park Hostel, Cork Road, ✆ 32119, 50 B.; Bunrower House Hostel, Ross Road, ✆/🖷 33914, 28 B., ganzj.; Fossa Holiday Hostel, ✆ 31497, 🖷 34459, 40 B., Mitte März-Okt, westl. des Ortes, auch Mahlzeiten; Donash Lodge, Longfield, Firies, ✆ (066) 9764554, 16 B., Camping, März-Okt, 12 km nordwestl. zwischen Farranfore und Castlemaine an der R561 (L103); Peacock Farm, Gortdromakiery, Muckross, ✆ 33557, 20 B., April-Sept.
c) sonstige unabh.: Atlas House, Park Road, ✆ 36144, 🖷 36533, ganzj., großer Neubau; Súgán Hostel (IHI), Lewis Road, ✆ 33104, 18 B., starker Rabatt im angegliederten Bistro; „4 Winds Hostel" (IHI), 43 New Street, ✆ 33094, 🖷 37094, 56 B., Jan. geschl.
Camping: Beechgrove ***, ✆ 31727, 24 Zstpl., April-Sept, 5 km westl. der Stadt an der R562 (T67) in Nähe der JH Aghadoe House; Fossa ****, ✆ 31497, 🖷 34459, neben obigem Platz, 38 Zstpl., Waschm., Ostern-Okt; Whitebridge ****, Ballycasheen Road, ✆ 31590, 🖷 37474, 46 Zstpl., Waschm., Mitte März-Okt, 2 km östl. der Stadt an der N22 (T29); Flesk Muskross ****, ✆ 31704, 36 Zstpl., Ostern-Okt, 1½ km südl. an der N71;

White Villa Farm **, ✆/🖹 32456, 24 Zstpl., April-Mitte Okt, 3 km östl. an der N22.

Fahrräder (größtenteils nur Vermietung): O'Callaghan Bros. (Premier-Raleigh, s. Kapitel „Das Fahrrad"), College Street, ✆ 31175, 🖹 33265; Scotts Gardens, ✆ 35385; D. O'Neill, 6 Plunkett Street, ✆ 31970; O'Meara's, High Street; Blackthorn House, High Street, ✆ 31322; William Hearne, 29 High Street, ✆ 32392; D. O'Sullivan, High Street, ✆ 31282; Killarney Rent-a-Bike, Town Clock, Market Cross, ✆ 32578; The Flesk Bar, Main Street, ✆ 31128; Verleih auch auf dem Beechgrove Caravan Park (s.o.).

Kartenskizze Etappen 25 & 26

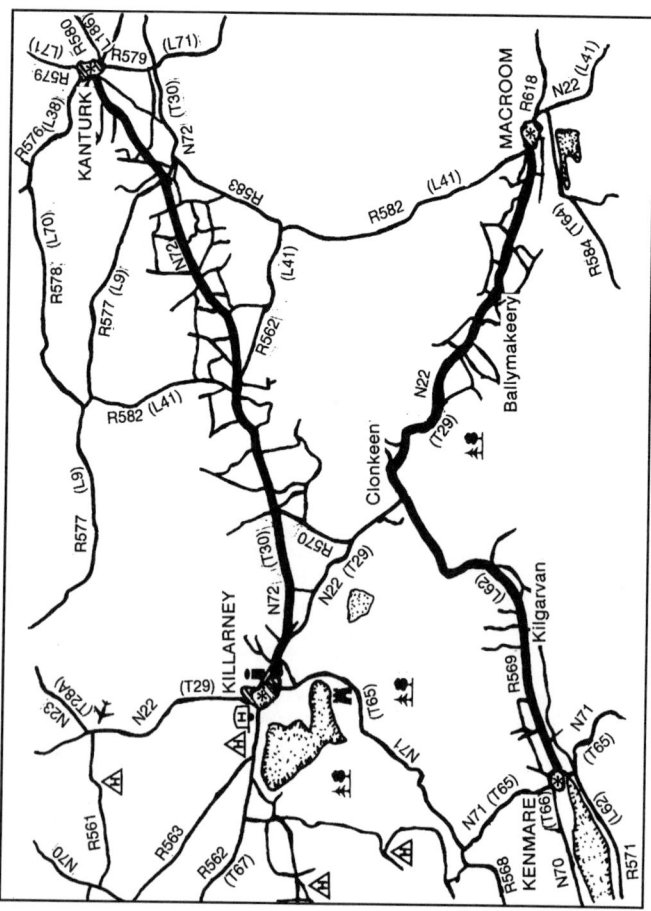

Muckross House

Etappe 26:
Macroom – Ballymakeery – Clonkeen – Kilgarvan – Kenmare (58 km)

Das zweite Teilstück der Verbindungsstrecke von Cork zum südlichen Teil der Iveragh-Halbinsel. Die Überquerung der Derrynasaggart Mountains läßt sich dabei nicht vermeiden, die vergleichsweise wenig befahrene Hauptstraße geht diese Steigung jedoch sanft an.

Die erste Hälfte führt über die N22 (T29) durch *Ballymakeery* (gäl. Baile Mhic Ire) und *Ballyvourney* (gäl. Baile Bhuirne), Zwillingsdörfer im irischen Sprachgebiet, nach *Clonkeen* (Co. Kerry), einem winzigen Nest nahe der Grafschaftsgrenze am Clydagh River. Hier knickt die Strecke auf die R569 (L62) ab und verläuft zwischen Bergketten hindurch über *Kilgarvan* (gäl. Cill Garbhain), vorbei an *Ardtully Castle* (16. Jh.) nach **Kenmare** (s. Etappe 22).

Etappe 27: Ring of Kerry
Kenmare – Sneem – Waterville – Caherciveen – Glenbeigh – Killorglin – Killarney (125 km)

Spätestens bei dieser populären Strecke wird sich zeigen, ob Sie das richtige Fahrrad für Ihre Reise gewählt haben. Der Ring of Kerry enthält einige unvermeidbare Steigungen, bei denen gut ausgerüstete Radler jenen stundenlangen „Vorsprung" vor anderen, schlechter ausgestatteten Radtouristen gewinnen, der den Unterschied zwischen genußbringender physischer Betätigung und nervenkostenden Anstrengungen ausmacht. Ein Tip für Genießer: den einen oder anderen Abstecher ins „Innere" des Ring of Kerry unternehmen, wo in einsamen Tälern die wahre Idylle noch zu Hause ist (s. auch Etappe 28).

Die gesamte Strecke bis Killorglin führt über die N70 (T66), die jedoch zumindest außerhalb der Hauptsaison relativ wenig befahren ist. Sie ist gesäumt von kleinen Fischerdörfern und Ferienorten, deren herausstechendstes Beispiel Sneem ist.

Sneem, 3200 Einw., Co. Kerry, ist ein – mittlerweile arg herausgeputztes – irisches Bilderbuchdorf von nur wenigen Straßen und liegt an der Einmündung der R568 aus Rchtg. Killarney in die N70 (T66). Um einen dreieckigen Dorfplatz herum stehen niedrige, schmale, bunt gestrichene Häuser, darunter das Dorfmuseum, ein paar Pubs und ca. 10 B&B-Quartiere. Bei der Kirche an der felsenzerklüfteten Mündung des Sneem River ist in den letzten Jahren eine merkwürdige Ansammlung von Fantasiebauwerken aus Natursteinen errichtet worden, u.a. ein Rundturm.

Herberge: Harbour View Hostel (IHI), Kenmare Road, ✆ (064) 45276, 🖹 45105, 25 B., Camping, ganzj.
Camping: Goosey Island Campsite, ✆ (064) 45577, 🖹 45181, 15 Zstpl., April-Mitte Okt, am Ufer des Sneem River nahe Kirche und „Stone Pyramid Garden".

Hinter Sneem sind zuerst einmal 100 m Höhenunterschied zu überwinden, bevor es wieder bergab nach *Castlecove* geht, einem kleinen Ferienort, dessen Attraktion das *Staigue Fort* ist, ein 2500 Jahre alter, gut erhaltener Steinkreis. Er liegt 4 km von Castlecove entfernt am Berghang (wieder einmal 100 m Höhenunterschied...). Der Blick auf die Mündung des Kenmare River lohnt allemal den Weg bergauf.
Unweit von Castlecove berührt die N70 (T66) das Dorf Caherdaniel.

Caherdaniel, Co. Kerry, ist eine Streusiedlung mit einer malerischen Steilküste, unterbrochen von sandigen Stränden und Buchten. Ca. 2 km westlich des Dorfes liegt *Derrynane House and National Historic Park* (zu besichtigen). Das Haus war der Wohnsitz von Daniel O'Connell, um 1800 Vorkämpfer für irische Unabhängigkeit im englischen Parlament. Es beherbergt ein entsprechendes Museum. Am Rand des Parks ist ein Ogham-Stein zu bewundern, der früher unterhalb der Wasserlinie an der nahen Küste stand.

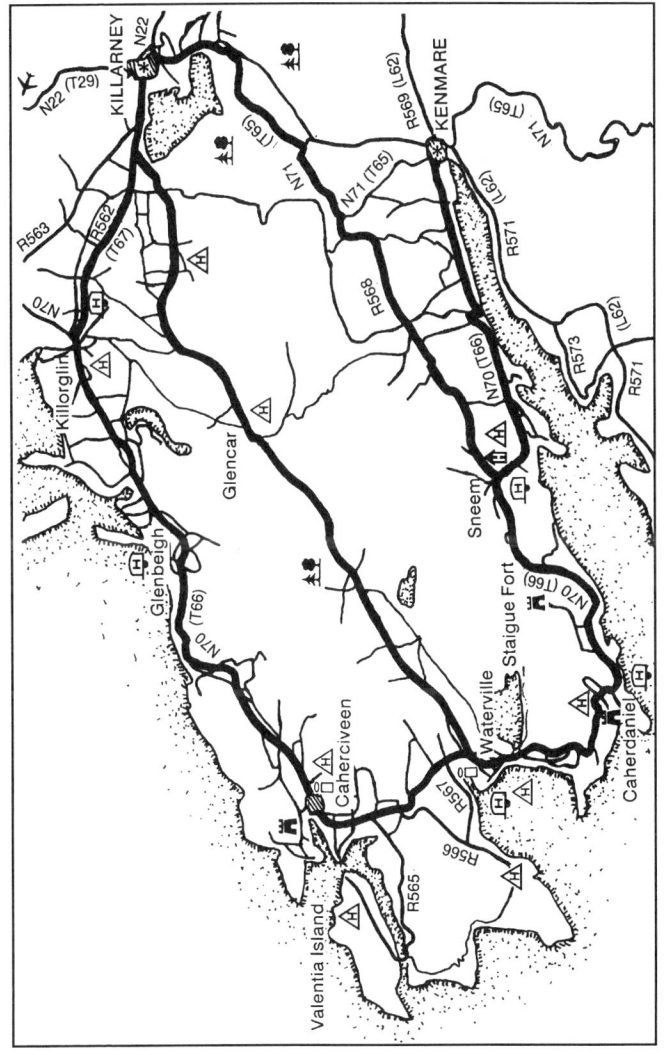

Herberge: Carrigbeg (IHH), ℰ (066) 9475229, 7 B., Campingmöglichkeit, ganzj., 2 km westl. des Ortes an der Strecke; Village Hostel (IHH), ℰ (066) 9475277, 12 B., ganzj.; Travellers Rest Hostel (IHI) ℰ (066) 9475175, 🖹 9473175, 8 B., ganzj., in der Ortsmitte gegenüber der Tankstelle.
Camping: Wavecrest ****, ℰ/🖹 (066) 9475188, 10 Zstpl., Waschm., Mitte März-Mitte Okt, südlich vom Dorf an der N70 (T66).

Hinter Caherdaniel erwartet den Radfahrer eine der steilsten Straßen der Etappe. Der Weg zum Coomakesta Pass mit etwa 250 m Höhenunterschied weist streckenweise 10 % Steigung auf! Danach geht es aber lange und sanfter bergab bis Waterville.

Waterville, gäl. An Coireán, 500 Einw., Co. Kerry, ist der wichtigste Ferienort der Gegend. Das Dorf liegt auf halber Strecke der *Ring of Kerry*-Tour und ist dementsprechend zur Mittagszeit in der Hauptsaison ungenießbar. Die Touristenmassen überdecken teilweise sogar die recht schöne Lage des Ortes, der zwischen dem Lough Currane im Binnenland und der Ballinskelligs Bay zum Meer hin von Wasser fast eingekesselt wird. Der Binnensee ist ein reiches Lachs- und Meeresforellengewässer und zudem gratis zu befischen.

Information: Tourist Office, ℰ (066) 9474646, Mai-Mitte Sept.
Herberge: Peter's Place (IHI), Lower Main Street, ℰ (066) 9474608, 8 B., Camping, ganzj.
Camping: Waterville ****, ℰ (066) 9474191, 🖹 9474538 35 Zstpl., April-Mitte Sept, Waschm., 1 km nördlich des Ortes abseits der N70 (T66).

Wenn man von Waterville aus nordwärts weiterfährt, bieten sich einige Abstecher auf die Spitze der Halbinsel und zu der vorgelagerten Insel Valentia an.
Die erste mögliche Verbindung, die (für Busse gesperrte!) R567, führt nach *Ballinskelligs* (gäl. Baile an Sceilg), einem gälischen Sprachreservat mit Sommerkursen, an einer prachtvollen Bucht gelegen. Wer sich über den nahen Hügel westwärts vorwagt, wird an der St. Finan's Bay mit ruhigen, da vollkommen abgelegenen Stränden und einer Fülle von Relikten prähistorischer Gemäuer belohnt.

Herberge: An Oige, Prior House, Ballinskelligs, ℰ (066) 9479229, 22 B., April-Sept., spartanisch, hübsch gelegen.

Der zweite Abstecher, der auch nahtlos an den ersten anknüpfen kann, ist der über die R565 nach Portmagee und Valentia Island (die Küstenstraße ab St. Finan's verlangt als Ausgleich für die gebotene Aussicht aber Extremes an 'Bergtüchtigkeit' von Rad und Radler).

Valentia Island, Co. Kerry, in manchen Reiseführern als „betriebsamer Ferienort" bezeichnet, war für Autofahrer bis vor kurzem nur über die Brücke von Portmagee zu erreichen und somit eine Sackgasse. Mittlerweile verkehrt von Knightstown (auf der Insel) nach Caherciveen jedoch auch eine Autofähre (Juni-Okt), die von Bürgern Knightstowns betrieben wird. Valentia Island zeichnet sich durch besonders schöne Küsten und Hochflächen aus, die über die

Nebenstraße von *Knightstown* aus sehr gut zu erreichen sind. 1992 ist auf der Insel ein Besucherzentrum eröffnet worden, in dem u.a über die Geschichte der frühen irischen Mönche auf den Skelligs, aber auch über die Vielfalt der Tierwelt in Luft und Wasser informiert werden soll.

Die 13 km vor der Küste gelegenen **Skellig Rocks** sind eine Gruppe von Felseninseln sehr unterschiedlicher Größe. Der kleinste, *Washerwoman Rock*, ist kaum mehr als ein Felsbrocken. Der mittlere, *Little Skellig*, präsentiert sich als ein einziges großes Vogelschutzgebiet.

Die größte Felseninsel, *Great Skellig* oder *Skellig Michael* genannt, ein nach oben spitz zulaufender Felsblock von 1 km² Ausdehnung und über 200 m Höhe, ist nur noch von ein paar tausend Möwen und Papageitauchern bewohnt, jedoch sind die Spuren früherer Siedler unübersehbar. Einige hundert Stufen, in den rohen Fels gehauen, führen auf die Spitze des Felsens, wo die Überreste einer Mönchssiedlung stehen, aus unbehauenen Steinen ohne Mörtel in Trockenbauweise aufgeschichtet und noch weitgehend wasserdicht. Bis ins hohe Mittelalter haben Mönche hier gehaust, über sich nur Möwen und Wolken und mit dem Rauschen der Brandung in den Ohren.

Ende der Achtziger waren die Skelligs einige Jahre für Besucher gesperrt; mittlerweile verkehren wieder Boote vom Besucherzentrum auf Valentia Island nach Skellig Michael. Das individuelle Erkunden der Felseninsel ist jedoch nicht mehr gestattet; Führungen sind Pflicht. Auskunft über den Bootsverkehr bei Des Lavelle, ✆ 9476124 & 9476175, bzw. bei Brendan Casey, ✆ 9472437 & 9477125. Der Tag für den Ausflug ist eine sinnvolle, faszinierende Investition.

Telefonvorwahl: 066
Herberge: Valentia Island Hostel (An Oige), in der ehemaligen Küstenwachstation, Knightstown, ✆ 9476154, 40 B., Juni-Sept; Royal Pier Hostel (IHI), Knightstown, ✆ 9476144, 26 B., ganzj., in einem ehemaligen Hotel; The Ring Lyne (IHI), John & Anne O'Sullivan, Chapeltown, ✆ 9476103, ▤ 9476174, 20 B., ganzj., auf halbem Weg von Portmagee nach Knightstown.

Ob man die Abstecher vom Ring of Kerry gemacht hat oder nicht, in jedem Fall gelangt man spätestens in Caherciveen wieder auf die N70 (T66).

Caherciveen, gäl. Cathair Saidhbhín, 1500 Einw., Co. Kerry, ist die größte Stadt von Westkerry und ein wichtiger Ausgangspunkt für die Erkundung des westlichen Teils der Iveragh-Halbinsel; an der Brücke über den Meeresarm in Ortszentrum gibt es eine kleine Burgruine. Wenn man in der Stadt die Brücke über den schmalen Meeresarm Rchtg. White Strand passiert, gelangt man nach 4 km zu einigen ebenso interessanten wie abgelegenen historischen Gemäuern. *Ballycarbery Castle* aus dem 15. Jh. und ein über 2000 Jahre altes Ringkreis-Steinfort (ähnlich Staigue Fort) liegen in Sichtweite voneinander, aber unzugänglich, nahe der Straße. Etwa 1 km weiter befindet sich *Leacanabuaile Fort*, eine gut erhaltene Befestigung aus dem 5.-9. Jh.; Zufahrt hinter Ballycarbery Castle nächste Straße rechts, nach einigen hundert Metern liegt rechts das Fort, aber ab der Straße unbeschildert.

Information: Tourist Office, RIC Barracks Heritage Centre, ✆ 72589, Juni-Mitte Sept.
Herberge: Sive Hostel (IHH), 15 East End, ✆ (066) 9472717, 28 B., Camping, ganzj.; Mortimer's Hostel (IHI), ✆ (066) 9472806, 20 B., Ostern-Sept, im Stadtzentrum.
Camping: Mannix Point ***, ✆/🖹 (066) 9472806, 27 Zstpl., Mitte März-Mitte Okt., ca. 1 km westlich der Stadt abseits der N70 (T66).
Fahrräder: Eamonn Casey, New Street, ✆/🖹 (066) 9472474.

Die weitere Strecke schlängelt sich zuerst zwischen Bergen hindurch und folgt dann der Küste längs der Dingle Bay; es treten keine größeren Steigungen auf. Am Rand der Berge liegt *Glenbeigh* (gäl. Gleann Beithe), ein Dorf, das fast nur aus Tourismus besteht und vor allem wegen des nahen 6 km langen Strandes von *Rossbeigh* berühmt ist.

Camping: Glenross ****, Glenbeigh, ✆ (064) 31590 & (066) 9768451, 16 Zstpl., Anf Mai-Aug.

Die Etappe führt weiter nach **Killorglin** (gäl. Cill Orglan, 1300 Einw., Co. Kerry), einem Marktstädtchen, das nur einmal im Jahr berechtigtes Interesse weckt, wenn Mitte August das Volksfest *Puck Fair* gefeiert wird.

Herberge: Laune Valley Farm (IHH/IHI), Banshagh, (066) 9761488, 25 B., Camping, ganzj., 1 km außerhalb.
Camping: West's, ✆ (066) 9761240, 🖹 9761833, 9 Zstpl., Waschm., Ostern-Okt., 2 km von Killorglin an der R562 (T67) Rchtg. Killarney.
Fahrräder: J. O'Shea (auch Vermietung), Lower Bridge Street, ✆ (066) 9761919 & 9761180.

In Killorglin kann jeder, der bereits aus Killarney kommt oder nicht dorthin will, die Streckenführung verlassen und über die N70 (T65) nach *Milltown* weiterfahren; Anschluß an Etappe 29.
Ansonsten verläßt man hier die N70 und fährt über die R562 (T67) nach **Killarney** (s. Etappe 25).

Etappe 28:
Killarney – Moll's Gap – Sneem – Waterville – Lissatinnig Bridge – Bealalaw Bridge – Killarney (160 km)

Bis Sneem der erste Teil der Ring of Kerry-*Tour, wenn man von Killarney aus startet, und in vollständig gefahrener Form die idyllischere Variante zur Standardstrecke.*

In Killarney beginnt man auf der N71 (T65) vorbei an Muckross House und gelangt nach etwa 7 km zum *Torc* Wasserfall, der nicht übermäßig hoch ist (18 m), aber sehr hübsch im Wald gelegen ist.

Von da an geht's bergauf. 300 m Höhenunterschied sind zu bewältigen, was bei entsprechender Ausstattung und Kondition wegen der nicht zu steilen Steigung aber unproblematisch ist. Auf halbem Weg liegt *Ladies View*, der Aussichtspunkt überhaupt auf Killarney (s. Etappe 25), danach verläuft die Straße ein Stück lang bergauf bis zur Paßhöhe Moll's Gap. Dort verlassen Sie die N71 (T65) und fahren auf der R568 nach Sneem. Diese Straße führt durch weitgehend unberührtes Bergland von karger Schönheit, das sich der Radler nur mit Schafen und (ab ca. 15 h) mit Reisebussen in Gegenrichtung teilen muß. Unübersehbar sind die Aufforstungsbemühungen an den Berghängen.

Einige Meter Höhenunterschied in vergleichsweise sanfter Steigung sind dabei zu überwinden. Auf die Küstenstraße des *Ring of Kerry* trifft die Strecke schließlich in *Sneem* (s. Etappe 27); bis Waterville folgen Sie der Küstenlinie.

Wählen Sie 2 km nördlich des Ortes an der Kirche die Nebenstraße nach *Lissatinnig Bridge* (beschildert: „Iny Tavern"), die durchgehend dem Tal des River Inny folgt. Es schließt sich die Überquerung des Ballaghisheen Passes (304 m) an, hinter dem Sie in die idyllischsten (und relativ waldreichen) Teile der Iveragh-Halbinsel hinabtauchen. Der River Caragh durchfließt das Tal von **Glencar**, das Sie bei Bealalaw Bridge erreichen; hier links halten Rchtg. Killorglin. Da die kleinen Straßen im Inneren der Halbinsel nicht bustauglich sind, verbleiben die dort verborgenen Schönheiten Radfahrern, Wanderern und anderen Individualisten.

Herberge: Climbers Inn (unabh.), Glencar, ℭ (066) 9760101, ▤ 9760104, 37 B., ganzj., Pub mit Hostelanbau 2 km östl. von Bealalaw Bridge, veranstaltet geführte Wanderungen.

Ladies View, Killarney

Auf dem weiteren Weg nach Nordosten überqueren Sie die Ausläufer der *Macgillycuddy Reeks*, wobei Sie sich an allen Gabelungen rechts bzw. halbrechts halten müssen. Diese Straße kommt u.a. am Eingang zur Gap of Dunloe (s. Killarney, Etappe 25) vorbei und mündet schließlich nahe der JH Aghadoe House in die R562 (T67) nach **Killarney** (s. Etappe 25).

Etappe 29:
Killarney – Milltown – Castlemaine – Inch – Anascaul – Dingle – Kilcummin – Tralee (112 km)

Diese Strecke erschließt die nördlichste der drei Halbinseln von Kerry, Dingle.

Aus Killarney heraus führt die R562 (T67), kurz vor der JH Aghadoe House wird auf die R563 nach **Milltown** gewechselt. Milltown ist ein in Irland dutzendweise vorkommender Ortsname. In diesem Fall ist es ein kleines Nest (320 Einw.) an der N70 (T66), in die die Strecke hier einmündet. Der Straße wird bis **Castlemaine**, gäl. Caisleán na Mainge, gefolgt.

Herberge: Donash Lodge (IHH), Longfield, Firies, ℃ (066) 9764554, 17 B., April-Sept, Camping, an der R561 (L103) zwischen Firies und Castlemaine.

Dort biegt die Etappe westwärts auf die R561 (L103) ab. Fast 20 km lang wird die Straße zu einer für irische Verhältnisse sehr untypischen Geraden bei leicht hügeliger Streckenführung. Für optische Abwechslung sorgen vor allem die meterhohen Fuchsienhecken, die die Straße säumen.

Herberge: The Phoenix (IHI), Shanakill East, Boolteens, ℃ (066) 9766284, auch DZ, Camping, April-Sept, sonst nur auf Vorbuchung, beim gleichnamigen vegetarischen Restaurant auf halbem Weg nach Inch.

Die erste als solche wahrnehmbare Ansiedlung ist das Dorf **Inch** (gäl. An Inse, Co. Kerry), ein winziger Ort am Anfang der gleichnamigen Halbinsel. Inch heißt in diesem Fall zu Deutsch „Daumenglied" und nicht etwa „Zoll". Die Inch-Halbinsel ist denn auch nicht 2½ cm, sondern etwa 4 km lang. Sie schließt zusammen mit den ihr gegenüberliegenden Halbinseln den Castlemaine Harbour vom Meer ab und besteht fast nur aus Sand und Dünen.

Herberge: Inch Farm Hostel (IHI), Ballinagrown, Annascaul, ℃ (066) 9158181, 11 B., März-Okt.

Ungefähr 6 km hinter Inch trifft die Etappe bei Annascaul auf die N86 (T68) und führt anschließend über einen Hügel (lange Steigung, ca. 100 m Höhenunterschied) nach Dingle.

Dingle, gäl. An Daingean, ca. 1500 Einw., Co. Kerry, ist die westlichste Stadt Irlands, jedoch nicht etwa Europas (was die meisten Reiseführer behaupten und dabei Island übersehen). Eigentlich nur ein Fischereihafen mittlerer Be-

Kartenskizze Etappe 29

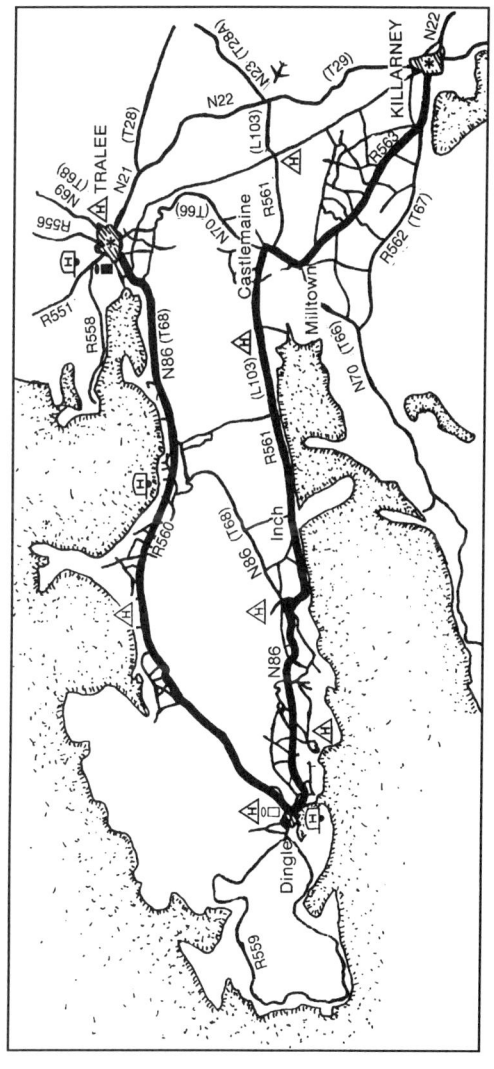

deutung, ist Dingle heute von den „Segnungen" der Tourismusindustrie erfaßt worden. Da die Stadt seit Jahren in allen Reiseführern als „Tip" auftaucht, zieht es vor allem jede Menge Rucksacktouristen hier hin.

In der Tat ist Dingle ein recht netter Ort mit interessantem kulinarischen Angebot. Abends trifft sich die gesamte *Scene* in O'Flaherty's Pub, der von einer ebenso musikalischen wie geschäftstüchtigen Familie betrieben wird. Die Stimmung in diesem von außen eher unansehnlich wirkenden Pub hängt allerdings stark von den jeweils anwesenden Gästen ab. An Tagen mit Businvasionen (gottlob nicht täglich) ist den O'Flahertys der geringere Spaß am Musizieren nicht zu verübeln, und in der Nebensaison gönnen sie sich auch schon einmal etwas „Urlaub".

Dingle verfügt über eine ganze Reihe sehr interessanter Fischrestaurants unterschiedlicher Preiskategorien sowie über ein Café (mit angeschlossenem Lebensmittelladen) mit biodynamischer Kost – ein langsam, aber stetig in Irland wachsendes Angebot. Da sich der Durchgangsverkehr nicht direkt durchs Zentrum wälzt, ist ein Stadtbummel unter angenehmen Bedingungen möglich.

Jeder, der in den Westen der Halbinsel will oder von daher kommt, muß durch Dingle hindurch; es gibt keine andere Straße über das nördlich gelegene Bergmassiv.

Information: Tourist Office, The Pier, ✆ 9151188 & 9151241, März-Okt.
Telefonvorwahl: 066
Verkehrsverbindungen: Busse nach Tralee, Dunquin und Ballydavid.
Herberge: Bog View Hostel (IHH), Luachair, Annascaul, ✆/🖳 9158125, 24 B., Camping, Juni-Aug, an der Straße von Annascaul nach Tralee; Fuchsia Lodge (IHH), Annascaul, ✆ 9157150, 🖳 9157402, 48 B., ganzj., Camping, Fahrradverm.; Ballintaggart House (IHH), Dingle, ✆ 9151454, 🖳 9152207, 130 B., ganzj., Camping, Fahrradverm., Waschmasch.; An Caladh Spáinneach (IHI), Strand Street, ✆ 9151065, 20 B., Mitte Mai-Mitte Okt, am Pier; Seacrest (IHH/IHI), Kinard West, Lispole, ✆ 9151390, 18 B., ganzj., Waschm., Camping, 6 km östlich von Dingle.
Camping: Ballintaggart House, ✆ (066) 9151454, 🖳 9152207, 16 Zstpl., ganzj., östlich von Dingle an der Hauptstraße.
Fahrräder (auch Vermietung): John Moriarty, Main Street, ✆ 9151316; Timothy Collins, Holy Ground, ✆ (066) 9551606.

Dingle ist der Ausgangspunkt für Ausflüge in den Westen der Halbinsel. Kürzere Trips oder eine längere Rundtour sollten unbedingt durchgeführt werden, denn die Westküste mit Dunquin, Slea Head und den Blasket Islands gehört mit zum Schönsten, das Irland zu bieten hat.

West Dingle ist gälisches Sprachgebiet. Fast alle Hinweisschilder sind ausschließlich mit irischen Ortsnamen versehen.

Die folgende Skizze enthält ausnahmsweise alle Straßen des betreffenden Gebietes. Falls Sie den Rundkurs in Gegenrichtung fahren möchten (wobei Sie immer auf der Meeresseite der Straße radeln), können Sie bis Murreagh den Wegweisern des „Sleahead Scenic Drive" folgen.

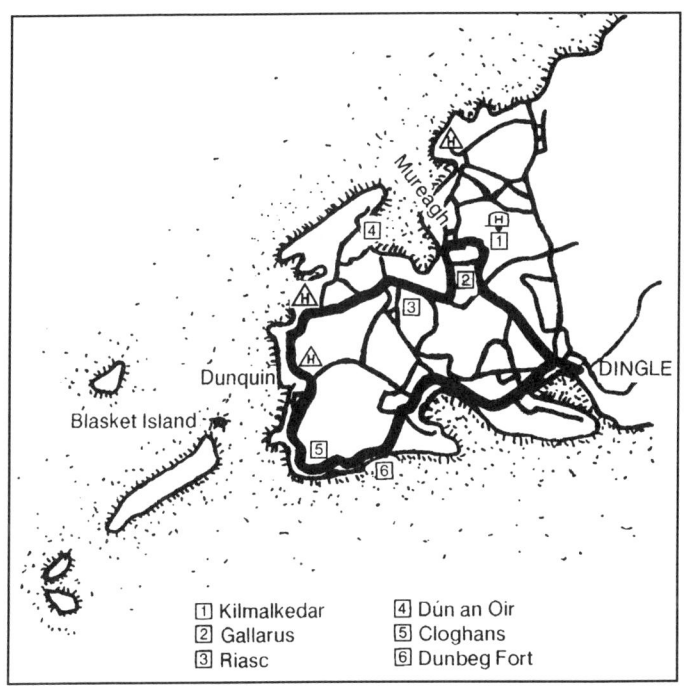

1. Kilmalkedar
2. Gallarus
3. Riasc
4. Dún an Oir
5. Cloghans
6. Dunbeg Fort

Die meisten Orte und historischen Stätten liegen an der R559, die als Rundstrecke von und nach Dingle ausgelegt ist (60 km). Die Straße biegt westlich von Dingle in Milltown nordwärts ab. In einer langgezogenen Steigung wird die Kuppe eines Hügels (ca. 170 m Höhenunterschied) erreicht, von wo aus die Strecke wieder bergab und weiter nach Kilmalkedar führt, einer Kirche aus dem 12. Jh. mit Bethäusern und einem Ogham-Stein.

In einem Bogen verläuft die R559 durch das Dorf Murreagh zum *Gallarus Oratory*, wohl dem bekanntesten frühchristlichen Bauwerk auf der Dingle-Halbinsel. Dieses Bethaus, etwa 200 m abseits der Straße auf einem Hügel gelegen, hat die Form eines umgedrehten Bootes und ist ganz aus mörtellosen, unverputzten Steinen gebaut.

Herberge: Tigh An Phóist (IHH), An Bóthar Buí, Ballydavid, ✆/🖹 (066) 9155109, 27 B., April-Okt, recht gemütlich, ca. 3 km nordwestl. von Murreagh.
Camping: Campaill Theach an Aragail ** (Oratory House Camping), ✆ (066) 9155143, 🖹 9155504, 30 Zstpl., Waschm., Camperküche, Mai-Mitte Sept, nur ca. 300 m vom Oratory entfernt.

Einige hundert Meter von der Straße weg liegen bei *Ballyferriter* (gäl. Baile an

Fheirtéaraigh) die erst vor einigen Jahren ausgegrabenen Überreste des Klosters von *Riasc* (Reask).

Herberge: Black Cat Hostel (IHI), Ballyferriter, ✆ (066) 9156286, 18 B., Camping, Mai-Sept.

In *Ballyferriter* kann man einen Abstecher nordwärts zum Fort von *Dún an Oir* (Fort del Oro) machen, 1580 Schauplatz des blutigen Massakers von Smerwick Harbour. Bei Clogher erreicht die R559 die Westküste der Dingle-Halbinsel, wo eine Traumbucht die nächste jagt.
In *Clogher* ist mit ziemlicher Sicherheit die Stelle gekommen, wo Sie bedauern, als Fahrradreisender nur sehr begrenzt Transportkapazität zu haben. Dort arbeitet nämlich der Töpfer von Louis Mulcahy, aus dessen Werkstatt extrem geschmackvolle und einfallsreiche Töpferware kommt. Das Transportproblem löst Louis Mulcahy aber auf Wunsch mit dem Versand der Gegenstände an den Heimatort. Eine weitere Töpferei, allerdings etliche Klassen uninteressanter, existiert in Dunquin.

> **Dunquin**, gäl. Dún Chaoin, Co. Kerry, ist ein mittleres Dorf an der westlichsten Spitze Irlands. Es gehört wie alle Orte dieser Gegend zum irischen Sprachgebiet. Vom Quay des Dorfes kann man sich im Sommer für Tagesausflüge zu den Blasket Islands übersetzen lassen, die der Küste vorgelagert sind. Bis 1953 waren sie bewohnt; die letzten Einwohner wurden per Regierungsbeschluß wegen der völlig unzureichenden Verdienstmöglichkeiten zum Festland umgesiedelt. Den Blaskets ist das *Blasket Centre* gewidmet, das seit 1993 das auch heute teils noch entbehrungsreiche Leben in Irlands Südwesten museal aufbereitet darstellt, mit zahlreichen historischen Fotos und einem besonderen Schwerpunkt auf der erstaunlich hohen literarischen Produktivität der Blasket-Bewohner.

Herberge: Dún Chaoin YH (An Oige), ✆ (066) 9156121 (Warden) & 9156145 (Gäste), ▤ 9156355, 52 B., ganzj., gut ausgestattet.

Die Küstenstrecke südlich von Dunquin ist besonders sehenswert. Die Straße schlängelt sich ohne nennenswerte Steigungen zwischen Bergen und Meer an der Küste entlang und biegt am *Slea Head* (gäl. Ceann Sléibhe) ostwärts Richtung Dingle ab. Bei klarem Wetter können von hier aus die Skelligs gesehen werden. Kurz danach liegen neben der Straße auf Farmgelände etliche Cloghans, Bienenkorbhütten in Trockenbauweise ("Beehive huts"), die vor über 1000 Jahren als Unterkünfte für Mönche und ähnliche Einsiedlertypen dienten. Bei *Fahan*, ca. 4 km von Slea Head entfernt, existiert eine Gruppe von sage und schreibe 414 solcher Cloghans, zwischen denen ein Steinfort, das *Dunbeg* (Dún Beag) Fort, mit über 6 m dicken Mauern steht (Eintritt).

Die R559 verläuft um den Ventry Harbour, eine Bucht mit sehr schönem Sandstrand, herum durch *Ventry* (gäl. Ceann Trá) zurück nach Milltown und Dingle.

Zur Weiterfahrt von Dingle empfiehlt sich die Überquerung des *Connor Pass*. Allerdings nur bei gutem Wetter, da man sonst keinen Ausgleich für die damit verbundene Anstrengung (500 m Höhenunterschied bei bis zu 10 % Steigung!) erhält. Bei Dunst oder Regen kann man statt dessen von Annascaul aus über die N86 nach Camp fahren; die Steigung ist erheblich harmloser. Hinter dem Paß führt die Straße bergab zur Brandon Bay.

Herberge: Connor Pass Hostel (IHH), Stradbally, ✆ (066) 7139179, 16 B., Mitte März-Okt., direkt an der Straße 2 km vor dem Abzweig Rchtg. Castlegregory.

Bei **Castlegregory** (gäl. Caisleán Ghriaire, 250 Einw., Co. Kerry) mündet die unklassifizierte Straße in die R560. Dieser Ort ist ein kleines Seebad mit schönem Sandstrand. Westlich, eingeklemmt zwischen den Küsten zweier Buchten, liegt der hübsche kleine See *Lough Gill*, an dem vorbei eine Straße auf die Landzunge führt; dieser vorgelagert ist *Illauntannig Island*, auf der die Reste einer kleinen Klostersiedlung stehen.

Camping: Anchor ****, ✆/🖂 (066) 7139157, 30 Stpl., Ostern-Sept, östlich an der Straße via Aughacasia; Seaside **, Camp, ✆ (066) 7130161, 🖹 7130331, 10 Zstpl., 10 km östlich.

Entlang der Küste verläuft die R560 ostwärts und geht bei Camp in die N86 (T68) nach Tralee über. Kurz vor dem Etappenziel haben Sie in **Blennerville** noch Gelegenheit zu einer Besichtigung der dortigen großen Windmühle, die sich frisch renoviert den Besuchern präsentiert und durch ein Ausstellungszentrum mit Kunstgewerbegeschäften und Restaurant ergänzt wird (Mai-Okt tägl. 9.30-18.00 h). Gleich gegenüber ist die Endhaltestelle der „Tralee-Blennerville Steam Railway", die seit 1992 im Sommerhalbjahr wieder ins 3 km entfernte Tralee dampft (tagsüber; zu jeder halben Stunde, zurück zu jeder vollen Stunde; Kombi-Ticket für Mühle und Bahn erhältlich).

Tralee, gäl. Trá Lí, 17.000 Einw., Co. Kerry, ist größte Stadt und Verwaltungssitz der Grafschaft. Entsprechend gut sind hier Einkaufsmöglichkeiten und gastronomisches Angebot. Tralee wird oft als Ausgangspunkt für Ausflüge auf die Dingle-Halbinsel genutzt; u.a. geht die einzige Busverbindung nach Dingle von hier ab.
Seit 1992 verfügt die Stadt in der Ashe Hall (Danny Street) über ein Museum über die Geschichte der Grafschaft Kerry, das zu beträchtlichen Teilen mit Leihgaben aus dem Dubliner National Museum ausgestattet wurde (tägl.). Eine weitere Ausstellung mit lebensgroßen Modellen widmet sich dem Leben im mittelalterlichen Tralee („Geraldine Tralee", benannt nach der irisch-normannischen Adelsfamilie FitzGerald).
Stolz ist die Stadt auf das National Folk Theatre of Ireland *Síamsa Tíre*, dessen (überwiegend ehrenamtliche) Truppe im Sommer Aufführungen für Touristen durchführt und dafür ein Theater im Stadtpark mit 360 Sitzplätzen und drei Bühnen bekommen hat, das architektonisch ein Bronzezeit-Steinfort nachahmt. In Pantomime, Tanz und (gälischem) Gesang wird z.B. die heile Welt einer bäuerlichen Dorfgemeinschaft vorgespielt, in der, immer mit einem Lächeln auf dem Gesicht, in bunter, reinlicher Kleidung den Alltagsgeschäften nachgegangen wird. Armut und Alkoholkonsum selbstverständlich ausgeschlossen! In der mimischen Darstellung stellenweise nur schwer erträglich, aber virtuos in Tanz

und Gesang. Mittlerweile werden drei feste Programme mo-sa gezeigt, mit unterschiedlichen Schwerpunkten auf Tanz und Gesang.

Alljährlich um den 1. September herum wird in Tralee das Rose of Tralee International Festival ausgetragen, eine Art Sommerendfeier mit kombinierter Miss-Wahl, an der sich jedes weibliche Wesen irischer Abstammung beteiligen darf.

Information: Tourist Office, Aras Síamsa, Ashe Hall, Denny Street, ℂ 7121288, 🖻 7127444, ganzj.

Telefonvorwahl: 066

Verkehrsverbindungen: Eisenbahn nach Dublin und Cork mit Anschluß nach Limerick; Busse in alle Teile des Landes; Regionalflughafen auf halbem Weg nach Killarney.

Herberge: *a)* IHH, alle ganzj.: Finnegan's, 17 Denny Street, ℂ/🖻 7127610, 36 B., im Zentrum; Lisnagree, Ballinorig Road, Clash East, ℂ 7127133, 20 B., Waschmasch., am östl. Stadtrand; Collis-Sandes House, Oakpark, ℂ/🖻 7128658, 84 B., Camping; Westward Court, Mary Street, ℂ 7180081, 🖻 7180082, 85 B.

b) sonst. unabh.: Atlas House, Castle Street, ℂ 7120722, 🖻 7120747; Tralee Townhouse Hostel (IHI), High Street, ℂ 7181111, 🖻 7181112, 46 B., ganzj.; O'Casey's (IHI), 5 Church Street, ℂ 7127199, 🖻 7127610, 20 B., Mai-Mitte Okt.

Camping: Woodlands Park ****, Dingle Road, ℂ 7121235, 🖻 7181199, 40 Zstpl., Ostern-Okt, direkt am Stadtrand; Bayview **, ℂ/🖻 7126140, 55 Zstpl., ganzj., 2 km von der Stadt entfernt an der R556 (L104) Richtung Ballybunion.

Fahrräder (auch Vermietung): Edward Caball, 15 Ashe Street, ℂ 7122231; O'Halloran, 83 Boherbue, ℂ 7122820; Tralee Gas & Bicycle Supplies, Strand Street, ℂ 7122018, 🖻 7127960.

Etappe 30:
Tralee – Ballyduff – Ballylongford – Tarbert – Killimer (54 km)

Diese Strecke führt durch die nördliche Ebene des County Kerry zur Shannonfähre nach Killimer, Co. Clare. Auf diese Art erspart man sich beim Weg nach Norden den Umweg über das Ballungsgebiet von Limerick und mindestens einen Tag Fahrzeit.

Zur Vermeidung der Hauptstraße (N69) wählt man in Tralee die R556 (L104) über den nördlich der Stadt gelegenen Hügel hinweg bis Ballyduff.

Ballyduff, gäl. Baile Dubh, Co. Kerry, ist ein kleines Dorf, das eigentlich schon zum Einzugsgebiet des 8 km nördlich an der Küste gelegenen Urlauberortes *Ballybunion*, gäl. Baile Bhuinneánaigh, gehört. Beim Dorf steht die Ruine der Abteikirche von Rattoo mit einem noch intakten, 28 m hohen Rundturm aus dem 11. Jh.

Herberge: O'Flaherty's Hostel (IHI), East End, Ballybunion, ℂ (068) 27684, 14 B., ganzj.; Barron's Bunker Bar (IHH/IHI), Coast Road, Causeway, ℂ (066) 31303, 🖻 31660, 25 B., Camping, ganzj., ca. 5 km südwestl. der Strecke, Rchtg. Ballyheigue.

Camping: Parklands ****, Ballybunion, ℂ (068) 27275, 🖻 27942, 17 Zstpl., viele Wohncontainer, Waschm., Mai-Sept, ca. 2 km von Ballybunion an der R553 (L106) Richtung Listowel; weiterer Platz in Ballyheigue, 15 km südwestlich.

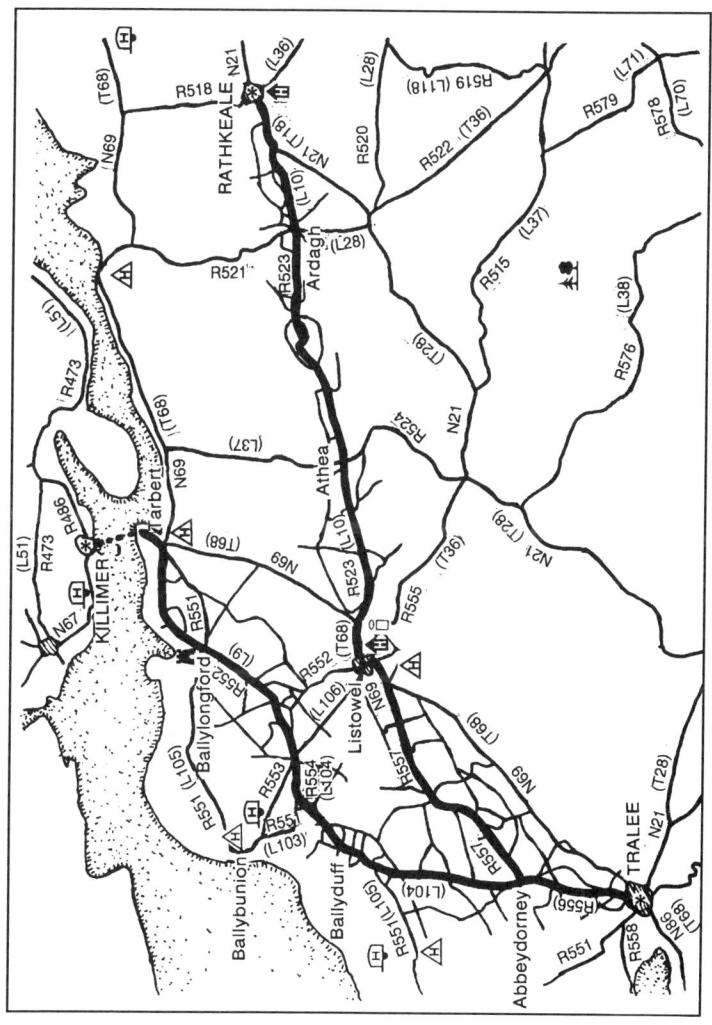

Von Ballyduff aus verläuft die Etappe zuerst über die R551, dann R554 (beide L104) Richtung Lisselton und Ballylongford wieder landeinwärts. An der Einmündung der R554 (L104) in die R553 (L106) bei Lisselton wechseln Sie geradeaus fahrend auf eine Nebenstraße (Verbindung zur R552, beschildert), biegen nach ca. 1 km links ab und fahren bis zur Einmündung in die R552 (L9), der Sie bis Ballylongford folgen.

Dort wird entgegen der Beschilderung die geradeaus weiterführende Küstenstraße nach Tarbert benutzt. Diese Strecke führt an der *Lislaughtin Abbey* (15. Jh.) vorbei. Am Ortseingang von **Tarbert** (gäl. Tairbeart) knickt die R551 links ab und führt zur Fähranlegestelle. Das georgianische Herrenhaus von Tarbert kann Mai-Mitte August besichtigt werden.

Im früheren Gerichtsgebäude und Gefängnis *Bridewell* ist ein Museum zur juristischen Praxis des 19. Jh. eingerichtet worden (April-Ok. tägl.).

Herberge: The Ferry House (IHH/IHI, am Dorfzentrum), The Square, ✆/▤ (068) 36555, 40 B., ganzj., Camping, hauseigene Bäckerei.

Die Fähre nach **Killimer** (gäl. Cill Iomair, Co. Clare) verkehrt in der Regel stündlich bis zur Dämmerung; Abfahrt von Tarbert immer zur halben, von Killimer zur vollen Stunde. Da man als Fahrradreisender an der Schlange der wartenden Autos vorbeidüsen kann und darf, kommt man beim nächsten Termin gleich mit. Die Überfahrt dauert 25 Minuten.

Camping: Aylevarroo ****, ✆ (065) 9051102, ▤ 9052253, 18 Zstpl., Mai-Anf Sept, 6 km von der Fähre entfernt Richtung Kilrush an der N67.

Etappe 31:
Tralee – Abbeydorney – Listowel – Athea – Ardagh – Rathkeale (71 km)

Falls man aus irgendeinem Grund Richtung Limerick weiterfahren möchte, kann man sich auf dieser Etappe die Benutzung der Hauptstraßen weitgehend ersparen.

Die Strecke führt (wie bei Etappe 30) über die R556 (L104) aus Tralee heraus. Nach ca. 9 km biegt in *Abbeydorney* die R557 rechts nach Listowel ab. Bevor die Straße rechts auf die N69 (T68) einmündet, durchquert sie das Dorf **Finuge**, wo das *National Folk Theatre Síamsa Tíre* aus Tralee ein Trainingszentrum unterhält. Außerdem gibt es einen Kunsthandwerksladen mit günstigen Preisen. Über die N69 (T68) erreicht die Etappe 5 km hinter Finuge das Städtchen Listowel.

Listowel, gäl. Lios Tuathail, 3500 Einw., Co. Kerry, kann einige irische Schriftsteller in seiner Vergangenheit aufweisen. Als Folge dieses Geschichtserbes wird alljährlich Ende Juni die *Writers Week* abgehalten, bei der Autoren aller Art und Qualität aus ihren Werken vorlesen.
Wer noch weitere kulturelle Begründungen für einen Aufenthalt in Listowel sucht, kann auf das örtliche Castle bzw. dessen Ruinen zurückgreifen.

Information: Tourist Office, St. John's Church, ℂ (068) 22590, Juni-Sept.
Verkehrsverbindungen: Busse nach Killarney, Limerick, Galway, Ballybunion, Cork, Tarbert und Charleville.
Unterkunft: Ca. 10 B&B-Häuser. Durchweg deutlich erhöhte Preise in Veranstaltungswochen.
Herberge: Billeragh House Hostel (IHI), ℂ (068) 40321, 25 B, Camping, ganzj.

Etwa 2 km hinter Listowel knickt von der N69 (T68) rechts die R523 (L10) ab und führt in einer langen Steigung von rund 250 m Höhenunterschied durch *Athea* (gäl. Ath an tSléibhe, Co. Limerick), nach Carrigkerry, einem kleinen Dorf auf der Höhe der Hügelkette, sowie wieder bergab nach **Ardagh**, dem Fundort des kostbaren Ardagh-Kelches (Nationalmuseum Dublin). 15 km nördlich davon befindet sich in *Foynes* (IHI-Hostel) an der Shannon-Mündung ein Flugmuseum: hier war in den vierziger Jahren ein bedeutendes Flugzentrum vor allem für Wasserflugzeuge.
Von Ardagh geht es zur N21 (T28) weiter nach Rathkeale.

Rathkeale, gäl. Ráth Caola, Co. Limerick, ist die zweitgrößte Stadt der Grafschaft, was allerdings bei der geringen Ausdehnung des Countys und der Dominanz der Hauptstadt nicht viel besagen will. Das Marktstädtchen verfügt über einige landwirtschaftliche Industriebetriebe und gehörte früher zum Besitz der Grafen von Desmond. Eine von deren Burgen, *Castlematrix* (gäl. Caisleán Bhun Tráisce), von etwa 1410, 2 km südwestlich der Stadt, ist restauriert worden und steht auf Vorbestellung zu Besichtigungen und Banketten zur Verfügung, ℂ (069) 64284. Im Stadtzentrum gibt es außerdem noch eine Abteiruine aus dem 13. Jh.

Verkehrsverbindungen: Busse nach Killarney, Limerick und Ballybunion.
Unterkunft: Rathkeale House Hotel ***, ℂ (069) 64333, 🖷 63300, 10 Z., ganzj.

Etappe 32:
Killimer – Kilrush – Creegh – Milltown Malbay – Lahinch (47 km)

Diese Strecke führt von der Shannonmündung an die schönsten Punkte des County Clare.

In Killimer beginnt sofort an der Fähre die N67, über die nach ca. 7 km Kilrush erreicht wird.

Kilrush, gäl. Cill Rois, ca. 3000 Einw., Co. Clare, ist die wichtigste Marktstadt des Grafschaftssüdens und hatte früher einige Bedeutung als Hafenstadt. Im Market Building von 1808 kann eine heimatkundliche Ausstellung „Kilrush in Landlord times" besichtigt werden.
Von Cappagh Pier im alten Hafen, über die R473 zu erreichen, gehen Boote zur vorgelagerten *Scattery Island* (gäl. Inis Cathaigh) ab. Auf dieser Insel in der Shannon-Mündung haben sich vom 6. bis zum 16. Jh. – mit Unterbrechungen – Mönche einen besonders schönen Platz für ein Kloster ausgesucht. Die Rui-

nen von fünf Kirchen und einem 36 m hohen Rundturm zeugen von ihrer Anwesenheit.

Information: Tourist Office, Town Hall, ℗ (065) 9051577, Juni-Aug.
Verkehrsverbindungen: Busse nach Galway, Cork, Ennis und Kilkee/Kilbaha.
Unterkunft: Kilrush Creek Lodge, ℗ (065) 9052595, 🖹 9052597, 96 B., Fahrradverm., ganzj., im Grenzbereich zwischen Hostel und Hotel.
Herberge: Katie O'Connors (IHH), Frances Street, ℗ (065) 9051133, 🖹 9052386, 28 B., Feb-Dez.; Bels House (IHI), Moanmore South, ℗ (065) 9052801, 8 B., Mai-Okt.
Camping: Aylevarroo ****, s. Etappe 30.
Fahrräder (auch Vermietung): Gleeson's Cycles, Henry Street, ℗ (065) 9051127, 🖹 9051733.

In Kilrush wechseln Sie auf die N68 (T41) und noch im Stadtgebiet auf die R483 (L34), die über Cooraclare und Creegh zur N67 (T69) zurückführt. Die N67 (T69) bringt die Strecke weiter zur Küste, durchquert das Fischerdorf Quilty und erreicht Milltown Malbay.

Milltown Malbay, gäl. Sráid na Cathrach, ca. 750 Einw., Co. Clare, wird alljährlich am 1. Samstag im Juli für eine Woche zum Anziehungspunkt für den Musik- und Freaktourismus. Dann finden nämlich die Sommerkurse der *Scoil Samhraidh Willie Clancy* statt, die dem bedeutendsten Dudelsackspieler des County Clare gewidmet sind. Das Ganze ist eine Mischung aus spontanem Musizieren und organisiertem Alternativ-Tourismus, die durchaus ihren Reiz hat. Für Nicht-Zelter ist während des Festivals frühzeitige Unterkunftssuche angebracht. Campinggelegenheit wird auf freien Grundstücken im Ort gegeben.

Verkehrsverbindungen: Busse nach Galway, Cork, Ennis und Limerick.

Von Milltown Malbay aus führt die N67 (T69) weiter nordwärts an der Küste entlang nach Lahinch.

Lahinch, gäl. An Leacht Uí Chonchubhair, Co. Clare, ist ein typisches britisch-irisches Seebad einschließlich der üblichen Unterhaltungseinrichtungen. Berühmt ist der doppelte 18-Loch-Golfplatz in den Dünen. Hier kann man Golf-Snobs bei der „Arbeit" beobachten.

Verkehrsverbindungen: Busse nach Galway, Cork, Limerick, Lisdoonvarna und Kilrush; lokale Privatbuslinie „Nipper", Juni-Sept, u.a. nach Ennis, Lisdoonvarna, Doolin, Auskunft unter ℗ (065) 7081562.
Herberge: Lahinch Hostel (IHH), Church Street, ℗ (065) 7081040, 🖹 7081704, 48 B., ganzj.
Camping: Lahinch ***, ℗ (065) 7081424, 22 Zstpl., Mai-Sept, im Dorf gelegen, Fahrradverm.

> **Etappe 33 a-c:** Lahinch – Ballyvaughan
> *Drei Möglichkeiten, das Burren-Gebiet zu erkunden.*

a) Lahinch – Liscannor – Cliffs of Moher – Doolin – Black Head – Ballyvaughan (48 km)

Die Küstenstrecke unter den drei Burren-Varianten.

Sie beginnt auf der R478 (L54) und führt durch das Fischerdorf *Liscannor* (gäl. Lios Ceannuir) in einer recht steilen und rund 5 km langen Steigung hinauf zu den Cliffs of Moher.

> Die **Cliffs of Moher**, gäl. Ailltreacha Mothair, Co. Clare, sind das grandioseste Stück Steilküste, das es in Irland zu sehen gibt, eine Beurteilung, die allerdings zum Teil daher rührt, daß sie im Gegensatz zu manch anderem Küstenstrich auch für Busse, Fußkranke und Lahme zugänglich sind.
> Sie ragen auf einer Länge von 8 km über 200 m hoch aus dem Meer und ermöglichen an klaren Tagen Ausblicke bis zu den Aran Islands und den Bergen von Connemara und Kerry. Spaziergänge auf der Höhe der Cliffs sind eine Möglichkeit, den Touristenströmen, die dieses Naturwunder anlockt, zu entgehen. Die Besteigung des Aussichtsturms kann man sich ohnehin sparen, da die Blicke auch so ungehindert in die Ferne schweifen können. Der Besucherandrang hat den Cliffs mittlerweile ein Bauvorhaben für eine regelrechte Hotel- und Ladenzeile beschert. Der Anfang ist gemacht.

> **Information:** Tourist Office, ✆ (065) 7081171, am Parkplatz, April-Okt.
> **Herberge:** Liscannor Village Hostel (IHH/IHI), ✆ (065) 7081550, 🖷 7081417, 76 B., gute Küchenausstattung, aber in der Saison etwas laut, Camping, März-Okt., in Liscannor.

Auch nach dem Cliffs-Parkplatz geht's noch 1 km weiter bergan. Ca. 3 km nach dem Aussichtspunkt der Cliffs of Moher biegt die Strecke auf die R479 (Küstenstraße) nach Doolin ab. Bereits 1 km vor dieser R479 führt eine (fast) unbeschilderte Straße zum Meer hinab; nur kleine Zeichen „Doolin Hostel" weisen darauf hin. Die Straße ist extrem steil und hat sehr enge Kurven, Bremsenkontrolle ist also angesagt.

> **Doolin**, Co. Clare, ist der international bekannteste Teil einer Fischersiedlung, deren Ober-Gemeindebegriff *Fisherstreet* ist. Seit Jahren geistert dieses Dorf als „Geheimtip" durch Reiseführer: was in Milltown Malbay während des Willie-Clancy-Festivals an Musiktourismus stattfindet, herrscht in Doolin während der gesamten Saison. Im Gefolge der Musikanten verirren sich hingegen auch reichlich fotoapparatschwenkende Walkman-Besitzer in das Fischernest. Mit der spontanen Musikidylle ist das also so eine eine Sache...
> Außerdem ist Doolin aber auch Ausgangspunkt für die kürzeste, aber relativ teure Fährverbindung zu den Aran Islands, die ganzj. mehrmals täglich verkehrt (ca. £ 10 je Person, £ 2 je Fahrrad).

Verkehrsverbindungen: Lokale Privatbuslinie „Nipper", Juni-Sept, u.a. nach Ennis, Lisdoonvarna, Lahinch, Auskunft unter ✆ (065) 7081562.
Herbergen (IHH): Doolin Hostel, ✆ (065) 7074006, 95 B., ganzj., auch B&B; Rainbow Hostel, ✆ (065) 7074415, 16 B., ganzj.; Aille River Hostel, ✆ (065) 7074260, 24 B., Camping, Mitte März-Dez.; Flanagans Village Hostel, ✆ 7074564, 24 B., Camping, ganzj.
Camping: Nagles Doolin ***, ✆ (065) 7074458, 47 Zstpl., April-Sept.; O'Connors Riverside Camping ***, ✆ (065) 7074314, 🖹 7074498, 40 Zstpl., April-Sept.
Fahrradvermietung: Im Doolin Hostel.

Ein paar Kilometer hinter Doolin/Fisherstreet mündet die R479 in die R477 (L54), die in stetigem Auf und Ab immer dicht an der Küste entlang um die Kalkfelsschichten des Slieve Elva herumführt.

Herberge: The Bridge Hostel (IHI), Fanore, ✆/🖹 (065) 7076134, 16 B., Fahrradverm., März-Okt, an der Westküste ca. 3 km vor Black Head.

Die Etappe endet in Ballyvaughan, einem Dorf am Nordrand des Burrengebiets, das sich in den letzten Jahren zum touristischen Zentrum der Region entwickelt hat. Eine Reihe von Feriencottages im traditionellen Stil dient diesem Zweck ebenso wie einige Restaurants.

Von **Ballyvaughan** (gäl. Baile Uí Bheacháin, Co. Clare) aus kann man die einmalige Gelegenheit ergreifen, das Höhlensystem des *Burren* ansatzweise zu erkunden; die Höhlen im Burren wurden erst 1944 von einem Bauern entdeckt. Die *Aillwee Cave* liegt etwa 3 km vom Dorf entfernt an der R480 (L51); einige tausend Meter des über 50 km langen Höhlensystems sind der Öffentlichkeit unter Anleitung eines Führers zugänglich gemacht. In der Höhle herrscht eine konstante Temperatur von 10 °C; die Sonnenbrille ist also gegen einen Pullover auszutauschen.
Seit einigen Jahren wieder zugänglich ist *Newtown Castle*, ca. 1½ km südl. von Ballyvaughan an der N67 gelegen, ein restauriertes vierstöckiges, befestigtes Herrenhaus des 16. Jh., wie sie zu dieser Zeit häufig gebaut wurden.

Verkehrsverbindungen: Busse nach Galway, Cork und Lisdoonvarna.
Unterkunft: Hyland's Hotel **, ✆ (065) 7077037, 🖹 7077131, 19 Z., April-Sept; etliche B&Bs im Ort und in der Umgebung, meist nicht registriert.
Fahrradvermietung: David Monks, Burren Cycle Tours, Monks Pub, ✆ (065) 7077059.

b) Lahinch – Liscannor – Cliffs of Moher – Lisdoonvarna – Ballyvaughan (38 km)

Diese Strecke führt durch das Zentrum des Burrengebiets.

Bis zu den Cliffs of Moher folgt sie der Etappe 33a, biegt jedoch dann nicht auf die Küstenstraße ab, sondern verläuft auf der R478 (L54) nach **Lisdoonvarna** (gäl. Líos Dúin Bhearna, 600 Einw., Co. Clare), Irlands einzigem Kurort. Vor allem Farmer aus der Umgebung nutzen das nostalgisch anmutende Kurdorfangebot; im Herbst zieht das Dorf angeblich unverheiratete Partnersuchende beiderlei

Geschlechts zum inoffiziellen „Heiratsmarkt" an. Die Erfolgsquote scheint aber gering zu sein, obwohl es für allgemeine Unterhaltung reicht.

Verkehrsverbindungen: Busse nach Galway, Cork und Limerick; lokale Privatbuslinie „Nipper", Juni-Sept, u.a. nach Ennis, Lahinch, Doolin, Auskunft unter ✆ (065) 7081562.
Unterkunft: Rund 2 Dutzend Hotels und B&Bs.

Ab Lisdoonvarna folgt die Etappe der N67 (T69) auf die Hochflächen des Burren. Die geheimnisvolle Flora und Fauna wird allerdings nur schwer zugänglich, zumal Teile des durchquerten Gebietes aufgeforstet worden sind. Der eindrucksvollste Blick auf die Karstlandschaft der Kalksteinhänge bietet sich erst bei der Fahrt bergab nach Ballyvaughan (s. Etappe 33a).

c) Lahinch – Ennistymon – Kilfenora – Caherconnell – Ballyvaughan (33 km)

Diese Strecke berührt besonders viele der Sehenswürdigkeiten des Burren.

Von Lahinch aus führt die N67 (T69) landeinwärts durch **Ennistymon** (gäl. Inis Diomáin), ein kleines Städtchen an einem Wasserfall des River Cullenagh. Ca. 2 km hinter dem Ort verlassen Sie die Straße auf die R481 (L53[A]) nach Kilfenora.

Kilfenora, gäl. Cill Fionnúrach, Co. Claire, ist ein winziger Ort, dessen heutige touristische Bedeutung im Burren Display Centre besteht. Von Ostern bis Oktober werden dort anhand eines Modells und einer Dia-Show die Eigenheiten der Burren-Region erläutert. Wer sich näher mit den Höhlen, Gräbern und sonstigen Attraktionen des Burren befassen möchte, sollte das Centre besuchen.
Die einstige Bedeutung des Dorfs wird durch die Ruine der Kathedrale aus dem 12. Jh. angedeutet: Kilfenora war und ist Bischofssitz. Allerdings hat sich seit dem 18. Jh. kein Purpurträger mehr um den Posten beworben, so daß die Stelle seitdem vom Chef persönlich besetzt ist – der Papst ist gleichzeitig Bischof von Kilfenora. Von den Resten dreier Hochkreuze bei der Kathedralenruine ist nur eines der Rede wert.

Herberge: The Cottage (IHI), Lissylisheen, ✉ (086) 8015566 (nur Kurznachrichten, kein Telefon!), 7 B., Waschm., Zeltmöglichkeit, bei einem Bio-Gärtner ca. 7 km nordöstlich abseits der weiteren Etappenführung, ca. 4 km steile Zufahrt, beschildert.
Camping: Information im Lebensmittelgeschäft Hagan; außerdem Zeltmöglichkeit beim Cottage (s.o.).

Aus Kilfenora hinaus folgen Sie der R476 (L53) nach links Richtung Lisdoonvarna und biegen am Stadtrand rechts auf eine unklassifizierte Nebenstraße Rchtg. Aillwee Cave ab. Immer mit der Straßenführung gelangen Sie nach *Caherconnell*, gäl. Cathair Chonaill, wo die Nebenstraße auf die R480 (L51) mündet.

Die Straße nach **Ballyvaughan** (s. Etappe 33a) führt an etlichen Steinforts und Megalithgräbern sowie der Aillwee Cave vorbei.

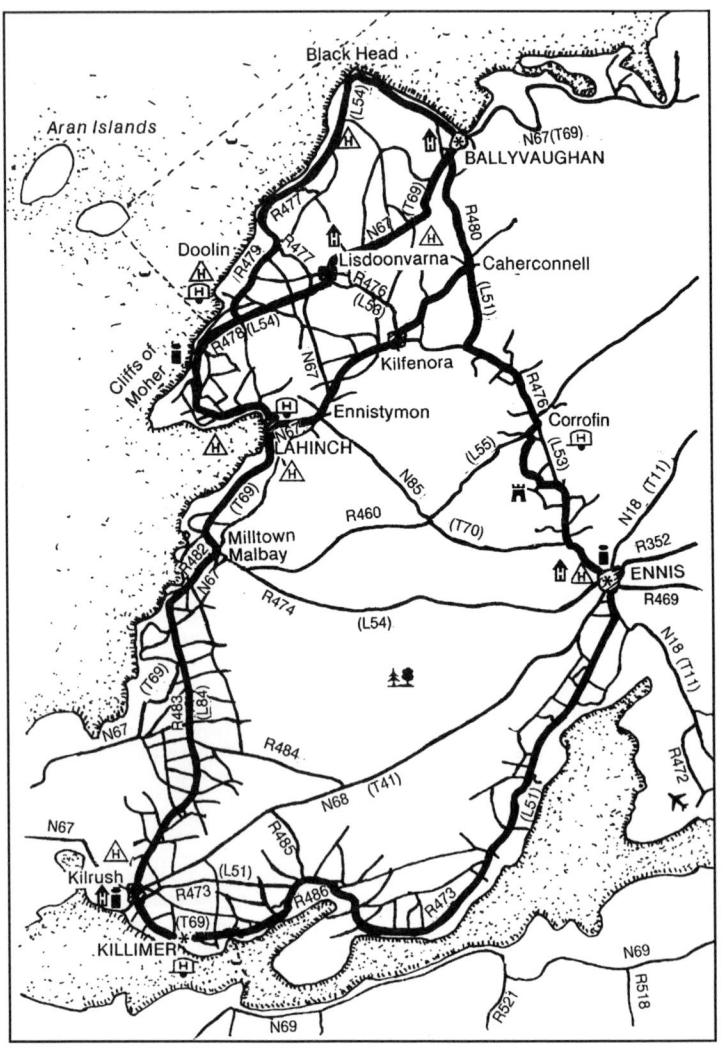

Etappe 34:
Killimer – Labasheeda – Ballynacally – Ennis (52 km)

Eine Strecke, die den Anschluß an die Binnenlandetappen herstellt.

Die Etappe beginnt in Killimer auf der R486, die nach ca. 5 km auf die R473 (L51) mündet. Auf dieser Straße fahren Sie immer an der Küste entlang, durch kleine Fischerdörfer wie Labasheeda, Killadysert und Ballynacally (B&B: „Lisduff") bis Ennis.

Ennis, gäl. Inis, 6000 Einw., Co. Clare, ist die Hauptstadt der Grafschaft und konnte 1990 ihr 750jähriges Bestehen feiern. Die engen Gassen der Innenstadt sind selbst in irischen Augen für den Autoverkehr unzureichend, so daß Ennis mit einer Art Umgehungsstraße versehen wurde. Gesetzestreue Fahrradfahrer werden am Einbahnstraßensystem auch keine Freude haben, so daß eine Erkundung des (überschaubaren) Town Centre per pedes sinnvoll ist. Außer der obligatorischen Abteiruine (von 1246) hat Ennis ein Museum, das u.a. über die Entstehungsgeschichte der West-Clare-Eisenbahnlinie berichtet. Eine Lokomotive der 1961 stillgelegten Strecke (nur der „Stummel" zwischen Limerick und Ennis ist reaktiviert) ist am alten Bahnhof aufgestellt.

In der Umgebung der Stadt gibt es etliche interessante Punkte (s. Kartenskizze zu Etappe 36-39). Sie liegen alle an oder nahe bei der R469 (L31) Richtung Kilmurry. Ca. 10 km von Ennis entfernt befinden sich in *Quin* die Überreste einer Franziskanerabtei aus dem 15. Jh. mit fünf guterhaltenen Altären, einigen Grabkammern und Türmen. Etwa 5 km von Quin entfernt führt eine langgeschwungene Zufahrt zum *Knappogue Castle*. Diese Burg aus dem 15. Jh. in normannischem Stil ist seit 1966 vollständig restauriert worden. April-Oktober werden im großen Saal zweimal am Abend „mittelalterliche Bankette" abgehalten, die Busladungen von Touristen anlocken sollen. Bei Harfenmusik und Kerzenschein dürfen sich die Besucher als Teilnehmer einer großen Theateraufführung fühlen. Ansonsten kann Knappogue Castle tagsüber besichtigt werden. Weit interessanter als dieses Touristenspektakel ist der *Craggaunowen*-Komplex, zu dem etwa 2 km westlich von Knappogue Castle eine Nebenstraße führt (ausgeschildert). In diesem Freilichtmuseum finden Lebensformen von der Bronzezeit bis zum späten Mittelalter ihre Darstellung (Ostern-Okt tägl.). Ein Crannog, eine befestigte Ansiedlung auf einer künstlichen Insel im See, sowie ein Palisaden-Ringfort sind als Beispiele vorchristlichen Lebens rekonstruiert worden. Mit Leben gefüllt wird das Museum u.a. mit der Zucht von *Bronze age sheep*, einer besonders kleinwüchsigen Schafrasse, wie es sie vor 3000 Jahren zahlreich gegeben haben soll und die nicht geschoren, sondern gerupft wird.

Auf dem gleichen Gelände steht das Craggaunowen Castle, ein befestigtes, vierstöckiges Herrenhaus aus dem 16. Jh., dessen Erdgeschoß mit zeitgenössischen Möbeln etc. eingerichtet worden ist.

In einem modernen Glas- und Stahlbau oberhalb des Ringforts ist das Boot Brendan zu bestaunen, eine Lederkonstruktion nach frühmittelalterlichen Überlieferungen, mit denen ein paar Abenteurer vor einigen Jahren nachweisen wollten, daß der Mönch St. Brendan vor über 1000 Jahren, lange vor den Wikingern, Amerika entdeckt habe. Ein Reisebericht aus dem 10. Jh. (Navigatio St. Brendani) berichtet von dieser Überfahrt, die mit der „Brendan" nachgestellt wurde. Die Crew unter Tim Severin erreichte nach einem Jahr die Küste von Neufundland und damit den Beweis für die Möglichkeit mittelalterlicher Atlantiküberquerung. Das Boot ist heute noch voll seetüchtig.

Da Craggaunowen auch in neuen Landkarten teils nicht eingezeichnet ist und nur in wenigen Reiseführern auftaucht, ist es noch relativ wenig besucht. Kein Vergleich jedenfalls mit dem Touristenrummel in *Bunratty Castle*, das von Kilmurry aus über die R462 (L11) bis Sixmilebridge und die R471 sowie eine unklassifizierte Nebenstraße zu erreichen ist (s. Skizze zu Etappe 36-39).

Information: Tourist Office, Clare Road, ✆ (065) 6828366, ganzj.
Verkehrsverbindungen: Eisenbahn via Limerick nach Dublin; Busse nach Limerick, Galway, Ballina, Cork und etlichen Zielen im County Clare; lokale Privatbuslinie „Nipper", Juni-Sept, u.a. nach Lisdoonvarna, Lahinch, Doolin, Auskunft unter ✆ (065) 7081562.
Unterkunft: Die Hotel-/B&B-Liste ist über eine A4-Seite lang...
Herberge: Clare Hostel, Summerhill/Carmody Street (IHI), ✆ (065) 6829370, 🖹 6841225, 45 B., ganzj.; Jamaica Inn (IHH), Mount Ievers, Sixmilebridge, ✆ (061) 369220, 🖹 369377, 50 B., ganzj.; südöstl. an der Ausflugsstrecke Rchtg. Kilmurry (s.o.).
Fahrräder: Michael Tierney (auch Premier-Raleigh-Vermietung, s. Kapitel „Das Fahrrad"), 17 Abbey Street, ✆ (065) 6829433, nach 19 h 6821293, 🖹 6843466.
Waschsalon: Snow White Laundrette, Abbey Street, ✆ (065) 6841499.

Im Burren

Etappe 35:
Ennis – Corrofin – Ballyvaughan (40 km)

Die östlichste der Burren-Strecken.

Die ersten Kilometer absolvieren Sie auf der Kriechspur der vielbefahrenen N85 (T70) Rchtg. Ennistymon, bis die R476 (L53) Rchtg. Corrofin rechts abzweigt. Hier ist schon das archäologische Zentrum „Dysert O'Shea" beschildert, zu dem die zweite Straße links (nach 4 km) dann hinführt.

Dysert O'Shea ist eine Ansammlung von 25 verstreut, aber nahe beeinanderliegenden historischen Gemäuern sehr unterschiedlichen Alters, die mit Hilfe eines „Archaeological Trail" von ca. 6 km Länge erkundet werden können; eine Beschreibung ist erhältlich. Die auffälligsten Bestandteile des Zentrums sind jedoch auch mit dem Rad anzusteuern.
Dysert O'Shea Castle ist eine turmartige Festung, die aufgrund einer Privatinitiative und mit Unterstützung zahlreicher örtlicher Freiwilliger restauriert worden ist (und so auch heute unterhalten wird). Der Turm ist zugänglich Mai-Sept tägl. 10-18 h. Entweder vom Tor zur Castle-Zufahrt aus über eine Wiese oder im Zug der weiteren Etappe gelangen Sie zu einem Ensemble von Kirche, Rundturm und keltischem Hochkreuz, das jederzeit und gratis zugänglich ist. Während die Kirche und der Rundturm stark verwittert sind, ist das Hochkreuz ein restauriertie Fassung, die aber immerhin schon 300 Jahre auf dem Buckel hat – sie stammt von 1687.

Vom Castle aus fahren Sie zurück zu der Nebenstraße, von der die Zufahrt rechts abzweigte, und folgen dieser nach rechts mit den Wegweisern zum „Archaeological Trail". An der nächsten T-Mündung auf eine andere Nebenstraße geht's erneut rechts und bald an der Kirche und dem Rundturm (rechts von der Straße gelegen) vorbei. Schließlich treffen Sie auf eine spitzwinklige T-Mündung (unbeschildert), an der Sie sich links halten und nach 100 m zur T-Mündung auf die R460 (55) kommen, wo rechts **Corrofin** gleich in Sicht kommt.
(In Gegenrichtung Beschilderung Rchtg. Lough Raha.)

Information: Tourist Information Point im Hostel.
Herberge: Corrofin Village Hostel (IHH), Main Street, ✆ (065) 6837683, 🖹 6837239, 30 B., Fahrradverm., Feb-Okt.
Camping: Corrofin Village **, s. Hostel, 16 Zstpl., März-Sept.

Auf der R476 (L53) radeln Sie weiter Rchtg. Kilfenora, bis die mehrstöckige Ruine von *Leamaneh Castle* vor Ihnen auftaucht. Hier zweigen Sie rechts ab auf die R480 (L51), die geradewegs zum Etappenziel **Ballyvaughan** (s. Etappe 33a) leitet und dabei noch mehrere Megalithgräber sowie die Aillwee Cave passiert; eine Zufahrt zum IHI-Hostel „The Cottage" (s. Kilfenora, Et. 33), 3½ km westlich gelegen.

```
┌─────────────────────────────────────────────────────────┐
│ Etappe 36:                                              │
│ Ennis – Bodyke – Tuamgraney (34 km)                     │
└─────────────────────────────────────────────────────────┘
```

Die Verbindungsstrecke zum Westufer des größten Shannon-Sees, Lough Derg.

Die Etappe verläuft durchgehend über die R352 (T41) nahezu ohne Steigungen zwischen Hügelketten hindurch, vorbei an kleinen Dörfern wie Tulla, durchquert Bodyke und erreicht Tuamgraney.

Tuamgraney, gäl. Tuaim Greine, Co. Clare, ist ein Dorf am Rand eines Waldgebietes. In der örtlichen protestantischen Kirche sind Reste einer vor-romanischen, mittelalterlichen Kirche enthalten. 2 km nördlich liegt der Marktflecken *Scarriff* (gäl. Scairbh), der als Stützpunkt für Angler dient.

Camping: Lakeside **,, Mountshannon, ℂ (061) 927225, 🖹 927336, 12 Zstpl., Mai-Sept, ca. 10 km nordöstlich an der R352 (T41).

```
┌─────────────────────────────────────────────────────────┐
│ Etappe 37:                                              │
│ Rathkeale – Adare – Limerick (29 km)                    │
└─────────────────────────────────────────────────────────┘
```

Auf dieser Etappe gibt es leider keine sinnvolle Alternative zur N21 (T28), die durchgehend benutzt wird. Nach etwa 10 km ist das Dorf Adare erreicht.

Adare, gäl. Ath Dara, 600 Einw., Co. Limerick, ist ein Retortendorf nach englischem Vorbild, das Anfang des 19. Jh. vom Earl of Dunravan errichtet wurde. Die strohgedeckten Fachwerkhäuser und ein dazu passendes Landgasthaus sollten den „Charme" englischer Dörfer nach Irland transferieren. Adare hat vor Jahren einmal den nationalen Wettbewerb um den Titel des schönsten Dorfs Irlands gewonnen und pflegt diesen Ruf bewußt. Da es an der Hauptstraße von Limerick (bzw. Shannon) nach Killarney liegt, ist der Besuch von Busladungen überseeischer Touristen – realistisch – eingeplant.
Das Schloß der Dunravans ist seit 1988 ein Luxushotel der (auch preislichen) Spitzenklasse und deshalb nur Hotelgästen zugänglich; der Park steht jedoch jedem (gegen Eintritt) offen. Der Zutritt zu dem dahinter gelegenen Franziskanerkloster und dem Desmond Castle ist hingegen nur über den Golfplatz möglich. Um unnötige Menschenopfer durch tieffliegende Golfbälle zu vermeiden, wird dringend angeraten, Rücksprache mit dem Golfclubbüro am Eingang zu halten. Die beiden anderen mittelalterlichen Klöster des Dorfes werden heute von den beiden Kirchen des Landes genutzt.
Wie die meisten irischen Touristenattraktionen hat auch Adare in den letzten Jahren ein *Heritage Centre* erhalten, eine Mischung aus Heimatmuseum und Andenkenladen nebst Tourist Office (ganzj. tägl., Ausstellung nur März-Dez).
In der Umgebung: In *Kilcornan*, ca. 10 km nördl., sind die „Celtic Park and Gardens" zugänglich (März-Nov, 9-19 h); einige der dort vorhandenen Steinsetzungen etc. sind sogar original.

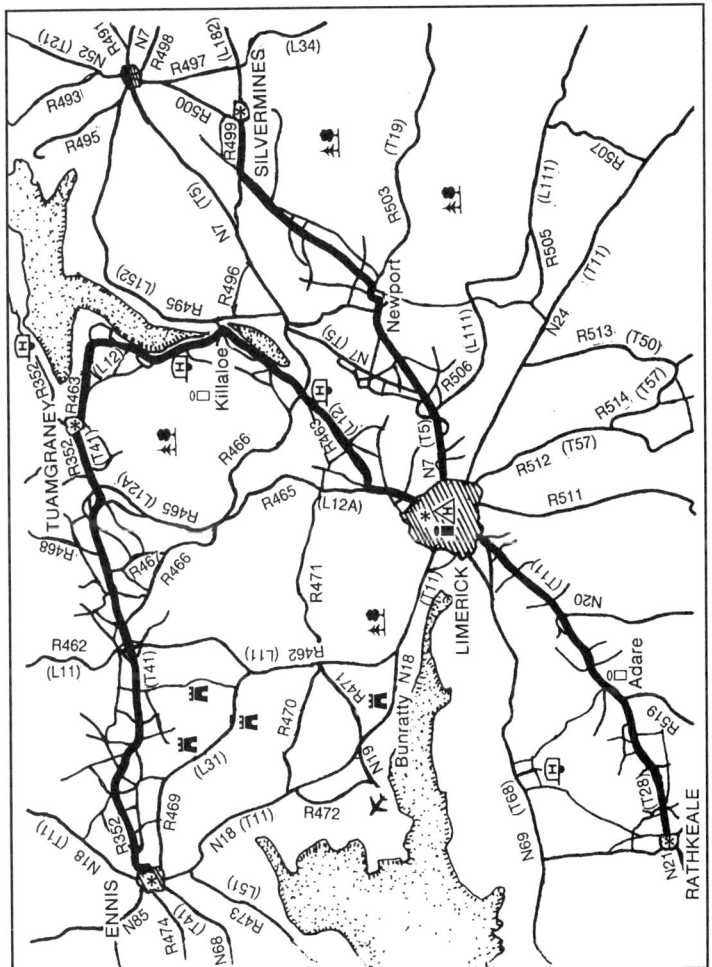

Information: Tourist Office, Heritage Centre, Main Street, ℰ (061) 396255, März-Dez.
Verkehrsverbindungen: Busse nach Tralee, Killarney, Limerick/Shannon, Ballybunion.
Camping: Curraghchase ***, Kilcornan, ℰ (061) 396349, 🖹 338271, Mai-Mitte Sept, 40
Zstpl., Waschm., 10 km nördlich von Adare.

Von Adare aus geht es geradewegs weiter über die N21 (T28) nach Limerick.

Limerick, gäl. Luimneach, 62.000 Einw., Co. Limerick, ist Irlands viertgrößte Stadt und Hauptstadt der gleichnamigen Grafschaft von 157.000 Einwohnern. Sie ist eine der ältesten Städte des Landes; von der Geschichte sind einige spärliche Zeugnisse erhalten, die im Zug eines Restaurierungsprogramms einer Schönheitskur unterzogen wurden. Prägend für das Bild ist jedoch vor allem die Industrie; zudem quält sich enorm viel Autoverkehr durch den Stadtkern, da hier die letzten Brücken über den Shannon vor dessen Ausweitung zum Mündungstrichter existieren. Falls man nicht gerade bei An- oder Abreise durch Limerick hindurch fahren muß, sollte man die Stadt besser meiden; woher die Bezeichnung „Limericks" für kalauernde Fünfzeiler kommt, wird man ohnehin nicht herausfinden.

Zu den wenigen Sehenswürdigkeiten gehört das King John's Castle an der Thormond-Brücke über den Shannon. Es stammt aus dem 13. Jh. und dient heute u.a als Schauplatz für Theater und Folkloreaufführungen, kann aber auch besichtigt werden (April-Okt tägl.). In einem der fünf Burgtürme finden im Sommer zweimal wöchentlich Seisiún-Abende statt, bei denen von ortsansässigen Amateuren Musik, Tanz und Gesang präsentiert werden; Beteiligung durch Publikum ist erwünscht. Auf der anderen Seite der Thormond-Brücke ist auf einem Podest der Vertragsstein von 1691 montiert, auf dem angeblich der englische König William einen Vertrag über die Garantie der Religionsfreiheit unterschrieben hat. Der Vertrag wurde allerdings umgehend vom Parlament für nichtig erklärt.

Die touristischen Broschüren listen noch seitenweise Denkmäler, Kirchen und andere Bauwerke auf, die aber allesamt keinen Besuch wert sind.

In der Umgebung: Etwa 20 km südlich von Limerick liegt zwischen der R512 (T50^A) und der R514 (T57) *Lough Gur*, ein hufeisenförmiger, idyllischer See, um den herum eine Fülle von prähistorischen Fundstellen angeordnet ist. Man sollte genügend Zeit mitbringen, denn das Erkunden der abseits der Straße gelegenen Sehenswürdigkeiten, darunter der größte Steinkreis Irlands, ist nur zu Fuß sinnvoll. Im Visitors Centre am See kann man sich anhand von Modellen und Diavorführungen über die Einzelheiten informieren (Mai-Sept tägl. 10-18 h).

13 km nordwestlich von Limerick befindet sich an der N18 (T11), der leider sehr stark befahrenen Hauptstraße nach Ennis, *Bunratty Castle* mit angeschlossenem Freilichtmuseum. Die aus dem 15. Jh. stammende Burg ist sorgfältig restauriert und mit zeitgenössischen Möbeln ausgestattet worden. An die Burg schließt sich ein „Folk Park" genanntes volkskundliches Freilichtmuseum an. Einzelne Häuser aus dem Shannon-Gebiet wurden hier originalgetreu wieder aufgebaut und durch eine Dorfstraße mit Geschäften, Handwerksbetrieben und Pub ergänzt. Die Häuser werden entsprechend ihren ursprünglichen Zwecken weiter genutzt, so daß man u.a. den Webern und Töpfern bei der Arbeit zusehen kann. Die Anlage ist mit soviel Sorgfalt zusammengestellt, daß trotz des ungeheuer starken Andrangs der Besuch nachdrücklich empfohlen werden kann (ganzj. tägl.).

Information: Tourist Office, Arthurs' Quay, ✆ 317522, 🖹 317939, ganzj.
Telefonvorwahl: 061
Karte/Literatur: Stadtplan auf der Irlandkarte von Bord Fáilte; ITB-Broschüre *The Limerick Guide*.
Verkehrsverbindungen: Eisenbahn und Busse in alle Teile des Landes; Flughafen Shannon Airport, ca. 20 km westlich von Limerick auf halbem Weg nach Ennis, zu erreichen über N18 und N19. *Achtung:* wer wegen frühmorgendlichen Abflugs nahe dem Flughafen übernachten möchte, sollte sich frühzeitig um ein Quartier bemühen, relativ wenig B&Bs in Newmarket-on-Fergus und Shannon-Town.
Herberge: An Oige, 1 Pery Square, ✆/🖹 314672 (Warden), ✆ 312107 (Gäste), 66 B., recht gut ausgestattet, Fahrradverm., am südlichen Rand des Stadtzentrums; Barrington's Lodge & Hostel (IHH/IHI), St. Georges Quay, ✆ 415222, 🖹 416611, 68 B., ganzj.; Finnegan's Holiday Hostel (IHH), 6 Pery Square, ✆/🖹 310308, 40 B., ganzj.; Westbourne Holiday Hostel (IHH), Dock Road, ✆ 302500, 🖹 302539, 106 B., ganzj.
Camping: nächster Platz in O'Brien's Bridge, s. Etappe 38.
Fahrräder (auch Vermietung): Emerald Cycles, 1 Patrick Street (Premier-Raleigh, s. Kapitel „Das Fahrrad", ✆ 416983, 🖹 319229 ; Bike Shop (Premier-Raleigh), O'Connell Ave., ✆ 315900, 🖹 315932; McSweeney, The Mall, Glin, ✆ 34131; McMahons Cycleworld (Premier-Raleigh, s.o.), 25 Roches Street, ✆/🖹 415202. *Vermietung* in der JH (Depot des Bikestore Dublin).

> **Etappe 38:**
> Tuamgraney – Killaloe – O'Brien's Bridge – Limerick (39 km)

Viele Wege führen nach Limerick. Dieser knüpft an die Etappen aus Westen und Norden an.

In Tuamgraney beginnt die Etappe auf der R463 (L12), die zuerst mit etwa 100 m Höhenunterschied ansteigt (Kuppe bei Ogonnelloe) und dann stetig am Westufer des Shannon entlang verläuft. An einem Bergpaß nahe des südlichen Endes des Lough Derg, wo eine Brücke die Grafschaften Clare und Tipperary verbindet, führt die Strecke durch das Städtchen Killaloe.

Killaloe, gäl. Cill Dalua, ca. 1000 Einw. Co. Clare, ist Marktstadt, Angler- und Kabinenkreuzerzentrum. Da es Ausgangspunkt für Motorbootfahrten auf dem Shannon ist, sollte man damit rechnen, hier eine 50%ig deutschsprachige Umgebung anzutreffen. Außer germanischen Möchtegern-Skippern gibt es in Killaloe allerdings noch Reste von Kirchen, Bethäusern und eines Hochkreuzes, alles aus dem 12. Jh.
Kurz vor dem nördlichen Ortseingang führt ein 500 m langer Fußweg zum *Brian Boru's Fort*, einem ringförmigen Erdwall mit herumgezogenen Gräben. Nehmen Sie am Ende des Sportplatzes den linken Trampelpfad; der führt zum „offiziellen" Eingang und erspart das Erklimmen des steilen Walles.

Information: Tourist Office, ✆ (061) 376866, Ende Mai-Mitte Sept.
Camping: Lough Derg ****, ✆ (061) 376329, 🖹 376777, 24 Zstpl., Juni-Mitte Sept, 5 km nördl.; Shannon Cottage ***, O'Brien's Bridge, ✆ (061) 377118, 🖹 377966, 7 Zstpl., ganzj., 8 km südlich.

Etwa 8 km südlich von Killaloe verläuft die Strecke auf der R463 (L12) durch das Dorf O'Brien's Bridge, wo eine weitere Brücke über den Shannon ins County Tipperary führt, und weiter bis **Limerick** (s. Etappe 37).

Etappe 39:
Silvermines – Newport – Annacotty – Limerick (35 km)

Anschluß an die Etappen aus Nordosten nach Limerick.

Am Rand der Silvermines Mountains führt die R499 (L182) westwärts. An der nächsten Kreuzung biegt die Strecke links auf die unklassifizierte Nebenstraße Richtung Newport ab, eine mit ziemlich steilen Steigungen versehene Strecke, die aber durch die prachtvollen Ausblicke in das Hochtal zwischen Silvermines Mountains und Slievekimalta gerechtfertigt wird. Wer es etwas weniger anstrengend haben möchte, folgt der R499 (L182) noch eine Abzweigung weiter und biegt erst dann auf die alte L182 südwärts ab (durch Ballynahinch).

In *Newport* findet der Wechsel auf die R503 (T19) Richtung Annacotty statt. Nach etwa 5 km mündet die Straße in die N7 (T5), führt durch Annacotty hindurch und erreicht nach weiteren 5 km **Limerick** (s. Etappe 37).

Im Bunratty Folk Park

Etappe 40:
Ballyvaughan – Kinvara – Kilcolgan – Oranmore – Galway (49 km)

Diese Etappe verläuft mangels geeigneter Alternativen durchgehend auf Hauptstraßen, die aber anfangs wenig befahren sind.

Die N67 (T69) führt aus Ballyvaughan hinaus und zwischen den karstigen Hängen des Burren und dem Meer hindurch ostwärts. Bei Bealaclugga befinden sich abseits der Straße *Corcomroe Abbey*, eine Zisterzienserabtei von 1180, und *Oughtmama*, eine zu Fuß zu erreichende Klostersiedlung, von der noch drei Kirchenruinen stehen.

Nach einigen Kilometern wird das Dorf *Burren* durchfahren, das am Rand des gleichnamigen Gebiets und der Grafschaft Clare liegt. Das erste Dorf der Grafschaft Galway an der Straße ist Kinvara.

Kinvara, gäl. Cinn Mhara, Co. Galway, ist ein Fischerdorf an der gleichnamigen Bucht. Attraktion des Ortes ist *Dungaire Castle*, eine relativ kleine, restaurierte Burg aus dem 16. Jh., die besichtigt werden kann (Mai-Okt tägl.) und in der abends zweimal täglich die ach so beliebten mittelalterlichen Bankette abgehalten werden. Anmeldung beim Galway Tourist Office oder in Bunratty unter 1800 269811.

Herberge: Doorus House (An Oige), ✆/🖷 (091) 637512 (Warden), ✆ 637173 (Gäste), 56 B., ganzj., 6 km nördlich des Ortes am Ufer der Kinvarra Bay in einem Herrenhaus aus dem 19. Jh.; Johnston's Hostel (IHH/IHI), Main Street, ✆ (091) 637164, 24 B., Camping, Juli-Aug (Juni/Sept ggf. nachschauen, ob geöffnet ist!).

Die N67 (T69) schwenkt in Kinvara nordwärts und stößt in Kilcolgan auf die N18 (T11). Diese Straße verbindet die Großstädte Limerick und Galway miteinander und ist entsprechend stark befahren. Zwar ist eine Umgehungsstraße für Oranmore und Galway fertig (so daß Sie dort innerörtlich ausweichen können bzw. müssen), bis Oranmore muß man den Verkehr ca. 8 km lang wohl oder übel erdulden. Die Strecke führt von Oranmore auf der R338 (= alte Trasse der N6) geradewegs hinein nach Galway.

Galway, gäl. Gaillimh, 40.000 Einw., Co. Galway, ist die Hauptstadt der Grafschaft (160.000 Einw.) und mit dem Vorort Salthill die größte Stadt Westirlands. Im Mittelalter war Galway eine bedeutende Hafenstadt, die vor allem mit Spanien viel Handel betrieb. Nach der endgültigen Unterwerfung Irlands 1691 zog die englische Oberherrschaft die Schiffahrt an die Ostküste, so daß Galway permanent an Bedeutung, zeitweise sogar Stadtrecht verlor.
Seit etlichen Jahren bringen Industrie und Tourismus jedoch wieder Zuwachsraten, die sich auch im Bevölkerungszuwachs (über 30 % in 20 Jahren) niederschlagen. Für den Touristen ist Galway vor allem als Tor zu den unberührten Gebieten von Connemara interessant. Im Zentrum selbst, das sich auf wenige Straßen beschränkt, erinnern diverse Denkmäler an die Vergangenheit der Stadt. Zu den interessantesten gehört das Lynch-Memorial neben der St.

Nicholas-Kirche. Die Familie Lynch war über Jahrhunderte eine der führenden Sippen Galways. Ende des 15. Jh. hatte James Lynch als Bürgermeister und Richter das zweifelhafte Vergnügen, in einem Mordprozeß seinen eigenen Sohn Walter wegen Mordes zum Tode zu verurteilen. Die Legende sagt, daß in Ermangelung eines anderen Henkers der Richter die Exekution selbst durchführte und damit das Prinzip Ankläger=Richter=Henker zur Lynchjustiz machte. Die englische Sprache und unzählige amerikanische Westernfilme danken es ihm heute noch. (Es gibt aber auch die Variante, daß ein berüchtigter amerikanischer Henker der Namensgeber sei. Wer weiß…)

Die örtliche Variante eines gälischsprachigen Folktheaters, *Síamsa na Gaillimhe*, zeigt im Sommer Aufführungen im Taibhdhearc Theatre, Middle Street.

Galway verfügt mit dem Vorort *Salthill* (gäl. Bóthar na Trá) über eines von Irlands beliebtesten Seebädern mit dem dabei üblichen Rummel, darunter das Galway Leisureland, ein riesiges Vergnügungszentrum. Wer es hingegen lieber etwas einsamer mag, kann von Galway aus mit der Fähre zu den *Aran Islands* übersetzen. Information über die Fahrpläne vom Tourist Office. Flugverbindungen (2-6 täglich) zu den Arans mit Aer Arann.

Ein recht guter und vor allem preiswerter vegetarischer Imbiß befindet sich in der Lower Abbeygate Road No. 4 (nebenan Wholefood-Laden), eine Filiale ist gleich am Tourist Office. Eine gute Gelegenheit, vom Fish-and-Chips-Einerlei kulinarisch zu pausieren.

Information: Tourist Office, Aras Fáilte, Victoria Place, ✆ 63081, 🖷 65201, ganzj.; Tourist Office, Promenade, Salthill, Juni-Mitte Sept.
Telefonvorwahl: 091
Karte/Literatur: Stadtplan auf der Irlandkarte von Bord Fáilte; ITB-Broschüre *The Galway Guide.*
Verkehrsverbindungen: Eisenbahn nach Dublin über Athlone; Busse in alle Teile des Landes; Flüge nach Dublin; Flüge (ab Flugplatz Inverin) und Fähre zu den Aran Islands.
Herberge: *An Oige:* St. Mary's College, St. Mary's Road, ✆ 527411, 🖷 528710, 150 B., Juni-Aug. *Unabhängig:* Kinlay House Eyre Square (IHH), Merchants Road, ✆ 565244, 150 B., ganzj.; Great Western House (IHH), Eyre Sq, ✆ 561139, 🖷 561196, 191 B., ganzj.; The Galway Hostel (IHI), Eyre Square, ✆ 5669597, 🖷 562289, 50 B., ganzj.; Celtic Hostel (IHI), Queen Street, ✆/🖷 566606, 36 B., ganzj., neben der Touristeninfo; Barnacle's Quay Street Hostel (IHH), 10 Quay Street, ✆/🖷 568644, 109 B., ganzj.; Salmon Weir Hostel (IHI), St. Vincent's Ave, Woodquay, ✆ 561133, 40 B., ganzj.; The Stella Maris (IHI), 151 Upper Salthill, ✆/🖷 521950, 66 B. in 2-/4-Bett-Z.
Achtung: Die unabhängigen Hostels in Galway weisen eine ungeheure Fluktuation auf und können durch Managementwechsel auch ständigen Qualitätseinbrüchen unterliegen. Vor dem Einchecken unbedingt erst besichtigen! Solche Hostels meiden, bei denen am Bahnhof oder beim Tourist Office Schlepper um Kunden werben!
Camping: Ballyloughane **, ✆ 755338, 🖷 752029, 20 Stpl., April-Sept, am Ostrand der Stadt; Hunter's Silver Strand **, ✆ 592040, 40 Zstpl., Ostern-Sept, ca. 3 km westlich von Salthill an der R336 (L100); weitere Plätze östlich von Salthill.
Fahrräder (Auswahl): Kearneys Bicycles, Terryland Retail Park, Headford Road, ✆ 563356, 🖷 563625 (Premier-Raleigh-Vermietung, s. Kapitel „Das Fahrrad"); Celtic, Queen Street, ✆/🖷 566606, s. Hostel; Mountain Trail Bike Shop (Verm.), Middle Street, ✆ 569888; Salthill Rentals (auch Vermietung), Salthill, ✆ 22085 (tagsüber) & 22307 (nach Geschäftsschluß); The Bike Shop, 14 William St. West; Rent-a-Bike (Depot des Bike Store Dublin), Frenchville Lane, ✆ 61139, ganzj., nähe Bahnhof.

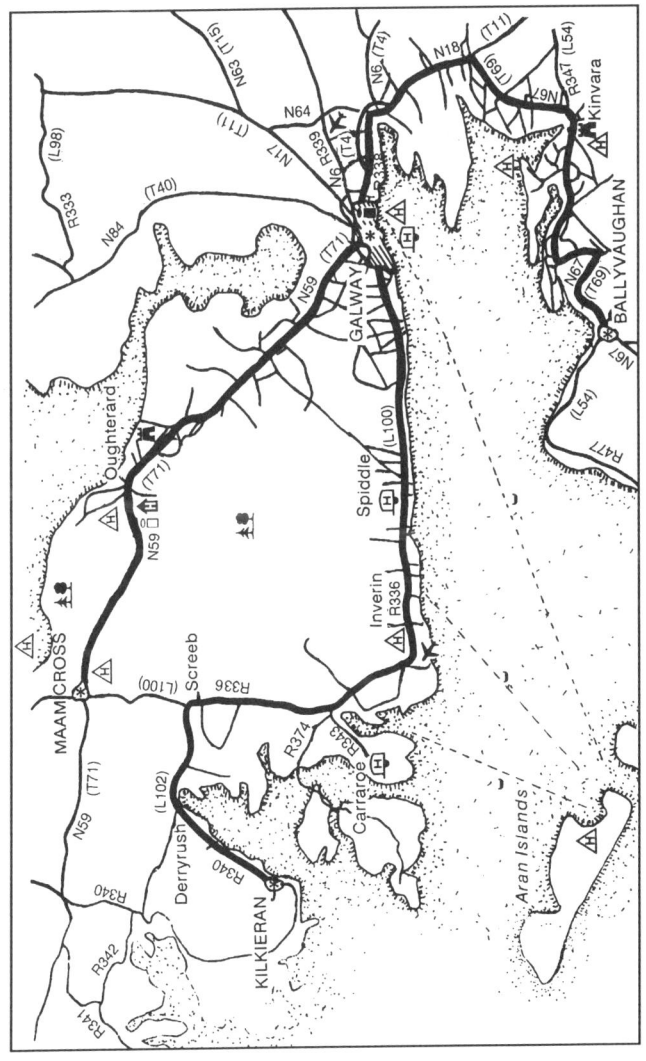

Etappe 41:
Galway – Spiddle – Inverin – Screeb – Derryrush – Kylesa – Kilkieran (65 km)

Der erste Teil einer Küstenstrecke im Süden der Grafschaft Galway, größtenteils durch irisches Sprachgebiet, was sich in einer etwas chaotischen Vielfalt der Ortsbezeichnungen und -beschilderungen äußert.
Die Küste westlich von Galway-City ist durchweg sehr felsig und erinnert mit den vielen, aus dem Gras emporragenden Kalksteinblöcken an den Burren.

Das erste Stück dieser Etappe führt über die R336 (L100) durch ziemlich stark zersiedeltes Gebiet; *Barna* (gäl. Bearna) und *Spiddle* (gäl. An Spidéal) sind Feriendörfer im Einzugsbereich von Galway. Hinter Spiddle ebbt der anfangs starke Autoverkehr allmählich ab.

Camping: Pairc Saoire an Spidéil **, Spiddle, ℭ (091) 553372, 12 Zstpl., ganzj.

Von **Inverin** (auch Inveran geschrieben, gäl. Indreabhán) verkehrt im Sommer gelegentlich ein Boot zu den Aran Islands, außerdem befindet sich hier eine **Herberge:** Connemara Tourist Hostel (IHI), Aille, ℭ (091) 593104, 20 B., ganzj., gegenüber der Kirche neben der Burmah-Tankstelle; die An-Oige-Herberge ist seit 1999 geschlossen.

Ca. 4 km danach biegt die bis dahin ziemlich schnurgerade verlaufene Straße nordwärts ab und führt weiter nach *Costello* (gäl. Casla). In dieser Gegend sind zwei Abstecher möglich. Ca. 2 km vor Costello ist über eine Nebenstraße das Dorf **Rossaveel** (gäl. Ross an Mhil) erreichbar, von wo aus eine regelmäßige Fährverbindung zu den Aran Islands besteht (Rabatt für JH-Mitglieder). Auf dem Seeweg wird übrigens auch Torf als Brennstoff auf die Arans geschafft, da die Inseln selbst über keine Torfvorräte verfügen.

Unterkunft: Mrs. M. Hernon, Rossaveel, ℭ (091) 572158, 4 Z., April-Okt; Mrs. Sile Mullin, Derrykyle House, Costello, ℭ (091) 572412, 4 Z., Mai-Sept.

Der andere Abstecher führt über die R343 auf die Halbinsel von *Carraroe* (gäl. An Cheathrú Rua), einem irischsprachigen Ferienzentrum. An dieser Straße befindet sich außerdem das *Tropical Butterfly Centre*, das allen Ernstes behauptet, tropische Schmetterlinge „in ihrer natürlichen Umgebung" zu zeigen (Mai-Sept).

Camping: Carraroe *, ℭ (091) 595266, 18 Zstpl., April-Sept.

Die felsige Küste wird nun von zerklüfteter Insel-, See- und Heidelandschaft abgelöst. In *Screeb* (gäl. Scríob), einem Anglerzentrum, biegt die Strecke westwärts auf die R340 (L102) ab und verläuft durch eine der kargsten Regionen Irlands. Die Häuser sind hier zwischen Felsen gequetscht worden, da geeignetes Bauland nicht ausreichend vorhanden ist. Esel mit Karren und Tragekörben werden zum Torftransport eingesetzt, selbst Schafe scheinen nur schwer zu gedeihen.

Bei *Derryrush*, am Fuß einer Hügelkette, verläuft die Etappe südwärts, weiterhin auf der R340 (L102), über Kylesa (einige B&B-Quartiere) bis **Kilkieran** (gäl. Cill Chiaráin).

Unterkunft: Hillside House B&B, Kylesalia, Kilkieran, ✆ (095) 33420, 4 Z., Mitte März-Nov.

Etappe 42:
Galway – Moycullen – Oughterard – Maam Cross (43 km)

Binnenlandstrecke bis an den Rand Connemaras.
Diese Etappe folgt im wesentlichen dem Lough Corrib, *einem der bekanntesten Lachsfanggewässer Irlands, und ist eine der landschaftlich abwechslungsreichsten in Irland: nördlich ein Corrib-See nach dem anderen, südlich immer höher aufragende Bergketten.*

Sie führt durchgehend über die N59 (T71), die aber nicht allzu stark befahren ist. Angler-Ferienorte säumen die Straße, so *Moycullen* (gäl. Maigh Cuillinn) und Oughterard.

Oughterard, gäl. Uachtar Ard, Co. Galway, ist ein ruhiges Feriendorf unweit des Lough Corrib, das vor allem bei britischen Gästen hoch im Kurs steht. Ca. 5 km vor dem Dorf liegt auf einer Felseninsel inmitten eines Zuflusses des Lough Corrib *Aughnanure Castle*, eine Festung aus dem 16. Jh., die restauriert worden ist und nun besichtigt werden kann (Mitte Juni-Mitte Sept. tägl.).
3 km westl. befindet sich die frühere Silbermine *Glengowla*, die zu einer Touristenattraktion ausgebaut worden ist (März-Nov tägl.).

Information: Tourist Office, ✆ (091) 552808, 📠 552811.
Verkehrsverbindungen: Busse nach Galway, Clifden und Moyrus; im Sommer Schiffsverbindung nach Cong, Kombinationsmöglichkeit mit Etappe 47.
Unterkunft: Rund 2 Dutzend Hotels und B&B in und um Oughterard.
Herberge: Lough Corrib Hostel (IHH/IHI), Camp Street, ✆ (091) 552688, 📠 552666, 26 B., Camping, Fahrradverm., ganzj.; Oughterards Canrawer House (IHH), Station Road, ✆/📠 (091) 552388, 46 B., Camping, ganzj.

Hinter Oughterard schwenkt die N59 (T71) nach Westen und führt durch ein Tal mit mehreren Seen nach **Maam** (gäl. Mám) **Cross**, einem Dorf an der Straßenkreuzung mit der R336 (L100).
Wer sich die Füße etwas vertreten möchte, hat hier Gelegenheit dazu: nach 6 km Fußweg wird eine der vielen „heiligen Quellen" Irlands, St. Patrick's Well, erreicht.

Herberge: Lake Shore Hostel (IHI), Maam Cross, ✆ (091) 552306, 📠 552215, 14 B., Camping, ganzj.; Corr na Mona Hostel (IHH), ✆ (091) 48002, 📠 48403, 24 B., Camping, Mai-Okt, auf der Nordseite von Lough Corrib.

Teilen kann man sich nun einmal schwer, also muß man eine Entscheidung für eine dieser Strecken treffen. Empfehlenswert sind beide.

a) Auf der R340 (L102) führt die Strecke immer an der Küste entlang bis *Carna*, einem kleinen Fischernest, in dem auch Bootspassagen zu den vorgelagerten Inseln erhältlich sind, so z.B. nach Macdara, wo sich eine Kirche des 6. Jh. befindet, zu der jeweils am 16. Juli eine Pilgerfahrt der Küstenbewohner stattfindet – „mangels" touristischer Werbung bisher ein Geheimtip (Teilnahme unkompliziert möglich, da die Fischer alle Mitfahrer kostenlos transportieren).

Unterkunft: Carna Bay Hotel **, ✆ (095) 32255, 🖪 32530, 12 Z., April-Sept; mehrere B&B-Häuser, teils nicht an Bord Fáilte angeschlossen.
Herberge (unabhängig): Carna Hostel, ✆ (095) 32240, recht großes Haus, Pub gleich nebenan, von Lesern teils negativ beurteilt.
Fahrradvermietung: Michael Geraghty, Carna, ✆ (095) 32239.

Der Eindruck von Armut, den die Dörfer auf der Ostseite der Insel machen, nimmt von Carna an allmählich ab. Ein paar Kilometer weiter nördlich, in *Glinsk*, berührt die Straße wieder unmittelbar die Küste und erreicht nach etwa 5 km die Abzweigung auf die R342, auf der die Etappe durch *Cashel* (gäl. Caiseal) führt, ein Dörfchen, das seinen ganzen „Ruhm" aus dem Umstand ableitet, daß General de Gaulle hier 1969 seinen Urlaub verbrachte. Die Straße endet an der R341 (L102), in die Sie südwärts einbiegen. Die Strecke verläuft immer an der Küste entlang im weiten Bogen durch *Roundstone* (gäl. Cloch na Rón) und *Ballyconneely* (gäl. Baile Canaola) nach Clifden.

Camping: Gurteen Bay **, ✆/🖪 (095) 35882, 44 Zstpl., Ostern-Sept, Waschm., 2 km westlich von Roundstone zwischen Straße und Strand.

Das letzte Stück nennt man *Brandy & Soda Road*, weil hier die Seeluft so schön prickelt.

Clifden, gäl. An Clochán, 1300 Einw., Co. Galway, schmückt sich mit dem Beinamen einer „Hauptstadt von Connemara". Da sie die einzige Stadt dieser Region ist, kaum ein Kunststück. In der Tat ist das erst 1812 gegründete Städtchen außerordentlich schön gelegen, an einer engen Atlantikbucht, die Höhen der Twelve Bens (auch Twelve Pins genannt) im Rücken. Die Vielzahl landschaftlicher Attraktionen wird jeden problemlos damit versöhnen, daß in Clifden Pause von historischen Stätten gemacht werden muß (oder darf).

Information: Tourist Office, Market Street, ✆ 21163, April-Sept.
Telefonvorwahl: 095
Verkehrsverbindungen: Busse nach Westport (nur donnerstags und nur im Sommer)

und Galway.

Unterkunft: Die Liste der Hotels und B&Bs ist eine volle A4-Seite lang.
Herberge: Leo's Hostel (IHH/IHI), Sea View, ✆ 21429, 🖹 23706, 41 B., ganzj.; Clifden Town Hostel (IHH), Market Street, ✆ 21076, 34 B.; Brookside Hostel (IHH/IHI), Fair Green, ✆ 21812, 🖹 22139, 35 B., März-Okt.
Camping: bei Leo's Hostel, s.o.
Fahrräder (auch Vermietung): John Mannion, Bridge Street, ✆ (095) 21160.

Bei der Weiterfahrt sollte man als erstes einen Abstecher über die Sky Road machen, die von Clifden entlang der Clifden Bay und der Streamstown Bay zurück zur N59 (T71) führt.

Auf jener nicht allzu stark befahrenen Straße geht es weiter: durch *Streamstown*, vorbei am *Connemara National Park* bei Letterfrack, durch das Tal von **Kylemore**, wo ein ein von Benediktinernonnen betriebenes Mädcheninternat in einem Schloß aus dem 19. Jh. untergebracht ist. Seit 1998 kann der prachtvolle Park des Anwesens besichtigt werden (im Sommer).

Herberge: Old Monastery (IHH), Letterfrack, ✆ (095) 41132, 🖹 41680, 50 B., Camping, ganzj.; Master's House, Knockbrack, Cleggan, ✆ (095) 44746, 32 B., Camping, ganzj.; weiteres Hostel (IHH/IHI) auf *Inishbofin Island* (Fähre ab Cleggan 2-3 x täglich).
Camping: Renvyle Beach *, ✆/🖹 (095) 43462, 29 Zstpl., Ostern-Sept, 5 km nördlich von Letterfrack am Killary Harbour.

Das letzte Stück auf der N59 bringt Sie zum Killary Harbour, Irlands einzigem Fjord, nach Leenane.

Leenane (auch Leenaun geschrieben), Co. Galway, ist ein aus nur wenigen Häusern bestehendes Dorf, das im Killary Harbour und dem dort hinein fließenden Erriff River ausgezeichnete Angelbedingungen aufweist. Das örtliche Hotel ist fest in der Hand der Lachsangler.
Ein „Cultural Centre" oberhalb des Dorfs möchte über Geschichte und Handwerk der Umgebung berichten (März-Okt. tägl.).

Verkehrsverbindungen: Busse nach Westport (nur im Sommer und nur donnerstags), Clifden und Galway.
Unterkunft: Portfinn Lodge **, ✆ (095) 42265, 🖹 42315, 8 Z., April-Mitte Okt; etwa 6 registrierte B&B-Häuser am Ort.
Herberge: Rosroe (An Oige), Renvyle, Killary Harbour, ✆ (095) 43417, 44 B., März-Sept, besonders schön gelegen ca. 10 km westlich von Leenane an der Landzunge am Killary Harbour, zu erreichen über eine Nebenstraße, die 5 km südwestlich von Leenane von der N59 (T71) abknickt, nächster Supermarkt/Pub fast 20 km entfernt.
Camping: Connemara **, ✆ (095) 43406, 52 Zstpl., Mai-Sept, 13 km westlich von Leenane am Lettergesh Strand bei Gowlaun, Straße zweigt 5 km vor Leenane von der N59 ab.

b) Die Alternativstrecke bleibt hinter Carna und Glinsk auf der R340 (L102), die auf die N59 (T71) mündet. Für etwa 2 km verläuft die Strecke auf der Hauptstraße ostwärts (Richtung Galway) und biegt dann auf die R344 nordwärts ab. Es folgt eine wahre Prachtstraße, mit idyllischen Seen wie Lough Inagh, die Twelve Bens daneben und auf der anderen Seite die Maumtury Mountains. Mit Abstand

eine der schönsten Straßen Irlands.
Sie endet im Tal von *Kylemore* auf der N59 (T71), von wo aus der Etappe 43a
bis **Leenane** gefolgt wird.

Herberge: An Oige, The Twelve Bens Youth Hostel, Ben Lettery, Ballinafad, ℗/▤ (095)
51136, 52 B., Ostern-Sept., 5 km westlich der Strecke an der N59 Richtung Clifden.

Etappe 44:
Maam Cross – Teernakill Bridge / Maum – Leenane (22 km)

---

*Diese Strecke durchläuft ein schmales Tal des Joyce Country, das nicht etwa
nach dem Dichter James Joyce, sondern nach der dort ansässigen Herrschafts-
familie des späten Mittelalters benannt ist.*

Die Etappe führt über die R336 (L100) nordwärts zur Teernakill Bridge und
schwenkt dann mit der Straße links, durchquert *Maum* und verläuft dann geradewegs bis **Leenane** (s. Etappe 43a).

Etappe 45:
Leenane – Louisburgh – Westport (53 km)

---

*In Leenane hat man die Qual der Wahl, den (längeren) Weg über Louisburgh
oder die gerade Strecke durch das Tal des Erriff River (s. Etappe 46) zu nehmen.*

Die Louisburgh-Strecke biegt nördlich von Leenane an der Grafschaftsgrenze
nach Mayo von der N59 (T71) auf die R335 (L100) ein, folgt dem Killary Harbour
und anschließend dem Bundorragha River zum Doo Lough, wobei insgesamt
etwa 100 m Höhenunterschied auf langgezogenen, eher sanften Steigungen zu
bewältigen sind. Der *Doo Lough Pass* wird beidseitig von hohen Bergen
gesäumt: die Sheeffry Hills im Osten, die Mweelrea Mountains im Westen ragen
jeweils rund 800 m hoch empor.

Die Paßstraße führt hinab vorbei am Dorf *Cregganbaun*, in dessen Nähe *Srah-
mee* liegt, eine Megalithgrabkammer (beschildert), die in den Zeiten der
Katholikenverfolgung als Messefelsen benutzt wurde. Nach weiteren 10 km wird
das Städtchen Louisburgh erreicht.

Louisburgh, gäl. Cluain Cearbhan, Co. Mayo, wurde erst 1802 gegründet;
über die Namensgebung gibt es zwei Versionen. Die eine besagt, daß Louisa
Browne, Mitglied der Gründerfamilie der Stadt, Namensgeberin war, die andere, daß in Umkehrung des „normalen" Verlaufs eine Stadt in Neuschottland als
Vorbild diente.

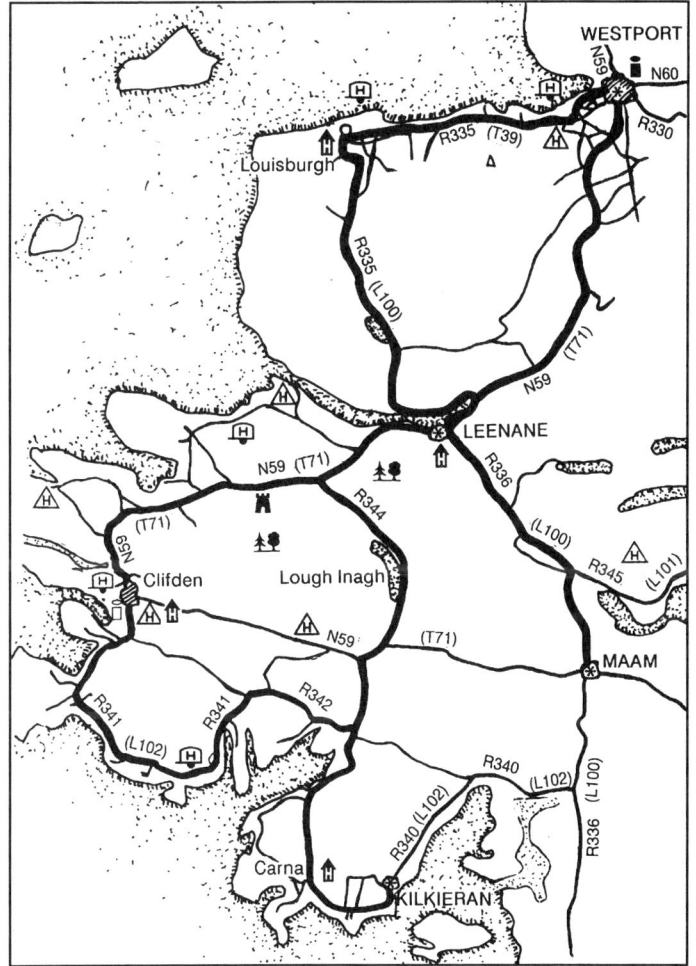

Ca. 2 km südöstlich des Ortes liegt die *Kilgeever*-Abtei, eine alte Kirche mit „heiliger" Quelle – in dieser Region eine häufige Erscheinung.
Von Louisburgh aus läßt sich ein Abstecher westlich zum Roonagh Quay ein-

schieben, von wo aus täglich Boote nach *Clare Island,* einer etwa 40 km² großen Insel in der Clew Bay, und zur weiter südlich gelegenen *Inishturk Island* fahren. Wer Ruhe und Abgeschiedenheit sucht, dürfte dort richtig aufgehoben sein. Auf dem Weg von oder nach Roonagh kann man noch einen Blick auf die Überreste einer prähistorischen Befestigung bei Askillaun, ca. 3 km westlich von Louisburgh, werfen.

Unterkunft: mehrere B&B, darunter: Mrs. Kenny, Springfield House, Westport Road, ✆ (098) 66289, 4 Zi., April-Sept.
Camping: Old Head Forest ***, ✆/🖨 (098) 66021, 15 Zstpl., Juni-Aug, 4 km nordöstlich an der N60.

Ab Louisburgh hat die R335 als alte Bezeichnung T39 und verläuft immer an der Küste entlang ostwärts.
Nach etwa 10 km liegt auf einer kleinen Landzunge zur Westport Bay *Murrisk Abbey*, ein Augustinerkloster aus dem 15. Jh., das recht gut erhalten ist. Der Weg auf den Croagh Patrick beginnt direkt gegenüber.

Unmittelbar am Ortsanfang von Westport (zwischen Hafen und Octagon) muß noch einmal ein kleiner, aber steiler Hügel (50 m Höhenunterschied) „bezwungen" werden.

Wandmalerei in Westport

Westport, gäl. Cathair na Mart, 3000 Einw., Co. Mayo, ist ein ausgesprochen hübsches Städtchen, das im 18. Jh. planvoll angelegt wurde. Etliche Architektennamen werden als Urheber des Entwurfs gehandelt, aber keiner ist sicher belegt. Es verfügt über einen originellen, achteckigen Marktplatz und die Mall in Form einer Lindenallee, die sich an beiden Ufern des kanalisierten Carrowbeg River hinzieht. Die für Irland höchst ungewöhnliche Aufstellung von Ruhebänken vervollständigt diesen Boulevard. Am letzten Sonntag im Juli versammeln sich in Westport Tausende von Wallfahrern, die den Croagh Patrick, den heiligsten aller heiligen Berge Irlands, besteigen wollen. Die Schneise, die der „Trampelpfad" zum Berggipfel schlägt, ist noch aus großer Entfernung zu sehen.

Am westlichen Stadtrand befindet sich der Eingang zum Park von *Westport House*, einem georgianischen Herrenhaus mit englischem Park, das noch heute im Besitz der Erbauerfamilie ist. Dem Druck der Steuerlast nachgebend sind seit 1960 Haus und Park der Öffentlichkeit zugänglich. Auf dem Gelände wurden u.a. ein kleiner Privatzoo (der einzige in Irland) und eine Verleihstation für Zigeunerwagen eingerichtet. Die etwas zu offensichtliche Kommerzialisierung des Anwesens trägt nicht unbedingt dazu bei, daß man den hohen Eintrittspreis als angemessen ansehen könnte. Der Park ist allerdings gratis zu durchstreifen (dank staatlicher Auflagen).

Information: Tourist Office, The Mall, ✆ 25711, 🖷 26709, ganzj.
Telefonvorwahl: 098
Verkehrsverbindungen: Eisenbahn nach Dublin; Busse nach Belfast, Clifden, Cork, Ennis, Galway, Limerick, Sligo und Orten im County Mayo.
Herberge: Club Atlantic (An Oige/IHH), Altamont Street, ✆ 26644 & 26717, 🖷 26241, 140 B. in 42 Z., Mitte März-Okt, Camping, beim Bahnhof an der R330 Rchtg. Ballinrobe; Old Mill Hostel (IHH), Barrack Yard, James Street, ✆ 27045, 🖷 28640, 52 B., ganzj.; The Granary (IHI), The Quay, ✆/🖷 25903, 24 B., Jan-Nov, in einer umgebauten Scheune am westlichen Stadtrand nahe von Ryans Hotel, Duschen im Hof.
Camping: Parklands ***, ✆ 27766, 🖷 25206, 115 Zstpl., Waschm., Mitte Mai-Mitte Sept, auf dem Gelände von Westport House.
Fahrräder (auch Vermietung): J.P. Breheny & Sons, Castlebar Street, ✆ 25020; Sean Sammon, James Street, ✆ 25471; Miet-Depot des Bikestore (Dublin) im Club Atlantic Hostel.

Etappe 46:
Leenane – Erriff River – Westport (31 km)

Diese Strecke verläuft durchgehend auf der N59 (T71), die hier eine der ruhigsten Hauptstraßen Irlands ist.

Zwischen den Höhenzügen der Sheefry Hills und der Partry Mountains folgt die Etappe dem *Erriff River*, um dann durch ausgedehnte Torf- und einige Waldgebiete nordwärts zu zielen. Während der zweiten Hälfte beherrscht die imposante Kuppe des Croagh Patrick die Landschaft, die weitgehend unbesiedelt ist. Nur einzelne Häuser säumen die Straße, die nur geringe Steigungen aufweist und als reine Entspannungsübung anzusehen ist. Sie trifft aus Südwesten auf den Stadtrand von **Westport** (s. Etappe 45).

Etappe 47:
Maam Cross – Cong – Toormakeedy – Killavally – Westport (80 km)

Connemara vom feinsten: Seen mit hineingesprenkelten Inseln, üppige Vegetation im Süden, nach Norden nach zunehmend karg und mit näherrückenden Bergen garniert. Allerdings auch einige schweißtreibende Steigungen. Die Beschilderung ist häufig nur in Gälisch gehalten.

Die Etappe beginnt auf der R336 (L100) nordwärts zur Teernakill Bridge und zweigt dann bei Maum rechts ab die R345 (L101), die in gewissem Auf und Ab dem Ufer des Lough Corrib folgt.

Herberge: Corr na Mona Hostel (IHH), ℰ (091) 48002, 🖹 48403, 24 B., Camping, Mai-Okt, auf der Nordseite von Lough Corrib.

Nach dem Durchradeln der langgezogenen Streusiedlung *Cornamona* (gäl. Corr na Mona) erklimmt die Straße eine vom See wegleitende Anhöhe; gleich darauf biegen Sie rechts ab auf eine Nebenstraße nach Cong (sofern Sie dieses Dorf nicht „auslassen" und gleich geradeaus nach Clonbur abkürzen möchten).

Cong, gäl. Conga, Co. Mayo, ist ein idyllisch gelegenes Dorf am Lough Corrib, das aufgrund seiner schönen, wald- und abwechslungsreichen Umgebung zu einem populären Ferienort geworden ist. Die Gegend lädt zu ausgedehnten Wanderungen ein und hält auch Attraktionen wie die unvermeidlichen Megalithgräber, einige Höhlen und historische Gemäuer bereit.
Eine Obskurität besonderer Art ist der „Dry Canal", ein Musterbeispiel für technische Fehlplanung im Kanalbau. Die 6 km lange Verbindung zwischen Lough Lask und Lough Corrib sollte einen Schiffahrtsweg von Ballinrobe bis Galway ermöglichen. 1848-54 gruben die aufgrund der damaligen Hungersnöte extrem billigen Arbeitskräfte in Handarbeit den Kanal, dessen Schleusentore aber wenig zu tun bekamen. Eine seriöse Bodenuntersuchung hatte nicht stattgefunden, so daß es sich erst nach Fertigstellung des Kanals herausstellte, daß der Kalksteinboden viel zu porös war, um das von Lough Mask hereindringende Wasser zu halten. Im Sommerhalbjahr ist der Kanal deswegen schlicht trocken, und selbst beim höchsten Wasserstand im Winter schaffen die „Massen" nur den halben Weg bis nach Cong.
Ganzer Stolz des Ortes ist im übrigen, daß 1951/52 hier der John-Ford-Film „The Quiet Man" mit John Wayne und Maureen O'Hara gedreht wurde. Dementsprechend wurde das örtliche Heimatmuseum „Quiet Man Heritage Cottage" getauft (März-Nov tägl.).

Information: Tourist Office, ℰ (092) 46542, Mitte März-Sept.
Verkehrsverbindungen: Im Sommer zweimal täglich Schiffsverbindung nach Oughterard, Kombinationsmöglichkeit mit Etappe 42.

Herberge: Cong Hostel (An Oige/IHH/IHI), Lisloughrey, Quay Road, ✆ (092) 46089, 🖹 46448, 102 B., ganzj., am westl. Ortsrand; The Quiet Man (IHH/IHI), Abbey Street, 30 B., Dependance des Cong Hostels, im Ortszentrum; The Courtyard Hostel (IHH), Garracloon Lodge, Cross, ✆ (092) 46203, 18 B., Camping, ganzj., 4 km östl. am Abzweig R334/R346, schlechte „Presse" in puncto Sauberkeit.
Camping: Cong ***, 10 Zstpl., Waschm, Fahrradverm., ganzj., dem Cong Hostel angegliedert.
Fahrräder: Fred O'Connor, ✆ (092) 46008, 🖹 46771, auch Vermietung.

Kartenskizze Etappen 47 & 48

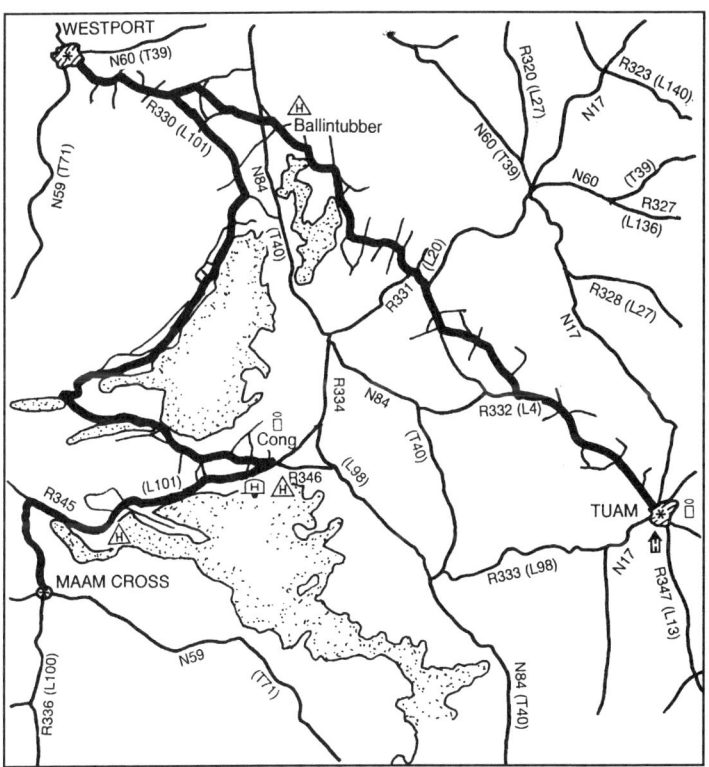

Auf der R345 (L101) Rchtg. Cloghbrack und Finny radeln Sie nordwestwärts wieder aus Cong hinaus und haben jetzt ein längeres Teilstück mit diversen Steigungen vor sich. Sie durchradeln *Clonbur* (gäl. An Fhairche) und überqueren eine Bergkuppe südlich von Lough Mask; an der darauffolgenden Gabelung knicken Sie mit der Vorfahrt rechts ab nach *Finny* (gäl. Fionn Mhuighe). Es geht weiterhin bergauf: zur T-Mündung am Westrand von Lough Nafoghy, wo Sie sich rechts halten (Rchtg. Toormakeady/Westport/Castlebar), und noch einen besonders steilen Kilometer, bevor die auch als „Lough Mask Scenic Drive" beschilderte Straße hinunter zum Lough Mask führt.

Im Vergleich zur Umgebung von Cong ist die Landschaft nun karg, Moore und rauhe Berge beherrschen die Szenerie. Immer zwischen Lough Mask und Partry Mountains radeln Sie weiter bis zur T-Mündung auf die R330 (L101), die links durch *Killavally* (Hostel Ballintober, s. Etappe 48, von hier aus beschildert) geradewegs nach **Westport** (s. Etappe 45) leitet.

Etappe 48:
Westport – Ballintober – Roundfort – Tuam (54 km)

Eine Querverbindung zu den Strecken Richtung Binnenland, ohne nennenswerte Steigungen.

Die R330 (L101) Rchtg. Ballinrobe leitet Sie zuverlässig aus Westport hinaus. Nach ca. 5 km verlassen Sie sie in einer rechts abknickenden Vorfahrt nach links

Ballintubber Abbey

auf die Nebenstraße Rchtg. Ballyhean. Nach weiteren 1½ km geht's unbeschildert halbrechts (die erste als Straße erkennbare Abzweigung); der Untergrund mutiert zeitweise zu einem festen Schotterweg. Ebenfalls unbeschildert mündet der Weg links einschwenkend auf die Straße Killavally-Ballintober, die nach ca. 3 km auf die N84 (T40) trifft. Ignorieren Sie die Schilder zur Ballintubber Abbey, die Sie nach rechts leiten wollen, sondern kreuzen Sie die Hauptstraße gerade, und radeln Sie mit der rechts schwenkenden Vorfahrt zur Abtei.

Ballintubber Abbey, Co. Mayo, hat die älteste noch bestehende Kirche Irlands, seit über 780 Jahren wird hier die Messe gelesen. Vorher gab es am gleichen Ort ein Kloster mit Herberge für die Pilger, die auf dem Weg zum Croagh Patrick waren. Die Ruinen dieser Anlage sind neben der Kirche aus dem 13. Jh. freigelegt worden. Zur 750-Jahr-Feier von Ballintubber im Jahr 1966 erhielt die Kirche ein neues Holzdach.
In den letzten Jahren ist das Abteigelände mit allerlei merkwürdigen religiösen Monumenten „verziert" worden. Spitze dabei: ein künstlicher Golgathahügel mit Wasserfall!

Herberge: Creevagh House Farm Hostel (IHH), Ballintober, ✆ (094) 30747, 🖹 30018 20 B., Camping, Juni-Anf Sept.

Entweder folgen Sie nun der Beschilderung Rchtg. Burriscarra Abbey, oder Sie radeln einfach geradeaus weiter über ein kurviges Sträßchen zur T-Einmündung in die beschilderte Straße, wo Sie sich rechts halten (*in Gegenrichtung zur besseren Orientierung der Beschilderung nach Ballintober folgen*).

Burriscarra Abbey ist über eine beschilderte Zufahrtstraße zu erreichen (anschließend wieder zurück) und besteht aus zwei stark verfallenen Ruinen, die frei zugänglich sind.

In einer Ansiedlung namens *Carnacon*, die auf der OS-Karte fehlt, biegen Sie rechts ab auf die Straße Rchtg. Hollymount und Tuam. Das 2 km weiter beschilderte *Moorehall House* an der Strecke ist keine historische Sehenswürdigkeit, bietet aber ein nettes Waldgebiet mit Picknickplatz am Lough Carra.

Die OS-Karte gaukelt einen komplizierteren Straßenverlauf vor, als er sich in der Realität präsentiert: Sie können schlicht immer geradeaus fahren (*in Gegenrichtung ist Ballintubber beschildert*). Schließlich mündet die Straße spitzwinklig und unbeschildert (*in Gegenrichtung: „Ballyglass"*) in die R331 (L20) nach *Hollymount*, wo es mit der Beschilderung Rchtg. Tuam rechts nach *Roundfort* geht. Was hinter Roundfort auf der OS-Karte wie eine Kreuzung aussieht, entpuppt sich als T-Mündung, wo Sie links Rchtg. Tuam abzweigen. Die Einmündung in die R332 (L4) entspricht dem Kartenbild, und nun radeln Sie geradewegs zum Etappenziel.

Tuam, gäl. Tuaim, 3700 Einw., Co. Galway, ist die bedeutendste Stadt der nördlichen Grafschaft. Die Industriestadt (Zuckerfabrik) ist Bischofssitz beider großer Kirchen und verfügt dementsprechend über zwei Kathedralen, beide aus dem 19. Jh. Das imposante Hochkreuz aus dem 12. Jh., das früher den zentralen Platz der Stadt beherrschte, ist zur Schonung der Materialsubstanz auf das Gelände der St. Mary's Cathedral verlagert worden. Nur wenige Meter vom Ortszentrum entfernt existiert mit dem Mühlenmuseum das älteste industrielle Museum Irlands (Mitte Juni-Mitte Sept., so geschl., gratis); im gleichen Haus ist auch das örtliche Tourist Office untergebracht.

Information: Tourist Office, Mill Museum, ✆ (093) 24463, Mitte Juni-Mitte Sept.
Verkehrsverbindungen: Busse nach Galway, Belfast, Dundalk, Sligo, Derry, Ballina, Cork und Shannon Airport.
Unterkunft: Imperial Hotel **, The Square, ✆ (093) 24188, 🖹 25314, 26 Z.; Mrs. Josephine O'Connor, Kilmore House, Galway Road, ✆/🖹 (093) 24584, 7 Z., ganzj.; einige B&Bs in der Umgebung.

> **Etappe 49:**
> Tuam – Athenry – Loughrea – Woodford – Mountshannon – Tuamgraney
> (98 km)

Eine ruhige Querverbindung zum Shannongebiet.

Noch im Stadtgebiet von Tuam zweigt von der R332 (Rchtg. Athlone) die R347 Rchtg. Athenry ab. Ohne weitere Abzweigungen radeln Sie auf dieser Straße geradeaus (Kreuzung mit der N63 ca. 20 m nach links versetzt) nach Athenry.

Athenry, gäl. Ath an Rí, 1400 Einw., Co. Galway, ist eine typisch irische Marktstadt mit den üblichen Einkaufsmöglichkeiten, aber ohne touristische Bedeutung. So sind die Ruinen des Castles (13. Jh.) und des Dominikanerklosters (13./14. Jh.) noch weit davon entfernt, als restauriert gelten zu können.

Verkehrsverbindungen: Eisenbahn nach Galway und Dublin; Busse nach Galway, Tuam und Portumna.
Unterkunft: Newpark Hotel *, Cross Street, ✆ (091) 844035, 11 Z., ganzj.; einige B&Bs.

Die Beschilderung Rchtg. Dublin/Limerick/N6 leitet auf der R347 (L54) aus der Stadt. Am Ortsrand biegen Sie links ab auf die R348 (T4) Rchtg. Ballinasloe, die nach etwa 3½ km nach rechts auf die R349 (L13) Rchtg. Loughrea verlassen wird. Erst kurz vor **Loughrea**, einem am gleichnamigen See schön gelegenen Ort, mündet diese Straße in die N6.

Unterkunft: Odeas Hotel ***, Bride Street, ✆ (091) 841611, 🖹 842635, 14 Z., ganzj.; Mrs. Rose Plower, La Riasc, Clostoken, ✆ (091) 841069, 4 Z., ganzj.

Durchs Ortszentrum nutzen Sie die N6 Rchtg. Dublin und biegen dann rechts ab auf eine ganz kleine Straße (R351 [L99], beschildert) Rchtg. Woodford. Mit zahlreichen Steigungen und Gefällen, die bei *Woodford* besonders beachtlich ausfallen, geht's immer der Nase nach bis zur T-Mündung auf die R352 (T41). Sie halten sich rechts nach Gorteeny und weiter Rchtg. Ennis, rauschen hinunter nach

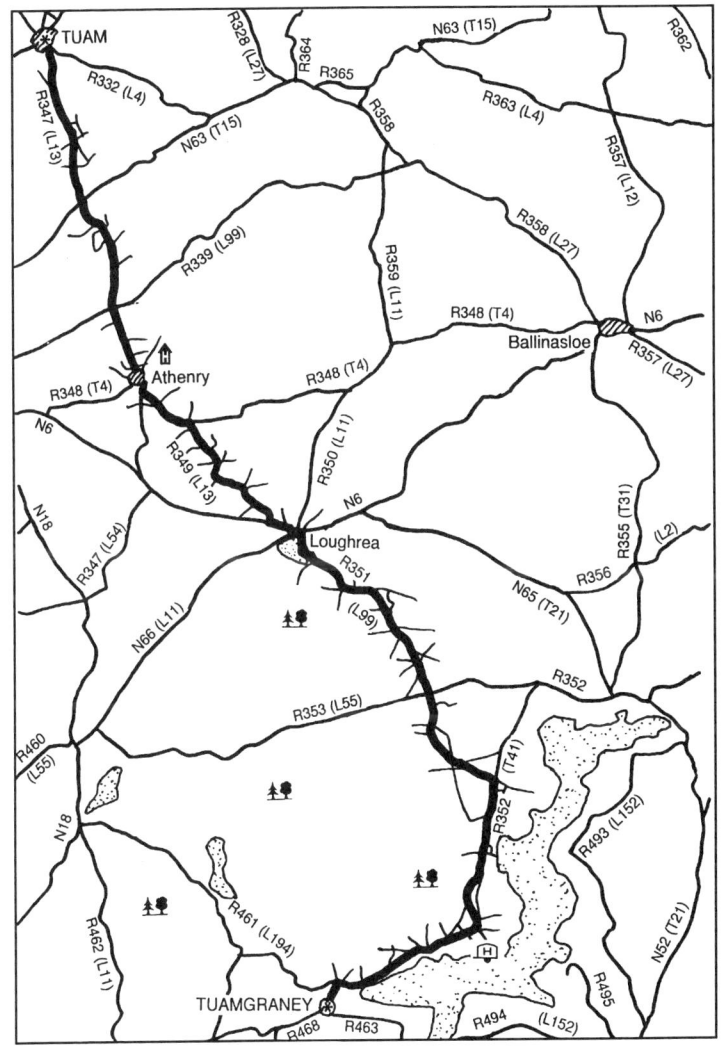

Whitegate, durchradeln *Mountshannon* (Hotel, Camping), um in Scarriff mit dem Straßenverlauf und der Fernbeschilderung Rchtg. Ennis links zu schwenken. In **Tuamgraney** (s. Etappe 36) ist das Etappenziel erreicht.

Etappe 50:
Westport – Newport – Mulrany – Ballycroy – Bangor – Bunnahowen – Glenamoy – Belderg (104 km [ohne Curraun/Achill])

Diese Strecke erschließt den Westen der Grafschaft Mayo, einer einsamen Gegend mit so wenig Straßen, daß man in Ermangelung von „echten" Hauptstraßen einer abgelegenen Küstenstrecke die Nummer N59 (T71) gegeben hat.

Auf dieser Straße verlassen Sie Westport und fahren entlang der Clew Bay nordwärts bis Newport.

Newport, gäl. Baile Uí Fhiacháin, Co. Mayo, ist ein kleines Fischerstädtchen an der Nordostecke der Clew-Bay. Im Stadtzentrum ragt hoch eine Brücke empor, die im Nichts endet; hier verlief früher die Eisenbahnlinie, die Heinrich Böll vor 40 Jahren nach Achill Island brachte.
Drei Kilometer nordwestlich von Newport liegt an der N59 (T71) *Burrishoole Abbey*, eine guterhaltene Klosterkirche aus dem 15. Jh. Etwa 6 km nördlich der Stadt, über eine Nebenstraße von der N59 (T71) zu erreichen (erste Abzweigung rechts hinter Newport), ist am Lough Furnace eine Lachs-Forschungsstation mit Brut- und Aufstockungsanlage zu besichtigen.

Verkehrsverbindungen: Bus 255 nach Ballina, Westport und Achill Island.
Herberge: Traenlaur Lodge (An Trian Láir [An Oige]), Lough Feeagh, ℭ (098) 41358, 32 B., April-Sept., 8 km nördlich von Newport, über die gleiche Nebenstraße zu erreichen wie Lough Furnace.

Die N59 (T71) biegt hinter Newport westwärts ab und folgt der Küstenlinie bis *Mulrany* (auch Mallaranny geschrieben), gäl. An Mhála Raithní.
Von hier aus ist ein Abstecher zur Curraun-Halbinsel und nach Achill Island möglich und empfehlenswert.

Die *Curraun-Halbinsel* (auch „Corraun" geschrieben, gäl. An Corrán) ist fast rund bei einem Durchmesser von etwa 10 km; um die Nordostecke herum verläuft die R319 (L141) bis zur Brücke nach Achill Island. Alternativ kann man auch die etwas längere Strecke um die Südwestspitze benutzen; meine Empfehlung: auf Hin- und Rückweg jeweils eine dieser Straßen wählen. Die Halbinsel besteht fast völlig aus teilweise kahlen, blankgeschrubbten Felshängen, die bis 540 m hoch emporragen. Nur Kühe, Schafe, Esel bevölkern die Landschaft.

Curraun vorgelagert und durch eine Drehbrücke über den nur ein paar Meter breiten Sund verbunden ist Irlands größte Insel, Achill Island.

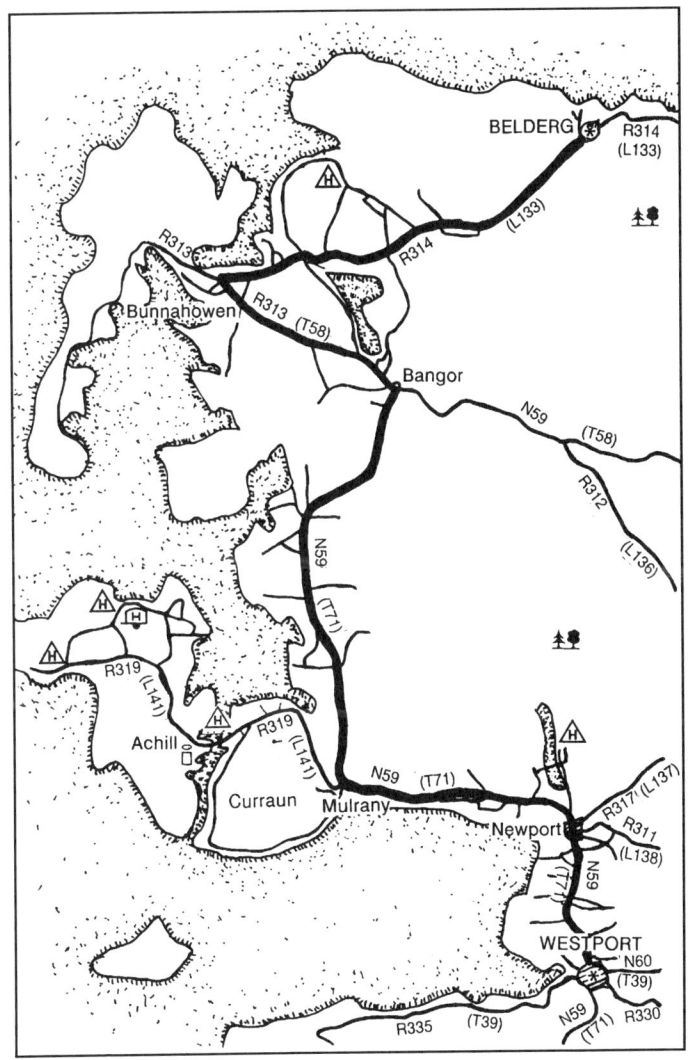

Achill Island, gäl. Acaill, 6000 Einw., Co. Mayo, ist eine Art Irland im Kleinen. Die etwa 150 km² der Insel verfügen über Hochmoore, kleine Seen, extrem steile Berge neben langen, weißen Stränden und – last not least – mit den 240 m tief abfallenden *Minaun*-Klippen um eindrucksvolle Felsformationen.

In den 50er Jahren war Achill Endstation für Heinrich Böll auf seiner Irlandreise und einer der einsamsten Flecken überhaupt; ein Ort, in den sich Böll dauerhaft verliebte und hier auch ein Cottage besaß und bewohnte (s.u.). Ganz so abgeschieden lebt es sich hier jedoch mittlerweile nicht mehr. Die Insel ist bei den Iren in Mode gekommen und lebt daher heute außer vom Fischfang vor allem vom Tourismus. In der Nebensaison und ansonsten außerhalb der Wochenenden ist davon allerdings nicht viel zu bemerken.

Hauptort der Insel ist *Achill Sound* (gäl. Gob An Choire) an der Brücke zur Curraun-Halbinsel, ein uninteressantes Nest mit allerdings dem größten touristischen Angebot.

An der Nordküste beherbergt *Doogort* (auch Dugort geschrieben) das Heinrich-Böll-Cottage, das überwiegend als Künstlerdomizil für Stipendiaten der Böll-Stiftung dienen soll. Beim Ort sind zwei schöne Strände anzutreffen, an denen auch die Campingplätze der Insel liegen. Dicht neben dem westlichen dieser Strände ragt steil der Slievemore (671 m) empor, den man leider wegen des unwegsamen Geländes nur schwer besteigen kann. Ein Weg auf den Hang bietet sich nur von der anderen Seite, 5 km Fußweg entfernt, vom verlassenen Dorf Slievemore, einer „Geisterstadt" aus der Zeit um 1800, in der man wieder deutsche Literaturluft schnuppern darf.

Zum Südteil der Insel führen zwei Straßen: zum einen der *Atlantic Drive*, eine Rundtour um die Südspitze, zum anderen die R319 (L141) über Bunacurry nach Keel und Dooagh. Bei den beiden letztgenannten Dörfern tummeln sich – harmlose – Riesenhaie und Lachse en masse, die mit Harpunen und Netzen gejagt werden. Der Strand von Dooagh an der Tramore Bay wirkt mit seinen 5 km feinstem Sand wie aus dem Postkartenalbum. An seiner Ostflanke erheben sich die Minaun-Klippen 244 m hoch aus dem Meer.

Gleich dahinter auch die Klippen von Achill Head an der Westseite der Insel, die – im Gegensatz zu den Minaun-Klippen – über einen Fußweg erkundet werden können. Ebenfalls bei Dooagh befindet sich das Corrymore House, dessen zeitweiliger Bewohner 1880 seinen Namen mit der Verweigerung (seiner Pächter gegen die Landreform) verknüpfte: der frühere Hauptmann hieß Boycott, war Verwalter der Güter von Lord Erne am Lough Mask und wurde dort das erste bekannte „Opfer" eines Generalstreiks gegen ihn – nicht nur der Pächter, sondern der gesamten Bevölkerung, vom Postboten bis zum Krämer. Der erste „Boykott" eben.

Information: Tourist Office, Achill Sound, ✆ 45384, Juni-Aug.
Verkehrsverbindungen: Bus 255 nach Dooagh/Doogort, Westport und Ballina.
Telefonvorwahl: 098
Herberge: Railway Hostel (IHI), Achill Sound, ✆ 45187, 🖷 45209, 20 B., Camping, ganzj., kurz vor der Brücke zur Insel rechts; Wild Raven Hostel, The Points, Achill Sound, ✆ 45392, 24 B., Camping, ganzj.; The Wayfarer Hostel (IHH), Keel, ✆ 43266, 32 B., März-Anf Okt, am Strand; Valley House (IHI), Doogort, ✆ 47204, 30 B., Camping, Mitte März-Okt, Pub im Haus.
Camping: Seal Caves ***, ✆ 43262, 20 Zstpl., Waschm., April-Sept, am Westrand von

Doogort, ca. 3 km hinter Bunacurry nächste Abzweigung nach Norden; Keel Sandy-banks ****, Keel, ✆ 43211, 🖹 32351, 42 Zstpl., Juni-Anf Sept.
Fahrräder (auch Vermietung): O'Malley Island Sports, Keel, Post Office, ✆ 43125, 🖹 443444.

Nach den Abstechern zur Curraun-Halbinsel und nach Achill wird die Etappe in Mulrany nordwärts auf der N59 (T71) fortgesetzt. Die Straße verläuft fast ohne Steigung immer in Sichtweite der Küste bis *Bangor*, einem Anglerdorf nahe dem Carrowmore Lough. Hier knickt die Streckenführung nordwestlich auf die R313 (T58) Richtung Belmullet ab und passiert nach etwa 10 km das Steinfort *Dún Domhnall*.
Im Dorf *Bunnahowen* (gäl. Bun na hAbhna) oder – wahlweise – 3 km danach erfolgt der Wechsel auf die R314 (L133), die zwischen Hügelketten und Seen hindurch Richtung Nordosten führt, den Ort *Glenamoy* (gäl. Gleann na Muaidhe) passiert und kurz vor der Küste **Belderg** (gäl. Béal Deirg) erreicht, ein Feriendorf mit guten Lachsangelmöglichkeiten.

Herberge: Kilcommon Lodge (IHH/IHI), Pollatomish, ✆/🖹 (097) 84621, 20 B., ganzj.; 10 km nordwestlich von Glenamoy an der Sruwaddacon Bay.

Etappe 51:
Belderg – Ballycastle – Killala – Ballina (44 km)

Diese Strecke ist von historischen Gemäuern geradezu überfrachtet; sie verläuft stetig auf der R314 (L133).

Etwa auf halber Strecke nach Ballycastle befinden sich zwischen Straße und Küste die Ausgrabungen der *Céide Fields*, die ein höchst ungewöhnliches Überbleibsel aus den Zeiten der Megalithkultur (ca. 3000 v.u.Z.) sind. Ein mehrere Quadratkilometer großes Gebiet wurde von Siedlern gerodet, gleichmäßig parzelliert, eine Viertelmillion Steine wurden gesammelt und zu rund 120 km Trennmauern zwischen den Feldern aufgeschichtet. Im Gegensatz zu anderen Siedlungen dieser Zeit sind die Céide Fields jedoch schon 200 Jahre nach ihrer Anlage verlassen und von einem Moor verschlungen worden, so daß die Ausgrabungen heute den Urzustand freilegen können. Seit 1993 ist ein pyramidenförmiges Besucherzentrum auf dem Ausgrabungsgelände zugänglich.

An der *Bunatrahir Bay*, ca. 2 km nordwestlich von *Ballycastle* (gäl. Baile an Cáisil), liegen zwei Steingrabhügel, zwei Dolmen und eine verfallene frühchristliche Kirche. Auf der Landzunge Downpatrick Head, 8 km nördlich von Ballycastle, stehen die Überreste einer St. Patrick's Kirche, der Küste vorgelagert ist eine bizarre Felsabsplitterung im Meer; südöstlich des Ortes sind drei weitere Steingrabhügel anzutreffen.

Nach ca. 10 km führt eine Nebenstraße nordöstlich nach *Rathfranpark*, wo zwei Ringforts sowie die Ruine eines Dominikanerklosters aus dem 13. Jh. stehen. Etwas weiter nördlich davon ergänzt *Carbad More*, ein keltisches Steinhügelgrab, das geschichtliche „Freilichtmuseum".

Kartenskizze Etappen 51 – 53

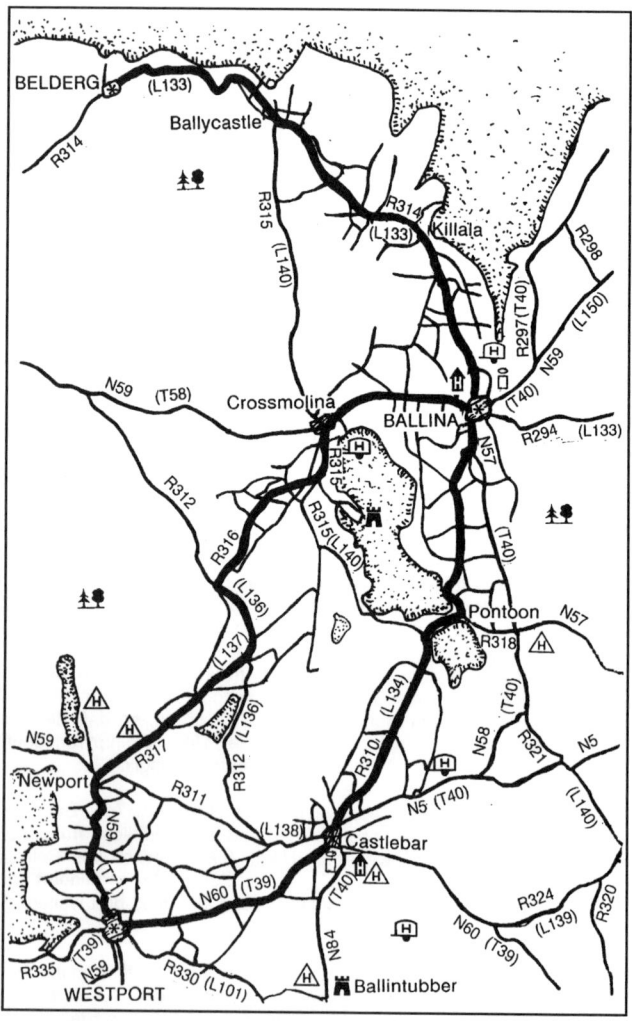

An der Westküste der gleichnamigen Bucht liegt das Fischerdorf **Killala** (gäl. Cill Ala), früher ein bedeutendes religiöses Zentrum. Einen Platz in der irischen Geschichtsschreibung errang das Dorf aber dadurch, daß hier 1798 französische Truppen landeten, um den irischen Rebellen gegen die Engländer beizustehen. Dementsprechend ist hier der Startpunkt des „Tour de Humbert Cycle Trail" (benannt nach dem kommandierenden General), einer 225 km langen Fahrradstrecke, die dem Weg der Truppen durch vier Grafschaften folgt.

Um den Ort herum liegen die Überreste diverser kirchlicher Bauwerke, darunter Moyne Abbey und Rosserk Abbey. Die R314 (L133) verläuft weiter nach Süden zur Südspitze der Bucht von Killala, wo an der Mündung des River Moy die größte Stadt der Grafschaft, Ballina, liegt.

Ballina, gäl. Béal an Atha, 6500 Einw., Co. Mayo, ist eine typisch irische Provinzstadt, mit engem Stadtzentrum, guten Einkaufsmöglichkeiten und reichlich Restaurants und Pubs. Die „Sehenswürdigkeiten" der Stadt bestehen dementsprechend auch aus eben diesem Provinzleben.

Information: Tourist Office, Cathedral Road, ✆ (096) 70848, Ostern-Sept.
Verkehrsverbindungen: Eisenbahn nach Dublin; Busse nach Belfast, Cork, Dublin, Galway, Limerick, Sligo, Westport und Orten im County Mayo.
Unterkunft: 6 Hotels, über 30 registrierte B&Bs.
Camping: Belleek ****, ✆ (096) 71533, 16 Zstpl., Mitte März-Mitte Okt, 3 km nördlich an der Straße Rchtg. Killala.
Fahrräder: Gerry's Cycle Centre, 6 Lord Edward Street, ✆ (096) 70455; John Lynn, Convent Hill, ✆ (096) 21531.

Etappe 52:
Westport – Newport – Crossmolina – Ballina (45 km)

Diese Strecke folgt anfangs der Etappe 50 und knickt am nördlichen Ortsrand von Newport auf die R317 (L137) Richtung Crossmolina ab.

Immer am Rand des hochaufragenden, beeindruckenden Bergmassivs von Nephin Beg Range führt die Straße nordostwärts und mündet nördlich von Beltra auf die R312 (L136), in die Sie links Richtung Belmullet einbiegen. Nach ca. 5 km knickt rechts die R316 Richtung Crossmolina ab und verläuft bergan und zwischen Hügeln hindurch nordostwärts, bis sie am Lough Conn in die R315 (L140) nach Crossmolina mündet.

Crossmolina, gäl. Crois Mhaoilíona, Co. Mayo, ist ein kleines Städtchen am Deel River, nahe beim Lough Conn, der berühmt ist für seine Lachsbestände. Konsequenterweise ist Angeln hier das Haupturlaubsvergnügen. 4 km vor dem Ort befinden sich am Ufer von Lough Conn *Enniscoe Gardens*, ein restaurierter Park des 19. Jh. mit einem kleinen Museum (Mitte April-Mitte Sept di-so 14-18 h).

10 km südlich der Stadt befindet sich auf einer Halbinsel im Lough Conn das Augustinerkloster *Errew Abbey* aus dem 13. Jh. Zu erreichen von der R315 (L140) etwa in Höhe der Einmündung der R316.

Camping: Hiney's ***, Mullinmore Street, ✆ (096) 31262 & 31348, 11 Zstpl., März-Okt, direkt bei der Stadt.

In Crossmolina findet ein Wechsel auf die N59 (T58) statt, die nach ca. 10 km **Ballina** erreicht (s. Etappe 51).

Etappe 53:
Westport – Castlebar – Pontoon – Knockmore – Ballina (51 km)

Die Alternative zur Etappe 52.

Bis Castlebar wird mangels einer sinnvollen Nebenstrecke die vielbefahrene N60 (T39) benutzt.

Castlebar, gäl. Caisleán an Bharraigh, 6000 Einw., Co. Mayo, ist die Hauptstadt der Grafschaft. Das Stadtzentrum weist – sehr ungewöhnlich für Irland – eine hübsche, baumgesäumte Grünanlage namens *The Mall* auf, die früher der Kricketplatz von Lord Lucan war.
Die bedeutendste Sehenswürdigkeit der Gegend ist die 13 km südlich, abseits der N84 (T40), gelegene *Ballintubber Abbey* (s. Etappe 48).

Information: Tourist Office, Linenhall Street, ✆ (094) 21207, Mai-Mitte Sept.
Verkehrsverbindungen: Eisenbahn nach Dublin und Westport; Busse nach Ballina, Galway, Limerick, Cork, Westport, Sligo, Belfast, Achill Island und nahegelegenen Orten.
Unterkunft: Welcome Inn Hotel, Newantrim Street, ✆ (094) 22288, 🖹 21766, 40 Zi.
Herberge: Hughes House (IHH), Thomas Street, ✆/🖹 (094) 23877, 40 B., Mai-Sept.; Lonely Planet Hostel (IHI), Moneen Roundabout, ✆ (094) 24822, 20 B., Camping, ganzj.
Camping: Carra **, Belcarra (auch Ballycarra genannt), ✆ (094) 32054, 10 Zstpl., Anf Juni-Ende Sept, 10 km südöstlich von Castlebar, über Nebenstraßen zu erreichen; Camp Carrowkeel ***, Ballyvary, ✆/🖹 (094) 31264, 30 Zstpl., Ostern-Sept, 10 km nordöstl. von Castlebar abseits der N5 (T40) Richtung Sligo, 2 km abseits der Straße.
Fahrräder (auch Vermietung): Robinson's (Premier-Raleigh, s. Kapitel „Das Fahrrad", Spencer Street, ✆ (094) 21355 & 21065, 🖹 24533; Bike World, Newantrim Street, ✆/🖹 (094) 25220, auch geführte Touren.
Waschsalon: Una's Laundrette, New Antrim Street, ✆ (094) 24100

In Castlebar wechselt die Streckenführung auf die N5 (T40) Richtung Sligo; am Ortsende links abbiegen auf die R310 (L134) nach Ballina. Diese Straße durchläuft eine besonders reizvolle Landschaft mit Heide, Felsen und Seen, die Berge als Panorama daneben. Bei *Pontoon* überquert die Straße einen schmalen Landstreifen, der die Seen Lough Cullin und Lough Conn voneinander trennt.

Herberge: Gannon's (IHI), Providence Road, Foxford, ✆/🖹 (094) 56101, 22 B., ganzj., 3 km östlich.

Die Straße führt über Knockmore nordwärts. Ca. 4 km südlich von **Ballina** (s. Etappe 51) mündet sie in die N57 (T40).

Etappe 54:
Ballina – Bunnyconnellan – Cloonacool – Coolaney – Collooney – Ballysadare
– Sligo (63 km)

Eine sehr schöne Nebenstrecke über die Ox Mountains.

Die Etappe beginnt in Ballina auf der R294 (L133) Richtung Tubbercurry und
führt durch Bunnyconnellan sanft ansteigend zu den Ox Mountains hinauf. In
Höhe des Bergsees Lough Talt ist die Paßspitze bereits erreicht; die 200 m Höhenunterschied sind ohne Anstrengung zu bewältigen. Die ruhige Straße eröffnet
dabei ständig neue Ausblicke auf die Berge.

Hinter dem See, der bereits zur Grafschaft Sligo gehört, knickt die Strecke an der
nächsten Abzweigung nach links auf eine unklassifizierte Nebenstraße nach
Cloonacool ab. Immer am Fuß der Ox Mountains führt die Straße bis Coolaney
und biegt dort rechts nach Collooney ab. Über weite Strecken verläuft sie längs
der Eisenbahntrasse Sligo – Claremorris.

In *Collooney* mündet die Nebenstraße in die N4 (T3), der Sie noch für etwa 4 km
ausweichen können, indem Sie westlich parallel dazu auf der R290 (= alte Trasse der N4) und der N59 nordwärts radeln. Kurz hinter Ballysadare gibt es keine
sinnvollen Alternativen mehr zu der vielbefahrenen N4, die an dieser Stelle nahezu den gesamten nordwärts gerichteten Autoverkehr aufnimmt. *Ausnahme:* Sie
schließen gleich die Umrundung der Knocknarea-Halbinsel (s.u.) auf der R292
an!

Sligo, gäl. Sligeach, 18.000 Einw., Co. Sligo, ist die größte Stadt des nordwestlichen Irland und Hauptstadt der Grafschaft (55.000 Einw.).
Das touristische Interesse gilt ausschließlich der Grafschaft; die Stadt ist Indu-
strie- und Handelszentrum ohne besonderen Reiz. Selbst die sonst allgegen-
wärtigen historischen Gemäuer schrumpfen hier auf eine Abteiruine zusammen. Das County hingegen hat einiges zu bieten und ist wegen seiner geringen Größe von Sligo aus durchaus zu erradeln. Synonym für die Region ist
Yeats Country, so benannt nach dem Dichter William Butler Yeats, der hier Teile seines Lebens verbrachte, etliche Dichtungen in Sligo spielen ließ und auf
einem Friedhof unterhalb des Tafelbergs *Benbulben* (s. Etappe 57) begraben
ist. Die schönsten Ausflüge erstrecken sich nach Westen und Osten.
Westlich von Sligo liegt die Halbinsel von *Knocknarea*, einem Hügel von 333 m
Höhe. Auf der Kuppe des Hügels ist ein riesiger Steinhaufen als megalithische
Grabkammer identifiziert worden, jedoch wurde bis jetzt der Eingang noch nicht
entdeckt. Von der Spitze dieses Hügels hat man bei klarem Wetter einen guten
Ausblick auf die Berge und Seen von fünf Grafschaften. Unterhalb des Hügels
liegt das Dorf Strandhill, das bei irischen Touristen sehr beliebt ist. Auf der
anderen Seite des Hügels, Richtung Sligo, befindet sich die Ausgrabungsstätte
von *Carrowmore,* wo vor einigen Jahren umfangreiche Steinzeitsiedlungen und
-gräber von einem schwedischen Team ausgegraben wurden. Die Gräber liegen alle auf Privatgrund und sind durchweg nicht beschildert, also nur mit orts-
kundigen Führern zu finden.

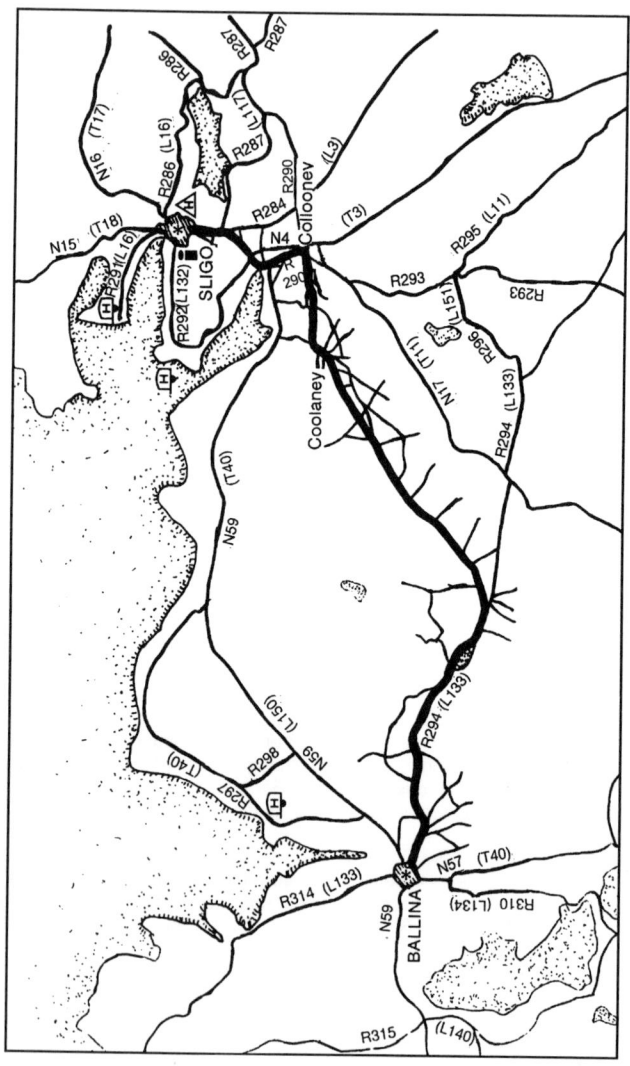

Östlich von Sligo erstreckt sich *Lough Gill*, ein 20 km² großer See, dessen Ufer weitgehend bewaldet ist. Die Straße um den See knickt am Stadtrand von der N16 (T17) ab, die R286 (L16) folgt dem Nord- und Ostufer bis Dromahair, die R287 (L117) führt zwischen Hügeln zurück zum Südufer und wieder nach Sligo (zusammen etwa 40 km). Schiffsfahrten über Lough Gill werden mit dem Ausflugsboot Queen Maeve durchgeführt.

Information: Tourist Office, Temple Street, ✆ 61201, 🖹 60360, ganzj.
Telefonvorwahl: 071.
Verkehrsverbindungen: Eisenbahn nach Dublin; Busse in alle Landesteile.
Herberge (ganzj.): Eden Hill (IHH), Pearse Road, ✆/🖹 43204, 32 B.; The White House (IHH), Markievicz Road, ✆ 45160, 🖹 44456, 31 B.; Yeats Hostel (IHI), 12 Lord Edward Street, ✆ 46876, 23 B., ganzj.; Ivy Hostel (IHI), 25-26 Lord Edward Street, ✆ 45165, 🖹 60441, 23 B., ganzj.
Camping: Greenlands ****, Rosses Point, ✆ 77113, 🖹 45618, 25 Zstpl., Ende Mai-Mitte Sept, Waschm., 8 km nordwestlich von Sligo, zu erreichen über die R291 (L16); Strandhill ***, ✆ 68120, 40 Zstpl., Mitte Mai-Mitte Sept, Waschm., 8 km westlich von Sligo, zu erreichen über die R292 (L132); Gateway ****, Ballinode, ✆/🖹 45618, 10 Zstpl., ganzj., 1 km nordöstl. an der N16 (T17).
Fahrradvermietung: Gary's Cycles (Premier-Raleigh), 5 Quay Street, ✆ 45418, 🖹 43149; Conway Bros., 6 High Street, ✆ 61370, 🖹 44171.
Waschsalon: Feeney's, Holborn Street, ✆ 61728.

Im Freilichtmuseum Glencolumbkille

Etappe 55:
Tuam – Dunmore – Williamstown – Castlerea (40 km)

Falls Sie diese Etappe zu einer Direktverbindung Galway-Sligo ausbauen wollen, bleibt Ihnen nur, bis Tuam die N17 (T11) zu fahren.

Die N83 (T11), die von Tuam ab benutzt wird, ist schon erheblich weniger stark befahren, da sie im Grunde nur regionale Bedeutung hat. Sie führt geradewegs nach **Dunmore**, gäl. Dún Mór, einem Dorf, das von archäologischen Ausgrabungen, vor allem Ringforts, umgeben ist. Eine Klosterruine aus dem 15. Jh. befindet sich direkt im Ort; ca. 1 km westlich liegt an der R328 (L27) das guterhaltene De Bermingham Castle aus dem 13. Jh.

Kartenskizze Etappe 55

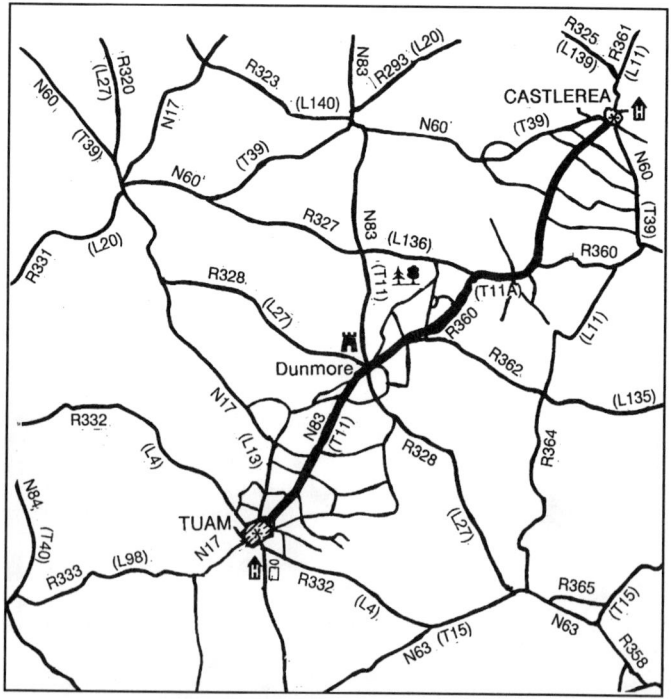

In Dunmore biegt die Etappe auf die R360 (T11^) ab, die hinter Williamstown auf die R361 nach Castlerea verlassen wird.

Castlerea, gäl. Caisleán Riabhach, Co. Roscommon, ist ein Marktflecken an der Hauptstraße von Roscommon nach Claremorris. Am Westrand der Stadt steht das Herrenhaus *Clonalis House* aus dem 19. Jh., in dem eine Sammlung von Ausstellungsstücken gälischer Tradition besichtigt werden kann (Juni-Mitte Sept tägl. außer mo), u.a. die Harfe des Komponisten und Sängers O'Carolan.

Verkehrsverbindungen: Eisenbahn nach Westport, Ballina und Dublin; Busse nach Galway, Sligo, Mullingar und Westport.
Unterkunft: Tully's Hotel **, ℭ (0907) 20200, 📱 20082, 23 Z., ganzj.; Mrs. R. Morgan, Armcashel B&B, Knock Road, ℭ (0907) 20117, 4 Z., ganzj.

Etappe 56:
Castlerea – Loughglinn – Ballaghaderreen – Gorteen – Ballymote – Collooney – Sligo (67 km)

Die zweite Hälfte der Verbindung nach Sligo. Die Strecke führt fast ausschließlich über ruhige Nebenstraßen.

In Castlerea beginnt sie auf der R361 (L11), biegt nach ca. 4 km links auf die R325 (L139) ab und führt über Loughglinn zur Kreuzung mit der R293 (L20), in die rechts nach *Ballaghaderreen* (gäl. Bealach an Doirín) eingebogen wird. Das Städtchen wird geradeaus durchfahren, wobei die N5 (T77) gekreuzt wird. Auf der R293 (L20) geht es weiter nordwärts vorbei an Gorteen nach Ballymote.

Ballymote, gäl. Baile an Mhóta, 1100 Einw., Co. Sligo, ist eine Marktstadt mit guten Möglichkeiten zum Angeln auf Nicht-Salmoniden. Die örtliche Burgruine (um 1300) hat sechs Türme und bedeckt ein beträchtliches Areal; in der Burg wurde ab etwa 1391 das sogenannte *Book of Ballymote* verfaßt, das heute in der *Royal Irish Academy* in Dublin liegt. Es enthält den Übersetzungsschlüssel für die vorchristliche Ogham-Schrift. Zugang zur Burgruine ist möglich vom westlichen Ende der Stadt über den Parkplatz eines Pflegeheimes. Etwas näher an der Stadt befindet sich die efeubedeckte Ruine eines kleinen Franziskanerklosters aus dem 15. Jh.
In der Höhle von *Keask* (= Kesh, 6 km südlich an der R295 [L11]) ist angeblich der legendäre König Cormac MacAirt geboren und von einer Wölfin aufgezogen worden.

Verkehrsverbindungen: Eisenbahn nach Sligo und Dublin; Bus 275 nach Sligo und Athlone.
Unterkunft: Mrs. Kay Hogge, Corran House, Sligo Road, ℭ (071) 83074, 4 Z., Mai-Sept; Mrs. Noreen Mullin, Millhouse, Keenaghan, ℭ (071) 83449, 5 Z., ganzj.

Von Ballymote verläuft die R293 (L11) nordwärts zur N17 (T11), die Sie aber nach ca. 1 km wieder nach links verlassen (westlich der Bahnstrecke bleiben!),

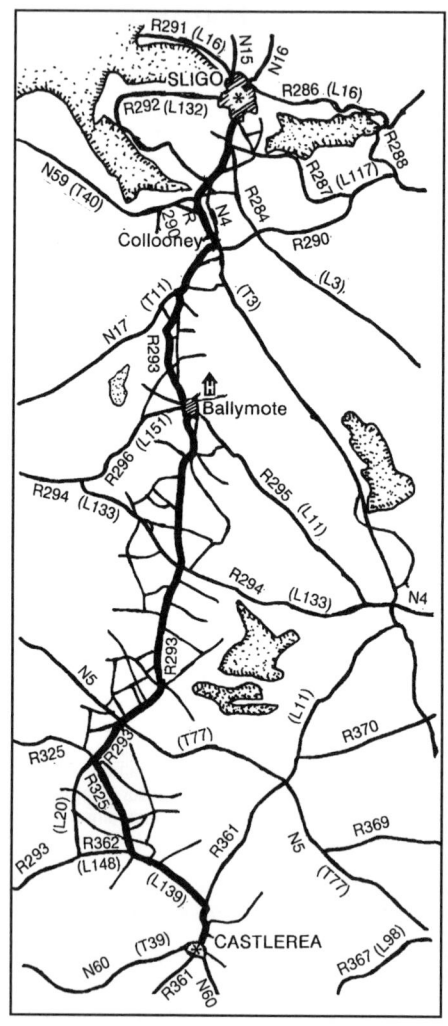

um parallel zur Hauptstraße nach *Collooney* zu gelangen. Von hier folgen Sie dem Schluß von Etappe 54 über Ballysadare nach **Sligo**.

*Küstenstrecke nach Norden, die etwa zur Hälfte über die breit ausgebaute N15
(T18) führt – man müßte sonst ungeheure Umwege über Berge oder durch Nordirland in Kauf nehmen. Der Autoverkehr ebbt aber nördlich von Sligo allmählich
ab, so daß die Streckenführung erträglich ist.*

Kartenskizze Etappe 57

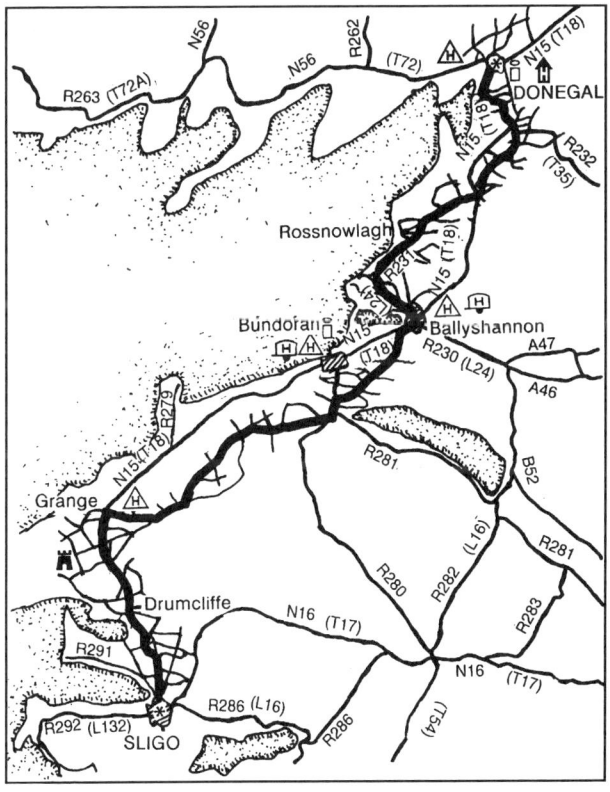

Ca. 10 km nördlich von Sligo, am Fuß des Tafelberges *Benbulben*, liegt auf dem Friedhof von **Drumcliffe** unter einem schlichten Grabstein *W.B. Yeats* begraben, auf eigenen Wunsch und mit selbstverfaßter Inschrift. Auf dem gleichen Friedhof steht ein schönes Hochkreuz aus dem 11. Jh. (das einzige der Grafschaft Sligo), auf der anderen Straßenseite die Reste eines ebenso alten Rundturms.

Kurz hinter Drumcliffe ist über eine Nebenstraße ein Abstecher nach **Lissadell House** möglich, dem Heim von Constance Markievicz, einer Kunstmäzenin und streitbaren Politikerin mit bewegter Vergangenheit: sie nahm am Aufstand von 1916 teil, wurde zum Tode verurteilt, begnadigt, zwei Jahre später als erste Frau ins britische Parlament gewählt (ohne den Sitz anzunehmen) und schließlich Arbeitsministerin im ersten irischen Parlament. Das Haus ist der Öffentlichkeit zugänglich Juni-Mitte Sept mo-sa 10.30-12.30 & 14.00-16.30 h, ✆ (071) 63150.

Herberge: Karuna Flame Hostel (IHI), Derry Road, Grange, ✆ (071) 63337, 13 B., ganzj., weiter nördlich etwas östlich der Etappenführung.

Nach weiteren 5 km, in Grange, können Sie der N15 (T18) für ein längeres Stück adieu sagen, in dem Sie an der dortigen Kreuzung rechts abbiegen und sich auf einer Nebenstraße dem Fuß des Belbulben-Massivs nähern. Erneut nach 5 km halten Sie sich an einer Gabelung links und radeln nun immer geradeaus über Balloor nach Kinlough, wo Sie links auf die R280 (T54) Rchtg. *Bundoran* einbiegen. Falls Sie dieses eher scheußliche Seebad aufsuchen möchten (z.B. zu Übernachtungszwecken, s.u.), müssen Sie auf der N15 (T18) den Anschluß nach Ballyshannon herstellen. Ansonsten zweigen Sie schon etwa 1 km hinter Kinlough halbrechts/geradeaus ab auf die Nebenstraße nach Ballyshannon, die erst kurz vor diesem Städtchen auf die N15 (T18) einmündet.

Ballyshannon, gäl. Béal Atha Seanaidh, 2300 Einw., Co. Donegal, ist der folkloristische Hauptanziehungspunkt der Grafschaft und außerdem angeblich die älteste Stadt Irlands. Das örtliche Folk Festival findet immer am letzten Juli- oder ersten Augustwochenende statt, aber auch sonst gibt es hier viel Musik und Tanz.
Ein Abstecher ostwärts nach Belleek, direkt hinter der Grenze nach Nordirland, ist für Freunde von Porzellan interessant (s. Etappe 117).

Information: Tourist Office, Main Street, Bundoran, ✆ (072) 41350, Juni-Sept.
Verkehrsverbindungen: Busse nach Dublin, Donegal, Galway, Sligo, Derry, Carrick-on-Shannon und Lough Derg.
Herberge (IHH): Homefield Hostel, Bayview Avenue, Bundoran, ✆ (072) 41288, 🖹 41409, 30 B., ganzj.; Duffy's Hostel, Donegal Road, Ballyshannon, ✆ (072) 51535, 12 B., April-Sept.
Camping: Dartry View ****, Bundoran, ✆ (072) 41794, 15 Zstpl., Ostern-Okt, am Nordostrand des Stadtzentrums; Assaroe **, Ballyshannon, ✆ (072) 52436, 25 Stpl., Waschm., Ostern-Sept.
Fahrräder: Hire & Sell Centre, West End, Bundoran, ✆ (072) 41526.

In Ballyshannon verläßt die Streckenführung gleich wieder die Hauptstraße und verläuft über die R231 (L24) im Bogen über Rossnowlagh nach Ballintra.

Rossnowlagh (gäl. Ros Neamhlach, Co. Donegal), auf alten Landkarten noch als Coolmore bezeichnet, ist eine Streusiedlung, an deren 5 km langem Sandstrand im September die irischen Surfmeisterschaften ausgetragen werden. Im örtlichen Franziskanerkloster (Neubau von 1950) ist das Museum der County Donegal Historical Society untergebracht.

Bei Ballintra führt die R231 (L24) zur N15 (T18) zurück, die in diesem Bereich zu einer Umgehungsstraße ausgebaut ist; dadurch stimmen hier nahezu alle Nebenstraßen auf älteren Landkarten nicht mehr. Um auf die alte Streckenführung der N15 zu gelangen, kreuzen Sie die neue Straße, radeln nach *Ballintra* hinein und biegen dort links auf die Straße ein, die durch Bridgetown nach *Laghy* führt, wo sie in die N15 (T18) einmündet; diese verläuft geradewegs nach Donegal.

Donegal, gäl. Dún na nGall, 2000 Einw., Co. Donegal, ist eine Provinzstadt aus der Plantation-Zeit, die um einen dreieckigen Platz mit dem hochtrabenden Namen *The Diamond* angeordnet ist – was auf ihre „Plantation"-Vergangenheit (s. „Zeugen der Geschichte") hinweist. Sie ist vor allem als Ausgangspunkt zu Ausflügen interessant. Einziger touristischer Anziehungspunkt des Städtchens ist die restaurierte Ruine von Donegal Castle aus dem 15. Jh. (direkt im Stadtzentrum).
Donegal ist das Zentrum der Tweed-Heimwerkerindustrie, deren Produkte in den ortsansässigen Geschäften erstanden werden können.
Ein Tagesausflug führt zum etwa 25 km entfernten *Lough Derg*, der über die R232 (T35) bis Pettigoe und die R233 (L84) zu erreichen ist. Dieser idyllisch gelegene See ist vom 1. Juni bis 15. August Ziel Tausender selbstquälerischer Pilger, die auf einer Insel im See drei Tage lang barfuß und bei täglich nur einer kargen Mahlzeit religiöse Rituale absolvieren. In dieser Zeit gibt es auf der Insel für andere Touristen keinen Zutritt. Einen Eindruck des diesen Pilgerfahrten zugrundeliegenden Fanatismus vermittelt Sean O'Faolains Erzählung „Liebe und Pilgerfahrt" (in „Liebesgeschichten aus Irland", Diogenes Verlag).

Information: Tourist Office, The Quay , ✆ 21148, 🖷 22762, Ostern-Sept.
Telefonvorwahl: 073
Verkehrsverbindungen: Busse nach Dublin, Sligo, Derry, Galway und Killybegs.
Unterkunft: ein gutes Dutzend B&Bs.
Herberge: Ball Hill (An Oige), ✆ 21174, 🖷 22604, 60 B., Ostern-Sept, 5 km außerhalb der Stadt abseits der N56 (T52) Richtung Killybegs; Donegal Town Independent Hostel (IHH/IHI), ✆ 22805, 30 B., Camping, ganzj.; Cliffview Holiday Hostel (IHH), Coast Road, ✆ 21684, 🖷 22667, 71 B., ganzj.
Fahrräder: The Bike Shop, Waterloo Place, ✆ 22515; *Vermietung* auch bei Doherty's Fishing Tackle, Main Street, ✆ 21119.

Etappe 58:
Donegal – Mountcharles – Dunkineely – Killybegs – Kilcar – Carrick – Glencolumbkille – Glengesh Pass – Ardara – Maas (92 km)

Eine Strecke, die die westliche Spitze der Grafschaft Donegal umrundet.

Sie beginnt in Donegal auf der N56 (T72) und führt einen kurzen, aber steilen Hügel hinauf nach Mountcharles und über kleine Fischerdörfer wie Inver, *Dunkineely* (wo ein Abstecher zum südlich gelegenen *St. John's Point* lohnend ist) und Bruckless bis zur Abzweigung der R263 (T72^A) nach Killybegs, der die Etappe folgt.

Killybegs, gäl. Cealla Beaga, Co. Donegal, kündigt sich durch den penetranten Geruch von Fisch an: die Stadt ist der wichtigste Fischereihafen Irlands mit der entsprechenden verarbeitenden Industrie. Folgerichtig ist der Tourismus ebenfalls auf Anglerferien eingerichtet.
Der andere bedeutende Wirtschaftszweig in Killybegs ist die Teppichknüpferei, deren Produkte auf der ganzen Welt illustre Räumlichkeiten zieren. Die Fabrik kann besichtigt werden.

Herberge: Blue Moon Hostel (IHI), Main Street, Dunkineely, ✆ (073) 37264, 23 B., ganzj.; Gallagher's Farm Hostel (IHH), Darney, Bruckless, ✆ (073) 37057, 18 B., Camping, ganzj., zwischen Dunkineely und Bruckless nördl. der Strecke; Hollybush Hostel, Straleeny, ✆ (073) 31118, 21 B., ganzj., 2 km östlich des Ortes beim gleichnamigen Pub.

Kartenskizze Etappen 58 & 59

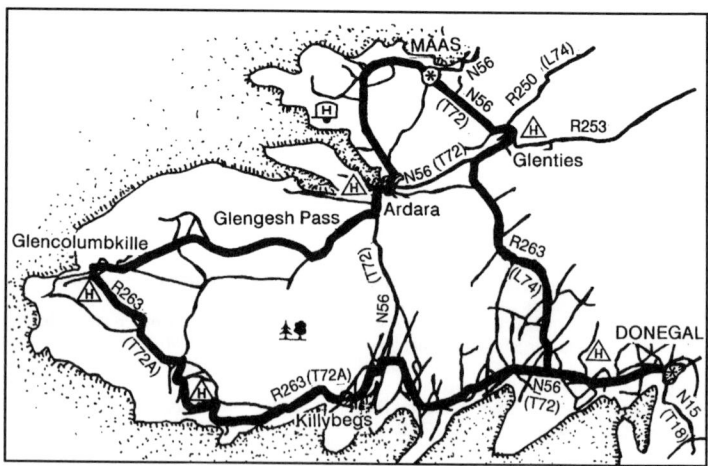

Hinter Killybegs beginnt ein ausgedehntes gälisches Sprachgebiet, die Straßenschilder führen englische Namen allenfalls noch als Zusatz. Die R263 (T72^A) führt über Largy Rchtg. Kilcar, kann aber hinter Largy nach links auf eine Nebenstraße verlassen werden, die als Küstenstrecke nach *Kilcar* (gäl. Cill Chartaigh) führt. Wenn Sie sich hier scharf links halten, können Sie weiter über eine kleine Küstenstraße nach Carrick radeln, wo die R263 (T72^A) den Anschluß nach Glencolumbkille herstellt.

Carrick, gäl. An Charraig, und **Glencolumbkille**, gäl. Gleann Cholm Cille, Co. Donegal, sind zwei Dörfer im Einzugsgebiet der 600 m hohen Klippen des Slieve League. Von Carrick aus führt eine Straße zum Carrigan Head, wo ein Fußweg hinauf zu den Klippen beginnt. Der 50 cm schmale *One Man Pass*, wie dieser Felskamm genannt wird, läuft so dicht am Abgrund entlang, daß er nur bei gutem Wetter zu begehen ist.
In Glencolumbkille hat eine Bürgerinitiative unter dem Druck des Lebens am Rand des Existenzminimums in gemeinsamer Arbeit ein Feriendorf im traditionellen Cottage-Stil gebaut. Nahe dabei wurden einige originalgetreue Gebäude der Region in einem kleinen Freilichtmuseum wieder aufgebaut.
Glencolumbkille ist der Standort der preisgünstigsten Pullover-„Fabrik" in Donegal. Umgerechnet rund DM 70 für die teureren Produkte ist ein Preis, der auch von den Fabrik-Shops in Ardara u.ä. nicht zu schlagen ist – die Bandbreite des Angebots der schwer zu findenden Firma ist allerdings spärlich.
Im übrigen ist die Gegend sehr reich an prähistorischen Denkmälern wie Dolmen und Hügelgräber, von denen einige fast 5000 Jahre alt sind.

Herberge: Derrylahan Hostel (IHH/IHI), ℰ (073) 38079, 🖹 38447, 18 B., ganzj., auf halbem Weg zwischen Kilcar und Carrick; Dooey Hostel (IHI), Glencolumbkille, ℰ (073) 30130, 🖹 30339, 32 B., 1 km vom Ort oberhalb der Bucht, außerdem Zimmer und Ferienwohnungen.
Camping: bei den Hostels unter Benutzung der Herbergseinrichtungen.

In Glencolumbkille ist ein Wechsel auf eine unklassifizierte Nebenstraße nach Ardara fällig.

Steigungen lassen sich in diesem Teil Irlands nicht vermeiden. Die Straße nach Ardara klettert über den 270 m hohen *Glengesh Pass* und fällt dann mit durchschnittlich 10 % (bei Spitzenwerten um 20 %) Gefälle ins Tal ab. Völlig intakte Bremsen sind unbedingt erforderlich, es gibt sonst in den Haarnadelkurven kein Halten! Räder mit Trommel- oder Rücktrittbremsen sollten auf halbem Berg eine Pause einlegen, um ein Heißlaufen und Blockieren der Naben zu vermeiden. Die Pause lohnt allemal, denn der Blick auf Berg und Tal ist hier einfach atemberaubend.
Von dem Versuch, den Paß in umgekehrter Richtung zu befahren, kann ich nur abraten. Längeres Schieben ist weitgehend unvermeidlich.

Ardara, gäl. Ard na Rátha, ist ein hübsches Dorf an der Mündung des Owentocker River in die Loughros More Bay. Tweed ist das wichtigste Produkt und kann dort besonders günstig erstanden werden.

Herberge: Drumbarron Hostel (IHI), The Diamond, ℰ (075) 41200, 14 B., April-Okt.
Camping: Tramore Beach **, Rosbeg, ℰ (075) 51491, 🖹 51492, 24 Zstpl., Ostern-Sept, ca. 8 km nordwestlich von Ardara abseits der R261 (L81).
Fahrräder: Donal Byrne (auch Verm.), West End, ℰ (075) 41156, 🖹 41658.

Die Etappe verläuft weiter auf der R261 (L81) über Clooney nach **Maas**. Diese

Halbinsel ist ein beliebtes Feriengebiet. Anfangs ist Rchtg. Portnoo ausgeschildert; erst hinter der Abzweigung nach Portnoo ist Dungloe konsequent beschildert.

Etappe 59:
Donegal – Mountcharles – Frosses – Kilrean – Glenties – Maas (38 km)

Abgekürzte Alternativstrecke zur Etappe 58; sie führt geradewegs zur Gweebarra Bay.

Anfangs folgt die Streckenführung der Etappe 58, d.h. der N56 (T72). Ca. 3 km hinter Mountcharles biegt sie jedoch davon auf die R262 (L74) nach Norden ab. Die Straße verläuft unter Überwindung von etwa 100 m Höhenunterschied durch eine einsame Hügellandschaft und trifft bei Kilrean wieder auf die N56 (T72), in die rechts nach Glenties eingebogen wird.

Glenties, gäl. Gleannta, ist ein kleines Dorf, das vor allem Angler anlockt: die Flüsse und Seen der Umgebung beherbergen Lachse und Forellen in beträchtlicher Zahl. Eine landschaftlich besonders reizvolle Kurztour von etwa 30 km führt zum Aghla Mountain östlich des Dorfs, vorbei an den Bergseen Lough Finn und Lough Muck.

Herberge: Campbell's Holiday Hostel (IHH), ✆ (075) 51491, 🖹 51492, 42 B., Waschm./Trockner, März-Okt.

Von Glenties aus führt die N56 (T72) nordwestwärts nach **Maas** (s. Etappe 58).

Etappe 60:
Maas – Dungloe – Burtonport – Crolly (44 km)

Eine Küstenroute durch Westdonegal und durchweg gälisches Sprachgebiet – Straßenschilder lesen will gelernt sein.

Die N56 (T72) führt aus Maas hinaus und überquert bei *Lettermacaward* (gäl. Leitir Mhic an Bhaird) den Gweebarra River. Das Gebiet, das von dort an durchradelt wird, trägt den Namen *The Rosses* (gäl. Na Rosa) und ist recht unbeleckt von den „Segnungen" der Zivilisation. An der Trawenagh Bay kann die N56 ggf. auf die geradlinige „Scenic Route" nach halblinks (ebenfalls Rchtg. Dungloe) verlassen werden. Auf der N56 (T72) wird Dungloe erreicht.

Dungloe (auch Dunglow geschrieben), gäl. An Clóchan Liath, 900 Einw., Co. Donegal, ist die „Hauptstadt" von *The Rosses*. Von hier aus lassen sich die vielen kleinen Sandbuchten in der Nähe gut erkunden.

Information: Tourist Office, Main Street, ✆ (075) 21297, Juni-August.
Verkehrsverbindungen: Busse des Lough Swilly Service in alle Orte der Ostküste und über Dunfanaghy nach Letterkenny und (London)Derry.
Herberge: Crohy Head (An Oige), ✆ (075) 21950, 38 B., Ostern-Sept, 8 km südwestlich der Stadt, über eine Nebenstraße erreichbar, guter Ruf; Greene's Holiday Hostel (IHH/IHI), Carnmore Road, Dungloe, ✆ (075) 21021, 🖹 21943, 30 B., März-Dez.
Camping: Dungloe **, ✆ (075) 21021, 11 Zstpl., Waschm., Mai-Sept, unmittelbar südlich des Ortes.

In Dungloe verläßt die Etappe die Hauptstraße und erreicht auf der R259 (T72) den Fischereihafen Burtonport; dieses Teilstück ist durch den stetigen Anblick von Inseln im Meer besonders abwechslungsreich.

Burtonport, gäl. Ailt an Chorráin, Co. Donegal, ist der irische Rekordhafen für die Anlandung von Lachs und Hummer, optisch fast vollständig durch Inseln abgeriegelt. Außerdem ist das Dorf Ausgangspunkt für die Überfahrt nach *Aranmore Island* (auch Aran Island genannt, bitte nicht mit den Arans vor Galway verwechseln), gäl. Arainn Mhór. Diese Insel (700 Einw.) ist die größte der zahlreichen Inseln vor der Küste Donegals und wird je nach Wochentag und Saison bis zu siebenmal täglich von Burtonport aus mit einem Fährboot angefahren. Genaueres ist unter ✆ (075) 21532 zu erfahren.

Die R259 (T72) führt im Bogen nach Nordosten und streift dabei den „internationalen" Flughafen von Donegal auf der Carrickfin-Halbinsel; die Strecke trifft bei **Crolly** (gäl. Croithlí)/**Gweedore** (Gemeindebegriff) wieder auf die N56 (L130). Dieses Dorf liegt am Gweedore River, der in der Nähe des Ortes einen hübschen „Wasserfall" über Felsen vollführt.

Herberge: Screag an Iolair Centre (IHI), Tor, ✆ (075) 48593, 15 B., März-Okt, sonst auf Vorbuchung, 6 km südlich.
Camping: Coillin Darach **, Crolly, ✆ (075) 31306 & 32000, 9 Zstpl., ganzj.

Etappe 61:
Crolly – Bunbeg – Bloody Foreland – Falcarragh – Dunfanaghy – Creeslough – Carrickart – Millford – Rathmelton – Letterkenny (97 km)

Die Etappe umrundet die Nordwestecke der Grafschaft Donegal auf der alten T72, die heute verschiedene Klassifizierungen hat.

Kurz hinter Crolly knickt von der N56 die R257 (T72) ab, die immer an der Küste entlang durch kleine Fischer- und Urlaubsorte wie *Bunbeg* (gäl. An Bun Beag) und *Derrybeg* zum *Bloody Foreland* führt. Der „bluttriefende" Name weist auf die Farbe hin, die die Klippen dort bei Sonnenuntergang annehmen.

Herberge: Backpackers Ireland Seaside Hostel (IHI), Magheragallon, Derrybeg, ✆ (075) 32244, 30 B., Camping, Mitte März-Okt.

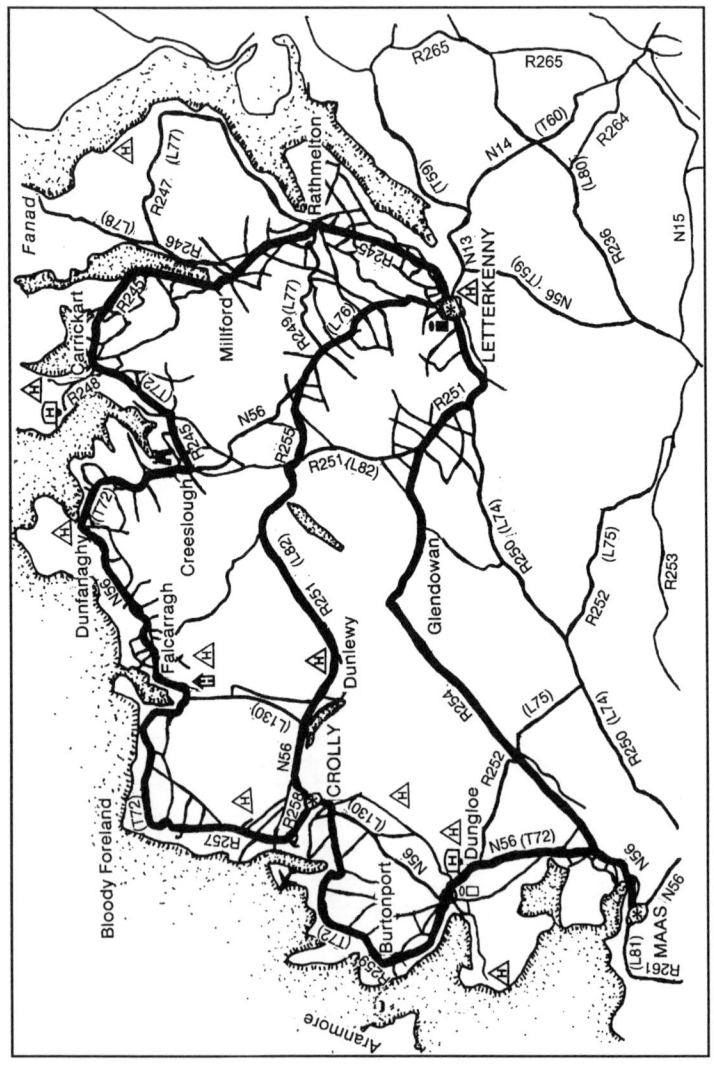

Oberhalb folgt die Straße weiterhin der Küstenlinie, der hier etliche Inseln vorgelagert sind. Sie werden – bei gutem Wetter – mit Booten von Gortahork aus angefahren. Kurz vor diesem Dorf mündet die R257 (T72) in die N56 (T72).

Gortahork (gäl. Gort an Choirce) liegt geschützt am Ende der Bucht, die auch das Dorf **Falcarragh** (gäl. An Fál Carrach) berührt. In beiden Orten finden im Sommer Gälisch-Sprachkurse statt. Die irisch-gälische Tradition ist die hervorstechendste Eigenschaft dieser Region wie der vor der Küste liegenden Inseln.

Verkehrsverbindungen: Lough-Swilly-Bus-Service nach Dungloe, Letterkenny und (London)Derry; Fähre von Gortahork nach *Tory Island*.
Herberge: Shamrock Lodge (IHH), Main Street, Falcarragh, ✆/🖹 (074) 35192, 14 B., ganzj.; Radharc na Mhara (IHI), Seaview, West End, Tory Island, ✆ (074) 65415, 20 B., April-Sept.
Unterkunft: Ostan Loch Altan *, Gortahork, ✆ (074) 35267, 🖹 65241, 18 Z., ganzj.; An Shorlan *, Gortahork, ✆ (074) 35259, 🖹 65474, 12 Z.; Mrs. Christina Cannon, Cuan Na Mara, Ballyness, Falcarragh, ✆ (074) 35327, 4 Z., Mai-Okt; Mrs. M. Murphy, Falcarragh, ✆ (074) 65506, 4 Z., April-Sept, 200 m nordwestlich des Ortes.
Fahrräder: Vincent Carton (auch Vermietung), Falcarragh, ✆ (074) 35150 (nach 18 h).

Nordostwärts führt die N56 (T72) zum *Horn Head* mit dem Hauptort **Dunfanaghy** (Fährverbindung nach *Tory Island*, dort Hotel, 14 Zi., Hostel, einige B&B, viel Tagestourismus) und weiter am Ards Forest Park vorbei nach *Creeslough*, einem Dorf am Fuß des Muckish Mountain, der von hier aus bestiegen werden kann. Auf einer Landzunge nordöstlich von Creeslough befindet sich *Doe Castle* aus dem 15. Jh.

Herberge: Corcreggan Mill (IHH), Dunfanaghy, ✆ (074) 36409, 🖹 36644, 28 B., Camping, ganzj.

Kurz hinter Creeslough biegt die Strecke auf die R245 (T72) nach Carrigart ab.

Carrigart (auch Carrickart geschrieben), gäl. Carraig Airt, Co. Donegal, ist ein ruhiger Ferienort am Eingang zur Rosguill-Halbinsel. Auf einer kurzen Rundstrecke kann die Landzunge umrundet werden. In *Downings* (gäl. Na Dúnaibh), 5 km nördlich von Carrigart, wird der Strand allerdings von reichlich vielen Touristen genossen. In Downings ist der Sitz der berühmten Weberei McNutts, deren Tweed-Produkte auch in Carrigart verkauft werden. Ein Preisvorteil darf angenommen werden.

Verkehrsverbindungen: Lough-Swilly-Busse nach Letterkenny, Dungloe und (London) Derry; Boote (für Ausflüge u.a. nach Tory Island) bei Mr. C. Buchanan, Downings.
Herberge: An Oige, Trá na Rosann, ✆ (074) 55374, 40 B., Ostern-Sept, kleineres Herrenhaus auf der Landzunge zum Melmore Head, 6 km von Downings, 8 km von Carrigart.
Camping: Casey's *, ✆ (074) 55376, 10 Zstpl., April-Sept, in Downings am Strand.

Die R245 (T72) folgt der Mulray Bay nach Süden und passiert das Städtchen Millford. Hier ist ein Abstecher auf die nordöstlich gelegene *Fanad*-Halbinsel möglich, die auf ruhigen Straßen fast völlig umrundet werden kann.

Herberge: Bunnaton (IHI), Glenvar, ✆ (074) 50122, 20 B., ganzj., im Nordosten der Fanad-Halbinsel.

Die R245 (T72) verläuft teilweise durch Waldgebiete, durchquert *Ramelton* (auch: Rathmelton), ein bekanntes Anglerzentrum, und erreicht nach der Überquerung eines nicht allzu hohen Hügels (ca. 100 m Höhenunterschied) die größte Stadt der Grafschaft, Letterkenny.

Letterkenny, gäl. Leitir Ceanainn, 5000 Einw., Co. Donegal, ist für Touristen nur insoweit interessant, als die zentrale Lage im County Donegal die Stadt zum idealen Ausgangspunkt vor allem für die nördlichen Teile der Grafschaft macht. Im August lockt das Letterkenny International Folk Festival alljährlich viele Folkloregruppen in die Stadt.

Information: Tourist Office, Derry Road, ✆ (074) 21160, 🖹 25180, ganzj.
Verkehrsverbindungen: Lough-Swilly-Busse nach (London)Derry und Dungloe; Bus Éireann-Busse nach Dublin (mit Anschluß nach London), Strabane und Ballybofey.
Herberge: Rosemount Hostel (IHI), 3 Rosemount Terrace, ✆ (074) 26284, 14 B., Juni-Mitte Sept, im Stadtzentrum; The Manse Hostel (IHH/IHI), Mansion Appartments, High Road, ✆ (074) 25238, 24 B., ganzj.
Fahrradvermietung: Church Street Cycles, 11 Church Street, ✆/🖹 (074) 26204; Donegal Cycles, 56 Main Street, ✆ (074) 25605 & 25384.
Waschsalon: Riverside Laundrette, Pearse Road, ✆ (074) 26245; County Dry Cleaners, Lower Main Street, ✆ (074) 21036; The Launderette, Main Street, ✆ (074) 65250; Letterkenny Steam Laundry, Old Town, ✆ (074) 22298.

Errigal Mountain

Etappe 62:
Crolly – Gweedore – Dunlewy – Kilmacrenan – Letterkenny (51 km)

Eine Querverbindung durch das Bergland nach Osten.

Sie beginnt im Bereich der Streusiedlung von *Gweedore* (gäl. Gaoth Dobhair, kein Ortsschild) auf der N56 (L130) und führt zwischen hohen Hügeln hindurch zum Lough Nacung mit seinen ausgedehnten Waldgebieten und weiter über die R251 (L82) zum Dunlewy Lake, an dessen Ufer das gleichnamige Dorf liegt.

Dunlewy, gäl. Dún Lúí, Co. Donegal, liegt am Fuß des höchsten Berges dieser Region, des *Errigal Mountain* (752 m), der mit seinem weißglänzenden Quarzkörper aus dem Flachland emporragt. Ein direkter Pfad führt beim Dorf (kleiner Parkplatz im Südosten des Berges) zum Gipfel (ca. 3 Stunden) und ist die beste, da sicherste Möglichkeit, auch gut wieder hinunter zu kommen. Vom Gipfel des Berges bietet sich bei klarem Wetter ein Ausblick bis zu den Inseln der schottischen Westküste.

Gegenüber dem Errigal Mountain erstreckt sich von Dunlewy aus das Poisoned Glen, das „vergiftete Tal", von dem die Legende geht, daß das Wasser dort von giftigen Pflanzen am Ufer verseucht sei. Allerdings haben offensichtlich bereits vor 1500 Jahren Mönche im Tal gelebt, wovon ihre Bienenkorbhütten noch heute zeugen. Das Tal ist moorastig und daher schwer zugänglich.

Hinter den Derryveagh Mountains liegt der *Glenveagh National Park*, wo u.a. in einer alten Weberei eine Art Heimatmuseum namens „Togra ghun luiche teopanta" eingerichtet ist. Außerdem ist Glenveagh Castle nebst Park zu besichtigen (Ostern-Okt. tägl. 10-18.30 h).

Im *Lakeside Centre* in Dunlewy offeriert eine Weberei preisgünstigen Einkauf origineller irischer Oberbekleidung (auch sonntags).

Herberge: An Oige, Errigal, ℰ (075) 31180, 46 B., ganzj., am östlichen Dorfrand an der R251 (L82); Backpackers Ireland Lakeside Hostel (IHI), ℰ (075) 32133, 30 B., Camping, ganzj..

Von Dunlewy an steigt die R251 (L82) mit rund 200 m Höhenunterschied auf eine Höhe, die ihr den Durchlaß zwischen dem Errigal Mountain und den Derryveagh Mountains erlaubt. Im weiten Bogen verläuft diese Bergstraße zum Lough Beagh und weiter zur Abzweigung der R255 (L77) Richtung Kilmacrenan; vor diesem Ort trifft die R255 (L77) auf die N56 (L76) nach **Letterkenny** (s. Etappe 61).

Etappe 63:
Maas – Doocharry – Glendowan – Churchill Forest – Letterkenny (57 km)

Schnelle Nebenstraßen-Verbindung von Westdonegal zum Nordosten. Alles in allem eine sehr ruhige Etappe, die bei aller Anstrengung herrliche Ausblicke auf Berge und Seen bietet.

In Maas wird die N56 (T72) gewählt, die bei *Lettermacaward* (gäl. Leitir Mhic an Bhaird), ca. 2 km hinter der Brücke über den Gweebarra River, nach rechts (Osten) auf eine unklassifizierte Nebenstraße nach *Doocharry* (gäl. An Dúchbraidh) verlassen wird. Dort kreuzt die Strecke die R252 (L75) und verläuft auf der R254 geradeaus weiter zwischen den Derryveagh Mountains und den Glendowan Mountains hindurch. Dabei sind immerhin rund 200 m Höhenunterschied zu bewältigen, davon die zweite Hälfte recht steil bei über 6 % Steigung. Bei den Derryveagh Mountains liegt der *Glenveagh National Park* (s. Etappe 62).

Danach geht es jedoch in sanftem Gefälle über *Glendowan* (gäl. Gleann Domhain) zum Südrand des Garton Lough und des Churchill Forest, wo die R254 auf die R251 (L82) nach **Letterkenny** trifft (s. Etappe 61).

Etappe 64:
Letterkenny – Manorcunningham – Newtown Cunningham – Bridge End
(33 km)

Zubringer zum südlichen Ende der Inishowen-Halbinsel. Die Strecke führt in Ermangelung sinnvoller Alternativen durchgehend über die N13.

In Letterkenny trägt die N13 als alte Bezeichnung T59 und folgt der Küste des Lough Swilly durch Ortschaften wie Pluck und Manorcunningham bis *Newtown Cunningham*, wo sie als T74 Richtung Derry (britisch-nordirische Bezeichnung: Londonderry) weiterführt.

Auf halbem Weg zwischen Newtown Cunningham und Bridge End ist über eine ausgeschilderte Nebenstraße das **Grianán of Aileach** zu erreichen, ein Steinfort von 1700 v.u.Z. auf einem 250 m hohen Hügel, der vom 5. bis 12. Jh. Sitz der Könige von Aileach (= Ulster) war. Der Ausblick von diesem hoch aus der Ebene emporragenden Fort ist in alle Richtungen grandios: Lough Swilly, Lough Foyle und die Inishowen-Halbinsel sind zu überblicken.

Die N13 (T74) endet in **Bridge End**, dem Grenzübergang nach Nordirland.

Etappe 65:
Letterkenny – Raphoe – Strabane (27 km)

Von Letterkenny aus gibt es einen schönen Schleichweg, um nach Nordirland zu gelangen; nur der Anfang ist etwas schwer zu finden.

In Letterkenny zunächst ca. 1 km auf der R250 (L74) Richtung Südwesten (Rashedoge), an einer Kreuzung unklassifizierter Straßen noch im Ort biegen Sie in die linke (vorbei am Dunnes Store) nach Raphoe ein. Folgen Sie der Straße immer geradeaus (aufpassen, da „geradeaus" nicht immer eindeutig ist) über mehrere Kreuzungen (einschließlich der N56 [T59]) hinweg, über einen Hügel von etwa 200 m Höhe bis *Raphoe*, einer kleinen Farmstadt. Dort für etwa 500 m links auf die R236 (L80) Richtung (London)Derry. Biegen Sie dann nach rechts in eine Nebenstraße ein, die über Ballindrait kurz vor *Lifford* (Grenzübergang [Brücke]) zur N14 (T60) führt; sofort hinter der Grenze sind Sie am Etappenende.

Kartenskizze Etappen 64 – 69

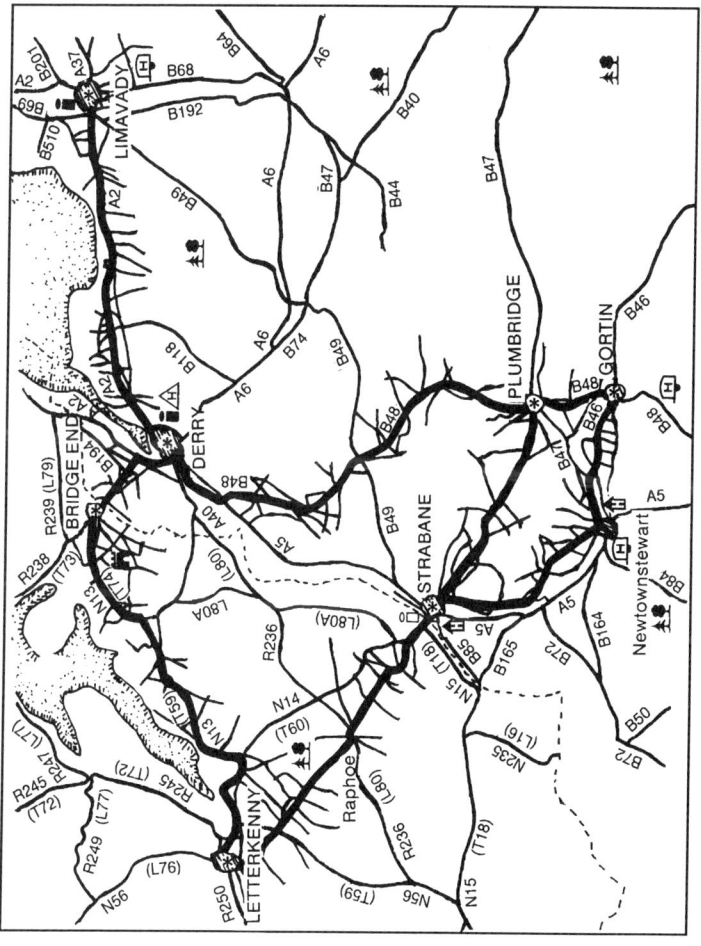

Strabane, Co. Tyrone, entstand bereits im 13. Jh. um ein Kloster herum. 1793 wurde ein Kanal eröffnet, damals eine wichtige Wasserstraße nach Londonderry. Heute wird das Dock als Viehmarkt und Parkplatz genutzt.
Besuchen sollte man auf jeden Fall Gray's Printing Press, in der u.a. gebrauchsfähige Druckmaschinen aus dem 18. Jh. ausgestellt sind (49 Main Street, April-Sept tägl. außer do und so 14.00-17.30 h). Die ausgeprägte Neigung der Iren und Briten, vom Ruhm irgendwelcher Auswanderernachfahren zu profitieren, schlägt auch hier Kapriolen: hier hat der Drucker der amerikanischen Unabhängigkeitserklärung sein Handwerk erlernt...

Information: Tourist Office, Abercorn Square, ✆ (01504) 883735, April-Okt.
Verkehrsverbindungen: Busse in alle Richtungen.
Unterkunft: Fir Trees Lodge Hotel, Dublin Road, ✆ (01504) 382382, 22 Z.; Bowling Green House, 6 Bowling Green, ✆ (01504) 884787, 3 Z., zentral; Four Seasons, 28 Ligford Road, 2 Z.

Etappe 66:
Strabane – Plumbridge (16 km)

Diese Etappe führt auf Nebenstrecken durchs Gebirge. Es sind ca. 300 m Höhenunterschied zu überwinden; der erste Anstieg ist ca. 6 km lang.

In Strabane auf der B72 Rchtg. Newtownstewart zunächst den Schildern Rchtg. Omagh, dann denen nach Plumbridge folgen. 100 m vor dem Ende der Geschwindigkeitsbegrenzung nach links in die „Fountain Street" abbiegen; hier steht kein Hinweisschild! Diese Nebenstraße führt bergan aus Strabane geradewegs nach Plumbridge. Nach wenigen Kilometern kommen Sie am *Wilson House* vorbei, dem Geburtsort des Großvaters des amerikanischen Präsidenten Wilson (1913-21), geöffn. April-Sept tägl. 14-18 h.
Anschließend beginnt die Beschilderung nach **Plumbridge**, dem Etappenende, einem ruhigen Dorf von etwa 250 Einwohnern ohne nennenswerte Besonderheiten, aber an einer Kreuzung zahlreicher Straßen durch die umliegenden Berge gelegen.

Etappe 67:
Strabane – Newtownstewart – Gortin (29 km)

Die Alternativstrecke zur Etappe 66; sie ist ca. 12 km länger, aber wegen der fehlenden Steigungen vor allem empfehlenswert für Reisende mit mangelhafter Ausrüstung oder geringer Kondition.

In Strabane auf die B72 Richtung Castlederg/Newtownstewart (ausgeschildert ist Rchtg. Plumbridge). Nach ca. 8 km verlassen Sie die abknickende B72 auf die geradeaus weiterführende B165 nach Newtownstewart. Kurz vor dem Ort trifft die Straße auf die B46.

Newtownstewart, Co. Tyrone, 1600 Einw., liegt sehr hübsch am River Strule. Von der Burg, die 1689 zerstört wurde, steht nur noch eine Mauer am Nordende der Hauptstraße.

Unterkunft: Hunting Lodge Hotel, Letterbin, Baronscourt, ✆ (016626) 61679, 16 Z.; Woodbrook, 21 Killymore Road, ✆ (016626) 61432, 3 Z.
Camping: Harrigan, Old Bridge, Gortin Road, ✆ (016626) 62414, 3 (!) Zstpl., Ankunft vor 17 h erwünscht.

Einige Kilometer hinter dem Ort geht von der B46 links die B47 nach Plumbridge (Anschluß an Etappe 66 oder 95) ab. Ansonsten fahren Sie auf der B46 weiter zum Etappenende **Gortin** (Co. Tyrone, 300 Einw.), einem typisch irischen Dorf mit Pubs, (fast) keinen Touristen und Geschäften im Onkel-Paddy-Stil. Das Dorf liegt am Waldrand und in Nachbarschaft des Gortin Glen Forest Parks. Im *Sperrin Heritage Centre*, 274 Glenelly Road, Cranagh, ✆ (016626) 48142 gibt es eine Ausstellung zur naturgeschichtlichen und geologischen Vergangenheit der Region, in der auch Goldminen existierten; April-Sept täglich geöffnet.

Camping: im Gortin Glen Caravan Park, s. Omagh (Etappe 121).

Etappe 68:
Bridge End – Londonderry – New Buildings – Dunnamanagh – Plumbridge – Gortin (45 km)

In Bridge End wählen Sie die N13 zum Grenzübertritt nach Londonderry; nach der Grenze heißt diese Straße A2. Sie gelangen nach ca. 7 km in den westlichen Teil von Derry (Londonderry).

Londonderry, 63.000 Einw., Co. Londonderry, ist zweifellos eine interessante Stadt mit einer langen Geschichte. Nach 1607 wurden im Rahmen der *Plantation of Ulster* die Grafschaft Coleraine und die Stadt Derry in „Londonderry" umbenannt. Die Londoner Zünfte hatten nämlich die Besiedlung dieses Teils von Ulster durch englische Protestanten durchzuführen. Ein Hinweis auf diese Zünfte ist auch das Rathaus, das hier *Guildhall* heißt (zu besichtigen mo-fr). 1613-18 ließen sie eine Stadtmauer bauen, die heute die einzige vollständig erhaltene auf den Britischen Inseln ist; sie ist 1,6 km lang, 5½ m dick und kann begangen werden. Da diese Mauer alle Belagerung ohne Eroberung überstand, nennt sich Londonderry auch „maiden city".
Die längste dieser Belagerungen (1688/89) dauerte 15 Wochen; bevor die katholischen Truppen in die Stadt eindringen konnten, soll es 13 Lehrlingen gelungen sein, die Stadttore zu verschließen. Heutzutage wird dies alljährlich von einer nach diesen Lehrlingen *Apprentice Boys* genannten militanten Protestantenorganisation mit einer Parade gefeiert, die immer an dem Samstag stattfindet, der am nächsten zum 12. August an nächsten liegt.
Außerhalb Irlands wurde Derry durch die Ereignisse seit 1968 bekannt, bei denen die Apprentice Boys eine auslösende Rolle gespielt haben. Derry war seit langem ein Symbol für das Bestreben der protestantischen Unionisten, überall

in Nordirland die Macht zu behalten. Nachdem im Oktober 1968 eine Demonstration der katholischen Bürgerrechtsbewegung von der Polizei brutal zusammengeprügelt worden war, hatte sich die Lage zwischen den Katholiken und den Protestanten zunehmend verhärtet. Die jährliche Parade der Apprentice Boys im August 1969 löste nach einigen Steinwürfen aus dem Katholikenviertel Bogside jene Unruhen aus, die als „Bürgerkrieg in Nordirland" die Medien der Welt beschäftigten.

Die Wohnviertel der beiden Konfessionen sind leicht auseinanderzuhalten. Westlich des Flusses sind nur die ummauerte Stadt und die angrenzende kleine Fountain Street-Gegend protestantisch, während die östliche Waterside zum größten Teil protestantisch ist. Die sich bis nahe an die Grenze von Donegal hinziehenden katholischen Viertel Bogside und Creggan sind durch bauliche Trostlosigkeit, Armut und hohe Arbeitslosigkeit gekennzeichnet.

Die beiden Namen der Stadt werden auch von offiziellen Publikationen gleichwertig verwendet. Katholiken sagen fast immer Derry, oft aber auch Protestanten. Nur besonders militante Unionisten werden auf Londonderry bestehen. Als Ausländer (mit Akzent) sollten Sie kaum Schwierigkeiten haben, welche Bezeichnung Sie auch wählen. Im übrigen hat 1984 die katholische Stadtverwaltung die Stadt offiziell in „Derry" zurück-umbenannt, eine Maßnahme, die weder auf Landkarten noch im amtlichen Sprachgebrauch Einzug gefunden hat. Bis auf weiteres werden also auch Touristen noch mit der Begriffsverwirrung leben müssen.

Die „Sehenswürdigkeiten" Londonderrys sind dünn gesät; außer der Guildhall (s.o.) und der Stadtmauer wären vor allem noch einige Kirchen zu nennen. Die (protestantische) St. Columb's Cathedral aus dem 17. Jh. mit ebenso alten Glocken verfügt über sehr schöne Glasfenster. Zu besichtigen mo-sa 9-17 h. Eine katholische Kirche gleichen Namens, die zur Unterscheidung allgemein *Long Tower Church* genannt wird, stammt von 1784 und steht außerhalb der Stadtmauern (tägl. geöffn.).

Aus dem klerikalen Rahmen fällt das *Foyle Valley Railway Centre* im Süden der Stadt nahe der Craigavon Bridge, wo die Eisenbahngeschichte der Grafschaft und Stadt dokumentiert wird; eine Schmalspurbahn gehört auch dazu (di-so).

Information: Tourist Information Centre, 44 Foyle Street, ✆ 267284, mo-sa 9-17 h.
Telefonvorwahl: 01504
Verkehrsverbindungen: Eisenbahn nach Belfast mit Anschluß nach Dublin; Busse in alle Richtungen inkl. Dublin und London; regionaler Flughafen Eglinton 13 km außerhalb mit Wochenendverbindungen nach Dublin, ansonsten unbedeutend.
Unterkünfte: B&B in recht großer Zahl angeboten.
Herberge: Oakgrove Manor Hostel (HINI), 4-6 Magazine Street, Londonderry BT48 6HJ, ✆ 372273, ▤ 372409, 106 B., Fahrradverm., neues Haus; Independent Hostel, 29 Aberfoyle Terrace, Strand Road, ✆ 370011, 12 B., 15.5.-30.9.; Steve's Backpackers (IHI), 78 Marlborough Street, ✆ 377989, 20 B., ganzj.
Camping: Der 13 km entfernt liegende Platz in Claudy (Forest Site) hat keine Zeltstandplätze!
Fahrräder: An Móinteán (Verm., auch B&B), 245 Lone Moor Road, ✆ 287128, ▤ 287171, tägl. geöffn.; Sackvilles Cycles (auch Vermietung), 148 Spencer Road, ✆ 42798, und 46 Strand Road, ✆ 268330; McLean Bros., 108 Spencer Road, ✆ 43171; Bike Rider, Lanes Mall, Clarendon Street, ✆ 268914.

In Derry wählen Sie zuerst die stark befahrene A5 Rchtg. Strabane. Beim Vorort New Buildings (nach ca. 5 km) links abbiegen auf die B48 Rchtg. Dunnamanagh, eine sehr ruhige Straße.

Dunnemanagh (auch Donemana geschrieben), 700 Einw., Co. Tyrone, wurde 1619 mit damals 10 Häusern gegründet. Später kam ein nie vollendetes Castle hinzu, dessen Ruinen noch heute als Earl's Gift Castle örtlich bekannt sind. Das Ogilby's Castle, 5 km östlich gelegen, ist hingegen keine mittelalterliche Ritterburg, sondern ein Bau aus dem 19. Jh., den ein reicher Farmer für seine Bankette errichtet hatte. Am südlichen Stadtrand befindet sich die supermoderne Konstruktion einer katholischen Kirche – B&B am Ort.

An der Einmündung bei der Polizeistation halten Sie sich rechts, um an der Hauptkreuzung den steilen Berg links hochzufahren (Richtung Plumbridge). Von der Kuppe haben Sie 15 km lang bis Plumbridge einen schönen Ausblick in die Täler. Sie werden feststellen, daß die Durchquerung der Sperrin Mountains gar nicht so anstrengend ist; oben verläuft die Straße relativ flach. Vor Plumbridge geht es dann steil bergab – in Gegenrichtung also ziemlich schweißtreibend bergauf.

An der Einmündung in Plumbridge (s. Etappe 66) nach links Richtung Glenelley Valley fahren, an der nächsten Einmündung rechts nach **Gortin** (s. Etappe 67), das Sie nach einigem Rauf und Runter erreichen. Dort endet die Etappe.

Etappe 69:
Londonderry – Ballykelly – Limavady (27 km)

In Derry folgen Sie den Wegweisern zur A2 Richtung Coleraine. Leider besteht keine sinnvolle Möglichkeit, auf Nebenstraßen in den Osten der Nordküste zu gelangen.
Auf halbem Weg nach Ballykelly ist direkt an der A2 ein gutsortiertes
Fahrradgeschäft: Ride On Cycles, 159 Clooney Road, Eglinton, ✆ (01504) 810063.

Die Strecke führt durch *Ballykeely*, ein Straßendorf von ca. 1500 Einwohnern, geradewegs nach Limavady.
Wer mag, kann Limavady umfahren und kurz vor dem Ort nach links auf die Zubringerstrecke zur A2 Richtung Downhill abbiegen; Beschilderung: „Downhill (A2)".

Limavady, 10.000 Einw., Co. Londonderry, verfügt noch über einige georgianische Gebäude. Ebenfalls aus dem 18. Jh. stammen die *Roe Bridge* mit 6 Bögen, die Parish Church in der Hauptstraße und der traditionelle montägliche Markt in der Main Street. Südlich der Stadt befindet sich der *Roe Valley Country Park* (vor dem Ort rechts auf die B68 abbiegen, ca. 4 km). Dort kann man im Visitor Centre viel über Archäologie und Botanik erfahren und eine rekonstruierte Wassermühle besichtigen (Ostern-Sept tägl. 11-16 h, Juli/Aug 9-21 h).

Information: District Council Offices, 7 Connell Street, ℂ (015047) 22226, mo-fr 9-17 h.
Verkehrsverbindungen: Busse nach Derry, Coleraine und Dungiven.
Camping: Benone Complex, 53 Benone Avenue, ℂ 50555, 12 Zstpl.; Golden Sands, 26a Benone Avenue, Magilligan, ℂ 50324, 12 Zstpl.

Etappe 70:
Bridge End – Burnfoot – Buncrana – Clonmany – Ballyliffin – Carndonagh – Culdaff – Moville – Carrowkeel – Muff – Bridge End (95 km)

Rundfahrt um die Inishowen-Halbinsel, die weitgehend der ausgeschilderten Ausflugsroute „Inis Eoghain 100" folgt.

Benutzt wird fast vollständig die R238 (T73), von der allerdings etliche Abstecher möglich und anzuraten sind.

Sie führt zuerst zu kleinen Orten wie Burnfoot und *Fahan,* dem Hafen des Lough Swilly Yacht Clubs. Nach ca. 14 km erreicht sie Buncrana.

Buncrana, gäl. Bun Cranncha, 3000 Einw., Co. Donegal, ist die größte Stadt der Halbinsel und einer der wichtigsten Badeorte Norddonegals. Urlauber-Remmidemmi zieht vor allem Touristen aus Nordirland und Schottland an. Außer der Tatsache, daß die Straße nun einmal durch den Ort führt, gibt es dementsprechend keinen Grund für einen längeren Aufenthalt. Der Rest der Halbinsel ist weit verlockender.

Information: Tourist Office, Shore Front, ℂ (077) 62600, Juni-Aug.
Verkehrsverbindungen: Lough-Swilly-Busse nach Carndonagh und Derry.
Unterkunft: Mrs. A. McCallion, Ross Na Ri, Ballymacarry, ℂ (077) 61271, 4 Z.

Ca. 3 km nördlich von Buncrana ist ein Abstecher möglich: die Nebenstraße über die *Gap of Mamore* nach Clonmany ist berühmt für die prachtvollen Ausblicke, die sie gewährt. Allerdings klettert sie auch über 200 m Höhenunterschied hinauf; wer sich und seinen Waden diese Leistung zumuten will, wird das dennoch kaum bereuen. Ansonsten begnügt sich die R238 (T73) auf ihrem Weg nach Clonmany und Ballyliffin mit etwa 100 m Höhenunterschied. Im Bogen führt sie weiter nach Carndonagh.

Carndonagh, gäl. Carn Domhnach, Co. Donegal, ist eine Marktstadt, die auf drei Seiten von Hügeln umgeben ist. 1 km westlich der Stadt steht das 3½ m hohe St. Patrick's Kreuz von, das als das älteste Hochkreuz in Irland gilt. Carndonagh eignet sich gut als Ausgangspunkt für Ausflüge in die grandiose Berglandschaft der Inishowen-Halbinsel.

Verkehrsverbindungen: Lough-Swilly-Busse nach Buncrana und Derry.
Camping: Tullagh Bay **, ℂ (077) 76138 & 76289, 10 Zstpl., Mitte Mai-Mitte Sept, Waschm., 3 km nördlich von Clonmany.

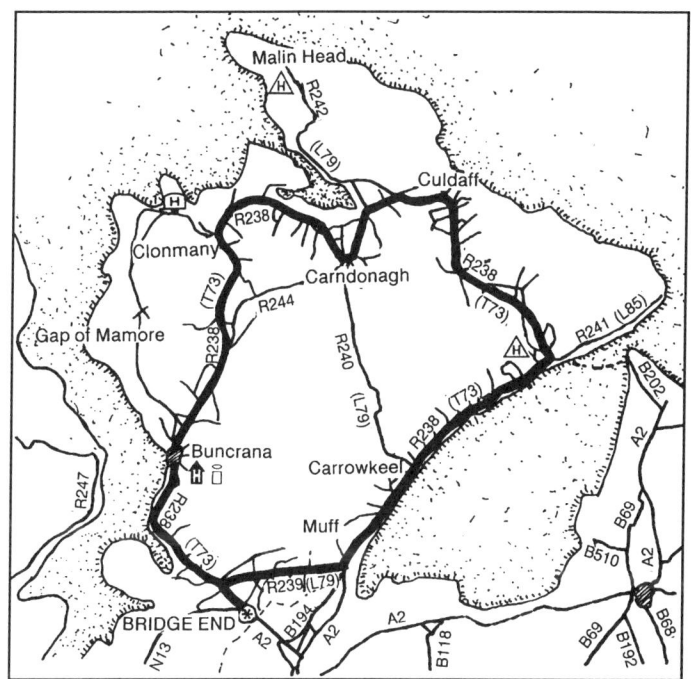

In Carndonagh knicken Etappe und R238 (T73) nordwärts ab und erreichen nach rund 8 km das Dorf *Culdaff*, in dessen Nähe etliche Sandstrände liegen.

Auf halbem Weg von Carndonagh nach Culdaff führt die R242 (L79) über Malin zum nördlichsten Punkt Irlands, *Malin Head*, der über eine 8 km lange Küsten-straße auch umrundet werden kann. Wer die steigungsreichen Nebenstraßen der Landzunge nicht scheut, gelangt über sie ebenfalls nach *Culdaff*.

Herberge: Malin Head Hostel (IHH/IHI), ℰ (077) 70309, 20 B., Mitte März-Okt; Sandrock Holiday Hostel (IHH/IHI), Malin Head, ℰ (077) 70289, 20 B., ganzj.

Die R238 (T73) verläuft erneut südostwärts zwischen Hügelketten hindurch zum *Lough Foyle*, der in **Moville**, einem populären Ferienort im Einzugsbereich von Derry, erreicht wird. (Falls Sie Ihre Reise in Nordirland fortsetzen möchten, soll-ten Sie erwägen, eine Bootspassage hinüber zum Magilligan Point zu bekom-men [s. Etappe 96b]; Auskunft bei der „Point Bar" in Magilligan unter ℰ 08015047-50440.)

Herberge: Moville Holiday Hostel (IHH/IHI), Malin Road, ✆ (077) 82378, 23 B., ganzj.

Immer an der Küste entlang geht es südwestwärts durch Carrowkeel nach *Muff*, einem Grenzdorf, in dem die R238 (T73) endet; Übergang nach Londonderry ist von hier aus möglich. Die Strecke nach **Bridge End** wird über die R239 (L79) und eine links abknickende Nebenstraße absolviert, die unmittelbar vor dem Ort erneut auf die R238 (T73) trifft.

(*In Gegenrichtung: direkt nach dem Abknicken der R238 [T73] von der N13 [T59] erneut rechts auf die Nebenstraße Rchtg. Muff abbiegen.*)

Etappe 71:
Bridge End – Saint Johnstown – Raphoe – Convoy – Ballybofey – Barnesmore Gap – Donegal (76 km)

Eine Strecke, die soweit wie möglich die Hauptstraßen im Bereich von Derry meidet.

Anfangs verläuft die Etappe über die N13 (T74) vorbei am Hügel des *Grianán of Aileach* und biegt nach ca. 11 km ostwärts auf die R237 (T59) Richtung Derry ab. Nach etwa 3 km wird die an einer Kreuzung links abknickende R237 (T59) geradeaus auf die R265 (L80^A) verlassen, die geradewegs nach Saint Johnstown führt; dort trifft sie auf die R236 (L80). Dieser Straße folgt die Etappe über kleine Farmstädte wie *Raphoe* (Anschluß an Etappe 65) und Convoy bis zur Einmündung in die N56 (T59) nach Ballybofey/Stranorlar.

Ballybofey, gäl. Bealach Féich, und **Stranorlar**, Co. Donegal, sind nahtlos ineinander übergehende Zwillingsstädte am Ufer des River Finn, die alljährlich im Sommer ein gemeinsames Festival veranstalten.

Verkehrsverbindungen: Busse nach Galway, Sligo, Derry, Portnoo, Letterkenny und Strabane.
Herberge: Finn Farm (IHH/IHI), Cappry, Ballybofey, ✆/🖷 (074) 32261, 20 B., ganzj.
Unterkunft: Jackson Hotel ***, Ballybofey, ✆ (074) 31021, 🖷 31096, 53 Z.; Kee's Hotel ***, Main Street, Stranorlar, ✆ (074) 31018, 🖷 31917, 36 Z.; wenige B&Bs.

Der restliche Weg nach Donegal muß auf der N15 (T18) zurückgelegt werden, die allerdings kein allzu starkes Verkehrsaufkommen aufweist. Die Strecke läuft durch Waldgebiete und entlang dem Lough Mourne auf dem Weg zum *Barnesmore Gap*, einem recht sanft ansteigenden Paß zwischen zwei Bergketten.

Wer Donegal Town auf dem Weg nach Süden rechts liegen lassen möchte, hat dazu Gelegenheit: ca. 3 km südlich der Höhe des Barnesmore Gap führt eine halblinks abknickende Nebenstraße (Wohnhaus direkt an der Ecke, keine Beschilderung) über die Ausläufer der Hügel nach Laghy südlich von Donegal.

Ansonsten erreicht man über die N15 (T18) ohne Umwege **Donegal Town** (s. Etappe 57).

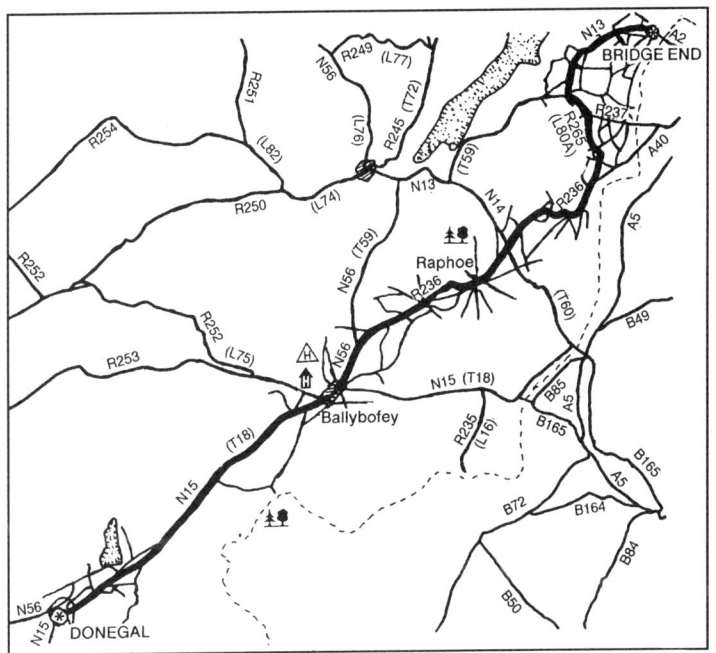

Etappe 72:
Bundoran – Kinlough – Rossinver – Kiltyclogher – Glenfarne – Dowra –
Drumshanbo – Carrick-on-Shannon (82 km)

*Eine Strecke, die fast ausschließlich im County Leitrim verläuft und als Zubringer
zu den ruhigsten Stellen der ersten Shannon-Seen dient.*

Sie beginnt in Bundoran auf der R280 (T54) Richtung Manorhamilton, die aber
schon nach ca. 3 km, in Kinlough, ostwärts auf die R281 nach Rossinver verlassen wird. Diese Straße läuft am Südufer des *Lough Melvin* entlang, eines ruhigen, flachen Sees mit guten Bademöglichkeiten, dessen Nordostecke schon zu
Nordirland gehört. Ca. 1 km vor *Rossinver* mündet die R281 in die R282 (L16).
Im Dorf knickt die Etappe erneut ostwärts auf die R281 nach *Kiltyclogher* und
weiter nach Glenfarne ab. Diese Straße erstreckt sich durch leicht hügeliges
Gebiet, gesäumt von etlichen kleinen Waldstücken.

Herberge: Leitrim Lakes Hostel (IHH), Kiltyclogher, ✆ (072) 54044, 32 B., April-Okt.

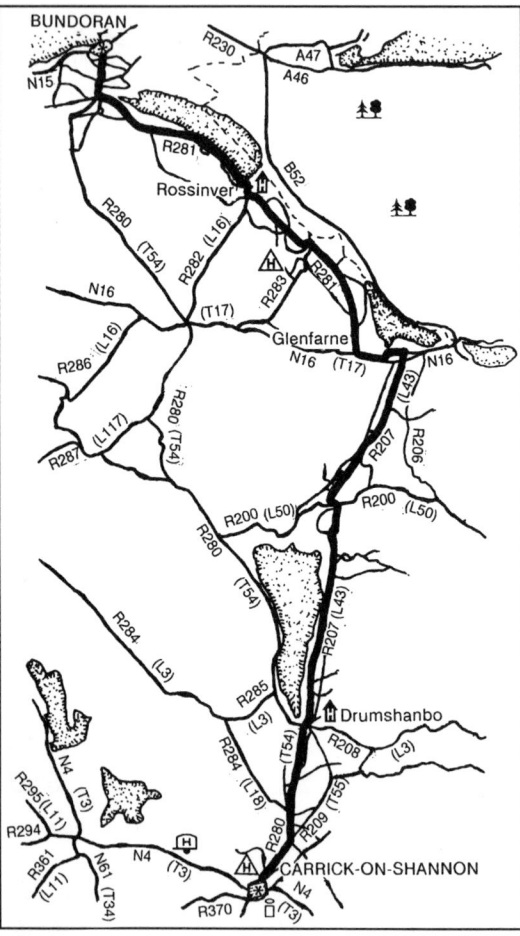

In *Glenfarne* findet ein Wechsel auf die N16 (T17) Richtung Belcoo statt, die nach ca. 4 km südwärts auf die R207 (L43) nach Dowra und Drumshanbo verlassen wird.

Auf dem Teilstück bis Dowra führt die Straße durch den äußersten Zipfel der Grafschaft Cavan; auf halber Höhe der östlich gelegenen Cuilcagh Mountains entspringt die Quelle des Shannon River, der durch eine Vielzahl von Zuflüssen nach ca. 10 km bereits soweit angeschwollen ist, daß er südlich von Dowra den ersten und höchstgelegenen der Shannonseen, *Lough Allen*, füllen kann.

Bis Drumshanbo taucht das Seeufer immer wieder zwischen den Hecken auf, die die Straße säumen; ein Zugang zum See ist jedoch kaum irgendwo möglich.

Drumshanbo, gäl. Druimseanbhoth, Co. Leitrim, ist ein Anglerzentrum, das bei den Wettbewerben um den Titel der saubersten Stadt Irlands etliche mal vorn mitgemischt hat.

Unterkunft: Mehrere B&B.
Fahrräder: M.T. Moran, Convent Avenue, ✆ (078) 41043.

Die R280 (T54) führt weiter durch das Dorf *Leitrim*, das der Grafschaft den Namen gegeben hat, zur County-Hauptstadt Carrick-on-Shannon.

Carrick-on-Shannon, gäl. Cora Droma Rúisc, ca. 2000 Einw., Co. Leitrim, ist eines der größten Bootszentren am Shannon. Der Boyle River, der in Carrick-on-Shannon in den Shannon mündet, bildet vorher zwei große Seen, die teilweise von Wald gesäumt werden.

Information: Tourist Office, The Marina, ℂ (078) 20170, ganzj.
Verkehrsverbindungen: Eisenbahn nach Sligo und Dublin; Busse nach Sligo, Limerick, Cork, Galway, Athlone, Ballyshannon und Ballinamore.
Herberge: Town Clock Hostel (IHH/IHI), Main Street, ℂ/▤ (078) 20068, 14 B., Juni-Sept; An Oiche Hostel (IHI), The Bridge, ℂ (078) 21848, 20 B., ganzj.
Camping: Lough Key **, ℂ (079) 62212, 20 Zstpl., Waschm., April-Mitte Sept, ca. 10 km von Carrick-on-Shannon im Lough Key Forest Park, an der N4 (T3).
Fahrräder: Fred Holt (auch Vermietung), Bridge Street, ℂ (078) 20184; Geraghty's, Main Street, ℂ (078) 23116.

Etappe 73:
Carrick-on-Shannon – Elphin – Strokestown – Four Mile House – Roscommon – Athleague – Athlone (99 km)

Immer auf der Westseite des Shannon nach Süden.

In Carrick-on-Shannon beginnt die Etappe auf der N4 (T3) Richtung Boyle, knickt aber sofort nach Überquerung des Shannon links auf die R368 (L43) nach **Elphin** ab. Dieser Marktflecken war in der Frühzeit des irischen Christentums Bischofssitz, wovon aber nichts mehr zu sehen ist. Die örtliche (protestantische) Kathedrale ist eine 1982 fertiggestellte Teilrekonstruktion einer vor Jahrzehnten zerstörten Kirche.
Über die R368 (L121) erreichen Sie nach ca. 10 km **Strokestown**, wo beim örtlichen Herrenhaus des 18. Jh. das *Famine Museum* zu finden ist, das der großen irischen Katastrophe des 19. Jh., den Hungersnöten 1845-47, gewidmet ist (Herrenhaus, Park und Museum: April-Okt, tägl.).
Am südlichen Ortsausgang (innerörtlich N5/T77) führt die R368 (L149) weiter nach Four Mile House zur Einmündung in die N61 (T34) nach Roscommon.

Roscommon, gäl. Ros Comáin, 2000 Einw., Co. Roscommon, Hauptstadt der Grafschaft (60.000 Einw.), ist eine sehr alte Stadt, die auf eine Klostergründung des 6. Jh. zurückgeht. Die ältesten erhaltenen Bauwerke sind die Ruinen der Burg und der Abtei aus dem 13. Jh. Im alten Gefängnis der Stadt, das früher einen weiblichen Henker namens Lady Betty gehabt haben soll, ist heute das Fremdenverkehrsbüro untergebracht.

Information: Tourist Office, The Old Jail, ℂ (0903) 26342, Juni-Aug.
Verkehrsverbindungen: Eisenbahn nach Westport, Ballina und Dublin; Busse nach Sligo, Limerick, Mullingar (mit Anschluß nach Dublin), Westport, Galway, Belfast, Ath-

lone und Longford.
Unterkunft: etliche B&Bs.
Camping: Gailey Bay ***, Knockcroghery, ✆ (0903) 61058, 12 Zstpl., Waschm., Mitte April-Okt, ca. 10 km südöstl.
Fahrräder: Leo Hunt, Main Street, ✆ (0903) 26299; Kelly's, Ballyboughan, ✆ (0903) 25181.

In Roscommon findet der Wechsel auf die N63 (T15) Richtung Galway statt, die Sie in *Athleague* auf die R362 (L135) nach Athlone verlassen. Die alte L43, die scheinbar eine Abkürzung von Roscommon aus darstellt, nimmt zielsicher den einzigen Hügel der Gegend mit; der Umweg über Athleague ist daher anzuraten. Die R362 (L135) führt vorbei am Lough Funshinagh zum westlichen Stadtrand von Athlone.

Athlone, gäl. Atha Luain, ca. 10.000 Einw., Co. Westmeath, ist die größte Stadt der Grafschaft und einer der Kandidaten für den Titel „geographischer Mittelpunkt Irlands". Entsprechend liegt die Bedeutung der Stadt vor allem in ihrer Position als Verkehrsknotenpunkt. Das rege Wirtschaftsleben erfährt im Sommer zusätzliche Belebung durch die Shannon-Kabinenkreuzer, die in Scharen auf dem nahen Lough Ree herumschippern. Das Beherbergungs- und Gastronomieangebot hält zu dieser Zeit nicht Schritt mit der erhöhten Nachfrage, so daß im Sommer frühzeitige Unterkunftssuche (oder Vorbuchung) zu empfehlen ist.
Das einzige nennenswerte historische Gebäude der Stadt ist Athlone Castle (auch King John's Castle genannt) an der Shannonbrücke, in dessen Überresten heute ein stadtgeschichtliches Museum untergebracht ist (Mai-Sept).
In jedem Fall anzuraten ist ein Ausflug nach *Clonmacnoise* (s. Etappe 78), falls diese Klosterstadt nicht ohnehin am weiteren Weg liegt.

Information: Tourist Office, Athlone Castle, ✆ 92856 & 94630, Ostern-Okt.
Telefonvorwahl: 0902
Verkehrsverbindungen: Eisenbahn nach Dublin, Ballina, Westport und Galway; Busse nach Dublin (Anschluß nach London), Galway, Cork, Belfast, Dundalk, Loughrea, Sligo und Longford.
Herberge: Athlone Holiday Hostel (IHI), ✆ 73399, 🖹 73833, 85 B., Camping, ganzj.
Camping: Lough Ree East **, Ballykeeran, ✆ 78561, 🖹 77017, 10 Zstpl., April-Sept, 5 km nordöstlich der Stadt an der N55 (T31); Hodson Bay ****, ✆ 92448, 15 Zstpl., Waschm., Mai-Aug, 5 km nordwestlich abseits der N61.
Fahrräder: Buckleys Cycles (auch Verm.), Garden Vale, Irishtown, ✆/🖹 78989; James Brennan, Halls Building, The Batteries, ✆ 94490; Hardiman's (auch Vermietung), Irishtown & 48 Connaught Street, ✆ 78679.
Waschsalon: Laundromat, 27 Pearse Street, ✆ 92930.

Etappe 74:
Carrick-on-Shannon – Longford (37 km)

Mangels günstiger Parallelstrecken wird für diese Etappe durchgehend die N4 (T3) benutzt, die immer am Ostufer des Shannon entlang nach Longford führt.

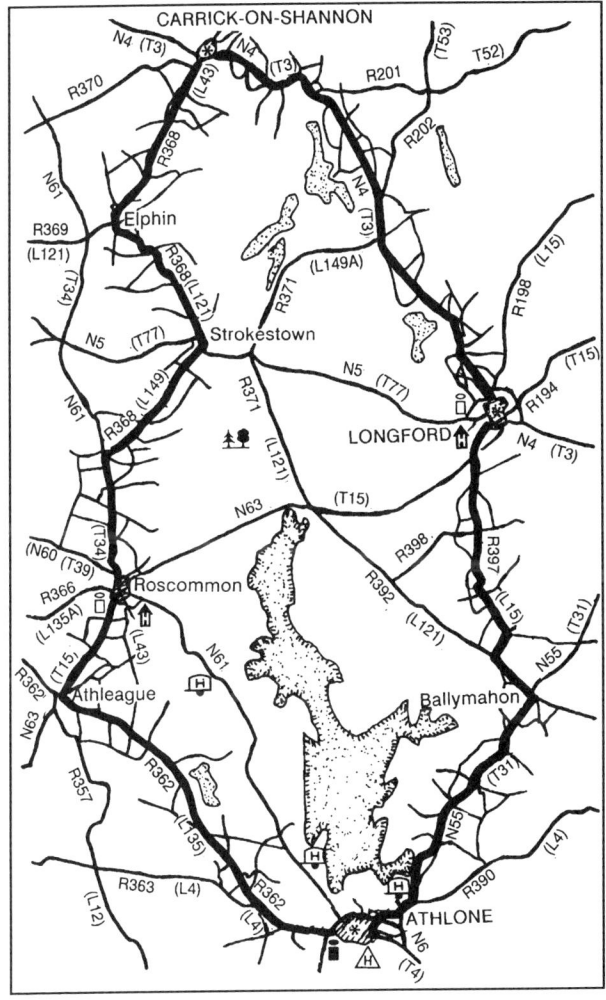

Longford, gäl. Longphort, 3900 Einw., Co. Longford, ist die Hauptstadt der Grafschaft (30.000 Einw.) und dient als Markt- und Einkaufsstadt für die Umgebung. Hinter der St. Mel's Cathedral ist ein kleines Diözesan-Museum untergebracht, das außer Meßgewändern und anderen kirchlichen Ausstellungsstükken den Bischofsstab von St. Mel enthält (mo und mi 11-13 h, sa 13-15 h, so 14-18 h).

Information: Tourist Office, Harbour House, Market Street, ℭ (043) 46566, Juni-Sept.
Verkehrsverbindungen: Eisenbahn nach Sligo und Dublin; Busse nach Dublin (Anschluß nach London), Cork, Belfast, Derry, Galway, Ballina, Athlone, Roscommon und Ballinamore.
Unterkunft (Auswahl, ganzj.): Longford Arms Hotel ***, Main Street, ℭ (043) 46296, 51 Z.; Mrs. B. O'Donnell, Tivoli, Dublin Road, ℭ (043) 46898 & 41569, 10 Z.
Fahrräder: Edward Denniston & Co. (auch Vermietung), Central Cycle Store, Ballymount Street, ℭ (043) 46345; Woods, Main Street; W. Hackett, ℭ (043) 46481.

Etappe 75:
Longford – Danesfort – Keenagh – Ballymahon – Athlone (45 km)

An der Ostseite des Shannon nach Süden.

Die Etappe beginnt in Longford auf der N63 (T15) Richtung Roscommon, verläßt diese aber nach ca. 3 km nach Süden auf die R397 (L15) über Danesfort und Keenagh bis zur Einmündung in die R392 (L121) nach **Ballymahon**, gäl. Baile Uí Mhatháin. Diese Kleinstadt am Ufer des Inny River muß als Lokalgröße den in der Nähe geborenen Oliver Goldsmith heranziehen und eine verfallene Dorfkneipe als Sehenswürdigkeit präsentieren; sprich: hier gibt es rein gar nichts, was konventionellen Tourismus ausmacht.

In Ballymahon findet ein Wechsel auf die N55 (T31) statt, die geradewegs nach **Athlone** (s. Etappe 73) führt; im Norden der Stadt kreuzen Sie noch die Umgehungsstraße, die die N6 nördlich an Athlone vorbeiführt.

Etappe 76:
Athlone – Ballinasloe – Laurencetown – Portumna – Mountshannon – Scarriff – Tuamgraney (94 km)

Anschlußverbindung an die Etappen nach Limerick westlich des Shannon.

Das erste Teilstück von rund 20 km von Athlone nach Ballinasloe wird auf der N6 (T4) geradelt, eine leider stark befahrene Straße.

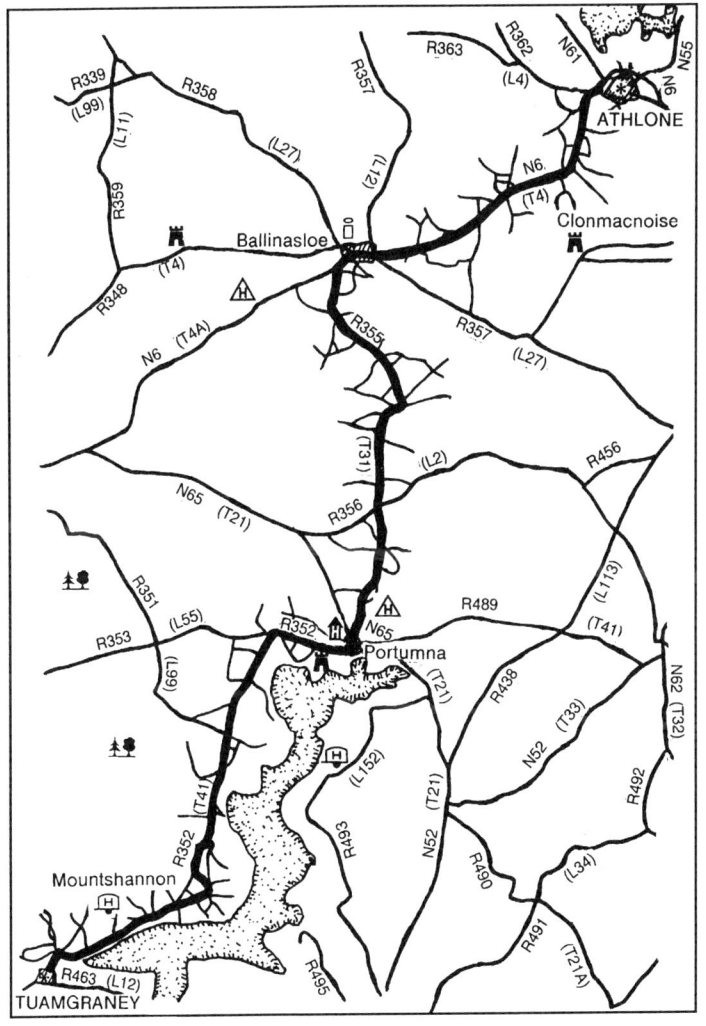

Ballinasloe, gäl. Béal Atha na Sluaighe, 6000 Einw., Co. Galway, ist eine Marktstadt nahe der Grafschaftsgrenze. Bei dem 8 km südwestlich an der N6 (T4^A) gelegenen Ort *Aughrim* (gäl. Eachroim) fand die Entscheidungsschlacht von 1691 um die englische Vorherrschaft in Irland statt. Im Dorf existiert ein „Interpretative Centre" (Ostern-Mitte Okt tägl.). In *Kilconnell* (gäl. Cill Chonaill), 12 km westlich von Ballinasloe an der R348 (T4), steht die Ruine eines imposanten Franziskanerklosters aus dem 14. Jh.

Information: Tourist Office, ✆ (0905) 42131, Juli/Aug.
Verkehrsverbindungen: Eisenbahn nach Galway und Dublin; Busse nach Dublin (mit Anschluß nach London), Galway, Belfast, Dundalk und nahegelegenen Orten.
Herberge: Hynes Hostel (IHH/IHI), Aughrim, ✆ (0905) 73734, 12 B., Camping, ganzj., 5 km südwestlich an der N6 (T4^A) Richtung Galway, Pub nebenan.
Fahrräder: P. Clarke & Sons (auch Vermietung), Dunloe Street, ✆ (0905) 42417.

Ca. 1 km hinter Ballinasloe biegt die Streckenführung auf die R355 (T31) über Laurencetown nach Portumna ab. An dieser Straße liegt, unübersehbar in ihrer Ausdehnung, nach ca. 6 km die Ruine von *Clontuskert Abbey*.
Kurz vor Portumna mündet die Straße in die N65 (T21).

Portumna, gäl. Port Omna, Co. Galway, ist eine Marktstadt am oberen Ende des Lough Derg. Etliche Kabinenkreuzervermieter bieten hier Boote an. Im Portumna Forest Park stehen die Ruinen eines Klosters aus dem 15. und eine Burg aus dem 17. Jh.; letztere ist gerade restauriert worden (Mai-Sept).

Verkehrsverbindungen: Busse nach Galway und Wexford/Rosslare.
Unterkunft: Shannon Oaks Hotel, ✆ (0509) 41777, 🖹 41357; Mrs. E. Ryan, Auvergne Lodge, Dominic Street, ✆/🖹 (0509) 41138, 4 Z., ganzj.
Herberge: Galway Shannonside Schoolhouse (IHH), St. Brigid's Road, ✆ (0509) 41032, 🖹 41060, 49 B., ganzj.
Camping: The Tavern **, Ballinderry, ✆ (067) 22026, 15 Zstpl., Waschm., Mai-Okt, ca. 15 km von Portumna am Ostufer des Lough Derg, zu erreichen über die N65 (T21) und (R493) L152.
Fahrradvermietung: Tony Cunningham, Dominick Street, ✆ (0905) 41070.

Aus Portumna führt die R352 (T41) auf der Westseite des Sees nach Westen und anschließend nach Süden über Gorteeny, Whitegate und Mountshannon nach Scarriff und **Tuamgraney** (s. Etappe 36); als Fernziel ist „Ennis" angegeben.

Etappe 77:
Mullingar – Hill of Uisneach – Ballymore – Athlone (48 km)

Eine Strecke quer durch die fruchtbare Grafschaft Westmeath, die im wesentlichen von der Milchwirtschaft lebt.

Die Etappe verläuft fast ausschließlich über die R390 (L4), anfangs entlang dem

Royal Canal und dann quer durch eine sanfte Hügellandschaft.

Nach etwa 18 km weist ein Schild am Straßenrand auf den Trampelpfad hin, der zwischen Hecken hindurch auf den **Hill of Uisneach** führt. Dieser Hügel war in vorchristlicher Zeit Sitz der irischen Hochkönige und jährlicher Versammlungsort der Häuptlinge. Reste eines Forts und von Grabstätten sind erhalten. Ein paar hundert Meter westlich geht ein weiterer Pfad zum Catstone, an dem die historischen fünf Provinzen Irlands angeblich zusammentrafen. Der 6 m hohe Kalksteinfelsen gilt nach wie vor als Mittelpunkt der Grünen Insel; je nach Art der Berechnung ist dieser jedoch eher auf einem südlich gelegenen Hügel zu suchen.

Die R390 (L4) verläuft über kleine Ortschaften wie Ballymore und Drumraney zur Einmündung in die N55 (T31) nach **Athlone** (s. Etappe 73).

Kartenskizze Etappen 77 & 78

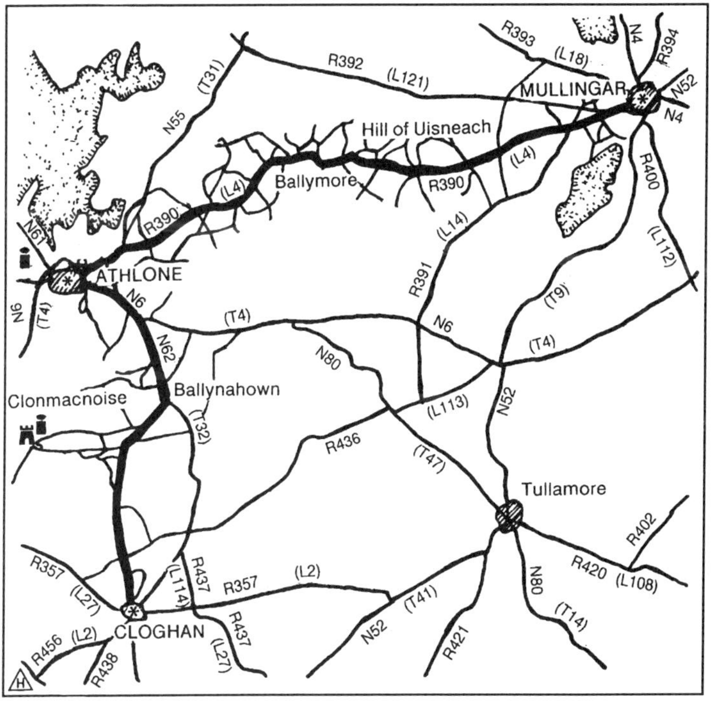

Anschlußetappe zur Ostshannonstrecke Richtung Limerick.

Über die alte Führung der N6 (T4) Richtung Dublin geht es aus Athlone heraus zur Einmündung in die neue Umgehungsstraße und auf dieser bis Fardrum und weiter über die N62 (T32) bis *Ballynahown*. Dort verläßt die Etappe die Hauptstraße auf die unklassifizierte Nebenstraße nach Clonmacnoise und Bellmount. An den nächsten zwei Gabelungen hat man jeweils die Wahl: halblinks geht es nach Bellmount und weiter nach Cloghan, halbrechts führen die Straßen nach **Clonmacnoise**.

Neben Glendalough ist das eindeutig die bekannteste Klostersiedlung Irlands. Ein bedeutendes religiöses und kulturelles Zentrum seit frühchristlicher Zeit, das erst im 16. Jh. von den Engländern „geschlossen" wurde. Allein neun Kirchen, Hochkreuze, zwei Rundtürme und 200 Grabsteine erstrecken sich über ein großes Gebiet am Ufer des Shannon. Die Klosterstadt verfügt April-Okt über ein eigenes Tourist Office im Besucherzentrum am Eingang (℡ [0905] 74134).

Von April bis Oktober verkehrt eine touristische Bimmelbahn durch die Torflandschaft von Clonmacnoise Richtung Banagher (stündl., 45 min Rundtour).

Clonmacnoise

Wer den Abstecher nach Clonmacnoise gemacht hat, fährt am besten über die Nebenstraße längs des Shannon nach Shannonbridge und von dort über die R357 (L27) nach **Cloghan**, einem kleinen Ort an der Kreuzung der Straßen aus allen Himmelsrichtungen mit der N62 (T32).

Herberge: Crank House Hostel (IHH), Main Street, Banagher, ✆/🖳 (0509) 51458, 40 B., ganzj., ca. 7 km südwestlich am Shannon.

Kartenskizze Etappen 79 & 80

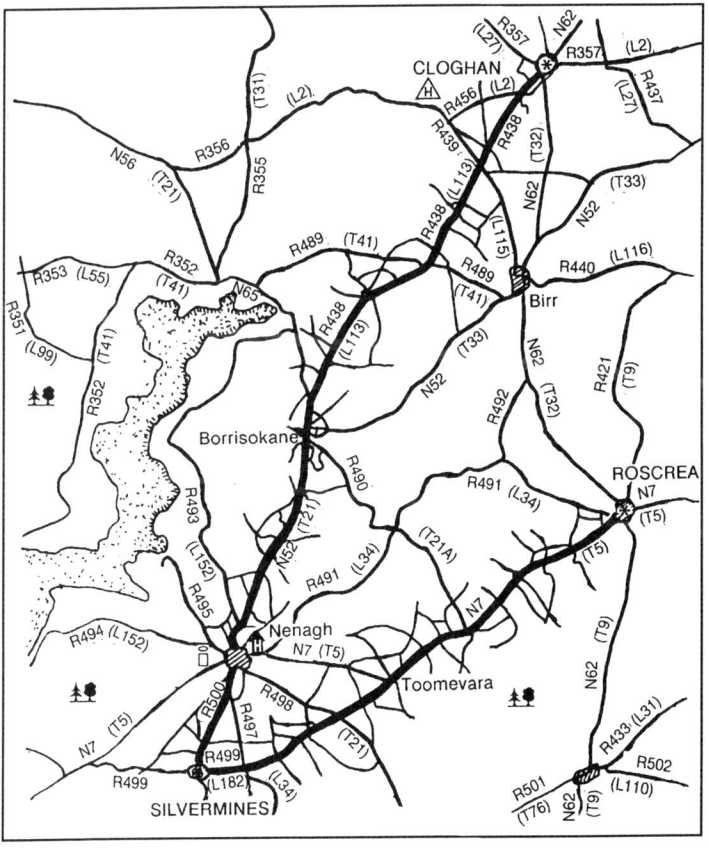

Etappe 79:
Cloghan – Taylor's Cross – Killinaule – Borrisokane – Nenagh – Silvermines
(58 km)

Eine Strecke, die den Anschluß an die Etappe 39 nach Limerick herstellt.

Von der R456 (L2), die von Cloghan aus Richtung Banagher führt, knickt die
Streckenführung nach ca. 3 km links auf die R438 ab. In Taylor's Cross, einer
Straßenkreuzung 5 km weiter, geht die R438 in die alte L113 über und verläuft
über Killinaule südwestwärts zur N65 (T21) nach *Borrisokane* (gäl. Buiríos Uí
Chéin) und weiter nach Nenagh.

Nenagh, gäl. Aonach, ca. 4600 Einw., Co. Tipperary, ist die Hauptstadt der
nördlichen Grafschaftshälfte und ein florierendes Industrie- und Handelszentrum. Das touristische Aushängeschild der Stadt ist Nenagh Castle, eine Burganlage aus dem 13. Jh., die im 19. Jh. noch eine Erweiterung bekommen hat.
Schräg gegenüber dem Castle existiert ein Regionalmuseum mit wechselnden
Ausstellungen.

Information: Tourist Office, Connolly Street, ✆ (067) 31610, 🖹 33418, Mitte Mai-Mitte
Sept.
Verkehrsverbindungen: Eisenbahn nach Dublin und Limerick; Busse ins ganze Land.
Unterkunft (Auswahl, ganzj.): Hotel Ormond, ✆ (067) 31288, 🖹 32485, 14 Z.; Mr. &
Mrs. Devine, Williamsferry House, Fintan Lalor Street, ✆ (067) 31118, 🖹 31256, 6 Z.;
weitere B&Bs.
Fahrräder (auch Vermietung): J. Moynan & Co., Central Garage, 61 Pearse Street, ✆/🖹
(067) 31293.

Durch Nenagh führt die Etappe geradeaus auf die R497 (L34) Richtung Dolla
und nach ca. 2 km rechts ab auf die R500 nach **Silvermines**. Der Name des Ortes ist irreführend; statt Silber wird dort heute anderes Erz und Gestein gefördert.
Die Silvermines Mountains sind eine relativ stark bewaldete Bergkette mit idyllischen Hochtälern, die zu Spaziergängen einladen.

Etappe 80:
Roscrea – Moneygall – Toomevara – Silvermines (37 km)

Ein Teilstück der Direktverbindung Dublin-Limerick.

Größtenteils verläuft es über die N7 (T5), da günstige Nebenstraßen nicht vorhanden sind. Die Strecke führt geradewegs über Moneygall nach **Toomevara**,
einem Dorf mit eigenem Volkskundemuseum und der Ruine eines Augustinerklo-
sters aus dem 14. Jh.
Die abknickende N7 (T5) wird hier auf die R499 (L182) nach Dolla und **Silvermines** (s. Etappe 79) verlassen.

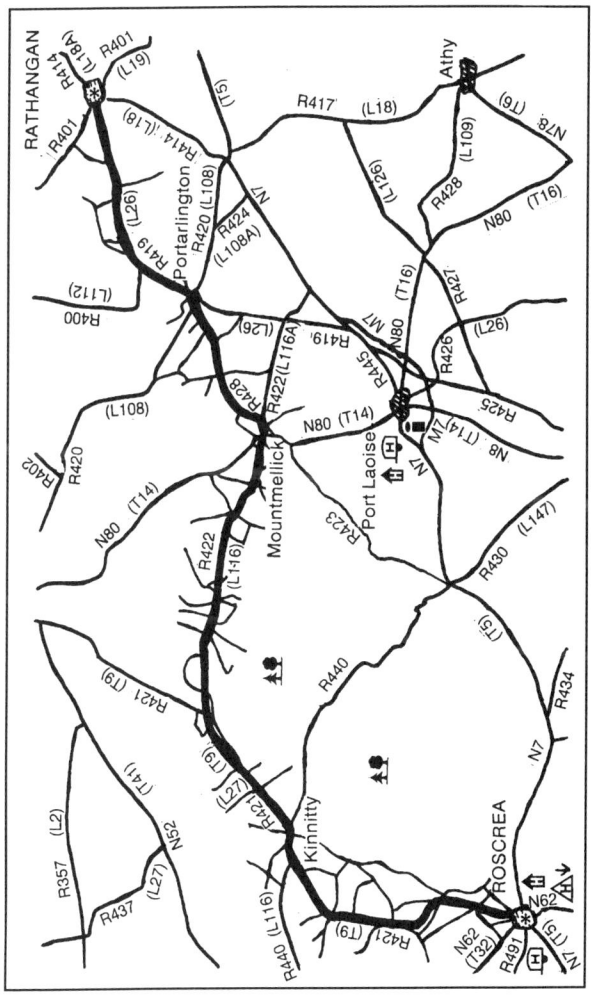

Mittelstück der Direktverbindung Dublin-Limerick.

Die Etappe verläuft durchweg über ruhige Nebenstraßen am Nordrand der Slieve Bloom Mountains entlang durch vier Grafschaften. Sie beginnt in Rathangan auf der R419 (bis Bracknagh früher unklassifiziert, danach L26) nach *Portarlington* (gäl. Cúil an tSúdaire, Co. Laois), einer Stadtgründung des 17. Jh. Hier geht es weiter auf der R420 (L108) Richtung Tullamore, die aber schon nach 1 km links auf die R423 nach *Mountmellick* (gäl. Móinteach Mílic, Co. Laois) verlassen wird.

Unterkunft: Mehrere Hotels und B&Bs in und bei Portlaoise, 10 km südlich.
Camping: Kirwan's ***, Mountrath Road (R445), Portlaoise, ℰ (0502) 21688, 12 Zstpl., Waschm., April-Mitte Okt, 10 km südlich, am westlichen Stadtrand von Portlaoise.

Von Mountmellick wird die gesamte Grafschaft Laois durchradelt. Auf der R422 (L116) führt die Strecke über kleine Orte wie Rosenallis zur Einmündung in die R421 (T9) und weiter nach *Kinnitty* (Co. Offaly), wo das Castle Bernard aus dem 19. Jh. steht, das heute eine Forstschule enthält.

Nach weiteren ca. 19 km erreicht die R421 (T9) Roscrea.

Roscrea, gäl. Ros Cré, 3900 Einw., Co. Tipperary, ist ein recht hübsches Landstädtchen, das selbst vom Verkehr der Hauptstraße Dublin-Limerick nicht zerstört wird. Diese Straße, die N7 (T5), durchschneidet am Ostrand der Stadt die Relikte des Klosters St. Cronan: die Kathedrale, ein Hochkreuz und ein Rundturm.
Im Stadtzentrum befinden sich die Ruinen von Roscrea Castle aus dem 13. Jh. und das Damer House aus dem 18. Jh., das der Georgianischen Gesellschaft gehört. Es enthält ein prachtvolles Treppenhaus, eine Sammlung irischer Bauernmöbel, gut sortierte lokalgeschichtliche Ausstellungsstücke und eine Fotoausstellung über die georgianischen Gebäude Irlands.

Verkehrsverbindungen: Eisenbahn nach Limerick und Dublin; Busse nach Belfast, Derry, Dundalk, Tralee, Cork, Waterford, Sligo, Nenagh und Limerick.
Unterkunft: Grants Hotel ***, Castle Street, ℰ (0505) 23300, 🖷 23209; Hotel Racket Hall, Dublin Road, ℰ/🖷 (0505) 21748, 10 Z.; beide ganzj.; einige B&Bs in der Umgebung.
Herberge: Cranagh Castle (IHI), Templemore, ℰ (0504) 53104, 6 B., Camping, ca. 20 km südlich (6 km östl. von Templemore an der Straße Rchtg. Templetouhy), kein Schild am Tor!
Camping: Streamstown ***, ℰ/🖷 (0505) 21519, 13 Zstpl., April-Okt, ca. 3 km westlich der Stadt an der R491 (L34).

Etappe 82:
Dublin – Ballyboghil – Naul – Drogheda (48 km)

Eine Nebenstraßenverbindung nach Norden ins Boyne-Tal.

Die Etappe verläuft durchgehend auf der R108 (L6); im Stadtgebiet von Dublin beginnt sie auf dem Straßenzug Church Street – Phibsborough Road – Botanic Road. Die Straße führt durch die Dubliner Satellitenstadt Ballymun, hinter dem Flughafen vorbei und immer geradeaus nach Norden.

Achtung an der Kreuzung mit der R125 (L143) Swords-Dunshaughlin: die R108 (L6) verläuft dort leicht nach links versetzt weiter, d.h. links einbiegen und gleich wieder rechts.

Über kleine Dörfer wie Ballyboghil und Naul führt die Etappe nach Drogheda.

Drogheda, gäl. Droichead Atha, 24.000 Einw., Co. Louth, ist zwar eine uralte Stadt, touristisch aber eigentlich nur als Ausgangspunkt für das nahe Boyne-Tal von Interesse.
In der Stadt gibt es außer einigen wenigen Bürgerhäusern vor allem zwei interessante Kirchen, die zur Irritation der Besucher den gleichen Namen tragen: St. Peter's. Die protestantische Version in der William Street ist ein klassizistischer Bau von 1748 mit Rokoko-Stuckwerk.
Die katholische St. Peter's Church in der West Street ist im gotischen Stil erbaut und dient der Erinnerung an den Heiligen Oliver Plunckett (1629-81), der in London hingerichtet wurde. Er ist seit 1975 heiliggesprochen; sein einbalsamierter Kopf wird in der Kirche aufbewahrt – ein bizarrer Anblick: der Schädel erinnert auf den ersten Blick sehr an Bronzeskulpturen.
Das Tal des River Boyne, an dessen Mündung Drogheda liegt, ist mit (prä)historischen Monumenten gleichsam gespickt. Die imposantesten darunter sind der Friedhof von Monasterboice, die Ruinen von Mellifont Abbey und der Hügel von Newgrange. In dieser (oder umgekehrter) Reihenfolge lassen sich die Stätten auch am besten zu einer Rundtour verbinden, da sie nur wenige Kilometer voneinander entfernt und ausgeschildert sind. Wer in nordwestlicher Richtung seine Reise fortsetzt, kommt ohnehin nahezu in Sichtweite an diesen Sehenswürdigkeiten vorbei.
Monasterboice (in der Skizze: [1]) ist der Standort eines frühchristlichen Klosters, das im 12. Jh. aufgelöst wurde. Auf dem wohltuend ungeordnet wirkenden Friedhof stehen außer den Resten zweier Kirchen und eines Rundturms drei imposante Hochkreuze, deren bekanntestes das Cross of Muireadach aus dem 10. Jh. ist. Sein Bild ziert den Umschlag manchen Reiseführers völlig zu Recht: das aus einem einzigen Stein gemeißelte Kreuz von 5½ m Höhe enthält auf allen Seiten feine Reliefdarstellungen biblischer Szenen und als Spitze die Wiedergabe einer typischen Kirche der damaligen Zeit.
Nur etwa 5 km südwestlich von Monasterboice liegt *Mellifont Abbey*, das 1142 errichtete erste Zisterzienserkloster Irlands (in der Skizze: [2]). Außer dem Eingangsturm sind nur relativ spärliche Ruinen dieser großen Klosteranlage erhalten, die aber sehr gut gepflegt sind.

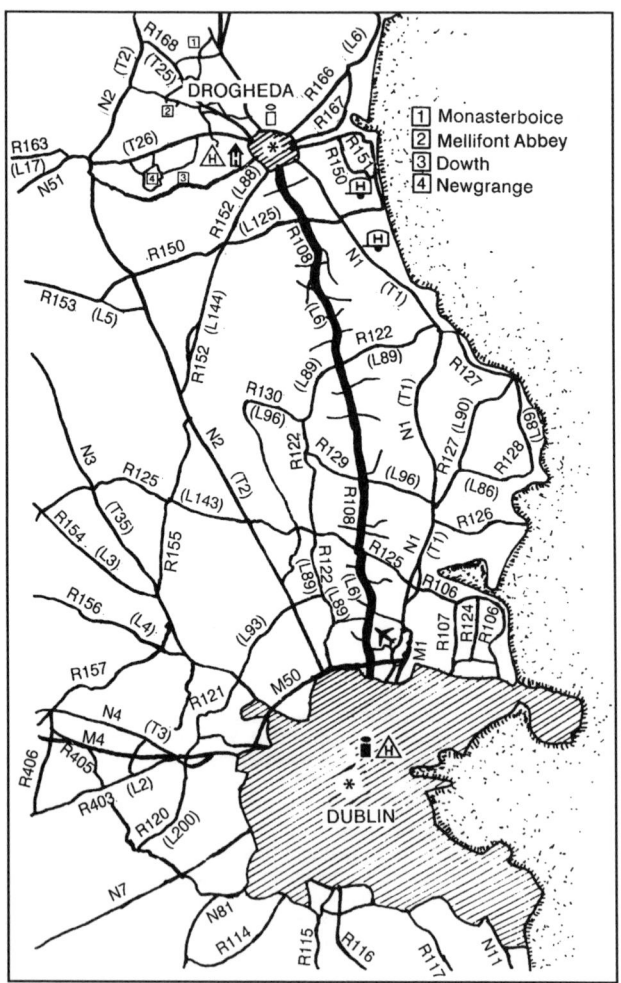

Wiederum nur wenige Kilometer entfernt liegt südlich der N51 (T26) *Brugh na Bóinne* (Palast des Boyne), die größte Konzentration prähistorischer Grabstätten in Irland. Gut 15 Ganggräber befinden sich hier; die größten drei sind

Knowth, Dowth und Newgrange. *Knowth* ist die westlichste der Grabstätten und wegen Ausgrabungsarbeiten noch auf unbestimmte Zeit nur von außen zugänglich. *Dowth* (in der Skizze: [3]), im Osten der Region, ist derzeit für Besucher geschlossen. *Newgrange* (in der Skizze: [4]) ist deshalb der Hauptanlaß, Eintrittsgeld loszuwerden (ganzj. tägl.). Aber das Geld ist gut angelegt: das etwa 5000 Jahre alte Hügelgrab mit seiner imposanten weißen Quarzsteinfront enthält im Innern hinter einem 19 m langen, schmalen Gang eine kreuzförmige Grabkammer, deren Erbauer das Kunststück fertiggebracht haben, das mörtellose Bauwerk wasserdicht aus rohen Steinen aufzuschichten. Außerdem hatten sie offensichtlich beträchtliche Kenntnisse des Sonnenjahres: am 21. Dezember, dem kürzesten Tag des Jahres, erhellt ein durch den Gang einfallender Sonnenstrahl kurz nach Sonnenaufgang für wenige Minuten die Grabkammer mit indirektem Licht; eine Ausstellung im Visitor Centre bei Newgrange versucht einen (unzureichenden) Eindruck von diesem Ereignis zu geben.

<u>Wichtig:</u> Newgrange und Knowth sind nur von den südlich des Boyne gelegenen Visitor Centre aus zugänglich, da man nur dort die begehrten Eintrittskarten bekommt und die Brücke über den Boyne auch nur mit Ticket überqueren darf! Es ist also erforderlich, über Donore zuerst zum Centre zu fahren und sich vor allem frühzeitig um Eintrittskarten zu kümmern. Die letzten Nachmittagstermine sind meist schon kurz nach Mittag ausverkauft!

Information: Tourist Office, Bus Eireann Depot, Donore Road, ℰ 9837070, Juni-Aug; Boyne Valley Visitor Centre, Donore, ℰ 9880305, beim Zugang zu Newgrange, ganzj. **Telefonvorwahl:** 041

Tumulus von Newgrange

Verkehrsverbindungen: Eisenbahn nach Dublin und Belfast; Busse nach Navan, Athlone, Kells, Cork, Dublin, Galway, Limerick, Waterford und nahegelegenen Orten.
Unterkunft (Auswahl, ganzj.): Peter & Mary Phillips, Orley House, 25 Bryanstown, ✆/🖃 9836019, 4 Z.; Mrs. A. Kerrigan, Killowen House, Woodgrange, Dublin Road, ✆/🖃 9833547, 4 Z., neben dem Europa Hotel; einige weitere B&B-Unterkünfte außerhalb.
Herberge: Harpur House (IHI), William Street, ✆/🖃 9832736, 10 B., ganzj.
Camping: Bettystown **, ✆ 9828167, 25 Zstpl., Waschm., Ostern-Sept, 6 km östlich von Drogheda an der Küste, zu erreichen über die R150 (L125); in der Hauptsaison ist mit Überfüllung zu rechnen; Mosney *, ✆ 9829000, 🖃 9829444 40 Zstpl., Waschm., Ende Mai-Aug, ca. 14 km südöstlich von Drogheda an der Küste.
Fahrräder: P.J. Carolan Sons (auch Vermietung), 77 Trinity Street, ✆ 9838242. *Vermietung* bei Irish Cycle Hire Ltd., Mayoralty Street, ✆ 9841067 & 9842338, 🖃 9835369.

Etappe 83:
Dundalk – Castlebellingham – Annagassan – Clogher Head – Drogheda
(63 km)

Mit etwas Geschick und Zickzack-Kurs ist es leicht möglich, auf z.T. nicht ausgeschilderten Straßen der stark befahrenen N1 (T1) zu entgehen. Allerdings wird parallel zur Nationalstraße z.Z. die Autobahn M1 gebaut, deren Baustellen (und Streckenführung) Ihnen evtl. Probleme bereiten können!

In Dundalk folgen Sie zunächst der N1 (T1) Richtung Dublin. Hinter der Brücke beim Einkaufszentrum zeigt ein großes Schild (Coast Road Dublin) nach links: die R172 führt durch *Blackrock*, ein beliebtes Ausflugsziel für die nahen Städter. Kurz hinter diesem Ort überqueren Sie die N1 (T1). An den beiden nächsten Kreuzungen biegen Sie links ab (nicht ausgeschildert); dann geht es geradeaus weiter vorbei an der frühchristlichen Stätte von *Dromiskin* (Hochkreuze und ein Rundturm sind erhalten) bis *Castlebellingham*, wo Sie wieder auf die N1 (T1) Richtung Dublin stoßen. Der Ort ist ein kleines Dorf, das nach den früheren Besitzern und deren Burg benannt ist. Letztere ist heute ein Hotel.

Folgen Sie der Hauptstraße für etwa 50 m, und biegen Sie links auf die Scenic Route nach *Annagassan* ab. Dieses Dorf könnte auf eine über 1000jährige Geschichte zurückblicken, wenn es etwas zu erblicken gäbe: um 850 von den Wikingern gegründet, hat kein Bauwerk dieser Zeit die Jahrhunderte überdauert.

(In Gegenrichtung: Bis Castlebellingham ist die Scenic Route gut beschildert; dort nach rechts auf die N1 Rchtg. Dundalk, nach 50 m wieder links, immer geradeaus weiter. Hinter Dromiskin und dem Bahnübergang folgt nach ca. 3 km eine Kreuzung, an der Sie rechts abbiegen; ebenso an der nächsten Kreuzung nach der Bahnbrücke. Geradeaus führt die Straße über Blackrock nach Dundalk.)

Während die Scenic Route gut beschildert über teils schmale Straßen und am Meer entlang verläuft, können Eilige einige Kilometer hinter Annagassan die Aussichtsstrecke auf die R166 (L8) nach Togher verlassen. Fahren Sie immer geradeaus weiter (ab der Einmündung der R170 [L24] führt eine unklassifizierte

Nebenstraße geradeaus), und Sie erreichen auf schnellstem Wege auch ohne Hauptstraßenbenutzung Drogheda; diese Strecke ist ca. 7 km kürzer als die Scenic Route.

Diese hingegen bringt Sie erst kurz vor Clogher Head zur R166 (L6).

Clogher Head, gäl. Ceann Clochair, 800 Einw., Co. Louth, ist ein Fischerdorf mit etwas Fremdenverkehr. Die „Flotte" von 36 Schiffen beschäftigt 150 Fischer. Der Strand lädt zu schönen Spaziergängen und zum Bade – falls die Wassertemperatur mitspielt. Die Siedlung am Ortsrand ist regierungsfinanziert und einer der zahlreichen Versuche, das „fahrende Volk" (Tinker) seßhaft zu machen.

Unterkunft: Mrs. M. McEvoy, Cross Garden, Ganderstown, ✆ (021) 9822675, 3 Z., ganzj.

Folgen Sie der Scenic Route über die R166 (L6) bis Termonfeckin, wo Sie links abbiegend auf der R167 weiterfahren. Entlang der Mündung des River Boyne gelangen Sie durch das Hafenviertel nach **Drogheda** (s. Etappe 82).

Etappe 84:
Drogheda – Collon – Shanlis Cross Roads – Drumcondra – Kingscourt
(44 km)

Das erste Stück dieser Etappe führt zwischen den wichtigsten Stätten des Boyne-Tals hindurch: Monasterboice, Mellifont Abbey und Newgrange (s. Etappe 82).

Die Strecke beginnt auf der N51 (T26) Richtung Navan und verläßt die am Stadtrand von Drogheda halblinks abknickende Hauptstraße geradeaus auf die R168 (T25) nach Collon. Dort mündet sie in die N2 (T2) Richtung Ardee. Nach ca. 7 km knickt die Etappe an einer Kreuzung nach links auf eine heute unklassifizierte Straße (früher L24) nach Drumcondra ab, die ab der Kreuzung mit der N52 (T9) in die R165 (L24) übergeht und geradewegs **Kingscourt** (Co. Cavan) erreicht. Dieser Ort verfügt über eine (ganzj. zugängl.) Forstanlage auf dem Gelände eines ehemaligen Herrenhauses namens *Dún-a-Rí Forest Park*.

Unterkunft: Mackins Hotel ***, ✆ (042) 9667208; Hilltown View, Kells Road, ✆ (042) 9668559, 3 Z.
Camping: Lakelands Caravan Park, Shercock, s. Etappe 88.

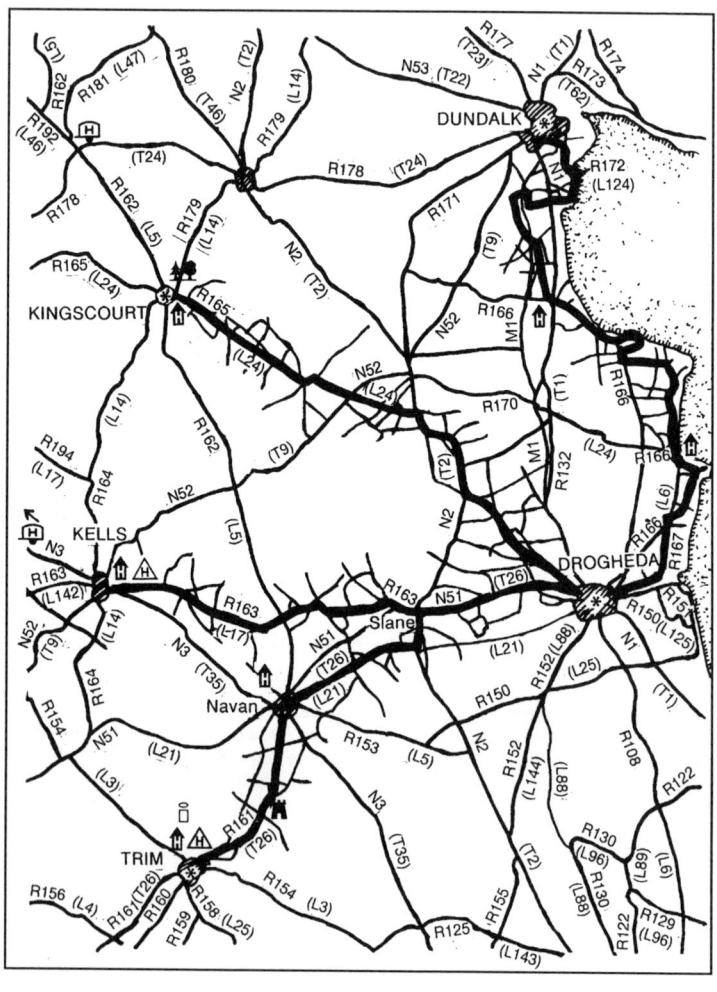

Foto rechts: Muireadach-Kreuz, Monasterboice

Etappe 85:
Drogheda – Slane – Ceanannus Mór (Kells) (37 km)

Östliches Teilstück der Strecke nach Longford, reichlich versehen mit histori-schen Stätten.

Die ersten Kilometer werden auf der N51 (T26) geradelt; am Ortsausgang von Drogheda ist die abknickende Straße schlecht (nur alte Klassifizierung) ausge-schildert. Vorbei an den Hügelgräbern von Dowth, Newgrange und Knowth (s. Etappe 82) führt die Straße nach Slane. Auf dem *Hill of Slane* in der Nähe des Dorfes soll Irlands Nationalheiliger St. Patrick im Jahr 433 den Sieg des Christentums im Land verkündet haben.

Ca. 1 km hinter Slane knickt die R163 (L17) rechts ab und verläuft über Kilberry (Kreuzung mit der R162 [L5]) nach *Ceanannus Mór* (Kells). Auf halbem Weg zwi-schen Kilberry und Kells berührt die Straße den *Hill of Tailte*, wo vor über 1000 Jahren der Sitz eines irischen Königs war. Reste des Forts sind noch zu sehen.

In der Nähe von Kells ist das relativ kleine Gaeltacht-Gebiet der Grafschaft Meath angesiedelt, was sich darin äußert, daß Ortsnamen hier oft in irisch-gälischer Form auftauchen.

Kells, gäl. Ceanannus Mór, ca. 2600 Einw., Co. Meath, wird im allgemeinen beim gälischen Namen genannt bzw. geschrieben. Die Marktstadt hat eine ehr-furchtgebietende Vergangenheit in der Blütezeit irischer Kultur. Vor rund 1000 Jahren war Kells eine der Hochburgen irischen Geisteslebens. Am bekannte-sten wurde der Namen der Stadt durch die Evangelienhandschrift *Book of Kells*, die hier jahrhundertelang aufbewahrt wurde. Ein Faksimile der im Trinity College (Dublin) liegenden Prachthandschrift ist in der St. Columba's Church im Ort ausgestellt, die als eine der ältesten protestantischen Kirchengründun-gen Irlands (1578) gilt; allerdings wurde der alte Kirchenbau im Lauf der Jahr-hunderte ersetzt. Von der früheren monastischen Siedlung sind ein Rundturm, ein Bethaus und immerhin fünf Hochkreuze erhalten. Das bekannteste steht am Marktplatz und diente im 18. Jh. der englischen Besatzung als Symbol für die Dokumentierung religiösen „Fingerspitzengefühls": es wurde als Galgen benutzt.

Verkehrsverbindungen: Busse nach Drogheda, Dublin (mit Anschluß nach London), Enniskillen, Cootehill, Oldcastle und Donegal.
Unterkunft: Headfort Arms Hotel **, ℰ (046) 40063, 🖹 40587, 18 Z.; Mary Reilly, Owl's Rest, Dublin Road, ℰ/🖹 (046) 49337, 4 Z.; beide ganzj.
Herberge: Kells Hostel (IHH/IHI), ℰ (046) 49995, 🖹 40680, 40 B., April-Sept., neben Monaghan's Bar.
Camping: Lough Ramor *, ℰ (049) 8547447, 13 Zstpl., Mai-Sept, ca. 14 km nordwest-lich von Kells abseits der N3 (T35).

Etappe 86:
Drogheda – Slane – Hays – Navan – Trim (42 km)

Erster Teil der Verbindung Drogheda-Athlone.

Bis Slane folgt die Etappe der N51 (T26). Falls ein Besuch von Newgrange (s. Etappe 82) jedoch im Verlauf dieser Etappe erfolgen soll, empfiehlt sich statt dessen die heute unklassifizierte Nebenstraße (früher L21, heute teils als Wanderweg „Boyne River" ausgeschildert) südlich des River Boyne über Donore nach Navan, eine ruhige Strecke über sanfte Hügel; nur so kommen Sie im Visitor Centre südlich des Boyne an die begehrten Eintrittskarten (s. Drogheda, Etappe 82).
Die gleiche Straße wird von Slane aus ebenfalls angesteuert: über die N2 (T2) Richtung Dublin. Nach ca. 2 km, auf der Höhe des Hügels, westwärts auf die Nebenstraße (L21) nach Hays und Navan einbiegen.

Navan, gäl. An Uaimh, 5000 Einw., Co. Meath, mit ebenso großer Anzahl in Vororten außerhalb der Stadtgrenze, ist die Hauptstadt der Grafschaft. Sie liegt am Zusammenfluß des River Boyne und des River Blackwater und hat eine lange Vergangenheit, von der schlicht nichts mehr zu sehen ist. Allerdings befindet sich nur 10 km südlich, abseits der N3 (T35), der *Hill of Tara*, in vor- und frühchristlicher Zeit Standort von keltischen Befestigungsanlagen und nach der Sage Versammlungsort der gesamten keltischen Führungsmannschaft.

Verkehrsverbindungen: Busse in alle Teile des Landes.
Unterkunft (Auswahl, ganzj.): Ardboyne Hotel *, Dublin Road, ℰ (046) 21119, 🖹 22355; Mrs. Mary Callanan, Lios na Greine, Athlumney, Duleek Road, ℰ (046) 28092, 4 Z., ganzj.; Mrs. Pauline Boylan, Athumley Manor, Duleek Road, ℰ (046) 71388, 6 Z., ganzj.
Fahrräder (auch Vermietung): Clarke's Sports Den, Trimgate Street, ℰ (046) 21130.

In Navan wechselt die Streckenführung auf die R161 (T26) nach Trim. Auf halbem Weg liegt auf freiem Feld das Zisterzienserkloster *Bective Abbey* aus dem 12. Jh.

Trim, gäl. Troim, ca. 2000 Einw., Co. Meath, war im Mittelalter eine der bedeutendsten Städte Irlands. Von dieser Vergangenheit künden außer einigen befestigten Häusern vor allem die umfangreichen Reste einer Burganlage aus dem 12./13. Jh., der größten ihrer Art auf der Insel. Das weitläufige Gelände wird von dicken Mauern und massiven Ecktürmen begrenzt und kann durch einen Wassergraben vom River Boyne zusätzlich gesichert werden. Außerhalb der Burgmauern beherbergt es außerdem eine Kleingolfanlage – Sinnbild des unkomplizierten Umgangs der Iren mit historischen Stätten.
Am Stadtrand kann der *Butterstream*-Garten besucht werden (April-Sept tägl. 11-18 h), ein kleiner privat geschaffener und vom Eigentümer gepflegter Park.

Information: Tourist Office, Mill Street, ℰ (046) 37111, Mai-Sept.
Verkehrsverbindungen: Busse nach Dublin und Granard.
Unterkunft: Wellington Court Hotel **, ℰ (046) 31516, 🖹 36002, 18 Z., ganzj.; Brogan's

Guesthouse, High Street, ✆ (046) 31237, 6 Z., ganzj.; Lynda O'Brien, Friarspark, Dublin Road, ✆ (046) 31745, 🖹 38069, 3 Z., April-Sept.
Herberge: Bridge House Tourist Hostel (IHH), Bridge Street, ✆ (046) 31848, 20 B., April-Sept.

Etappe 87:
Trim – Raharney – The Downs – Mullingar (42 km)

Eine ruhige Binnenlandstrecke auf dem Weg nach Athlone.

In Trim beginnt sie auf der R161 (T26) Richtung Kinnegad/Athlone. Nach ca. 6 km knickt sie an der Kreuzung mit der R156 (L4) rechts nach Ballivor, Raharney und Killucan ab. In *The Downs* (Standort des Mullingar Craft Centre) mündet die Straße in die N4 (T3) nach Mullingar. (Als Alternative ab Trim kann auch die nördlich des River Boyne verlaufende alte L23 benutzt werden, die in die R156 [L4] mündet.)
Am Stadtrand von Mullingar verlassen Sie die N4, die dort als Umgehungsstraße dient, sobald diese vierspurig wird, und radeln in die Stadt.

Kartenskizze Etappe 87

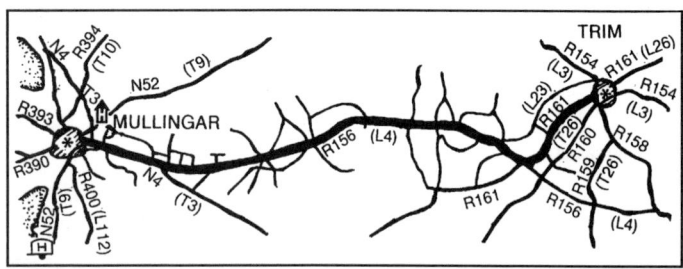

Mullingar, gäl. An Muileann gCearr, 7000 Einw., Co. Westmeath, ist die Hauptstadt der Grafschaft (62.000 Einw.). Vor dem Bau der Eisenbahn war der Royal Canal, an dem die Stadt liegt, ein wichtiger Verkehrsweg, der den angrenzenden Landstrichen einen Aufschwung des Wirtschaftslebens bescherte. Heute ist er eher ein museales Dekorationsstück. Das *Belvedere House* mit dem dazugehörigen Park (Tullamore Road) ist Mai-Okt zu besichtigen.
Mullingar ist von etlichen Seen umgeben, die vor allem Angler anlocken.

Information: Tourist Office, Dublin Road, ✆ (044) 48650, 🖹 40413, ganzj.
Verkehrsverbindungen: Eisenbahn nach Dublin und Sligo; Busse in alle größeren Städte des Landes.
Unterkunft: 3 Hotels; ein gutes Dutzend B&Bs in und um Mullingar.
Camping: Lough Ennel **, ✆/🖹 (044) 48101, 20 Zstpl., April-Sept, 6 km südlich.
Fahrradvermietung: Lough Owel Lodge, ✆ (044) 48714, 2 km nördl., Juni-Sept.

Etappe 88:
Kingscourt – Shercock – Cootehill – Tullyvin – Cavan – Crossdoney –
Killeshandra (78 km)

Verbindungsstrecke ins Seengebiet des River Erne.

Die Etappe beginnt in Kingscourt auf der R161 (L5), auf der einige Hügel im Westen um- und überradelt werden; nach ca. 13 km wird **Shercock**, gäl. Searcóg,
erreicht, ein kleines Dorf am Rand des Lough Sillan mit Angel- und Wassersportmöglichkeiten.

Camping: Lakelands **, ✆ (042) 9669206 & 9669488, 18 Zstpl., Waschm., Juni-Mitte
Sept, 1 km nördlich des Dorfs am See.

Ca. 3 km hinter dem Ort biegt von der R162 (L5) die R192 (L46) ab, die kurz vor
Cootehill (gäl. Muinchille) auf die R190 (L15) mündet. Ca. 5 km vor dieser Stadt
liegt ein vorgeschichtliches Doppelgrab. In Cootehill (zahlreiche B&Bs) wechselt
die Etappe auf die R188 (L15) über Tullyvin nach Cavan.

Cavan, gäl. An Cabhán, 3300 Einw., Co. Cavan, ist die Hauptstadt der Grafschaft, gelegen am Rand des Erne-Seengebietes. Die meisten Ausflugsziele
der Umgebung befinden sich an der Straße nach Killeshandra. Am Stadtrand
liegt an der Dublin Road die örtliche Kristallfabrik. Im fabrikeigenen Laden ist
auch Ware zweiter Wahl erhältlich, ✆ (049) 4331852.

Information: Tourist Office, Farnham Street, ✆ (049) 4331942, ganzj.
Verkehrsverbindungen: Busse nach fast allen Himmelsrichtungen.
Unterkunft (Auswahl, ganzj.): Farnham Arms Hotel **, Main Street, ✆ (049) 4332577, 🖷
4362606, 17 Z.; Kilmore Hotel ***, Dublin Road, ✆ (049) 32288, 🖷 32458; Glendowne,
33 Dublin Road, ✆ (049) 4332257; Mr. & Mrs. Gaffney, Oakdene, 29 Cathedral Road,
✆ (049) 4331698, 4 Z., ganzj.

Bei der Weiterfahrt über die R198 (L15) nach Crossdoney passiert man etwa
5 km hinter Cavan in *Kilmore* eine Kathedrale der irisch-anglikanischen Kirche, in
die ein Portal aus dem 12. Jh. integriert wurde, das früher auf einer Insel des nahen Lough Oughter stand.
Hinter *Crossdoney* (B&B am Ort) geht die R198 (L15) in die R199 (L3) nach Killeshandra über. Quasi in den Lough Oughter eingebettet ist der *Killykeen Forest
Park*.

Killeshandra, Co. Cavan, ist eine kleine Stadt am Westufer des Lough Oughter. Wer einen Kabinenkreuztrip auf den Erne-Seen, bzw. über den 1994 neu
eröffneten „Shannon-Erne Waterway" ggf. auch auf dem Shannon, machen
möchte, sollte sich nach *Belturbet*, ca. 10 km nördlich, begeben (s. Etappe 88).

Unterkunft: Lough Bawn Oreillys Hotel *, ✆ (049) 4334423, 🖷 4334404, 11 Z., ganzj.;
Mrs. M. O'Reilly, Shamrock Inn, ✆ (049) 4334139, 6 Z., April-Okt.
Fahrräder: Padraig Fitzpatrick, Bridge Street, Belturbet, ✆ (049) 22866.

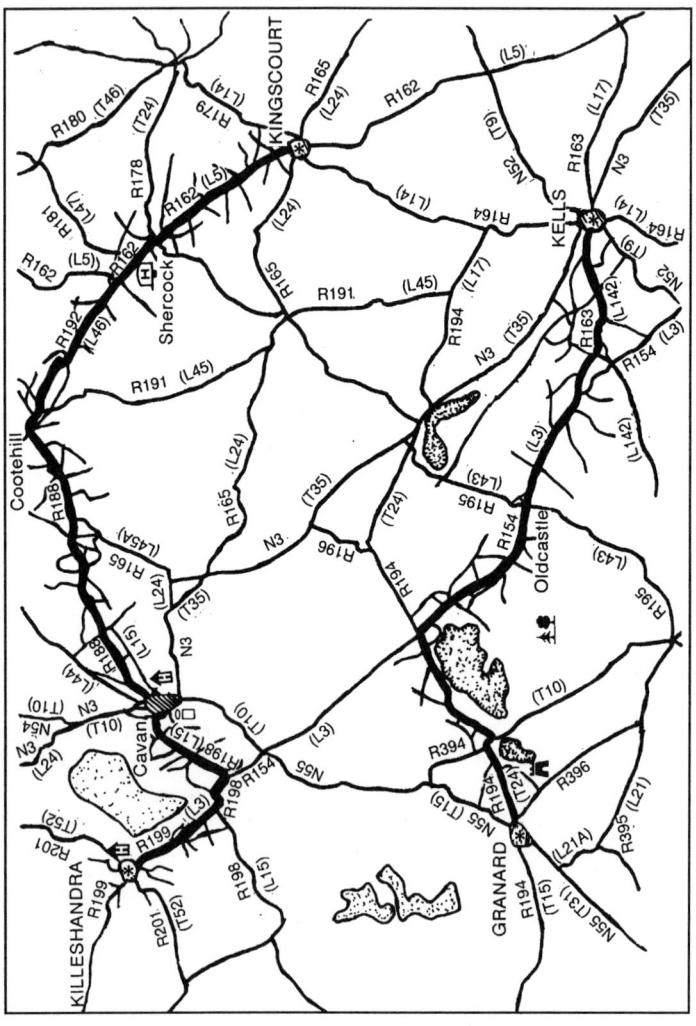

Etappe 89:
Kells – Ballinlough – Oldcastle – Mount Nugent – Ballymachugh – Granard
(51 km)

Das Mittelstück der Verbindung Drogheda-Longford durch vier Grafschaften.

Die Etappe führt auf der R163 (L142) aus Ceanannus Mór (Kells) hinaus westwärts nach Ballinlough und trifft hinter diesem Dorf auf die R154 (L3). Diese Straße (die alte L3 biegt nach einigen Kilometern von der R154 ab) verläuft über einen Hügel (ca. 100 m Höhenunterschied) nach *Oldcastl* (gäl. An Seanchaisleán).
Auf der Spitze des überquerten Hügels befinden sich die *Loughcrew Cairns* (gäl.
Sliabh na Cailighe), eine Ansammlung von Megalithgräbern mit Grabhügeln.

Die R154 (ab Oldcastle wieder L3) erreicht auf dem Weg nach Norden den
Lough Sheelin mit dem daran liegenden Dorf Mount Nugent. Ca. 3 km hinter
dem Ort biegt die Etappe links auf die R194 (T24) nach Granard ein. Immer am
Nordrand des Lough Sheelin entlang führt die Straße südwestwärts; an der Kreuzung mit der R394 (T10) erfolgt die Weiterfahrt leicht nach rechts versetzt (rechts
und gleich wieder links einbiegen).

Granard, gäl. Gránard, Co. Longford, ist ein kleines Marktstädtchen an der
N55 (T15) Cavan-Athlone. Es liegt unmittelbar neben einem Hügel, der eine
zerstörte Normannenbefestigung von 1199 trägt. Seit 1981 wird in Granard all-
jährlich im August ein Harfen-Festival abgehalten.
Etwa 4 km südöstlich der Stadt befindet sich an der R396 in Abbeylara die
Laragh-Zisterzienserabtei aus dem 13. Jh.

Unterkunft: Mrs. M. Sheridan, St. Anthony's, Cavan Road, ✆ (043) 86515, 4 Z., ganzj.

Kartenskizze Etappe 90

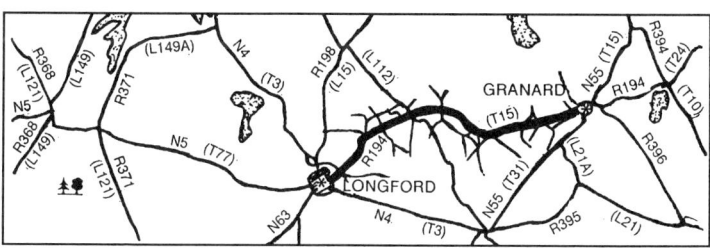

Etappe 90:
Granard – Ballinaslee – Longford (25 km)

Eine Kurzetappe, die durchweg über die R194 (T15) führt.

Die zweite Hälfte der Strecke verläuft im Tal des *Camlin River*, in dem seitlich der Straße einige Waldgebiete zu Spaziergängen einladen.

Eine ruhige Straße abseits der Verkehrsströme, auf der **Longford** (s. Etappe 74) erreicht wird; kurz vor dem Zielort wird die N4 gekreuzt, die dort als Umgehungsstraße geführt ist..

Etappe 91:
Killeshandra – Carrigallen – Cloone Grange – Mohill – Drumsna –
Carrick-on-Shannon (48 km)

Vom River Erne zum River Shannon.

Wie es sich für eine solche Strecke gehört, ist sie gesäumt von kleinen Orten, die fischreiche Gewässer zu bieten haben. Der größte ist **Mohill** (gäl. Maothail, Co. Leitrim), eine Marktstadt von etwa 1000 Einwohnern an der Kreuzung der R201 (T52) mit der R202 (T53).

Unterkunft: Travellers Rest Guesthouse, Glebe Street, ✆ (078) 31174, 6 Z., ganzj.; Mrs. T. Slevin, Coolabawn House, Station Road, ✆ (078) 31033, 3 Z., April-Sept.

Die R201 (T52) wird für fast die gesamte Strecke benutzt. Erst bei Drumsna, ca. 8 km von Carrick-on-Shannon entfernt, trifft sie auf die N4 (T3).
Drumsna war früher die wichtigste Marktstadt der Region, als der Shannon der Hauptverkehrsweg war. Heute beherbergt der Ort u.a. ein Holzschnitzerzentrum (Main Street) und ein Kunsthandwerkszentrum (Station House).
Die N4 (T3) führt geradewegs weiter nach **Carrick-on-Shannon** (s. Etappe 72).

Etappe 92:
Killeshandra – Belturbet – Ballyconnell – Derrylin (42 km)

Durch das Erne-River-Gebiet nach Nordirland.

In Killeshandra beginnt die Etappe auf der R201 (T52) Richtung Belturbet, die durch *Milltown*, einen kleinen Ort aus wenigen Häusern (einige B&Bs auf Farmen) ohne Ortsschild, zur N87 (L50) führt, in die Sie rechts nach Belturbet einbiegen. (Falls Sie Belturbet nicht besuchen möchten, können Sie auch links über die N87 nach Ballyconnell radeln – kürzer, aber verkehrsreicher.)

Belturbet, gäl. Béal Tairbirt, ca. 1250 Einw., Co. Cavan, war während der Nordirland-Unruhen durch die Sprengung der nördlich gelegenen Brücke von den großen Verkehrsströmen abgeschnitten, was dazu beigetragen hat, daß der ruhige Charakter dieses Kabinenkreuzerzentrums noch etwas erhalten wurde. Lediglich der Bootsverkehr hat Auftrieb genommen, da seit 1994 der alte Kanal via Ballyconnell nach Carrick-on-Shannon als „Shannon-Erne

Waterway" wieder eröffnet worden ist, der nun die Verbindung der Seengebiete von Erne River und Shannon für die Freizeitschiffahrt bildet – ohne Grenzkontrollen!
Alljährlich am letzten Sonntag im August beginnt das örtliche *Festival of the Erne.*

Unterkunft: Mrs. E. McGreevy, Erne View House, 9 Bridge Street, ✆ (049) 9522289, 4 Z., ganzj.; Mrs. R. Hughes, 8 Church Street, ✆ (049) 9522358, 6 Z., Mai-Sept.
Fahrradvermietung: Padraig Fitzpatrick Cycles, Castle Hill, ✆ (049) 9522856; On Yer Bike Tours, Corleggy Farm, ✆ (049) 9522219.

Kartenskizze Etappen 91 & 92

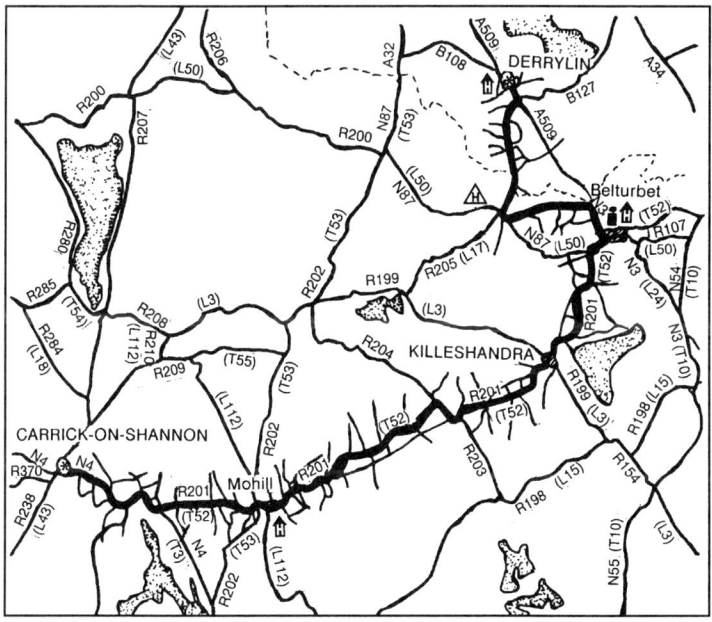

Nach einem etwaigen Besuch in Belturbet fahren Sie ca. 1 km zurück und biegen dann nordwärts auf die N3 rechts ab. Diese Strecke sollten Sie wegen des ruhigeren Verlaufs auch dann wählen, wenn Sie nicht nach Belturbet wollen; die von Milltown aus mögliche Strecke nach Ballyconnell ist erheblich stärker befahren.
150 m vor der möglicherweise zwischenzeitlich wieder aufgebauten Brücke (Hinweis erbeten!) biegen Sie links ab auf die an der Grenze entlangführende Straße nach **Ballyconnell**; kurz vor dem Ort treffen Sie wieder auf die N87 (L50).

Herberge: Sandville House Hostel (IHI), ✆ (049) 9526297, 30 B., Camping, März-Nov, sonst nur auf Voranmeldung, auf einer Farm ca. 3 km vor Ballyconnell.

(In Gegenrichtung: im Zentrum von Ballyconnell links auf die N87 Rchtg. Belturbet abbiegen, nach 500 m links in eine unklassifizierte Nebenstraße bis zur Einmündung in die N3. Dort rechts halten – links liegt die Brücke –, bei Belturbet erneut rechts in die N87 einbiegen. Nach 2 km dann links auf die R201 (T52) über Milltown nach Killeshandra.)

Im Dorf biegen Sie entgegen der Beschilderung Rchtg. Enniskillen an der Kreuzung rechts ab und kommen auf die Straße nach *Gortmullan*, die geradewegs über die Grenze nach Nordirland führt.
Etwa 7 km hinter der Grenze trifft die Straße auf eine Kreuzung mit der A509, in die Sie links nach **Derrylin**, Co. Fermanagh, einbiegen, einem langgezogenen Straßendorf von ca. 1000 Einw. An der Straßenkreuzung kurz vor dem Dorf erfolgt die Anknüpfung an die Etappen 118, 119 und 120.
(In Gegenrichtung: ab der Kreuzung bei Derrylin Richtung Aghyoule fahren.)

Etappe 93:
Gortin – Greencastle – Dunnamore – Cookstown (38 km)

Eine etwas hügelige Strecke auf ruhigen Nebenstraßen durch anfangs besonders schöne Landschaft.

Die Etappe beginnt in Gortin auf der B46 und bringt Sie geradewegs nach *Greencastle*. Ca. 3 km hinter dem Ort fahren Sie geradeaus weiter, wenn die B46 einen Bogen nach rechts macht, und gelangen auf einer ausgeschilderten Nebenstraße über Dunnamore nach Cookstown.

5 km nördlich von Dunnamore befinden sich auf einem Hügel die *Beaghmore Circles*, ein Ansammlung von bronzezeitlichen Bauwerken (frei zugänglich) – allerdings liegt das meiste in der Erde verborgen.
(In Gegenrichtung ist in Cookstown das Schild „Dunnamore" leicht zu übersehen. Der richtige Straßenname ist „Orritor Road", erst hinter Dunnamore gibt es einen Wegweiser nach Gortin.)

Cookstown, 8000 Einw., Co. Tyrone, ist in etwa der geografische Mittelpunkt Nordirlands, verfügt über viel Verkehr, eine riesige Hauptstraße und keinerlei Orts-Hinweisschilder im Zentrum, so daß ein heilloses Durcheinander herrscht. Ca. 10 km nordöstlich der Stadt, bei Moneymore, existiert im *Springhill House* u.a. ein Kostümmuseum mit Kleidungsstücken ab dem 17. Jh. (14-18 h, Mai-Sept an Wochenenden, Juli/Aug tägl. außer do). Etwa 6 km westlich von Cookstown, nahe der A505 und auch von der Nebenstrecke aus gut beschildert, befindet sich die *Wellbrook Beetling Mill*, eine wasserbetriebene Leinenmühle aus dem 18. Jh., voll funktionsfähig und geöffnet außer di 14-18 h, in der Nebensaion nur am Wochenende. 3 km südöstlich der Stadt kann *Tullaghoge Fort*, eine Erdbefestigung aus dem Mittelalter, jederzeit und gratis besucht werden.

Information: Tourist Office, 48 Molesworth Street, ✆ (016487) 66727, Ostern-Okt.
Verkehrsverbindungen: Busse nach Ballyshannon, Coleraine, Dublin, Belfast und nahegelegenen Orten.
Unterkunft: Royal Hotel **, 64 Coagh Street, ✆ (016487) 62224, 10 Z.; Greenvale Hotel, 57 Drum Road, ✆ (016487) 62243, 11 Z.; Grandview, 47 Shivey Riad, ✆ (016487) 62286, 2 Z.
Camping: Drum Manor Forest Site, Oaklands, ✆ (016487) 62774, 30 Stpl., im Forest Park, 6 km westlich an der A505 Rchtg. Omagh.
Fahrräder: E.W. Hunter, 26 William Street, ✆ (016487) 63412; Wilson's Cycles, 65 Oldtown Street, ✆ (016487) 63152; M+D Cycles, im südlichen Teil der Hauptstraße.

Kartenskizze Etappen 93 – 95

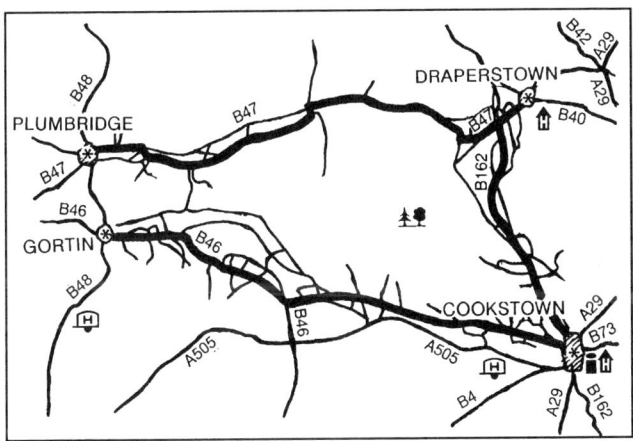

Etappe 94:
Cookstown – Draperstown (21 km)

Cookstown wird auf der Hauptstraße in nördlicher Richtung verlassen. Am Ortsende biegt links die B162 ab; bei geringem Verkehr müssen Sie bis auf 220 m Höhe hinauf. Nahe dem Gipfel beim Lough Fea liegt rechts ein Kammergrab.
An der Kreuzung mit der B47 biegen Sie rechts nach **Draperstown**, Co. Londonderry, ab, einer kleinen Stadt von etwa 1200 Einw., wo der Anschluß an die Etappen 91 und 94 hergestellt wird.

Unterkunft: Neillys, 19 Moneyneany Road, ✆ (01648) 28313, 1 Z.; Moyala View, 35 Tobermory Road, ✆ (01648) 28495, 3 Z.
Fahrräder: Fahrradersatzteile an der BP-Tankstelle erhältlich.

Etappe 95:
Plumbridge – Glenelly Valley – Draperstown (34 km)

Dies ist zweifellos eine der schönsten Strecken in Nordirland und, da in einem Flußtal verlaufend, nur leicht wellig. Fast während der gesamten Strecke bietet sich ein Ausblick auf die Sperrin Mountains, die zu beiden Seiten bis auf 680 m ansteigen. Ein gewaltiger Anblick von beträchtlicher Schönheit.

In Plumbridge wählen Sie die B47 und gelangen direkt auf die *Glenelly Valley Scenic Route*. Etwa 4 km hinter Plumbridge empfiehlt es sich, auf eine Nebenstraße auszuweichen, die südlich der B47 parallel zu dieser verläuft: zunächst dem Schild *Barnes Gap* folgen, dann an allen zweifelhaften Kreuzungen den Schildern nach Draperstown. Der Umweg beträgt nur 1 km; die Straße ist genauso gut zu befahren wie die B47, bietet aber noch bessere Ausblicke auf das Tal und die Hauptkette der Sperrins.

Nach der Hälfte der Strecke durchfahren Sie die Siedlung, die den Bergen ihren Namen gegeben hat: *Sperrin*, wo Sie wieder auf die B47 treffen. (*In Gegenrichtung auch hier Richtung Barnes Gap abbiegen.*) Von der Dorfkneipe aus gehen verschiedene Straßen in die Sperrins ab – steil, aber schön.

Bei der Weiterfahrt kommen Sie am Goles Forest vorbei und gelangen schließlich zur Kreuzung mit der B162. Fahren Sie geradeaus weiter auf der B47 bis **Draperstown** (s. Etappe 94).
Achtung: In Gegenrichtung sind im Ort keine Schilder (und auch in keine andere Richtung), Durchfragen ist ggf. angesagt. Die vorfahrtberechtigte Straße ist die B47/B41.

Etappe 96:
Limavady – Coleraine
a) Limavady – Stradreagh – Coleraine (22 km)

In Limavady folgen Sie zunächst den Wegweisern zur A37 Rchtg. Coleraine, an der Jet-Tankstelle dann links ab Rchtg. Downhill über die A2. Nach 3 km verlassen Sie die links abbiegende Hauptstraße auf eine geradeaus über die Berge führende Nebenstraße, die B201 (auch Murderhole Road genannt) nach Coleraine.

Coleraine, 19.000 Einw., Co. Londonderry, ist eine wichtige Industrie- und Handelsstadt, Verwaltungshauptstadt der Grafschaft sowie Sitz der zweiten nordirischen Universität, der *University of Ulster*. Die diversen Kirchen und öffentlichen Gebäude der Stadt stammen fast alle aus dem 19. Jh., obwohl die Ansiedlung erheblich älter ist. 2 km südöstlich der Stadt befinden sich die Ausgrabungen von *Mountsandel Fort*, deren zeitlicher Ursprung bisher ungeklärt ist – die Vermutungen reichen von 8000 Jahre alten zu anglo-normannischen Befestigungen.

Information: Borough Council Office, Cloonavin, 41 Portstewart Road, Raum 14, ✆ 52181, an der A2 Richtung Portstewart, nicht beschildert, ganzj. mo-fr; Tourist Office, Railway Road, ✆ 44723, ganzj. mo-sa.
Telefonvorwahl: 01265.
Verkehrsverbindungen: Eisenbahn nach Bangor, Belfast, Dublin, Portadown und Portrush; Busse nach Derry, Limavady, Armagh, Belfast, Dublin, Portrush, Bushmills, Cookstown, Ballymena u.a.; außerdem der *Bushmills Bus*, der zu einem günstigen Preis die Nordküste bis Giant's Causeway hinauffährt. Info: ✆ 43334.
Unterkunft: Cashel, 21 Knockaduff Road, ✆ 868606, 2 Z.; Mrs. G. McConnaghie, Karjul, 32 Lower Captain Street, ✆ 52038, 3 Z.
Camping: Ski Supreme Water-ski School, 197 Loughan Road, ✆ 55700, 3 Zstpl., ganzj.; Tullans Farm, 46 Newmills Road, ✆ 42309, 6 Zstpl., März-Okt.
Fahrräder: Car & Home Supplies (auch Vermietung), 8-10 Queen Street, ✆ 42354.

Kartenskizze Etappe 96

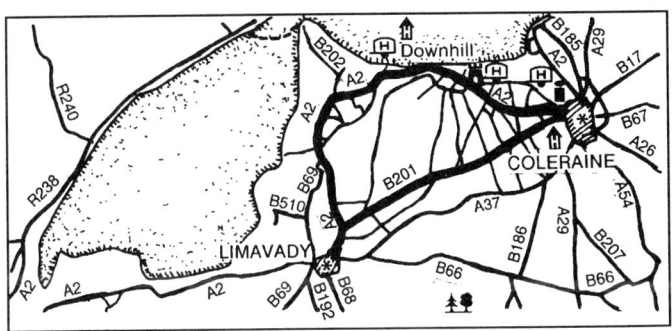

b) Limavady – Bellarena – Downhill – Coleraine (33 km)

Hauptstraßenstrecke entlang der Küste.
In Limavady beginnt die Etappe wie 96a; die A2 wird jedoch nicht verlassen.
Nach etwa 7 km stoßen Sie auf die Einmündung zur westlichen Umgehungsstraße von Limavady, fahren geradeaus und gelangen auf dieser Straße nach Bellarena, einem kleinen Ort von etwa 1500 Einw., an dessen Bahnhof zwar noch die Züge der Strecke Londonderry-Belfast halten, dessen Gebäude aber längst verkauft und geschlossen ist. Die örtliche Fischräucherei kann mo-fr 10-16 h besucht werden; ein kleines naturkundliches Museum (Magilligan Field Centre) gibt's auch noch.

Einige Kilometer weiter führt die B202 als Sackgasse zum *Magilligan Point*, einer Landzunge, auf der sich das britische Militär mit einem Groß-Ausbildungslager breitmacht – ein Schicksal, das die Halbinsel mit vielen schönen Gegenden teilt. Wen die Knallerei nicht stört, der kann in den Dünen spazierengehen. Am Ende der Landzunge steht ein Martello-Turm aus napoleonischer Zeit mit 3 m dicken Mauern, der aber nur von wagemutigen Kletterern bestiegen werden kann

(Schlüssel im Sommer im örtlichen Pub, im Winter beim Magilligan Field Centre an der A2).

Die offizielle Fähre von Magilligan zur Inishowen-Halbinsel in Donegal ist zwar seit Jahren eingestellt, aber in der Saison verkehrt teils doch ein Boot, mit dem sich ggf. eine Tagesetappe einsparen läßt. Vorheriges Erkundigen in der örtlichen „Point Bar" (☎ [015047] 50440) ist jedoch sinnvoll; einer der dortigen Angestellten führt die Bootspassagen durch.

Camping: Golden Sands Caravan Parks, 26a Benone Ave., Magilligan, ☎ (015047) 50324, 12 Zstpl., Waschm.; Benone Tourist Complex, 53 Benone Ave., ☎ (015047) 50555, 12 Zstpl.; beide etwa 6 km hinter der Abzweigung zum Magilligan Point nahe der A2.

Auf dem Weg nach Downhill passiert die Strecke direkt an der Straße Klippen mit drei hohen Wasserfällen. Bei **Downhill** gibt es einen wunderschönen Sandstrand und den Zugang zu einer steilen Aussichtsstrecke durch die Berge (Bishop's Road), an der sich auch das Gortmore Picnic Area befindet. Im übrigen ist die gleiche Straße auch von der B201 Limavady-Coleraine (s. Etappe 96a) zu erreichen.

Herberge: Downhill Hostel (IHI), 12 Mussenden Road, ☎ (01265) 849077, 18 B., ganzj., an der A2 3 km westlich von Castlerock.

Bei der Weiterfahrt werden Sie feststellen, woher der Ort seinen Namen hat: es geht erst einmal steil bergauf. Kurz nach der Kuppe ist links der Eingang zum Bishop Gate, dahinter das *Downhill Castle* von 1772, die dachlose Ruine eines imposanten Baus. Der Kirchenfürst, der in dieser Gegend in Namen dauernd auftaucht, war der Bischof von Derry, dessen weltlicher Titel *Earl of Bristol* der reisefreudige Kleriker angeblich Hotels in aller Welt zum Vorbild gegeben hat.

Der dazugehörige *Mussenden Temple* wurde 1783 als Bibliothek errichtet (12-18 h, April-Sept an Wochenenden, Juli/Aug tägl., gratis).

Kurz hinter Downhill Castle ist dann das *Hezlett House* zu besuchen (13-17 h, Juli/Aug tägl. außer di, April-Sept an Wochenenden), ca. 1670 mit einer für die Region ungewöhnlichen Dachkonstruktion entstanden und ansprechend möbliert.

Lassen Sie Castlerock links liegen, und fahren Sie auf der A2 weiter.

Camping: Castlerock Holiday Park, 24 Sea Road, ☎ (01265) 848381, 10 Zstpl., Waschm., April-Okt; Downhill Campsite, ☎ (01265) 848728 & 848567, einfacher Platz des National Trust, nur für eine Übernachtung, ganzj.; Hayes Caravan Park nimmt keine Zelter auf.

Etwa 9 km hinter Castlerock erreichen Sie **Coleraine** (s. Etappe 96a), wo die Etappe endet.

Etappe 97:
Coleraine – Bushmills – Giant's Causeway – Ballycastle (48 km)

Zu den bekanntesten Sehenswürdigkeiten der irischen Nordküste.

In Coleraine beginnt die Etappe auf der A2, die Sie nach ca. 9 km nach Portstewart und nach weiteren 5 km nach Portrush bringt.

Portstewart, Co. Londonderry, und **Portrush**, Co. Antrim, 6500 bzw. 9000 Einw., sind zwei Ferienorte mit durchaus unterschiedlichem Gepräge: Portrush ist nicht nur wegen der größeren Einwohnerzahl deutlich betriebsamer; sicherlich spielt auch die größere Nähe zu Giant's Causeway eine Rolle sowie der Umstand, daß man über die A29 auch direkt von Coleraine nach Portrush kommen kann.
Eine Ausstellung von ganz alten bis ultramodernen Autos ist in Portrush, 90 Causeway Street, zu besichtigen (Juli & August täglich 11-21 h).

Information: Dunluce Centre, Sandhill Drive, Portrush, ℂ 823333, Ostern-Okt tägl., sonst nur Wochenenden.
Telefonvorwahl: 01265
Verkehrsverbindungen: Eisenbahn von Portrush über Coleraine nach Londonderry, Belfast und Dublin; Busse nach Coleraine, Derry, Dublin, Armagh sowie über die Küstenstraße bis Belfast.
Herberge: Causeway Coast Hostel (IHH/IHI), 4 Victoria Terrace, Atlantic Circle, Portstewart, ℂ 833789, 28 B., ganzj.; „Macool's" Hostel (IHI), 5 Causeway View Terrace, Portrush, ℂ 824845, 20 B., ganzj.; Metropole House, 70 Eglinton Street, Portrush, 80 B., Juni-Sept., beim Bahnhof.
Camping: Juniper Hill, 70 Ballyreagh Road, Portstewart, ℂ 832023, 6 Zstpl.; Holiday Park, 80 Mill Road, Portstewart, ℂ 833308, 12 Zstpl.; Carrick Dhu, 12 Ballyreagh Road, Portrush, ℂ 823712, 20 Zstpl., Waschm., April-Mitte Okt, vor dem Ort gelegen; Skerries Holiday Park, 126 Dunluce Road, Portrush, ℂ 822531 & 822853, 20 Zstpl., Waschm., April-Sept, an der A2; Hilltop, 60 Loguestown Road, Portrush, ℂ 823537, 20 Zstpl., April-Sept, an der A29; Bellemont, 10 Islandtassery Road, Portrush, ℂ 823872, 6 Zstpl., April-Okt; Blair's, 29 Dhu Varren, Portstewart Road, Portrush, ℂ 822760, 4 Zstpl., Mitte März-Okt.

Von Portrush aus führt die A2 geradewegs nach Bushmills; nach der halben Strecke fahren Sie an **Dunluce Castle** vorbei, dessen imposante Ruinen aus dem 13. Jh. an den Klippen liegen. Die Anlage war so dicht am Abgrund gebaut, daß vor ein paar hundert Jahren die Küche samt Personal ins Meer gestürzt ist. Die Reste sind zu besichtigen April-Sept bis 19 h (im Winter außer mo und kürzer). Gegenüber liegt eine Kirche, die ebenfalls aus dem 13. Jh. stammt.

Bushmills können Sie von Coleraine aus auch direkt über die B17 erreichen, die durch Cloyfin und quer über einen Hügel führt.

Bushmills, 1500 Einw., Co. Antrim, ist ein nicht nur in Irland bekannter Name: er steht auf den Flaschen der ältesten lizensierten Whiskeybrennerei der Welt, die hier besichtigt werden kann. Sie liegt ein wenig außerhalb des Zentrums an der B66 Rchtg. Dervock; Führungen sind mo-do bis 15.30 h, freitags nur vormittags, Betriebsferien sind im Juli, ✆ (01265) 731521, dann nur Kurzführungen.

Information: Tourist Office, 44 Causeway Road, ✆ (01265) 731855.
Verkehrsverbindungen: Busse nach Ballycastle, Portrush, Coleraine und über die Küstenstraße bis Belfast, s. auch Coleraine.
Camping: Bush Caravan Park, 95 Priestland Road, ✆ (01265) 731678, 10 Zstpl., Ostern-Okt.

In Bushmills fahren Sie weiter über die A2 Rchtg. Ballycastle, von der nach ca. 2 km links die B146 zum **Giant's Causeway** abbiegt.

Dieses einmalige Naturphänomen sollten Sie sich in keinem Fall entgehen lassen. Es gehört zum Schönsten und Beeindruckendsten, das die gesamte irische Küste zu gebieten hat. Nach der Sage ist diese Augenweide durch den Riesen Finn McCool (wie könnte es anders sein) geschaffen worden. Das Resultat sind 40.000 eng beieinanderliegende Basaltsäulen, mit bis zu acht Ecken und bis 12 m hoch, wie es sie auf den britischen Inseln nur auf Staffa vor der schottischen Küste noch einmal gibt. Man kann mit dem Fahrrad bis zu den ersten Steinformationen fahren, aber für ganz Faule fährt auch ein Bus vom Plateau hinunter. Zu empfehlen ist auf jeden Fall der 8 km lange Rundweg über *Benbane Head*, wofür etwa 3 Stunden zu veranschlagen sind. Nach heftigem Regen artet der Weg allerdings in eine Schlammschlacht aus.

Dunluce Castle

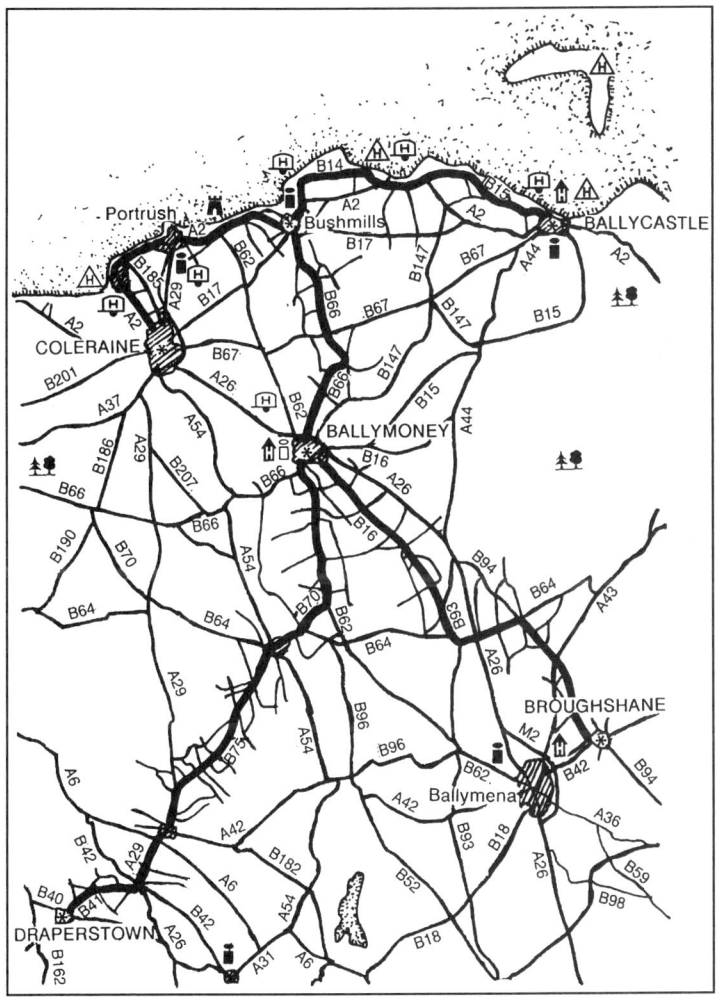

Giant's Causeway ist stets und gratis zugänglich; ein architektonisch gelungenes Besucherzentrum ist 10-19 h geöffnet (im Winter bis 16 h).

Die B146 führt zurück zur A2, in die Sie links einbiegen. Vorbei an einer traumhaften Bucht geht die Straße weiter: 2 km Sandstrand.

Herberge: Whitepark Bay (HINI), 157 Whitepark Road, Ballintoy, ℭ (012657) 31745, 🖳 32034, 54 B., Fahrradverm., ganzj., moderne Herberge in sehr einsamer Lage am westlichen Ende der Bucht; Sheep Island View (IHH/IHI), 42 Main Street, Ballintoy, ℭ (012657) 69391, 🖳 69994, 38 B., Camping (30 Zstpl.), ganzj.
Camping: Larrybane, Ballintoy, ℭ (012657) 62178/31159/32143, kleiner Platz in Obhut des National Trust, gratis, Aufenthalt auf eine Nacht beschränkt.

Danach zweigt die A2 nach rechts ab; fahren Sie aber weiter geradeaus über die B15 Scenic Route. Hinter dem Örtchen *Ballintoy* geht es steil nach oben auf den Knocksaughey Hill (ca. 120 m). Etwas nach der Kuppe liegt vor der Küste **Carrickarade Island**, eine kleine Insel, die mit dem Festland durch eine 25 m lange, schmale Hängebrücke verbunden ist. Früher gab es nur ein Seil zum Festhalten, aber für die Touristen hat man mittlerweile ein zweites angebracht – was von den Einheimischen als ziemlich dekadent empfunden wird. 30 m über dem Meer ist Mai-Sept das Prachtstück installiert und stets zugänglich – allerdings in der Hauptsaison mit schlangestehenden Touristen überfüllt. Die mühsam erklommenen 120 m vom Hügel muß man wieder hinunter gehen, wenn man zur Brücke will.

Die B15 führt Sie über einen kurzen steilen Berg und einige kleine Hügel sowie vorbei am *Kinbane Castle* (16. Jh.) zu einer T-Kreuzung; auf der B15 bleibend fahren Sie links zum Hafen von Ballycastle, durch den Sie die Stadt erreichen.

Ballycastle, 4000 Einw., Co. Antrim, ist ein Fischerstädtchen, das immer mehr Touristen anzieht. Jeden letzten Montag und Dienstag im August ist das gesamte Nest auf den Beinen: dann findet das Volksfest *Ould Lammas Fair* statt. In Strandnähe der Ballycastle Bay befindet sich das um 1500 errichtetes Franziskanerkloster (Ruine) *Bonamargy Friary*. Zu der vorgelagerten Insel *Rathlin Island* kann man sich mit zwei kleinen Booten übersetzen lassen (Ostern-Sept, ca. 10.30 und 17.30 h, zurück ca. 9.30 und 16 h). Auskunft über ℭ 63917, 63934 & 63977 bzw. 63907 & 63915. Dort drüben leben noch ca. 110 Menschen, dafür aber 175 verschiedene Vogelarten. Außerdem verfügt die 8 km lange Insel über lebenswichtige Einrichtungen wie ein Guesthouse, einen Pub (mit Gratiszeltplatz) und einen Campingplatz.

Information: Moyle District Council, Sheskburn House, 7 Mary Street, ℭ 62024, im Sommer auch am Wochenende.
Telefonvorwahl: 012657.
Verkehrsverbindungen: Busse nach Portrush, Coleraine, Ballymoney, Ballymena und über die Küstenstraße nach Belfast.
Unterkunft (Auswahl): Antrim Arms, 75 Castle Street, ℭ 62284, 4 Z.; Glenluce Guesthouse, 42 Quay Road, ℭ 62914, 8 Z., etliche B&Bs und Farmhäuser.
Herberge: Castle Hostel (IHH/IHI), 62 Quay Road, Ballycastle, ℭ 62337, 30 B., Camping, ganzj.; Ballycastle Backpackers (IHI), 4 North Street, Ballycastle, ℭ 63612, 15 B., ganzj.; Soerneog View, Ouig Rathlin Island, ℭ 63954, 6 B., ganzj., auf Rathlin Island nahe beim Hafen; weitere Hostelbetten im Rathlin Dive Centre, auf Rathlin Island im ehemaligen Herrenhaus, Auskunft unter ℭ (01574) 272794, 🖳 284150.

Camping: Fair Head, 13 Whitepark Road, ✆ 62077, 10 Zstpl., Ostern-Okt, an der B15 Rchtg. Ballintoy; Maguire's Strand, 32 Carrickmore Road, ✆ 63294, 10 Zstpl., Mitte März-Okt, südl. nahe der A2; Watertop Open Farm, 18 Cushendall Road, ✆ 62576, 10 Zstpl., ganzj.

Etappe 98:
Draperstown – Maghera – Kilrea – Ballymoney – Bushmills (60 km)

Diese Strecke führt auf klassifizierten Nebenstraßen an die interessantesten Punkte der Nordküste, wo dichtgedrängt viele Attraktionen liegen (s. Etappe 97).

In Draperstown folgen Sie der B41 Richtung Maghera bis *Tobermore*, einem kleinen Dorf von 600 Einw., wo Sie links auf die A29 nach **Maghera** einbiegen. Im Südosten dieses Städtchens steht eine Kirchenruine aus dem 11. Jh.

Information: Council Offices, 43 Queen's Ave, Magherafelt, ✆ (01648) 32151, ganzj. mo-fr.
Fahrräder (in Magherafelt, 10 km südlich an der A31): Cycles Sales & Services, 40b Queen Street, ✆ (01648) 32260; Mid Ulster Wholesale Cycles, 11 Gulladuff Hill, ✆ (01648) 42397.

Fahren Sie durch Maghera und auf der A29 weiter Rchtg. Coleraine. Nach etwa 4 km biegen Sie rechts auf die B75 nach Kilrea ab.
An dieser Straße liegt nach ca. 2 km in **Upperlands** das Middle House Museum, ein privates Textilmuseum. Führungen können telefonisch unter ✆ (01648) 42214 (William Clark & Sons Ltd.) vereinbart werden.

Kilrea, 1200 Einw., Co. Londonderry, ist ein Marktflecken nahe der Grafschaftsgrenze nach Antrim. Die 5 km nördlich gelegene Fischfarm kann gratis besichtigt werden (✆ [02665] 40533).

Fahrräder: Bamford's Cycles, 2 Glebe Street, Rasharkin, ✆ (012665) 71583 & 71584, auch Vermietung.

Hier wenden Sie sich zunächst auf die B64 Richtung Rasharkin; nach ca. 3 km biegen Sie links auf die B70 und nach der gleichen Entfernung auf die B62 nach Ballymoney ein; ab Kilrea bereits beschildert: „Ballymoney (B62)".

Ballymoney, 4500 Einw., Co. Antrim, war im 19. Jh. eine der Hochburgen des Liberalismus – angeblich haben sich sogar die religiösen Animositäten dadurch überwinden lassen.
Da nicht für jede irische Ortschaft ein amerikanischer Präsident mit irischen Vorfahren vorhanden ist, greift Ballymoney in dieser Hinsicht auf den Großvater von Edgar Allen Poe zurück, der hier geboren sein soll...

Information: Riada Centre, 33 Garryduff Road, ✆ (012656) 65792, ganzj. mo-fr, Juni-Sept auch sa.
Verkehrsverbindungen: Eisenbahn nach Derry und Belfast, Busse nach Antrim, Larne,

Belfast, Coleraine, Ballymena, Portrush, Bushmills und Orten der Umgebung.
Camping: Drumaheglis Marina, 36 Glenstall Road, ℰ (012656) 66466 & 62280, 12 Zstpl., April-Sept, 6 km nordwestl.

In Ballymoney folgen Sie zuerst der Beschilderung zur Stadtmitte bzw. Richtung Coleraine und wechseln auf die B66, die Sie über **Dervock** (hier gibt's endlich wieder einen Präsidentenurgroßvater: den von W. McKinley, ermordet 1901) und vorbei am *Causeway Safari Park* (freilaufende Löwen und anderes exotisches Getier) geradewegs nach **Bushmills** (s. Etappe 97) bringt.

Etappe 99:
Ballymoney – Glarryford – Clogh – Broughshane (34 km)

In Ballymoney fahren Sie Rchtg. A26 (Ballymena), aber noch im Ort nach der Eisenbahnüberquerung rechts auf die B16 nach *Dunloy*. Eine leichte, aber recht lange Steigung bringt Sie zu diesem Ort, wo eines der ältesten Bauwerke Irlands steht, das *Dooey's Cairn*. Fahren Sie geradeaus weiter bis zur Einmündung in die B93 nach Glarryford. In diesem Ort biegen Sie links auf die B64 ein, die über die A26 hinweg nach Clogh führt. Dort knickt die Streckenführung rechts auf die B94 ab, die die A43 kreuzt und das Städtchen **Broughshane** erreicht, ein unbedeutendes Nest außerhalb des Ballungsgebiets von *Ballymena*.

Information: Tourist Information Centre, Ardeevin, 80 Galgorm Road, Ballymena, ℰ (01266) 44411, Nov-April; Morrow's Shop, Bridge Street, ℰ (01266) 653663, Mai-Okt; jeweils mo-sa.
Unterkunft: Üppiges Hotel-/B&B-Angebot in Ballymena.
Fahrräder: R.F. Linton & Sons (auch Vermietung), 31 Springwell Street, Ballymena, ℰ (01266) 652516.

Etappe 100:
Broughshane – Ballyclare (22 km)

Auf dieser Kurzstrecke müssen Sie zweimal auf etwa 250 m Höhe hinauf. Sie verläuft durchgehend auf der B94 über alle Kreuzungen hinweg bis **Ballyclare** (6000 Einw., Co. Antrim), einer Industriestadt im Einzugsbereich von Belfast. Montags und dienstags findet hier ein Viehmarkt statt. Alljährlich Anfang Mai wird ein großes Volksfest abgehalten.

Unterkunft: Etliche B&Bs, vor allem auf Farmen in und um Ballyclare.
Fahrräder: Ballynure Cycles (auch Vermietung), 31 Main Street, Ballynure, ℰ (019603) 52976, 6 km östlich.

In Ballyclare erhalten Sie Anschluß an die Etappen 102 und 104.

Foto rechts: Giant's Causeway

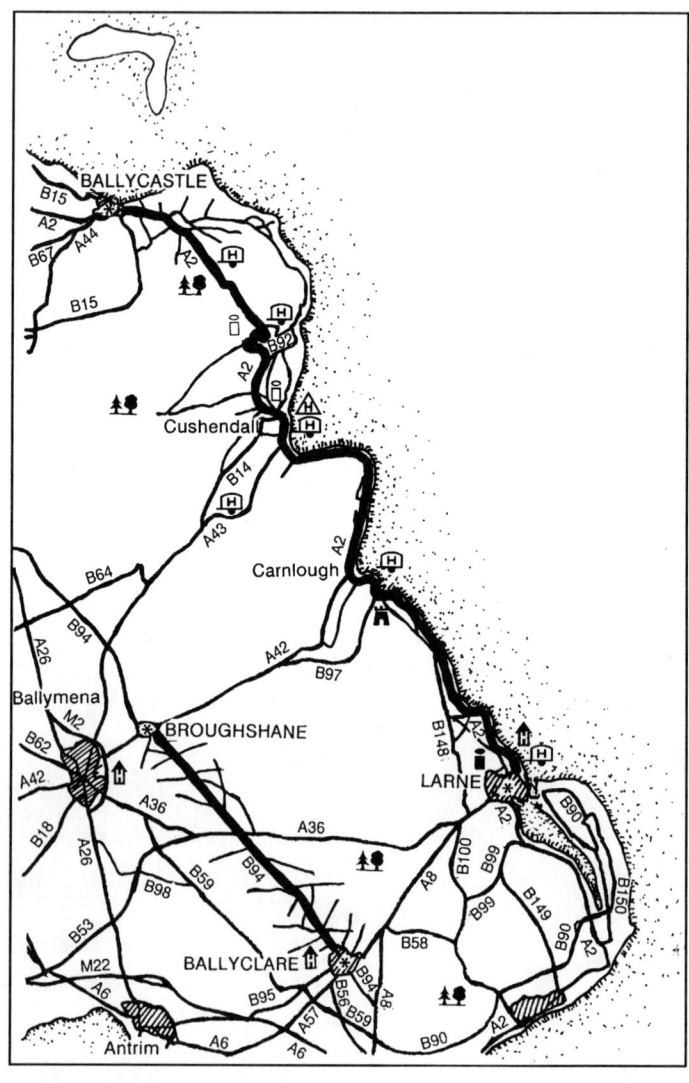

Etappe 101:
Ballycastle – Cushendall – Carnlough – Glenarm – Larne (69 km)

Für diese Strecke entlang der *Glens of Antrim* wird durchgehend die A2 benutzt, die aber trotz ihrer Hauptstraßennumerierung eine reine Aussichtsstrecke mit geringem Verkehrsaufkommen ist. Der direkte Weg nach Cushendall führt auf der A2 über einen Berg von fast 300 m Höhe (= Höhenunterschied).

Beim *Ballypatrick Forest Park* lohnt evtl. ein Halt für einen Besuch bei der Watertop Open Farm (gegenüber dem Eingang zum Forest Park), um dort naturnahe Landwirtschaft zu erleben. Außerdem kann man dort ggf. zelten (10 Zstpl., ✆ [012657] 62576).

Nach der Abfahrt kann man im *Glendun Glen* einen Abstecher in dieses Tal machen, am Ende links abbiegen und über das Glenaan Glen zurück zur A2 gelangen.

Die längere, anstrengende, aber lohnende Strecke knickt ca. 4 km hinter Ballycastle links auf die Küstenstraße (als Coast Road und Scenic Route beschildert) ab. Etliche Steigungen von teils über 14 % stellen beträchtliche Anforderungen an die Ausstattung des Fahrrades und die Kondition des Radfahrers, aber die Küstenstraße entschädigt mit ihren landschaftlichen Attraktionen reichlich dafür. Über ausgeschilderte Stichstraßen sind einzelne Abschnitte der Küste zugänglich.

Bei dem kleinen Ort *Cushendun*, der sich komplett im Besitz des nordirischen *National Trust* befindet, erreicht man die B92, die wieder zur A2 zurückführt. Auf dieser Straße gelangt man nach Cushendall.

Cushendall, 700 Einw., Co. Antrim, liegt am Ende von drei Tälern der Glens of Antrim. Der alte Curfur-Turm in der Dorfmitte ist tatsächlich noch bewohnt.
Ca. 4 km nördlich des Ortes befindet sich abseits der A2 (beschildert) die prähistorische Grabstätte *Ossian's Grave*, so benannt nach einem legendären mittelalterlichen Dichter, in Wirklichkeit aber ein paar tausend Jahre älter (frei zugänglich). Die Steinsetzung ist über einen Fahrweg 1 km den Berg hinauf zu erreichen.

Information: 1 Main Street, Cushendun, ✆ (0126674) 506, April-Sept sa/so, Juli/Aug täglich; Carpark, 24b Mill Street, Cushendall, ✆ (012667) 71180, di-sa 10-13 h.
Herberge: Moneyvart (HINI), 42 Layde Road, ✆ (012667) 71344, 🖷 72042, 60 B., Jan/Feb nur Gruppen, sehr ruhig gelegen, im Ort geradeaus weiterfahren, an der Gabelung links, dann links in einen Feldweg und rechts in einen Fußpfad (beschildert), weitere Zufahrt 150 m nach dem Feldweg (weißes Tor).
Camping: Cushendun, 14 Glendun Road, Cushendun, ✆ (012667) 61254, 10 Stpl., Waschm., Mitte April-Sept; Glenville, 20 Layde Road, Cushendall, ✆ (012667) 71520, 4 Zstpl., Waschm., Richtung JH, März-Okt; Cushendall, 62 Coast Road, ✆ (012667) 71699, 4 Zstpl., Waschm., Mitte April-Sept; Glenariff Forest, 98 Glenariff Road, ✆ (012667) 58232, 50 Zstpl., im Glenariff Forest Park (s.u.), ganzj.
Fahrradvermietung: Martin O'Keane, 54 Tromra Road, ✆ (012667) 71800.

Von Cushendall aus können Sie einen Ausflug in die „Königin" der Glens of Antrim unternehmen, das **Glenariff Glen**. Dazu fahren Sie in Cushendall auf der B14 Rchtg. Bellamena (ausgeschildert als Zufahrtstraße zur A43) eine lange Steigung hinauf auf über 300 m Höhe. Oben erwarten Sie zur Entschädigung ein prachtvoller Ausblick, einige Wasserfälle und der Glenariff Forest Park. Die B14 endet in unmittelbarer Nähe des Parks (Camping, s. Cushendall; Eintrittsgebühr) an der A43, in die Sie links einbiegen. Fahren Sie auf dieser Straße zurück zur A2.

Die A2 bringt Sie von Cushendall nach Waterfoot, wo die Küstenstraße links abknickt; an der gleichen Stelle kommt die A43 aus dem Glenariff Glen hinzu. Die Straße verläuft immer am Meer entlang weitgehend eben durch kleine Orte wie Carnlough und Glenarm, zwei Dörfer an der Carnlough Bay.
Das Castle in *Glenarm* von 1636 ist sehr gut erhalten, allerdings in Privatbesitz und daher nur sporadisch zugänglich.

Camping: Bay View, 89 Largy Road, ☏ (01574) 885685, 6 Zstpl., keine Duschen, April-Mitte Okt; Ruby Hill, 46 Largy Road, ☏ (01574) 885692, 6 Zstpl., Mitte März-Okt

Einige Kilometer weiter durchläuft die A2 das Dorf *Ballygally*, dessen Castle von 1625 heute ein Hotel ist. 2 km westlich befindet sich *Carncastle* mit einer kleinen Burgruine. Etwa 10 km hinter Ballygally erreichen Sie Larne.

Larne, 28.000 Einw., Co. Antrim, ist eine der wichtigsten Hafenstädte Irlands. Der Hafen sieht zwar klein aus, doch werden mit den modernen Anlagen tägl. bis zu 20 Schiffe abgefertigt, darunter eine Fährverbindung nach Schottland. Am Hafen steht ein nachgebauter Rundturm aus Granit. Am Curran Point befindet sich das Olderfleet Castle aus dem 13. Jh. Eine Ausstellung von Wohnungseinrichtungen aus dem beginnenden 20. Jh. ist im Carnegie Arts Centre, Victoria Road, di-sa 14-17 h gratis zu besichtigen.

Information: Tourist Office, Harbour, ☏ (01574) 270517, ganzj. mo-sa; Council Offices, Victoria Road, ☏ (01574) 272313, mo-fr; außerdem in einem Caravan auf dem Parkplatz hinter dem Murrayfield Shopping Centre, Main Street, Mitte Juni-Aug mo-sa.
Verkehrsverbindungen: Eisenbahn nach Belfast; Busse nach Portrush, Belfast, Ballymena und Antrim; Fähre nach Cairnryan.
Camping: Curran, 131 Curran Road, 40 Stpl.; Carnfunnock Country Park, Coast Road, 20 Stpl., beide: ☏ (01574) 260088 & 270541, Mitte April-Sept
Fahrräder: RHS Motorcycles, 8 Station Road, ☏ (01574) 277129.

Etappe 102:
Larne – Ballyclare – Doagh – Parkgate – Antrim – Glenavy – Lurgan (72 km)

In Larne beginnt die Strecke auf der A8 Rchtg. Antrim. Um dem Verkehr auf der A8 zu entgehen, können Sie nach ca. 6 km auf eine parallel verlaufende Nebenstrecke ausweichen. Dazu wechseln Sie auf die A43 Rchtg. Ballymena und biegen nach ca. 1 km links im Ort Kilwaughter links auf eine Nebenstraße ab. Folgen Sie dieser Strecke immer am Rand der Hügelkette entlang, und achten Sie darauf, nicht wieder auf die A8 zu geraten. Über das Dorf Ballyeaston gelangen Sie nach *Ballyclare* (s. Etappe 100), wo Sie leicht nach links versetzt die B94 kreuzen und auf der B95 weiterfahren.

Sollte Ihnen das zu umständlich sein, bleiben Sie bis Ballyclare auf der Hauptstraße (bis Ballynure A8, dann A57). Dort biegen Sie rechts in die B94 Rchtg. Broughshane ein und nach ca. 1 km wieder links auf die B95.

In *Templepatrick*, etwas abseits der Strecke, können Sie einen Reiterhof besichtigen, bei dem sich das Herrenhaus und ein Mausoleum befinden. Die einzelnen Bestandteile der Anlage sind zu unterschiedlichen Zeiten zugänglich.

Auf dieser Straße durchfahren Sie Doagh und Parkgate und erreichen Antrim.

Antrim, 10.000 Einw., Co. Antrim, ist eine aufstrebende Industriestadt am Nordostrand von Lough Neagh, hingegen nicht die Verwaltungshauptstadt der Grafschaft – das ist Belfast. Das Castle ist 1922 vollständig ausgebrannt; der Schloßpark hingegen wurde restauriert und ist ganzjährig und gratis zugänglich. Ca. 1½ km nördlich des Stadtzentrums befindet sich in der Steeple Road ein 30 m hoher Rundturm in bestem Zustand. Von Antrim aus kann man Bootsfahrten über Lough Neagh machen.

Information: Tourist Office, 16 High Street, ℰ (01849) 428331, ganzj.; Prgue's Entry, Church Street, in der Saison.
Verkehrsverbindungen: Eisenbahn nach Londonderry, Belfast und Dublin; Busse in nahezu alle Orte der nördlichen Landesteile.
Unterkunft: Deerpark Hotel *, 71 Dublin Road, ℰ (01849) 462480, 20 Z.; Marantha, 69 Old Stone Road, ℰ (01849) 463150, 3 Z.
Camping: Sixmilewater Marina, Antrim Forum, Lough Road, ℰ (01849) 463113 & 463131, 24 Zstpl., Mai-Sept, billig.
Fahrräder: Antrim Bike Centre, 21f Market Square, ℰ (01849) 460073, Vermietung.

Von Antrim aus der Beschilderung nach Crumlin, Lisburn und Aldergrove Airport folgen. Wenn die Straße zum Flughafen links abknickt, geradeaus weiterfahren. Wenn das Schild „A26 Road Closed" auftaucht, rechts in die Dungonnell Road abbiegen. Diese Straße führt im Bogen südwärts, wobei zweimal die Eisenbahnlinie gekreuzt wird, nach Crumlin. Dort wechseln Sie auf die B12 und fahren durch Glenavy weiter Rchtg. Aghalee und Lurgan. Ca. 4 km hinter Glenavy biegen Sie rechts in die B156 ein, die zum Lough Neagh und in einem weiten Bogen zurück zur B12 führt. Auf dieser Straße erreichen Sie das Etappenziel.

Lurgan, 30.000 Einw., Co. Armagh, soll nach dem Willen der Stadtplaner mit den Nachbarstädten *Craigavon* und *Portadown* zu einer Stadt verschmolzen werden. Außer einer chaotischen Beschilderung und einer Unmenge von Kreisverkehren ist dabei bislang aber nicht viel herausgekommen. Die Stadt wird von den Etappenbeschreibungen dieses Buches nur berührt, weil weiter nördlich kein Durchkommen ist: nur die Autobahn M1 verfügt über Brücken über die Flüsse Bann und Blackwater.

Verkehrsverbindungen: Eisenbahn nach Belfast und Dublin; Busse nach Armagh, Belfast, Dublin, Dromore, Galway (mit Anschlüssen an Orte im Südwesten Irlands) und vielen umliegenden Orte.
Unterkunft: Ashburn Hotel *, 81 William Street, ✆ (01762) 325711, 12 Z.; Mrs. M.P. Parks, Hebron, 10 Blair Drive, Woodville Lough Road, ✆ (01762) 328675, 3 Z.; weitere B&Bs in und bei Craigavon und Portadown.
Herberge: Waterside House, Oxford Island, ✆ (01762) 327573, 30 B., Jan-Nov, unabh. Hostel am Lough Neagh, s. Camping.
Camping: Kinnego Marina, Oxford Island, ✆ (01762) 327573, 30 Zstpl., Waschm., April-Sept, am Lough Neagh; Moire Demesne, Main Street, Moira, ✆ (01846) 619974 & 682477, 10 Zstpl., 8 km östl. nahe der A3, ganzj.

(Die Gegenrichtung ist in Lurgan schlecht ausgeschildert. Suchen oder erfragen Sie das B12-Schild nach Aghalee bei den Ampeln an der Kirche im Zentrum. Nach 5 km links auf B156 zum Lough Neagh, von da an ausreichend beschildert bis Crumlin. Dort den Schildern nach Antrim und Airport, später nur „Antrim" folgen. In diesem Bereich sind die Straßen auf der Michelinkarte im Gegensatz zur Holiday Map korrekt eingezeichnet. In Antrim folgen Sie der B95 bis Ballyclare und fahren leicht nach links versetzt über die B94 hinweg auf einer unklassifizierten Nebenstraße weiter, die Sie zur A8 nach Larne bringt.)

Etappe 103:
Larne – Island Magee – Belfast (45 km)

Wem der kleine Umweg über Island Magee zu weit ist, der sollte die A2 weiter Richtung Carrickfergus benutzen und an der Kreuzung mit der B90 nach Ballycarry rechts abbiegen, wo der Anschluß an die Etappenbeschreibung wieder hergestellt wird.

Ansonsten nehmen Sie das Fährboot (kleines Motorboot für Mensch und Rad) vom Larne Harbour, das stündlich zu jeder halben Stunde abfährt (✆ [01574] 74085), in fünf Minuten am Ziel ist und anschließend gleich wieder zurückfährt. Das Ausladen des beladenen Fahrrades kann wegen des Anlegens an einer Treppe schon eine wacklige Angelegenheit werden, so daß eine Demontage des Gepäcks evtl. sinnvoll ist.

Der Leuchtturm nahe dem kleinen Hafen von **Island Magee** kann auf Wunsch besichtigt werden. Die Straße führt als erstes um ein Kraftwerk herum, das bei den Inselbewohnern ungefähr so beliebt ist wie das Zementwerk auf der „Festlandseite", das bei entsprechender Windrichtung alles mit grauem Staub zudeckt.
Island Magee ist etwa 12 x 4 km² groß, bergig und dünn besiedelt, aber trotz des Namens eigentlich nur eine Halbinsel, da im Süden durch eine Landbrücke verbunden.

Gleich hinter dem Kraftwerk biegen Sie rechts auf die B90 Rchtg. Milbay ab, die steil bergan führt. Kurz vor dem Gipfel stehen in einem Vorgarten 4500 Jahre alte Dolmen herum. Bei der nächsten Einmündung lassen Sie sich nicht von der

Beschilderung irritieren, die Sie nach links leiten will, sondern folgen Sie der auf den Karten als B90 eingezeichneten, faktisch aber unklassifizierten Straße geradeaus; dadurch sparen Sie einen Berg ein. Einige Kilometer weiter stößt die Straße wieder auf die beschilderte B90, auf der Sie Richtung Whitehead fahren. Von der Kuppe des Hügels haben Sie einen prachtvollen Ausblick auf den gesamten Lough Larne; der hintere Teil des Loughs ist bei Ebbe trockengelegt. Um Städte und Verkehr zu meiden, biegen Sie an der Kreuzung im Tal rechts ab nach Ballycarry (weiterhin B90). Diese Straße bringt Sie an Carrickfergus vorbei bis Mossley, einem nördlichen Vorort von Belfast.

Hinter Ballycarry kann man einen Schlenker hinunter nach **Carrickfergus** machen, wo das 800 Jahre alte Castle, die größte und angeblich besterhaltene Normannenburg Irlands, zu besichtigen ist. Diese Befestigung ist sichtbares Zeugnis einer Zeit, in der Carrickfergus einer der bedeutendsten Orte Ulsters war. Die Stadt hat sich nicht verkneifen können, beim Haus der Eltern des amerikanischen Präsidenten Andrew Jackson, in Boneybefore (2 km östl. an der A2), eine Gedenkstätte einzurichten (ganzj. tägl. geöffnet). Wer nicht auf der A2 weiterfahren möchte, muß den Hügel wieder zur Nebenstraße hinauf.

Information: Heritage Plaza, Antrim Street, ✆ (01960) 366455, ganzj.

Um den Schwerverkehr auf der A2 auch für das letzte Stück ab Mossley zu vermeiden, durchqueren Sie am besten diesen Belfaster Vorort und radeln auf der deutlich ruhigeren A6 ins Zentrum.

(In Gegenrichtung ist die Antrim Road [= Zufahrt zum Belfast Castle] die richtige Wahl zur A6.)

Belfast, ca. 400.000 Einw., Co. Antrim, ist die Hauptstadt der Grafschaft und die größte Stadt Nordirlands. Außerdem ist Belfast die einzige echte Industriestadt Irlands. Das unbedeutende Dorf wuchs im 18. Jh. durch Leinenherstellung und -handel rasch an, in der Industriellen Revolution kamen weitere Industrien, vor allem Maschinen- und Schiffsbau und Tabak, hinzu. Im 19. Jh. stieg die Bevölkerung von 20.000 auf 350.000. Heute ist allerdings, ähnlich wie in England, die Industrie größtenteils in der Krise, und Belfast liegt nur noch in der Arbeitslosenstatistik vorn. Durch die „troubles" seit 1969 wurde das Investitionsklima auch nicht besser.
Das größte katholische Wohngebiet (etwa ein Viertel der Einwohner Belfasts ist katholisch) liegt an der Falls Road in West-Belfast. Nur etwas nördlich davon befindet sich um die Shankill Road das wohl bekannteste Protestantenviertel. Im Stadtzentrum und im Universitätsviertel liegen die innerstädtischen Sehenswürdigkeiten. Hier befinden Sie sich auf politisch neutralem Grund.
Touristisch ist Belfast nicht sehr ergiebig. Die meisten Gebäude sind aus viktorianischer Zeit. Die Einkaufszone bietet in einigen Läden kontinentale Nahrungsmittel, und Sie können hier deutsche Wurst und Schweizer Käse zu allerdings höheren Preisen erstehen. Nach Geschäftsschluß wird es (auch in den meisten Pubs) sehr ruhig. Hübsche Geschäfte gibt es desweiteren in der Botanic Avenue nahe der Universität.
Die *City Hall* (Rathaus) am Donegall Square ist ein unübersehbarer Kuppelbau

von 1906; Besichtigung (gratis) mittwochs 10.30 h. Hier beginnen alle Stadt-buslinien. *St. Anne's Cathedral* (protest.) in der Donegall Street (nördlich der Einkaufszone) wurde 1899 begonnen, 1904 geweiht und erst vor einigen Jahren vollendet. Aus jeder der 32 irischen Grafschaften ist ein Stein im Marmor-fußboden vertreten.

Das Innere der *Sinclair Seamen's Church* am Corporation Square gleicht einem Seefahrtsmuseum: die Kanzel ist ein Schiffsbug, die Orgel wird von Steuerbord- und Backbordlichtern beleuchtet; geöffnet sonntags zum presbyte-rianischen Gottesdienst um 11 h und 19 h.

Queen's University befindet sich in der University Road, etwa 1½ km südlich der City Hall. Das Hauptgebäude wurde 1849 einem Oxford College nachemp-funden. Gegenüber in der Students' Union können Sie 12.00-13.45 h im Elm-wood Room preiswert zu Mittag essen und im Studentenreisebüro ermäßigte Transportmöglichkeiten buchen.

Neben der Universität liegen die *Botanic Gardens* mit dem 140 Jahre alten Palm House, einem großen Gewächshaus; Eintritt frei. Das *Ulster Museum* befindet sich ebenfalls in den Botanic Gardens an der Stranmillis Road. Es gibt Ausstellungen zur irischen Geschichte und Vorgeschichte seit 9000 Jahren, zur Natur- und Technikgeschichte und Gemälde alter und moderner Meister; außerdem den Gold- und Silberschatz der Girona, eines Schiffes der spani-schen Armada, das 1588 am Giant's Causeway strandete.

The Crown in der Great Victoria Street ist ein im alten Stil erhaltener viktoriani-scher Pub mit allem Zierat und Nippes dieser Zeit, im Eigentum des National Trust, geöffnet zu üblichen Pub-Zeiten.

Der *Giant's Ring* ist ein prähistorischer Steinkreis von 225 m Durchmesser mit einem Dolmen in der Mitte, größer als die meisten irischen Steinkreise. Er be-findet sich ca. 8 km südlich des Stadtzentrums an der Ballylesson Road. Am besten fahren Sie von der Universität aus die Malone Road bis zur Shaw's Bridge hinauf. Hinter der Brücke rechts, an der nächsten Gabelung links, dann rechts (Schild), oben am Hügel links, und die nächste rechts (Schild) führt Sie zum Parkplatz am Giant's Ring (stets und gratis zugänglich).

Der *Lagan Tow Path* ist ein Treidelpfad am Fluß entlang, der über 15 km durch den Lagan Valley Regional Park von Lisburn bis in den Süden von Belfast führt. Sie können an jeder Brücke unterwegs beginnen, wenn Ihnen die Gesamtstrecke zu lang sein sollte. Am Weg liegt das ehemalige Leinendorf *Hil-den*; hier produziert eine Brauerei das „Hilden Ale" und andere lokale Bierspe-zialitäten, die vor allem im eigenen Besucherzentrum ausgeschenkt werden.

Im Norden Belfasts liegt etwa 5 km vom Zentrum *Belfast Castle*. Das Gebäude aus dem 19. Jh. ist nur als Ausgangspunkt zum Besteigen des 368 m hohen *Cave Hill* interessant. Von dort haben Sie bei gutem Wetter einen wunderbaren Ausblick über Stadt und Bucht bis zu den Antrim Hills und den Mournes.

Ein wirklich lohnender Ausflug bietet sich zum *Ulster Folk and Transport Muse-um* an, das sich in *Cultra*, 12 km östlich von Belfast an der A2, befindet (auf diverse Jugend-/JH-Ausweise 50 % Rabatt). Auf der „Rennstrecke" dorthin exi-stiert zwar ein breiter Fahrradweg, da er aber nicht durchgängig ist, sollten Sie die A2 in Holywood verlassen, durch den Ort radeln und erst dahinter wieder

der A2 folgen. Angesichts der Weitläufigkeit des Areals wäre die Benutzung des Rades auch innerhalb der Ausstellung angeraten, wenn man's Ihnen erlauben würde. Ansonsten: Anfahrt per Eisenbahn bis Cultra (Bahnhof direkt am Museum) oder per Bus Nr. 1 ab Oxford Street.

Für die meisten Touristen ist der volkskundliche Teil sicher der interessantere. Es ist ein großes Freilichtmuseum mit Häusern aus ganz Ulster, die innen im alten Stil eingerichtet sind. Eine Farm, ein altes Weberhaus, eine Schmiede sind ebenso zu finden wie alte Arbeiterreihenhäuser aus Belfast, eine Kirche und eine Schule mit den Pulten, Schulbüchern und einer Irlandkarte mit all den alten Eisenbahnlinien darauf, die schon lange nicht mehr existieren. Auf einer Wiese steht eine alte Steinhütte, von der früher ein Wächter auf jeden schoß, der das zum Bleichen ausgebreitete Leinen stehlen wollte.

Im Transportteil der Ausstellung stehen im Original Beförderungsmittel, angefangen bei Eselskarren, über Fahrräder, Segel- und Motorschiffe bis zum Senkrechtstarter. Außerdem gibt es im Freigelände Miniatur-Dampflokomotiven, nicht größer als 40 cm, auf deren Anhängern Museumsbesucher mitfahren können.

Information: Tourist Information Centre, 59 North Street, ✆ 246609, 🖹 240960; 24 h-Service am Flughafen Crumlin, ✆ (01849) 422888.

Telefonvorwahl: 01232 (aus der Republik: 084)

Karten: Stadtumgebungskarte (Maßstab 1:120.000) auf der Michelin-Karte 1:400.000; Stadtplan auf der Irlandkarte von Bord Fáilte, Innenstadtplan-Skizze in der Broschüre der Nordirischen Fremdenverkehrszentrale, dort auch Sehenswürdigkeiten etc.

Verkehrsverbindungen: Eisenbahn und Busse in alle Orte Nordirlands sowie die wichtigsten Gebiete der Republik; Fähren nach Stranraer, Liverpool und zur Isle of Man; Flughafen (Aldergrove) westlich der Stadt.

Die Fernbusse fahren von den Bahnhöfen Great Victoria Street und Oxford Street ab, Auskunft über ✆ 220011.

Eine Besonderheit sind die *Black Taxis*, die im wesentlichen die gleichen Routen wie die Busse abfahren, aber häufiger verkehren als Busse und billiger sind als normale Taxis.

Herberge: HINI, 22-32 Donegall Road, Belfast BT12 5JN, ✆ 335435, 🖹 439699, 124 B., Fahrradverm., ganzj., im Stadtzentrum, neues Haus; Arnie's Backpackers (IHI), 63 Fitzwilliam Street, ✆ 242867, 22 B., ganzj.; Europe House (IHI), 19 Rugby Parade, ✆ 234550, 🖹 434639, 40 B., ganzj.; Linen House Backpackers (IHH), 18 Kent Street, ✆ 586400, 🖹 586444, 130 B., ganzj.; The Ark (IHH), 18 University Street, ✆/🖹 329626, 24 B., ganzj.; Queen Elms Halls of Residence, 78 Malone Road, ✆ 381608, 160 B., Juni-Sept.

Camping: kein Campingplatz; außerhalb der Stadt gelegene Plätze durchweg ohne Zstpl.

Fahrräder (auch Vermietung): Bike-It, 4 Belmont Road, ✆ 471141, auch MTBs; Ernest Coates, 108 Grand Parade, ✆ 471912; McConvey Cycles, 476 Ormeau Road, ✆ 238602; dito, Unit 10, Pottingers Entry, ✆ 330322; große Zahl von Fahrradläden, s. Branchentelefonbuch. *Vermietung* auch in der JH, s.o.

Waschsalon (Stadtteil-Nummern in Klammern): Standard Laundry, 2 Coolmore Street (12), ✆ 227295; dito, 1 Redar Street (6), ✆ 58729; dito, 191 Crumling Road (14), ✆ 745396; Franklin Laundry, 147 Lisburn Road (9), ✆ 667504; dito, 451 Donegal Road (12), ✆ 223952; Botanic Laundrette, 44 Botanic Avenue (7), ✆ 240879; Cleenerette, 160 Lisburn Road (9), ✆ 669297; Launderette, 58 Tennent Street (13), ✆ 228024; Rockview, 20a Rockview Street (12), ✆ 225331; Rosetta, 291 Newtownards Road (4), ✆ 57529; Washing Well, 152 Cregagh Road (6), ✆ 798373.

Kartenskizze Etappen 102 – 105

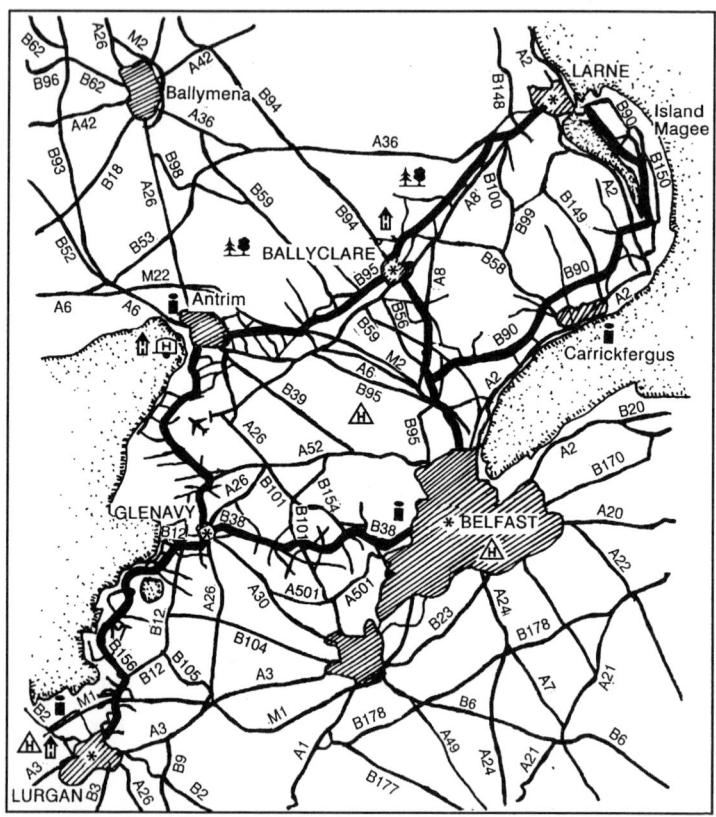

Etappe 104:
Ballyclare – Carnmoney – Belfast (24 km)

Ein Großteil dieser Strecke verläuft auf stark befahrenen Hauptstraßen; da Sie sich jedoch bereits im Einzugsbereich Belfasts befinden, läßt sich das nicht umgehen.

In Ballyclare zunächst auf die B94 Richtung Belfast fahren. Diese mündet in die A8, in die Sie rechts einbiegen. Um den letzten Teil der Etappe nicht auf der mit Schwerverkehr belasteten A2 absolvieren zu müssen, bleiben Sie auf der A8, die im Belfaster Vorort Carnmoney in die A6 mündet und Sie geradewegs in Zentrum von **Belfast** (s. Etappe 103) bringt.
(In Gegenrichtung ist die Antrim Road [= Zufahrt zum Belfast Castle] die richtige Wahl zur A6.)

Etappe 105:
Glenavy – Hannahstown – Belfast (25 km)

Im Westen von Belfast bewirkt ein Gebirgszug, daß Sie auf über 250 m Höhe hinauf müssen. Von dort bietet sich eine gute Aussicht bis zu den Mourne Mountains.

In Glenavy wählen Sie die B38 nach Belfast. Das ist die Belfast Road beim Kriegerdenkmal; bei der Kreuzung mit der B101 führt sie leicht versetzt geradeaus weiter.
Sie können über einen Umweg von ca. 5 km auch am Rand des Gebirges fahren; allerdings ist hier erheblich mehr Verkehr. Dazu in Glenavy auf die A30 Rchtg. Lisburn, später auf die A501 nach **Belfast** (s. Etappe 103) wechseln. Auch diese Strecke kreuzt die B101 und führt immerhin auf ca. 180 m Höhe empor. Wenn Sie immer geradeaus fahren, gelangen Sie genau in die Stadtmitte.
(In Gegenrichtung ist es etwas komplizierter: Im Belfaster Zentrum die Grosvenor Road nehmen, hinter der Kreuzung mit der Falls Road heißt sie Springfield Road und führt bergauf. Nach dem Ende der Bebauung und einer Linkskurve fängt ein „Dual Carriageway" an und führt wieder bergab. An dieser Stelle rechts in die bergauf verlaufende Nebenstraße abbiegen; das ist die B38, die hier nicht ausgeschildert ist. Am besten fragen Sie nach der Straße Richtung Hannahstown.)

Etappe 106:
Belfast – Comber – Newtownards – Millisle – Portavogie – Portaferry – Strangford – Ardglass – Clough – Newcastle (106 km)

Eine der beiden Strecken über die Ards Peninsula nach Süden; Varianten sind durch verschiedene Kombinantionen mit Teilen der Etappe 107 möglich (s. dort). Wichtig für Campingfreunde: das Zelten ist auf den Caravanplätzen der Halbinsel häufig nicht möglich!

In Belfast beginnt sie auf der A20 Rchtg. Newtownards; im Stadtzentrum zuerst Rchtg. A2 Bangor halten. Um dem heftigen Verkehr auf der A20 zu entgehen, fahren Sie im nächsten Ort Dundonald (*Fahrräder:* Dundonald Cycle Centre, 33-35 Comber Road) an der Gabelung rechts ab auf die A22 nach Comber. Dort halten Sie sich zweimal links und gelangen auf der A21 nach Newtownards.

▌**Newtownards**, 17.000 Einw., Co. Down, ist eine typische Wohnvorstadt zu
▌Belfast mit einer Fußgänger-Einkaufszone. Im Südwesten der Stadt steht auf
▌dem Scrabo Hill der 41 m hohe *Scrabo Tower*, von dem aus man einen guten
▌Ausblick hat (Juni-Sept.; fr geschl.). An der B172 Rchtg. Millisle liegt die Ruine
▌von *Movilla Abbey*; ein Dominikanerkloster aus dem 13. Jh. befindet sich am
▌östlichen Ende der High Street, dort steht auch ein Marktkreuz.

▌**Information:** Tourist Office, 31 Regent Street, ℭ (01247) 826846, ganzj.
▌**Fahrräder:** Bikes & Models, 2 Mill Street, ℭ (01247) 818505, Vermietung.

In Newtownards halten Sie sich Rchtg. A48 Donaghadee; noch im Ort geht es
dann rechts ab auf die B172 nach Millisle. Auf der Hälfte der Strecke biegt die
Straße einmal rechts und gleich wieder links ab (ausgeschildert). Sie kommen an
der *Ballycopeland Windmill* vorbei, einer gut erhaltenen Windmühle, die wieder in
den Originalzustand versetzt worden und dementsprechend funktionsfähig ist.
Einmal im Monat wird sie zur Überprüfung kurz in Betrieb gesetzt; bei wenig
Andrang erklärt der Kassierer gern die Einzelheiten (April-Sept tägl. außer mo,
sonst nur am Wochenende). In *Millisle* wechseln Sie rechts auf die A2.

Camping: Ballywhiskin, 216 Ballywalter Road, Millisle, ℭ (01247) 862262, 25 Zstpl.,
ganzj.; Ganaway Activity Centre, Ballywalter Road, ℭ (01232) 324853, 30 Zstpl., ganzj.

Bei *Ballywalter* liegt an der B5 (ausgeschildert Rchtg. Greyabbey) ein imposan-
tes Gebäude im Privatbesitz von Lord Dunleath, das während der Ferienzeit
manchmal der Öffentlichkeit zugänglich ist. Ggf. im Ort fragen.

Bei gutem Wetter kann man von der A2 aus Schottland und die Isle of Man erkennen. Die Straße führt weiter an der Küste entlang; nach Passieren der vor der
Küste liegenden *Wallaces Rocks* erreichen Sie das langgezogene Dorf *Ballyhalbert*, wo Sie die Hauptstraße verlassen. Folgen Sie der Coast Road, die am östlichen Punkt Irlands vorbeiführt. In *Portavogie* treffen Sie dann wieder auf die A2.
(*In Gegenrichtung folgen Sie in Portavogie zunächst der Beschilderung zum
Hafen, auf der Sie zur Küstenstraße nach Ballyhalbert gelangen.*)

Von diesem Fischerdorf bis zum nächsten Ort, Cloghy, bleiben Sie auf der A2,
biegen dort links ab, um über Kearney nach **Portaferry** zu gelangen.
(*In Gegenrichtung kommen Sie zu dieser Straße, wenn Sie am Fähranleger
rechts bis zum Scotman's Inn fahren, dort links Richtung Kearney fahren.*)

Information: Tourist Office, The Stables, Castle Street, ℭ (01247) 729882, Ostern-Sept.
Unterkunft: Portaferry Hotel ***, 10 The Strand, ℭ (01247) 728231, 14 Z.; Tommy & Ma-
rie Adair, 22 The Square, ℭ (01247) 728412, 3 Z.; Lough Cowey Lodge, 9 Lough Cowey
Road, ℭ (01247) 728263, 2 Z.
Herberge: Barholm, 11 The Strand, ℭ (01247) 729598, 44 B., ganzj.
Camping: Silver Bay, 15 Ardminnan Road, ℭ (01247) 771321, 3 Zstpl., ganzj.

In Portaferry erreichen Sie das Ende der Ards Peninsula, wo Sie mit der Fähre über den Eingang zum Strangford Lough nach Strangford übersetzen müssen. Das Boot fährt alle 30 Minuten von 7.45-22.45 h, sonntags erst ab 9.45 h, in Gegenrichtung jeweils 15 Minuten früher.

Camping: Tara, 4 Ballyquintin Road, Tara, ℂ (012477) 28459, 20 Zstpl., April-Okt.

▌**Strangford**,Co. Down, verfügt über die Überreste eines Castles in Form des Turmes, den man besichtigen kann. Den Schlüssel gibt's zwei Häuser weiter bei O. Curran, 12 Castle Street. 2 km westlich des Ortes verwaltet der National Trust ein Herrenhaus des 18. Jh. namens *Castle Ward* (Mai-Aug tägl. außer do 13-17 h, April/Sept an Wochenenden).

Camping: Strangford Caravan Park, 87 Shore Road, ℂ (01396) 881888, 30 Zstpl., ganzj.; Castle Ward, ℂ (01396) 881680, 7 Zstpl., Ostern-Sept, auf dem Schloßgelände.

In Strangford folgt die Etappe wieder der A2, die hier ähnlich wie an der Antrimküste reinen Ausflugsstraßencharakter hat – der direkte Verkehr Richtung Newcastle und Newry nimmt die A25 (s. Etappe 107). Nach einigen Kilometern passieren Sie *Kilclief Castle*, einen festungsartigen Turm aus dem 15. Jh., der einst einem Bischof als Behausung diente.
Die A2 folgt im wesentlichen der Küstenlinie vorbei an einer riesigen Radaranlage mit dazugehörigem Militärflugplatz und Kasernen und erreicht das Städtchen Ardglass.

▌**Ardglass**, 2500 Einw., Co. Down, lebt vor allem von seiner Fischereiindustrie. In der Stadtmitte befindet sich das wieder einmal nur aus einem Turm bestehende Jordan's Castle (mo geschl.). Auf dem Hügel vor dem Ort liegt nahe der A2 die Ruine der Ardtole Church. Ebenfalls noch vor der Stadt ist über einen 1 km langen Fußweg eine der zahlreichen nach St. Patrick benannten „heiligen Quellen" zu erreichen, neben der sich eine alte Windmühle befindet.

Verkehrsverbindungen: Busse nach Downpatrick und Ballyhornan.
Camping: Coney Island, 75 Killough Road, ℂ (01396) 841448 & 841210, 50 Zstpl., Ostern-Mitte Nov.

Die A2 verläuft weiter durch Killough und Minerstown nach Clough, wo sie durch weitere auf sie treffende Straßen den Hauptstraßencharakter zurückerhält. In diesem Ort gibt es ein normannisches Festungswerk in Form von zwei Hügeln (*motte and bailey*), die auf einer Tafel anschaulich erklärt werden. Von der Kuppe bietet sich ein guter Ausblick.
Etwa 6 km hinter Clough erreicht die Etappe das Städtchen **Dundrum**, wo es auf einem Hügel die umfangreichen Überreste der ersten Normannenburg Irlands (1177) gibt (April-Sept di-so, sonst nur an Wochenenden).

Wenn Sie Newcastle umgehen und durch die Mourne Mountains fahren wollen (s. Etappe 109a), biegen Sie am Ortsende rechts ab auf die B180 Richtung Hilltown. Ansonsten fahren Sie weiter auf der A2 vorbei am *Murlough Nature Reserve*, wo Sie in den Dünen spazierengehen können, zum Etappenende.

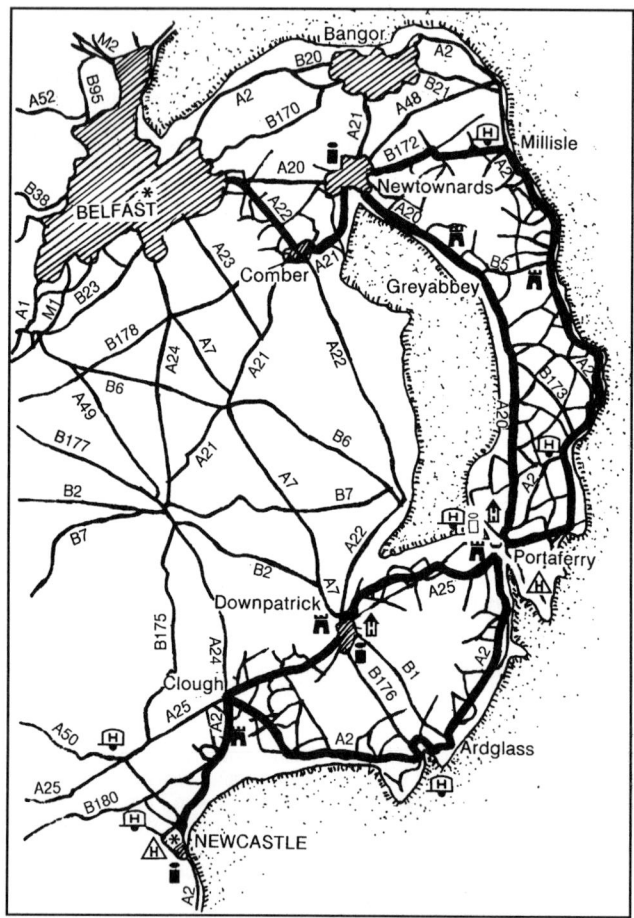

Newcastle, 6000 Einw., Co. Down, ist ein Ferienort an der Dundrum Bay. Der Name der Stadt stammt von einem Castle, das im 16. Jh. hier errichtet wurde. Die Bedeutung für den Tourismus liegt weniger in der Stadt selbst als in der Nähe zu bedeutenden Naturschönheiten wie den Mourne Mountains und deren höchstem Gipfel, dem Slieve Donard, nur 4 km von der Stadt entfernt.

Information: Newcastle Centre, Central Promenade, ✆ 22222, ganzj. tägl.; für Wanderer in den Mournes: Mourne Countryside Centre, 91 Central Promenade, ✆ 24059, Juli/Aug tägl. 10-20 h, im Herbst nur am Wochenende.
Telefonvorwahl: 013967
Verkehrsverbindungen: Busse nach Belfast, Downpatrick, Greencastle, Rathfriland und nahegelegenen Orten.
Herberge: HINI, 30 Downs Road, ✆/🖳 22133, 42 B., Jan/Feb nur auf Vorbuchung, im Zentrum.
Camping: Einige Plätze haben keine Zstpl.; Ausnahmen: Glen River YMCA Campsite, Greenhill, ✆ 23172, 35 Zstpl., nur für Zelte (!); Tollymore Forest Park, 176 Tullybrannigan Road, ✆ 22428, 30 Zstpl., Waschm., mitten im Grünen an der B180 Rchtg. Hilltown, ganzj.; Castlewellan Forest Park, Bannanstown Road, Castlewellan, ✆ 78664, 20 Zstpl., 7 km nordwestlich.
Fahrräder: McClure, Dundrum Road, ✆ 23262; Ross Cycles (auch Vermietung), 44 Clarkhill Road, Castlewellan, ✆/🖳 78029.

Etappe 107:
Belfast – Comber – Newtownards – Greyabbey – Kircubbin – Portaferry – Strangford – Downpatrick – Clough – Newcastle (85 km)

Die Alternativstrecke nach Newcastle ist 20 % kürzer als Etappe 106. Durch Kombination mit verschiedenen Teilstücken von Etappe 106 sind aber Varianten möglich: Anknüpfungspunkte sind Newtownards, Greyabbey (Wechsel zur anderen Seite der Halbinsel nach Ballywalter) und Strangford.

Bis Newtownards entspricht der Streckenverlauf der Etappe 106. Dort bleiben Sie auf der A20 Richtung Portaferry. Bevor Sie das Dorf Greyabbey erreichen, kommen Sie am *Mount Stewart House* vorbei (18./19. Jh.; Mai-Sept tägl. außer di). Der dazugehörige Park enthält viele seltene Pflanzen; er gilt als einer der schönsten auf den britischen Inseln. Etwa 1 km weiter befindet sich der 200 Jahre alte *Temple of the Winds,* ein einem griechischen Tempel nachempfundener Bau mit Intarsienfußboden, in dem früher Festmahle gefeiert wurden.
Bei dem Dorf **Greyabbey** liegt die Ruine der namensgebenden Abtei von 1193, die wenige 100 m weiter an der B5 zugänglich ist (April-Sept di-so, sonst nur sa/so).

Die A20 führt weiter durch Kircubbin nach *Ardkeen*. Die Steine des ehemaligen Castles aus dem 12. Jh., im 18. Jh. für ein Landhaus erneut verwendet, sind mittlerweile in einer Farm zum dritten Mal verbaut worden.
Das südliche Ende der Halbinsel erreicht die A20 in Portaferry, wo Sie nach Strangford übersetzen (s. Etappe 106). Dort fahren Sie geradeaus auf der A25 Richtung Downpatrick weiter. An der Strecke liegt nach einigen Kilometern *Castle Ward* (s. Strangford, Etappe 106).

Downpatrick, 9000 Einw., Co. Down, ist die Hauptstadt der Grafschaft und die angebliche Begräbnisstätte von St. Patrick. In Wirklichkeit ist unbekannt, wo der irische Nationalheilige begraben liegt; der Grabstein an der *Down Cathe-*

dral ist nicht authentisch. Die Kathedrale steht auf der Stelle, an der der Heilige im Jahr 442 seine erste steinerne Kirche errichten ließ, die trotz etlicher Invasionen und Zerstörungen erst im 16. Jh. von den Engländern endgültig beseitigt wurde. 200 Jahre später begann der Bau an der jetzigen Kathedrale, deren Chor dem alten Kirchenbau nachempfunden ist. Gestorben ist St. Patrick angeblich in *Saul*, einem kleinen Ort ca. 3 km nordöstlich der Stadt. Zum 1500. Jahrestag des Beginns seiner Missionstätigkeit in Irland wurde dort eine Kirche zur Erinnerung erbaut, die allen historischen Tatsachen zum Trotz einen Rundturm erhalten hat, wie es ihn erst reichlich 500 Jahre nach Patrick in Irland gegeben hat. In einem Torhaus ist zu Ehren des Nationalheiligen ein St. Patrick Heritage Centre eingerichtet worden.

Nordwestlich der Stadt befindet sich *Inch Abbey*, eine stark zerfallene Klosterruine aus dem 12. Jh. (di-so). Und um den Reigen religiöser Stätten zu schließen, seien noch die *Struell Wells* erwähnt, berühmte Heilquellen 3 km östlich von Downpatrick, neben denen spätmittelalterliche Badehäuser, nach Geschlechtern getrennt, erhalten sind.

Information: Tourist Office, 74 Market Street, ℂ (01396) 612233, ganzj. tägl.; Council Offices, 24 Strangford Road, ℂ (01396) 614331, ganzj. mo-fr.
Unterkunft: Abbey Lodge Hotel *, 38 Belfast Road, ℂ (01396) 614511, 21 Z.; Beachview House, 66b Minerstown Road, Tryella, ℂ (01396) 851923, 2 Z.; Havine Farm House, 51 Ballydonnell Road, ℂ (01396) 851242, 3 Z., 7 km außerhalb abseits der Strecke Rchtg. Newcastle.

Die Etappe folgt weiter der A25; in Clough wird der Anschluß an Etappe 106 nach **Newcastle** hergestellt.

Etappe 108:
Warrenpoint – Omeath – Carlingford – Dundalk (35 km)

Eine Anschlußstrecke an die Republiktouren.

In Warrenpoint nehmen Sie das an der Marine Parade ablegende Fährboot über den *Carlingford Lough*. Die Boote schippern Mai-Sept an Wochenenden, in den Sommerferien täglich, und richten sich u.a. nach den Gezeiten. Zu erfragen beim Skipper unter (016937) 73776; kleinere Gruppen bekommen evtl. „Sondertransport" – ansonsten ist der Umweg über Newry erforderlich.
Am anderen Ufer sind Sie dann in der Republik; Kontrollen gibt es nicht. Der kleine Ort **Omeath** auf dieser Seite war vor etlichen Jahren ein bei Belfaster Arbeitern beliebter Urlaubsort. Diese Zeiten sind hingegen vorbei, nur ein paar Andenkenläden erinnern daran.

Unterkunft: Táin Holiday Village, ℂ (042) 9375385, 🖹 9375417, neues Ferienzentrum mit Hostel, Camping **** (7 Zstpl.), Privatzimmern, Restaurants, Supermarkt etc, kurz hinter dem Ort an der Etappenführung.

Fahren Sie vom Anleger zur nächsten Kreuzung und dort links auf die R173 (T62).

Sie können etwa 5 km Weg sparen, wenn Sie an dieser Kreuzung geradeaus weiter fahren durch das Gebirge. Das ist allerdings nur etwas für hartgesottene Bergfahrer, denn der Kräfteaufwand steht in keinem sinnvollen Verhältnis zur eingesparten Strecke.

Kurz vor **Carlingford**, gäl. Cairlinn, Co. Louth, wechselt die Küstenstraße auf die R176 (L122). Bei diesem Dorf liegt das *King John's Castle*, eine imposante Festungsruine aus dem 13. Jh. Außerdem verfügt der Ort über ein Dominikaner-kloster aus dem 14. Jh., einen Burgfried aus dem 16. Jh., ein altes Stadttor (*Tholsel*) und ein befestigtes Stadthaus aus dem 15. Jh. (*The Mint*). Für ein solch kleines Nest also eine erkleckliche Ansammlung historischer Gemäuer.

Herberge: Carlingford Holiday Hostel (IHH), Tholsel Street, ✆ (042) 9373100, ✉ 9373651, 33 B., März-Nov., Fahrradverm.

Folgt man der R176/175 (L122), fährt man einen kleinen Bogen um einen Hügel herum. An der Südseite der Halbinsel existiert an der R173 (T62) ein Camping-platz (s.u., Dundalk).
Über die R173 (T62) verläuft die Etappe weiter zur N1 (T1) nach Dundalk. Bevor die Nationalstraße erreicht wird, liegen abseits der Straße die Proleek-Dolmen, fast 5000 Jahre alt und rund 40 Tonnen schwer.

Dundalk, gäl. Dún Dealgan, 24.000 Einw., Co. Louth, ist Grafschaftshauptstadt und durch die Lage zwischen den irischen Metropolen Dublin und Belfast ein wichtiges Industrie- und Verkehrszentrum. Diese Lage, die in vergangenen Jahrhunderten zugleich ständig wechselnde Oberherrscher und die entspre-chenden kriegerischen Handlungen mit sich brachte, hat vom mittelalterlichen Dundalk kaum etwas übriggelassen. Der *Seatown Tower* in der Castle Road ist ein Überrest eines Franziskanerklosters aus dem 13. Jh. Die protestantische St. Nicholas Church entstammt im wesentlichen dem 17.-19. Jh., obwohl einige Relikte einer Kirche des 13. Jh. darin enthalten sind. Eine 700 Jahre alte Wind-mühle mit immerhin 7 Stockwerken ist leider weitgehend verfallen. Seit 1994 verfügt Dundalk über ein *County Museum* in einem früheren Lagerhaus des 18. Jh. (Jocelyn Street, Mai-Sept tägl., sonst mo geschl.).
Die irische Variante von Bier Pilsner Brauart, Lager, wird in der zum Guinness-Konzern gehörenden Harp Brauerei, Carrick Road (in Bahnhofsnähe), produ-ziert. Führungen sind möglich; ✆ (042) 9334793.

Information: Tourist Office, Jocelyn Street, ✆ (042) 9335484, ✉ 9338070, ganzj. mo-fr 9-18 h, Juli/August auch sa 10-17 h.
Geldwechsel: am Wochenende auch Linenhall Street, am Ortseingang.
Verkehrsverbindungen: Eisenbahn-Hauptstrecke Belfast-Dublin; Busse ebenfalls zu praktisch allen Zielorten.
Unterkunft (Auswahl, ganzj.): Fáilte House**, Dublin Road, ✆ (042) 9335152, 12 Z.; Mrs. P. Witherow Krakow, 190 Ard Easmainn, ✆ (042) 9337535, 4 Z.
Camping: Gyles Quay ****, ✆ (042) 9376262, 8 Zstpl., Waschm., Mai-Sept, 16 km öst-lich von Dundalk.

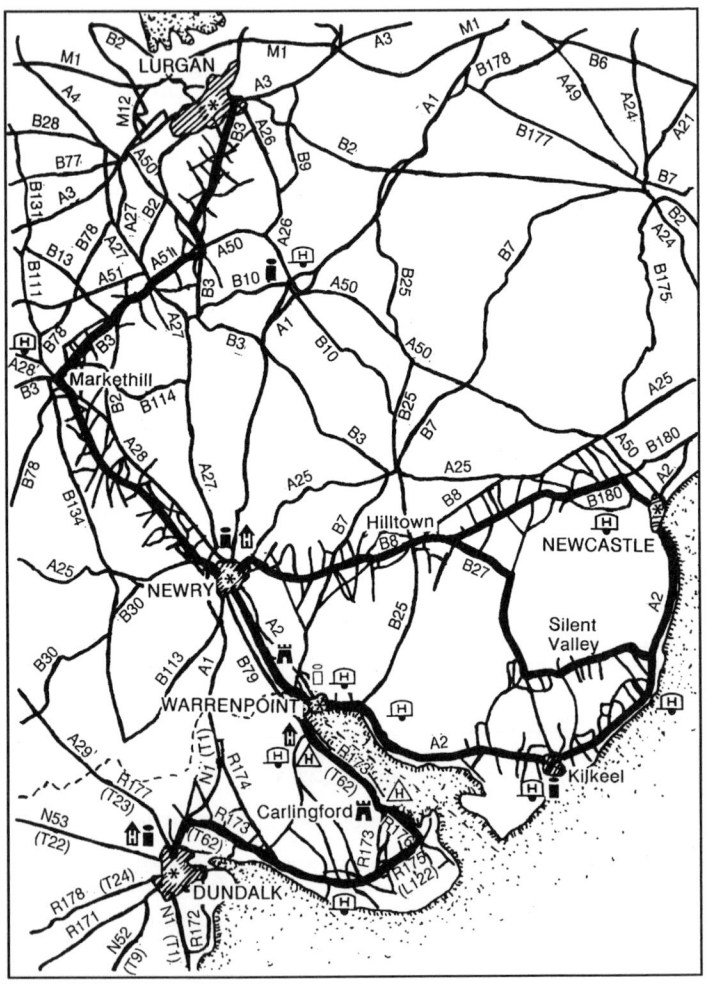

*Von Newcastle aus gibt es drei Möglichkeiten, nach Newry zu gelangen. Alle
sind auf ihre Art lohnend.*

a) Newcastle – Hilltown – Newry (34 km)

Die erste Variante führt am Rand der Mourne Mountains entlang; die Steigungen
sind nicht allzu stark, und mit einem tourengeeigneten Fahrrad sollten Sie dort
kaum Probleme haben.

In Newcastle beginnt die Strecke auf der B180 Richtung Hilltown. Sie kommen
am *Tollymore Forest Park* vorbei, den Sie zur Abkürzung auch durchfahren können. Es ist der erste als Forest Park eingerichtete Wald Nordirlands; Camping ist
möglich (s. Newcastle, Etappe 106). Falls Sie durch den Park fahren, müssen
Sie am Ausgang wieder links auf die B180 einbiegen.
Von der Kuppe, über die die Straße führt, haben Sie einen ausgezeichneten
Blick in die grünen, bewirtschafteten Täler.

Falls Sie in die Republik fahren wollen, können Sie 3 km vor Hilltown links auf
eine unklassifizierte Straße nach Rostrevor abbiegen. Nach 200 m gelangen Sie
zu einer Kreuzung. Fahren Sie geradeaus; nach einer langen Abfahrt erreichen
Sie in Rostrevor die A2 (s. Etappe 109b) und den günstigen Anschluß an die
Fähre Warrenpoint-Omeath (s. Etappe 108).

Vor **Hilltown** mündet die B180 in die B27. Wenn Sie dort ankommen, meinen
Sie zu wissen, woher der Ort seinen Namen haben könnte, aber Sie irren sich:
der Name stammt von der Familie Hill, die hier während der Frühindustrialisie-
rung das Sagen hatte. Im Ort steht in der Mitte eines von Bäumen gesäumten
Platzes die Pfarrkirche aus dem Jahr 1776. In der Gründungszeit des Dorfes war
Hilltown ein Hauptumschlagplatz für geschmuggelten Whiskey, der über den
Brandy Pad transportiert wurde.

Von Hilltown gelangen Sie nach Steigungen auf der B8 über das Örtchen
Mayobridge zum Etappenende.

Newry, 11.500 Einw., Co. Down und Armagh (der Fluß Clanrye bildet die Grafschaftsgrenze!), früher eine bedeutende Hafenstadt, ist heute vor allem wichtiger Verkehrsknotenpunkt an der Strecke Belfast-Dublin. In der Blütezeit des
Hafens wurden hier viele Schiffe aus den Kohlehäfen des Lough Neagh
abgefertigt, die über den 1741 fertiggestellten Newry-Kanal kamen – damals
der erste Kanal der britischen Inseln und aufgrund des wirtschaftlichen Erfolges
Wegbereiter für derartige Wasserstraßen in anderen Landesteilen. Mit den
stetig größer werdenden Schiffen wurde der Newry Kanal schließlich zu klein;
das letzte kommerzielle Schiff passierte 1959 die 14 Schleusen.
Das einzige historische Gebäude der Stadt, das die wechselvolle Geschichte
der Region überdauert hat, ist die St. Patrick's Church von 1578, die erste und

dementsprechend älteste protestantische Kirche in Irland.

Etwa 3 km westlich der Stadt liegt an der A25 *Derrymore House*, ein kleines, strohgedecktes Herrenhaus aus dem 18. Jh., das mit Stilmöbeln eingerichtet ist. Besichtigung ist nur nach Absprache mit dem National Trust (✆ [01238] 510721) möglich.

Information: Town Hall, Bank Parade, ✆ (01693) 68877, ganzj. mo-fr.
Verkehrsverbindungen: Eisenbahn-Hauptstrecke Dublin-Belfast; Busse in nahezu alle Regionen Irlands.
Unterkunft (Auswahl): Ashdene House, 28 Windsor Avenue, ✆ (01693) 67530, 2 Z.; Ard Mhuire House, 27 Carrickasticken Road, ✆ (01693) 888316, 4 Z.; weitere B&Bs in Newry und Umgebung.
Fahrräder: Bridge End Stores, 25a Bridge Street, ✆ (01693) 4126.

b) Newcastle – Annalong – Kilkeel – Warrenpoint – Newry (44 km)

Dieser Weg benutzt die A2, die leicht hügelig immer an der Küste entlang führt. Da das für den Schnellverkehr ein Umweg ist, herrscht recht wenig Verkehr.

In Newcastle beginnt die Etappe Richtung Rostrevor, führt vorbei am Slieve Donard, dem höchsten Berg Nordirlands, und erreicht Annalong.

Annalong, 1800 Einw., Co. Down, verfügt als Hauptattraktion über eine wasserbetriebene Kornmühle an der Hauptstraße aus dem frühen 19. Jh., die bis 1960 genutzt wurde und heute zu geräuschvollen Vorführungen wieder in Betrieb gesetzt wird. Dazu gehört eine Ausstellung über das Mühlenwesen (Juni-Aug tägl. 14-18 h, Nebensaison nur sa/so).

Verkehrsverbindungen: Busse nach Newcastle und Kilkeel.
Camping: Marine Park, Main Street, ✆ (013967) 68736, 25 Zstpl., ganzj.
Fahrräder (auch Vermietung): J.P. Quinn, 6 Bridge Street, Kilkeel, ✆ (016937) 62654, ca. 10 km weiter Rchtg. Newry.

Die A2 führt immer an der Küste entlang durch *Kilkeel*, wo sich eine kleine Spezialitätenbrauerei etabliert hat – u.a. mit einem Honig-Ale!

Information: Tourist Information, 6 Newcastle Street, ✆ (016937) 62525, ganzj.
Camping: Chestnutt, 3 Grange Road, Cranfield West, ✆ (016937) 62653, 10 Zstpl., Ostern-Okt; Leestone, 60 Leestone Road, ✆ (016937) 62567, 10 Zstpl., März-Okt; Sandilands, 30 Cranfield Road, ✆ (016937) 63634, 5 Zstpl.; andere Plätze für Zelte verboten.
Fahrräder: James Quinn, 6 Bridge Street, ✆ (016937) 62654.

Weiter geht's nach *Rostrevor*, einem unscheinbaren Ort in klimatisch geschützter Lage, in dessen Nähe ein Waldgebiet zum Wandern einlädt. Es gibt einen Campingplatz (s. Warrenpoint). Der nächste Ort an der A2 ist Warrenpoint.

Warrenpoint, 5300 Einw., Co. Down, ist ein kleines Städtchen, das früher einmal einen regen Fährverkehr zum republikanischen Ufer hatte, als die Nordiren zur Umgehung des Sonntagtrinkverbots diese Verbindung fleißig nutzten. Ein Überbleibsel vergangener Zeiten ist die Fähre nach Omeath (s. Etappe 108), mit der Sie auf dem Weg zur Republik 20 km einsparen können. Etwa 1 km weiter an der A2 Rchtg. Newry steht das Narrow Water Castle von 1560, ein hübsches, kleines Schloß.

Information: Boating Pool, ✆ (016937) 52256, Juli/Aug tägl. 14.00-17.30 h.
Verkehrsverbindungen: Busse nach Newry und Kilkeel, Fähre nach Omeath (s.o.).
Camping: Kilbroney, Shore Road, Rostrevor, ✆ (016937) 38134, 40 Zstpl., Waschm., Ostern-Okt.
Fahrräder: Bikes & Trikes, 29b Duke Street, ✆ (016937) 73591; Stewart's Cycles, Church Street, ✆ (016937) 73565.

Nach weiteren 11 km wird auf der A2 **Newry** erreicht (s. Etappe 109a).

c) Newcastle – Silent Valley – Hilltown – Newry (48 km)

Die dritte Möglichkeit ist eine Kombination der ersten beiden und führt zusätzlich fast bis zum höchsten Straßenpunkt Nordirlands (410 m hinauf); eine Anstrengung, die sich wegen der besonderen Schönheit der Strecke lohnt. In Gegenrichtung ist die Steigung aber noch steiler (bis zu 10 %)!

Verlassen Sie Newcastle wie in Etappe 109b auf der A2. Nach gut 10 km geht rechts eine Nebenstraße ab, die mit „Silent Valley" ausgeschildert ist; an der Ecke befindet sich ein Geschäft mit Tankstelle.
Das so beschilderte Tal ist ein Speicherbecken von zwei Seen, das Trinkwasser für Belfast und andere nordirische Städte liefert, je Tag bis zu 100 Millionen Liter. Der *Silent Valley Damm* wurde 1932 fertiggestellt, der *Ben Crom Damm* 1957; das Baumaterial wurde durch eine Bergbahn aus Annalong herbeigeschafft. Bis zum und auch dem ersten Damm können Sie mit dem Rad fahren – bei jedem Wetter eindrucksvoll.

Folgen Sie vom Silent Valley an den Wegweisern nach Hilltown; dazu müssen Sie nach einigen Kilometern rechts auf die B27 einbiegen. Nach dem Überschreiten der Paßhöhe erreichen Sie den *Spelga Damm*, der einen weiteren Stausee bildet. Hier beginnt der längste Fluß Nordirlands, der Bann. Das Reservoir speist die Trinkwasserversorgung des County Down; bei geringem Wasserstand erscheinen eine Brücke und eine Straße aus den Fluten.
Hinter dem Damm liegt ein fantastischer Aussichtspunkt. Dann ist Vorsicht geboten: es folgen der *Spelga Pass* mit bis zu 10 % Gefälle und zwei spitzen Kehren, deren erste erst spät sichtbar wird.

Nach weiteren 2½ km kommen Sie zu einer kleinen Kreuzung. Hier können Sie nach links Richtung Rostrevor abbiegen, wenn Sie in die Republik wollen (s. Etappe 109a). Sonst fahren Sie geradeaus bis Hilltown und weiter entsprechend Etappe 109a bis **Newry**.

(In Gegenrichtung folgen Sie ab Hilltown der Beschilderung Rchtg. Newcastle, ab der Gabelung der B27/B180 dann den Schildern zum Silent Valley, ab dort wieder Rchtg. Newcastle.)

Etappe 110:
Lurgan – Gilford – Tandragee – Markethill – Mountmorris – Newry (45 km)

Auf kleineren Straßen Richtung Süden (Republik).

Die Beschilderung in Lurgan ist etwas mangelhaft, notfalls fragen! Zunächst wählen Sie die A26 Richtung Banbridge; noch im Stadtgebiet zweigt hiervon die B3 nach **Gilford** (2000 Einw., Co. Down) ab, die kurz vor diesem Städtchen in die A50 mündet. Es verfügt über ein kleines privates Museum für Modell-Nachbauten (Häuser u.a.) aus Muscheln, 7 Stramore Terrace, außer sa tägl. ab 13 h bis abends.

Information: Gateway Tourist Information Centre, 200 Newry Road, Banbridge, ℂ (018206) 23322, ganzj., ca. 10 km östlich.
Verkehrsverbindungen: Busse nach Banbridge und Portadown sowie eine private Buslinie nach Lurgan.
Camping: Banbridge Touring ****, 200 Newry Road, Banbridge, ℂ (018206) 23322, 🗎 23114, 8 Zstpl., so geschl.
Fahrräder: S.J. Sweeten, Main Street, ℂ (01762) 831251; R. Burns, 31a Church Square, Banbridge, ℂ (018206) 62863, auch Vermietung.

Wer es eilig hat, nach Newry zu kommen, kann von Gilford aus auf der B3 bis Scarva fahren, dort den Newrykanal überqueren und auf der A27 immer am Kanal entlang bis Newry radeln. Recht schöne Strecke, aber stärker befahren.
Ansonsten geht es auf der A51 weiter bis *Tandragee*; das Castle dieses Städtchens wird heute als Fabrik für Kartoffelchips (Besichtigung möglich) mißbraucht.

Von hier aus erreichen Sie über die B3 nach 10 km das Dorf Markethill, wo Anschluß an die Etappen 107 und 109 möglich ist. Alternativ ist ein Umweg durch das idyllische Flußtal des Cusher nach Clare eine erwägenswerte Variante.

Markethill, 1200 Einw., Co. Armagh, liegt unmittelbar beim Gosford Forest Park, in dem sich auch das gleichnamige Castle im normannischen Stil befindet. Es war einmal das größte Privathaus Irlands und diente im Zweiten Weltkrieg als Gefängnis für deutsche Soldaten.

Camping: Gosford Country Park, 54 Gosford Road, ℂ (01861) 551277, 36 Zstpl., ganzj.

In Markethill wählen Sie zuerst die A28 Richtung Newry. Nach etwa 2 km zweigt davon rechts die B133 ab, die parallel verläuft, aber weniger befahren ist. Immer geradeaus geht es durch die *Rolling Hills of Armagh*; kurz vor **Newry** stößt die Straße auf die A25. Kurz vor dieser Einmündung passiert die Etappe den Ort *Bessbrook*, eine Quäkersiedlung, die bis heute ohne Pub auskommen muß. Dagegen gibt es in Camlough, einer Ansammlung von wenigen Häusern nur wenige Kilometer entfernt, immerhin sechs Kneipen. Not macht halt erfinderisch…

Eine riesige Eisenbahnbrücke mit 18 Bögen steht nahe dem Dorf. Wenn man bei der Einmündung in die A25 nach rechts fährt, also von Newry weg, kommt man nach 1 km zum Derrymore House (s. Newry, Etappe 109a).

(In Gegenrichtung folgen Sie in Newry zuerst den Schildern der A25 Rchtg. Newtownhamilton und Bessbrook; kurz darauf folgt ein Kreisverkehr ohne entsprechende Beschilderung: auf das kleine Schild „Station" achten. Die Straße führt bergan; hinter der Eisenbahnunterführung zweigt die B133 über Bessbrook nach Markethill ab. Der Rest der Etappe ist wie beschrieben beschildert.)

Etappe 111:
Shercock – Castleblaney – Keady – Markethill (49 km)

In Shercock fahren Sie zunächst auf der R162 (L5) Richtung Ballybay/Cootehill, aber nicht geradeaus weiter bis Cootehill, sondern biegen nach ca. 2 km rechts ab auf die R181 (L47). Die Straße durchquert das Dorf Shantonagh, kreuzt die R180 (T46) und erreicht das Städtchen Castleblaney.

Castleblaney, gäl. Baile na Lorgan, Co. Monaghan, verdankt seinen Namen der Familie Blaney, der Land und Burg in vergangenen Jahrhunderten gehörte. Das Castle wurde 1874 von der Familie Hope erworben, damals steinreich, aber schnell verarmend, so daß das Gebäude im 20. Jh. nacheinander Kaserne, Krankenhaus und Klosterdependance war. Zum Schloß gehört auch ein schöner Park am Ufer des Lough Muckno.

Verkehrsverbindungen: Busse nach Dundalk, Monaghan, Dublin (mit Anschluß nach London), Derry, Letterkenny, Coleraine/Portrush und Clones.
Unterkunft: The Glencairn Hotel ***, Monaghan Road, ℂ (042) 9746666, 27 Z.; Wilsons, Hillview, Bree, ℂ (042) 9746217, 5 Z., 1 km außerhalb; beide ganzj.
Herberge: Lough Muckno Adventure Centre, ℂ (042) 9746356, 50 B., keine Gästeküche, März-Okt, an der N2 direkt bei der Stadt.
Camping: Lough Muckno **, s. Herberge, 8 Zstpl., März-Okt.

Hier kreuzen Sie die N2 (T2) und fahren weiter auf der R181 (L47), überqueren bei *Creaghanroe* die nordirische Grenze, wo die Straße die Nummer B32 erhält, passieren den *Carnagh Forest Park* und erreichen nach etwa 14 km die B3, in die Sie rechts nach **Keady** einbiegen. Dieses Städtchen verfügte früher über viele Wassermühlen, von denen ein besonders großes Exemplar noch erhalten ist.

In Keady wechseln Sie zunächst auf die A29 Richtung Armagh, verlassen diese aber am Ortsrand wieder auf die B3 nach **Markethill** (s. Etappe 110).

Etappe 112:
Donagh – Newtownbutler – Clones – Cootehill (35 km)

Eine Verbindungsstrecke zur Etappe 88 in der Republik.

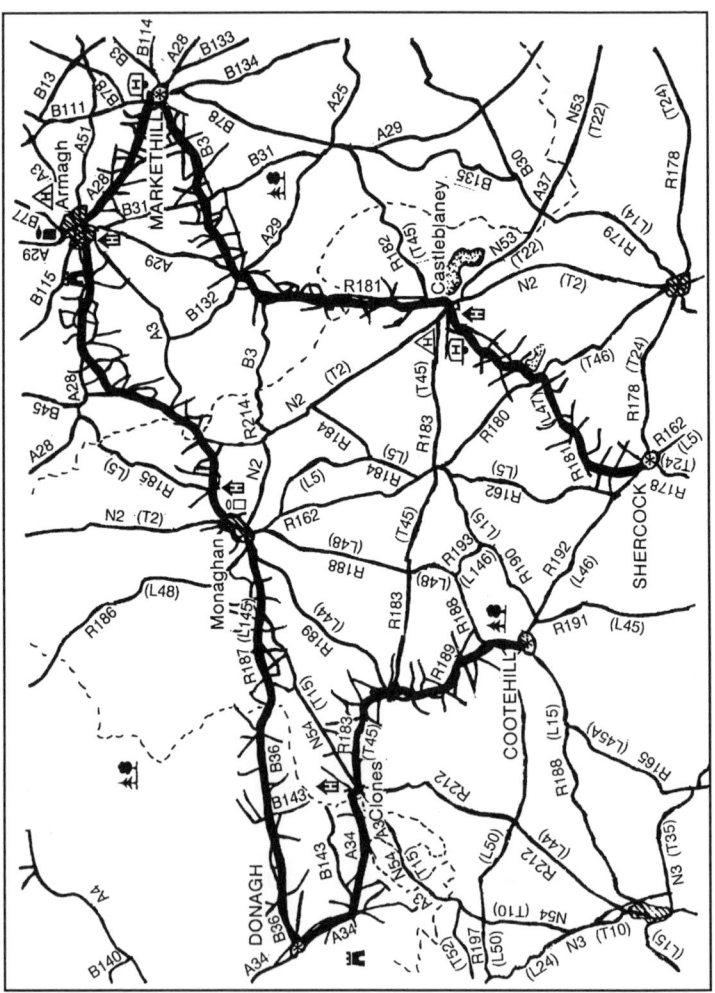

In Donagh beginnt sie auf der A34 nach *Newtownbutler*, einem kleinen Dorf in abgeschiedener Lage. 6 km westlich des Ortes (bei der starken Linksbiegung der A34 nach rechts abfahren) befinden sich *Old Crom Castle* (Ruine von 1611) und

New Crom Castle (Schreinerwerkstatt und Wohnsitz). Das Anwesen samt dazugehörigem Park befindet sich mit Ausnahme des neuen Schlosses in Obhut des National Trust (April-Sept 10-18 h).

Nach weiteren 8 km erreicht die A34 die Grenze zur Republik und gleich dahinter als R183 (T45) das Städtchen Clones.

Clones, gäl. Cluain Eois, 2300 Einw., Co. Monaghan, ist Marktstadt und Grenzübergang am stillgelegten Ulster Kanal. Im Stadtzentrum befindet sich ein Hochkreuz aus dem 10. Jh., im Süden des Ortes als Rest eines Klosters aus dem 12. Jh. eine kleine Kirchenruine und ein 23 m hoher Rundturm. Der örtliche Golfplatz liegt im Park von Hilton House, einem georgianischen Herrenhaus.
Jährlich im September wird in Clones ein irischer Käsemarkt abgehalten, auf dem sich ca. 25 verschiedene Sorten vorstellen.

Verkehrsverbindungen: Busse nach Dundalk, Cavan, Monaghan, Belfast, Limerick, Tralee, Cork, Waterford, Galway und Dublin.
Unterkunft: Creighton Hotel *, Fermanagh Street, ℰ (047) 51055, 🗎 51284, 18 Z.; The Lennard Arms Hotel *, The Diamond, ℰ (047) 51075, 10 Z.; beide ganzj.

In Clones fahren Sie auf der R183 (T45) weiter Richtung Castleblaney, durchqueren die Ortschaften Anlore und Killeevan und biegen schließlich in Newbliss rechts auf die R189 (L45) Richtung Cootehill ab. 3 km vor dem Etappenziel endet die Straße am Waldrand des Bellamont Forest an der R188 (L48), in die Sie rechts nach **Cootehill** (s. Etappe 88) einbiegen.

Etappe 113:
Donagh – Rosslea – Monaghan – Middletown – Armagh – Markethill (56 km)

Die folgende Strecke verläuft zu einem guten Drittel auf republikanischem Gebiet und stellt die Standard-Abkürzung von Fermanagh nach Armagh dar.

In Donagh beginnt die Etappe auf der B36 Richtung Monaghan; nach der Grenze hinter dem Dorf *Rosslea* heißt die Straße R187 (L145). Sie stößt nach etwa 6 km auf die N54 (T15) nach Monaghan.

Monaghan, gäl. Muineachán, 7000 Einw., Co. Monaghan, ist Hauptstadt der Grafschaft. Sie verfügt über ein County Museum im Gerichtsgebäude von 1829 (di-fr). Eines der ältesten erhaltenen Häuser der Stadt ist das Marktgebäude von 1792, das heute das örtliche Tourist Office beherbergt. Südlich der Stadt liegt der *Rossmore Forest Park*. Etwa 10 km nordöstlich von Monaghan befindet sich an der R185 (L5) das Dorf Glaslough mit einem hübschen, für Autos gesperrten Park.

Information: Tourist Office, Market House, ℰ (047) 81122, ganzj.
Verkehrsverbindungen: Busse nach praktisch allen Regionen Irlands.

Unterkunft: Lakeside Hotel **, North Road, ℭ (047) 83599; Hilldene House, Canal Street, ℭ (047) 83297; Cedars, Clones Road, ℭ (047) 82783, 3 Z., 1 km außerhalb.

In Monaghan wechseln Sie auf die N12 (T15), die von der N2 (T2) im Norden der Stadt abzweigt. Hinter der nordirischen Grenze heißt sie A3. In *Middletown* biegen Sie links auf die schwächer befahrene B210 ab; in *Tynan*, wo es hinter der Kirche ein 4 m großes Hochkreuz aus dem 9. Jh. gibt, dann rechts auf eine unklassifizierte, aber beschilderte Nebenstraße nach *Killylea*. Dort treffen Sie auf die A28 nach Armagh; vor der Stadt liegt nahe der Straße das Navan Fort (s.u.).

(In Gegenrichtung nehmen Sie in Armagh die A28 Richtung Omagh. Hinter Killylea biegen Sie nach Tynan ab, dort entsprechend der Beschilderung nach Middletown.)

Armagh, 13.000 Einw., Co. Armagh, ist Grafschaftshauptstadt und religiöser Mittelpunkt Irlands: sowohl der katholische als auch der protestantische Erzbischof haben hier ihren Sitz. Die dazugehörigen Kathedralen auf zwei Hügeln der Stadt tragen beide den Namen St. Patricks. Das bereits 1791 erbaute Observatorium und das einzige Planetarium Nordirlands, heute zusammengefaßt im Astronomiezentrum, befinden sich am College Hill. Das *County Museum* im Schulgebäude in der Mall enthält u.a. eine Sammlung viktorianischer Puppen (gratis; so geschl.).

In einem viktorianischen Haus mit Stallungen ist eines der so beliebten „Heritage Centres" eingerichtet worden (Palace Demesne, ganzj. tägl.). Der klerikalen Vergangenheit der Stadt widmet sich der *St. Patrick's Trian Visitor Complex* (40 English Street, ganzj. tägl.).

Am südlichen Stadtrand befindet sich die Ruine der längsten Friary-Kirche Irlands, die 1561 zerstört wurde. 3 km westlich von Armagh, von der A28 ausgeschildert, liegt das *Navan Fort*, eine Hügelfestung aus der frühen Eisenzeit, die vor Tara (s. Etappe 86) Sitz der Könige von Ulster gewesen sein soll. Die riesige Anlage war bereits auf antiken Landkarten verzeichnet; Reste der Gräben und Erdwerke sind noch zu sehen (frei zugänglich). Wer die Symbolik in Hintergrund der Anlage erklärt haben möchte, sollte in das neue audio-visuelle „Navan Centre" gehen (mo-sa 10-19 h, so 11-19 h, im Winter bis 17 h).

Information: Tourist Information Centre, 40 English Street, Armagh BT61 7BA, ℭ (01861) 521800, ganzj. mo-sa.
Verkehrsverbindungen: Busse in fast alle Gegenden Irlands.
Unterkunft (Auswahl): Charlemont Arms Hotel, 63 Lower English Street, ℭ (01861) 522028, 14 Z.; Desart, 99 Cathedral Road, ℭ (01861) 522387, 3 Z.; weitere B&Bs am Ort.
Herberge: Armagh City Hostel (HINI), 39 Abbey Street, ℭ (01861) 511800, 🖷 511801, 62 B., Fahrradverm., ganzj., neues Komforthaus im Stadtzentrum.
Fahrräder: Browne's Bikes, 32 Cormeen Road, Killylea, ℭ (01861) 522782, Vermietung.

In Armagh nehmen Sie wieder die A28 Rchtg. Newry, auf der Sie geradewegs nach **Markethill** kommen (s. Etappe 110). Leider gibt es in diesem Bereich keine sinnvolle Alternative zu dieser breit ausgebauten Hauptstraße.

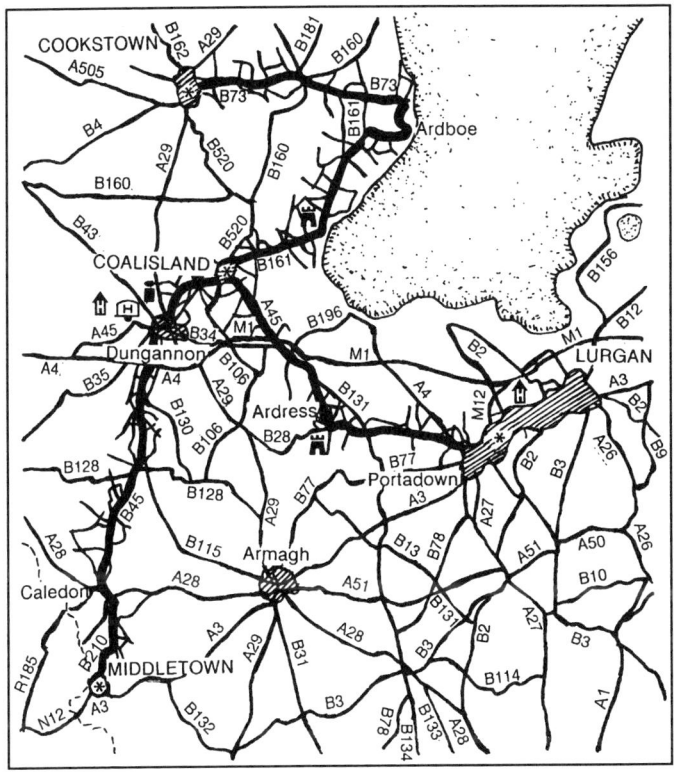

Etappe 114:
Cookstown – The Battery – Mountjoy Castle – Coalisland – Dungannon –
Caledon – Middletown (68 km)

In Cookstown beginnt die Etappe auf der B73 Richtung Lough Neagh; diese
Straße ist nicht ausgeschildert: sie geht von der Hauptstraße gegenüber vom
Post Office ab. An der Ecke stehen die *Bank of Ireland* und die einzige Ampel
des Ortes; die Straße heißt *Molesworth Street*. An der Gabelung nach ca. 800 m
ist sie als B73 nach Coagh und *The Battery* (auf manchen Karten noch als *Newport Trench* verzeichnet) ausgeschildert.

Kurz vor dem Örtchen Coagh zweigt die B73 rechts ab, während geradeaus die B181 weiterführt. Fahren Sie auf der B73 nach **The Battery**. Die Straße endet am größten See Irlands nahe von Picknickfläche und Pub. Zur Weiterfahrt biegen Sie 500 m vom See entfernt in die erste Straße links (vom See gesehen) ein. Nahe der Ecke ist der Pub „Lavery". Im Verlauf der Straße kommen Sie an zwei Kirchen und einer Schule vorbei. An der T-Kreuzung nach einem guten Kilometer links abbiegen. Wo die Straße dann nach 600 m rechts abknickt, ist geradeaus ein Friedhof, davor das *Ardboe High Cross*. Hierbei handelt es sich um das besterhaltene Hochkreuz in Ulster; es stammt aus dem 10. Jh., ist über 5 m hoch und mit mehr als 20 biblischen Szenen reich verziert. 60 m weiter finden Sie dann noch Reste von zwei alten Kirchen.

Fahren Sie auf dieser Nebenstraße weiter bis zur B161; dort links Richtung Coalisland abbiegen. Das *Mountjoy Castle*, 8 km vor Coalisland, ist ein 1602 erbautes Fort, von dessen Ruine man einen schönen Blick auf den See hat.
Achtung: die auf der Holiday Map irreführend eingezeichnete Straße am südlichen Seeufer ist nicht durchgehend befahrbar, da sie keine Brücken über die Flüsse Bann und Blackwater hat!
Die Etappe verläuft weiter auf der B161 nach **Coalisland**, einem ehemals bedeutenden Hafen für die Verschiffung der einzigen nordirischen Kohleförderung über den Newry-Kanal. In einer früheren Kornmühle ist unter anderem eine Ausstellung zur industriellen Geschichte des Ortes zu sehen (April-Okt tägl., sonst mo-fr), und gleich nebenan ist 1994 ein Webereimuseum eröffnet worden.
Hier ist Anschluß an Etappe 115 möglich. Ansonsten fahren Sie weiter auf der A45 bis Dungannon.

Dungannon, 8000 Einw., Co. Tyrone, befindet sich auf einem Hügel, der früher Standort einer Burg der O'Neills war, der beherrschenden Familie der Grafschaft und einige Jahrhunderte lang auch Könige von Ulster, die lange Zeit im Kampf gegen die englischen Besatzung stand. An das O'Neill-Castle erinnern heute nur noch zwei Türme einer 1790 an gleicher Stelle erbauten Burg. Eine kuriose Nachbildung kann man in der Thomas Street bewundern.
Um die örtliche Polizeistation rankt sich das Gerücht, daß sie versehentlich nach den Bauplänen für ein Fort am Khyber Pass (Indien) gebaut worden sei, weil ein Regierungsangestellter in Dublin die Pläne durcheinander gebracht habe. Die Kristallfabrik (Tyrone Cut Crystal) der Stadt kann außerhalb der Betriebsferien besichtigt werden.

Information: Killymaddy Tourist Amenity Centre, Ballygawley Road, ℂ (018687) 767259, ganzj.
Verkehrsverbindungen: Busse in alle Regionen Nordirlands sowie nach Dublin, Letterkenny, Bundoran, Sligo und Westport.
Unterkunft (Auswahl): Park View, 3 Victoria Road, ℂ (018687) 25291, 3 Z.; The Town House, 32 Northland Row, ℂ (018687) 23975, 4 Z.; weitere B&Bs u.a. bei Donaghmore und Annaghmore.
Camping: Killymaddy Centre, s. Information, 12 Zstpl., an der A4 (10 km westlich); Dungannon Park, Moy Road, ℂ (018687) 727327, 15 Zstpl.
Fahrräder: Halfords, 36 Scotch Street, ℂ (018687) 23250.

In Dungannon halten Sie sich zunächst Richtung A4 Enniskillen. Am westlichen Standrand geht davon die B45 links ab Richtung Middletown, die geradewegs nach Caledon führt. Das dortige Castle ist ein georgianisches Herrenhaus von 1779.

(Nach dem Stand der Streckenrecherche war die Brücke der R185 Richtung Monaghan als Bürgerkriegsfolge noch zerstört. Sollte diese wieder aufgebaut sein, ist die R185 über Glaslough [B&B: Sophie O'Neill] nach Monaghan die bessere Wahl. Für Hinweise ist die Redaktion dankbar!)

Knapp 2 km hinter dem Dorf geht rechts die B210 ab, die Sie direkt nach **Middletown** bringt, dem Etappenende, wo Anschluß an die Etappe 113 hergestellt wird.

Etappe 115:
Coalisland – Tamnamore – Ardress – Portadown – Lurgan (37 km)

Dieser etwas unschöne Umweg über teils stark befahrene Straßen ist leider unvermeidbar, wenn Sie Rchtg. Belfast wollen. Am Südufer des Lough Neagh ist ansonsten wegen fehlender Brücken und Fähren kein Durchkommen.

In Coalisland wählen Sie zunächst die A45 Richtung Belfast. Fahren Sie über die Autobahnauffahrt Nr. 14 hinweg und auf der anderen Seite der M1 parallel zur Autobahn bis zur Auffahrt Nr. 13. Dort rechts auf die B131, die Sie nach 2 km wieder rechts verlassen, um zum ausgeschilderten **Ardress House** zu fahren. Dieses Gebäude ist ein 1770 aufwendig ausgebautes Herrenhaus aus dem 17. Jh., das heute dem National Trust gehört und zu besichtigen ist; es beherbergt auch eine Gemäldegalerie und ein Farm-Museum (Jull/Aug tägl. außer di 14-18 h, in der Nebensaison nur am Wochenende).

Ein weiteres interessantes Herrenhaus in Obhut des National Trust ist *The Argory* von 1824, etwas abseits der Streckenführung am River Blackwater gelegen (Juli/ Aug tägl. außer do 14-18 h, in der Nebensaison nur am Wochenende).
In Höhe des Ardress House biegen Sie links auf die B28 nach Portadown ein.

Portadown, 25.000 Einw., Co. Armagh, bildet mit den Nachbarstädten *Craigavon* und *Lurgan* ein Ballungsgebiet, das zur Verschmelzung zu einer Stadt vorgesehen ist. Dem Radfahrer präsentiert sich die Region vor allem als langgezogene Hauptstraße mit vielen Kreisverkehren.

Information: Town Hall, 6 Union Street, Lurgan, ✆ (01762) 323757, ganzj. mo-sa; Library, Edward Street, Portadown, ✆ (01762) 332499, ganzj. mo-sa.
Verkehrsverbindungen: Eisenbahn nach Belfast und Dublin, Busse nach Belfast, über Monaghan in den Süden und Südwesten der Republik.
Telefonvorwahl: 01762.
Unterkunft: s. Lurgan, Etappe 102.
Fahrräder: Ross Raymond (auch Vermietung), 65 Bridge Street, ✆ 332828.

Von Portadown aus fahren Sie auf der A3 bis **Lurgan** (s. Etappe 102).

(In Gegenrichtung wählen Sie ab Portadown die A28 Rchtg. Moy; hinter dem Ardress House rechts ab auf die Nebenstrecke zur B131 nach Coalisland.)

Kartenskizze Etappen 116 – 118

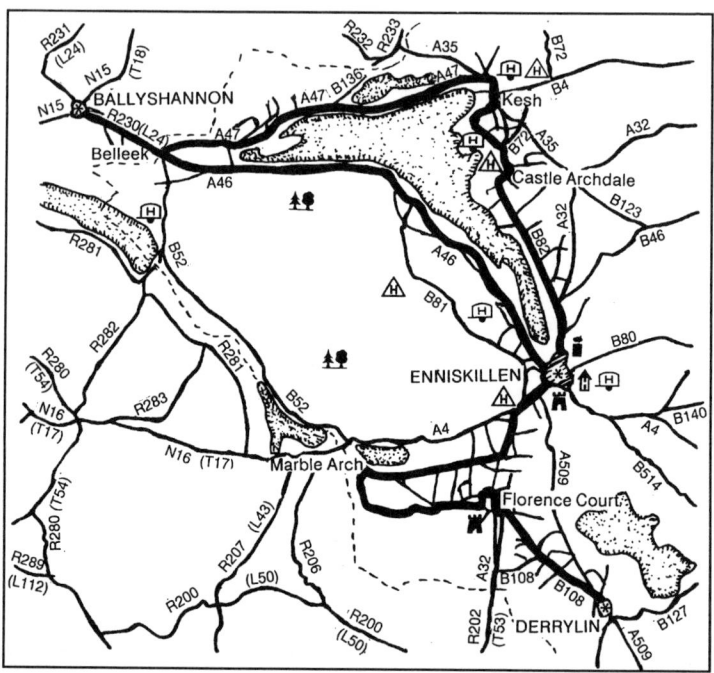

Etappe 116:
Ballyshannon – Lough Erne (Südufer) – Enniskillen (54 km)

Eine der beiden Strecken entlang am Lough Erne.

In Ballyshannon beginnt sie auf der R230 (L24) Richtung Belleek (s. Etappe 117); nach der Grenzüberschreitung biegen Sie hinter dem Zollhäuschen nicht in den Ort ab, sondern fahren geradeaus weiter Richtung Enniskillen auf der A46. Diese Straße führt immer am Südufer des Lower Lough Erne entlang. Rechts sehen Sie bald die *Cliffs of Magho*; nach einer angenehmen Fahrt – wenig Verkehr, schöne Landschaft und ebene, gute Straße – erreichen Sie Enniskillen.

Falls zum Feierabend doch etwas mehr Autoverkehr auftreten sollte, weichen Sie ggf. auf die B81 über *Derrygonnelly* (Hostel, 60 B.) aus, die aber ein paar wadenstärkende Steigungen offeriert. Für diesen Fall: das Castle in *Monea* an der B81 ist ein nur in Ruinen erhaltenes Plantation-Castle; der kleine Campingplatz hat 5 Zstpl.

Enniskillen, 13.000 Einw., Co. Fermanagh, ist die Grafschaftshauptstadt am Lough Erne, auf einer Insel genau zwischen dem unteren und dem oberen See gelegen.
Wer sich für Orden und Uniformen interessiert, kommt im Regimental Museum auf seine Kosten, das im *Enniskillen Castle* untergebracht ist, dem Rest einer Normannenburg. Im gleichen Gebäude ist auch das County Museum, wo man sich außer archäologischen Funden eine 20-minütige Diashow über die Geschichte des Lough-Erne-Gebietes im Mittelalter ansehen kann (mo-sa, im Sommer auch sonntags). Südöstlich der Stadt an der A4 Rchtg. Belfast und Dublin befindet sich *Castle Coole House*, ein großes spät-georgianisches Herrenhaus in Obhut des National Trust, frisch restauriert (Mai-Aug tägl. außer do, April-Sept an Wochenenden).
Lough-Erne-Rundfahrten können gebucht werden in 24 Willaughby Place, ✆ (01365) 322882. Abfahrt im Sommer bis zu dreimal täglich vom Round O Quay, etwas außerhalb Richtung Donegal an der A46. Außerdem gibt es etliche Motorbootvermieter. Zu der Insel *Devenish Island* im Lough Erne fahren ebenfalls Boote von Trory, 5 km nördlich gelegen, ab; auf der Insel gibt es Überreste einer mittelalterlichen Klosteranlage mit einem vollständig erhaltenen Rundturm.

Information: Fermanagh Tourist Information Centre, Wellington Road, ✆ (01365) 323110, ganzj. mo-fr.
Unterkunft: etliche Hotels & Guesthouses, zahlreiche B&B.
Herberge: Lakeland Canoe Centre, Castle Island, ✆ (01365) 324250, 40 B., ganzj., 1 km westlich.
Camping: Lakeland Canoe Centre, s. Herberge, 20 Zstpl.; Blaney, ✆/🖪 (013656) 41634, 10 Zstpl., ganzj.
Fahrräder: Conor Foley (auch Vermietung), 146 Windmill Heights, ✆ (01365) 325783; Stevenson's, 43-45 Darling Street, ✆ (01365) 322517; P. McNulty (auch Vermietung), 24 Belmore Street, ✆ (01365) 322423.
Waschsalon: Grumble Bee, Queen Elizabeth Road.

Etappe 117:
Ballyshannon – Belleek – Kesh – Castle Archdale – Enniskillen (63 km)

Die nördliche Lough-Erne-Strecke.

Sie beginnt in Ballyshannon auf der R230 (L24) nach Belleek. Im Gegensatz zu Etappe 116 biegen Sie nach dem Grenzübertritt am Zollhäuschen links nach Belleek ab.

Belleek, 700 Einw., Co. Fermanagh, ist in Irland ein durchaus bekannter Ort: das rührt von der Porzellanfabrik her, die seit 1857 charakteristisches Porzellan herstellt – außer Nippes auch sehr ansprechende Stücke in blaß-elfenbeinfarbiger Glasur. Die Fabrik kann besichtigt werden mo-fr, außer in den Betriebsferien (Anfang Aug).

Verkehrsverbindungen: Busse nach Bundoran und über beide Uferstrecken nach Enniskillen.
Herberge: Lough Melvin Holiday Centre, Garrison, ℰ (013656) 58142 & 58143, ▯ 58719, 50 B., Waschm., Fahrradverm., ganzj., 8 km südlich.
Camping: Lough Melvin, s. Herberge, 25 Zstpl.
Fahrradvermietung: s. Herberge/Camping in Garrison.

Fahren Sie durch den Ort hindurch Richtung Kesh auf die A47 und vorbei am *Castle Caldwell Forest*. Dort versucht ein Visitor Centre dem Besucher die Natur näher zu bringen. Am dazugehörigen Castle ist der Sieg der Natur über den Menschen zu sehen: es ist fast vollständig zugewachsen.

Es geht geradeaus weiter über die A47, die in diesem Bereich über das Anglerparadies **Boa Island** hinweg führt, eine langgestreckte Insel im Lower Lough Erne, die eine bemerkenswerte Kultstätte aufweist. Etwa 2 km vom westlichen Ende der Insel entfernt zeigt ein kleiner Wegweiser von der gegenüberliegenden Straßenseite in ein Feld südlich der Straße; Aufschrift: „Caldragh Burial Ground". Dort befinden sich zwei vorchristliche Kultfiguren, eine davon doppelgesichtig mit einer kleinen Vertiefung im Kopf, die möglicherweise für Opferblut gedacht war.

Zurück auf dem „Festland" trifft die A47 auf die A35, die kurz darauf das kleine Dorf *Kesh* durchläuft; im dortigen *Ardess Craft Centre* wird allerlei Kunsthandwerk vorgeführt und verkauft (Hostel, Camping und Fahrräder, s.u., Castle Archdale). Nur wer es übermäßig eilig hat, sollte hier auf der A35 und später auf der B82 weiter nach Lisnarick fahren. Ansonsten führt die Etappe über die 3 km längere Enniskillen Scenic Route; diese zweigt neben der Brücke über den Kesh River ab. Im Gegensatz zur restlichen Strecke gibt es hier einige Hügel, wie es bei den schönsten Strecken nun meine Sitte ist. Zum Ausgleich bekommen Sie prachtvolle Ausblicke auf den See und die Inseln.
(*In Gegenrichtung ist die Straße als „Kesh Scenic Route" ausgeschildert.*)

Die Etappe trifft vor Lisnarick wieder auf die B82 und erreicht kurz hinter diesem winzigen Nest den Castle Archdale Forest.

Castle Archdale, Co. Fermanagh, ist ein restauriertes Plantation-Castle mit Jugendherberge und hat sich zu einem Ferienzentrum entwickelt. Im Visitor Centre bekommt man anhand von Stellwänden und Videofilmen vorgeführt (mi-so 11-19 h), wie wichtig Castle Archdale und der Lough Erne im Zweiten Weltkrieg angeblich für die U-Boot-Bekämpfung waren. Als Einblick in die unrühmliche deutsche Geschichte durchaus sehenswert. Vom Hafen legen kleine Fährboote nach *White Island* ab (Juni-Sept außer mo), wo acht Steinfiguren in der Wand einer Kirchenruine zu bewundern sind – es ist unbekannt, ob die Figuren heidnisch oder frühchristlich sind.

Verkehrsverbindungen: Busse nach Kesh und Enniskillen.
Herberge: HINI, Castle Archdale, Irvinestown, ✆/🖹 (013656) 28118, 54 B., März-Okt, im Park gegenüber dem Campingplatz, häufig überfüllt; Willow Pattern Complex, 89 Crevenish Road, Kesh, ✆ (013656) 31012, 45 B., ganzj.
Camping: Lakeland, Boa Island Road, Drumrush, ✆ (013656) 31578, 20 Zstpl., Waschm., ganzj., 2 km westlich von Kesh an der A47; Loaneden, Highgrove, Muckross Bay, Kesh, ✆ (013656) 31603, 10 Zstpl., ganzj.; Castle Archdale, ✆ (013656) 21333 & 32159, riesige Anlage, hauptsächlich Dauercamper, 50 Zstpl., Waschm., im Castle Archdale Forest, April-Okt.
Fahrradvermietung: Drumhoney Activity Centre, Irvinestown, ✆ (013656) 21892.

Bei *Trory* stößt man auf die A32 nach Enniskillen; von diesem Dorf gehen Boote nach *Devenish Island* (s. Enniskillen) ab. In **Enniskillen** (s. Etappe 116) endet die Etappe.

Etappe 118:
Enniskillen – Marble Arch Cave – Florence Court – Derrylin (36 km)

Diese Strecke bietet keine Schnellverbindung, sondern einige am Wege liegende ungewöhnliche Sehenswürdigkeiten.

In Enniskillen beginnt sie auf der A4 Rchtg. Belcoo; nach ca. 4 km biegen Sie links in die A32 Rchtg. Florence Court ab. Nach weiteren 4 km treffen Sie auf eine Kreuzung von 5 Straßen, die *Five Points* genannt wird. Hier halbrechts (rechtwinklig) Richtung Gortetole abbiegen; bis zum Ende der Straße durchfahren, dann rechts auf die „Hauptstraße" Richtung Belcoo/Blacklion. Nach 2 km verlassen Sie die Straße geradeaus auf die *Marlbank Scenic Loop*. Der Aufstieg ist recht mühsam, doch oben in 330 m Höhe erwartet Sie nicht nur eine der schönsten Aussichten Irlands, sondern auch eine äußerst interessante Höhle.

Die **Marble Arch Cave** wurde erst 1985 für den Tourismus geöffnet. Für einen relativ hohen Eintrittspreis bekommt man einen beeindruckenden Einblick in die Welt der unterirdischen Flüsse und Stalaktiten geboten; die Führung dauert 90 Minuten und beinhaltet eine unterirdische Bootsfahrt. Falls Sie bei Ihrer Irlandreise eine heiße Trockenperiode erwischt haben, können Sie hier endlich Ihre Pullover auspacken, denn in der Höhle ist es feucht und kalt. Dennoch herrscht hier wegen der Einmaligkeit vor allem am Wochenende ein ziemliches Gedränge, so daß man ggf. Tickets vorbestellen sollte. Führungen sind Mitte März-Sept tägl. 11.00-16.30 h, ✆ (01365) 348855.

Fahren Sie weiter auf der *Marlbank Scenic Loop* durch die Hügellandschaft. An der Einmündung einer anderen unklassifizierten Nebenstraße geht es rechts nach **Florence Court**, einem Lustschloß aus dem 18. Jh. (Mai-Aug 13-18 h, di geschl., sonst nur Wochenenden), umgeben von einem Wald mit schönem Park. Man kann mit dem Rad durch den Park hindurch fahren, was Sie auch dann tun sollten, wenn Sie das Haus nicht besichtigen möchten. Am Ende des Parks fahren Sie rechts und weiter zur A32, in die Sie ebenfalls rechts einbiegen. An der nächsten Einmündung links in eine unklassifizierte Straße (Rchtg. Kinawley), über die folgende Kreuzung hinweg und kurz darauf rechts. In *Kinawley*, einem kleinen Dorf mit einer schönen Kirche, geradeaus weiter auf die B108 zur A509 nach **Derrylin** (s. Etappe 92). An der Straßenkreuzung südlich des Ortes erhalten Sie Anschluß an die Etappen 92, 119 und 120.

(*In Gegenrichtung ist der Weg ebenso leicht zu finden, da er gut beschildert ist [auch wenn sich die Beschreibung nicht so liest]: Hinter Derrylin geradeaus auf die B108 Richtung Kinawley, dort geradeaus weiter auf die Nebenstraße. Beim nächsten Stop-Schild folgen Sie dem Wegweiser zum Florence Court nach links und gelangen zur A32, in die Sie rechts einbiegen. Kurz darauf weist ein anderes Schild nach links, später noch einmal nach links in die Zufahrt zum Florence Court. Fahren Sie durch den Court hindurch, auf die Straße links einbiegen. Später geht links die Marlbank Scenic Loop ab, die Sie zur Marble Arch Cave bringt. An der Talstraße geradeaus weiter, bald danach links Rchtg. Five Points. Dort schließlich links auf die A32 Richtung Enniskillen.*)

Etappe 119:
Enniskillen – Carrybridge – Derrylin (25 km)

Quer durch das Lough-Erne-Gebiet in Schlängellinien nach Süden.

Die Strecke beginnt in Enniskillen auf der A4 Rchtg. Dungannon und biegt bei Tamlaght rechts auf die B514 ab. An der zweiten Kreuzung (nach knapp 5 km) rechts auf eine unklassifizierte Straße nach *Carrybridge*/A509. Dieser Ort ist ein Hafen für Wassersportaktivitäten. Folgen Sie der Beschilderung zum Innishmore Viaduct; nach Überquerung des Ernegebietes gelangen Sie zur A509. Hier biegen Sie links ab und erreichen nach weiteren 8 km **Derrylin** (s. Etappe 92). An der Kreuzung hinter dem Ort finden Sie Anschluß an Etappe 92, 118 und 120.

Etappe 120:
Derrylin – Donagh (15 km)

Eine Kurzstrecke zum Anschluß an die Etappen 112 und 113.

An der Kreuzung südlich von Derrylin fahren Sie nach links auf die B127 Richtung Lisnaskea. Diese Straße führt durch wald- und wasserreiches Gebiet mit schönen Ausblicken auf den Upper Lough Erne. Nach ca. 7 km erreichen Sie eine Straßenkreuzung namens *Drumguff Cross Roads* (auf der Michelinkarte als Tully eingezeichnet). Dort die B127 verlassen, falls Sie nicht über Lisnaskea (s.u.) nach Donagh fahren wollen, und halbrechts vorbei an der *Aghalurcher Church*, deren Ruinen an der Stelle eines früheren Klosters stehen. Die Nebenstraße führt zur A34, in die Sie rechts Rchtg. Clones einbiegen. In Donagh endet die Etappe.

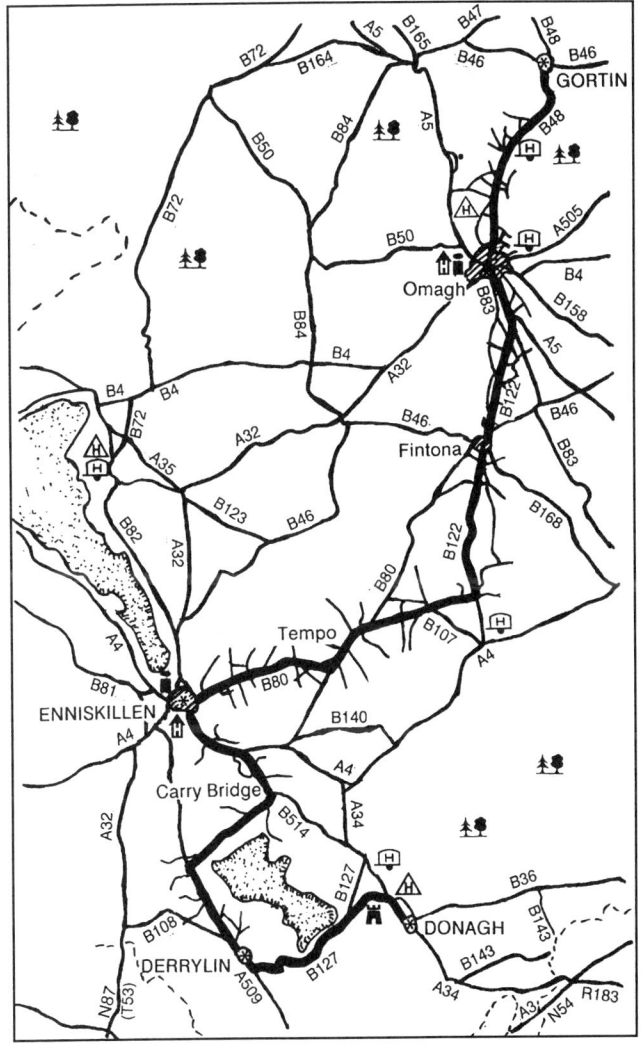

Donagh, Co. Fermanagh, liegt etwas abseits der A34 an der B36. In dem Städtchen *Lisnaskea*, ca. 5 km nördlich, befindet sich in einem der 12 Pubs ein Irish Kitchen Museum. Im Süden von Lisnaskea steht die guterhaltene Ruine des *Castle Balfour*, einer Burg aus der Zeit der „Plantation", d.h. der Kolonisierung des Landes durch britische Siedler.

Herberge: Share Holiday Village, Smith's Strand, Shanaghy, ✆ (013657) 22122, ▤ 21893, 170 B., Waschm., ganzj., an der Straße von Derrylin nach Lisnaskea.
Camping: Share Holiday Village (s. Herberge), 21 Zstpl., Ostern-Sept; Mullynascarthy, Lisnaskea, ✆ (013657) 21040, 25 Zstpl., nordwestl. von Lisnaskea an der B514.
Fahrräder (auch Vermietung): William Gannon, Main Street, Lisnaskea, ✆ (013657) 21218.

> **Etappe 121:**
> Gortin – Omagh – Fintona – Murley Cross Roads – Clabby – Tempo – Enniskillen (65 km)

In Gortin beginnt die Strecke auf der B48 nach Omagh. Es geht zuerst steil, dann deutlich gemäßigter bergauf; von der Kuppe des Hügels verläuft die Straße hinunter zum *Gortin Glen Forest Park*, bei dem man auch zelten darf (s.u.). In Gegenrichtung ist dies übrigens ein schöner Punkt zu einer Rast vor dem kräftezehrenden Aufstieg.

Um die vom Folk Park (s.u.) angelockten Besucher zusätzlich zu nutzen, ist gleich hinter dem Campingplatz westlich der B48 der *Ulster History Park* errichtet worden, in dem Rekonstruktionen irischer Siedlungsformen von vor ca. 9000 Jahren angefangen bis zum Ende des 17. Jh. zu finden sind – außer Wohnhäusern eine Kirche und eine frühe Normannenburg (im Winterhalbjahr am Wochenende geschl.).

Falls Sie den *Ulster-American Folk Park* besuchen möchten, folgen Sie einige Kilometer vor Omagh den entsprechenden Schildern, die Sie zur A5 bringen (*in Gegenrichtung: vom Park aus zum Gortin Glen*). An der A5 fahren Sie rechts Rchtg. Newtownstewart, nach ca. 1 km liegt der Folk Park an der Straße (s.u., Omagh). Der Anschluß an die weitere Etappe wird über die A5 in Omagh erreicht. – Ansonsten geht's auf der B48 bis Omagh.

Omagh, 13.000 Einw., Co. Tyrone, ist die Grafschaftshauptstadt und die größte Ansiedlung im Umkreis. Ein Ort mit viel Durchgangsverkehr, der trotz der attraktiven Umgebung wenig Tourismus aufweist. Hauptziel der Besucher ist der *Ulster-American Folk Park* nördlich der Stadt an der A5, gleich westlich des History Park (s.o.). Hier sind Häuser der letzten zwei Jahrhunderte aus Amerika und Irland aufgebaut, die nebst einer Diashow den Zusammenhang zwischen irischen Emigranten und der Entwicklung der USA erläutern wollen. Alles ganz hübsch, aber offensichtlich vor allem Aufschneiderei für die vielen amerikanischen Touristen, auf der gleichen Linie angesiedelt wie die vielen „Präsidenten-Urgroßväter", mit denen sich irische Ortschaften gern schmücken (außerhalb der Hauptsaison am Wochenende geschl.).

Information: Tourist Information Centre, 1 Market Street, ☎ 247831, ganz. mo-fr, Juli-Sept auch sa.
Telefonvorwahl: 01662.
Verkehrsverbindungen: Busse in alle Städte Nordirlands und die wichtigsten Regionen der Republik (über Dublin bzw. Athlone).
Unterkunft (Auswahl): Silverbirch Hotel **, 5 Gortin Road, ☎ 242520, 46 Z.; Whiterock House, 47 Cashty Road, ☎ 61144, 2 Z.; Letfern, Seskinore, ☎ 841324, 4 Z.; zahlreiche B&Bs in der Umgebung.
Herberge: Omagh Independent Hostel (IHH), 9a Waterworks Road, Glenhordial, ☎/🖹 241973, 29 B., ganzj., 4 km nordöstl., Zufahrt via B48 und Nebenstraße nach Killybrack.
Camping: Gortin Glen, ☎ (016626) 48108, 36 Zstpl., Waschm., beim Gortin Glen Forest Park (s.o.).
Fahrräder: P&V Conway (auch Vermietung), 157 Loughmacrory Road, ☎ 61258; CAM, Old Market Place, ☎ 246195; Gormley's, Unit 3, Dromore Road, ☎ 247738.

In Omagh fahren Sie zunächst auf der A5 Richtung Dungannon; nach ca. 4 km dann rechts auf die B83 Richtung Fintona. Bald darauf müssen Sie auf die B122 wechseln, auf der Sie kurz vor *Fintona* die B46 kreuzen. Lassen Sie dieses kleine Städtchen rechts liegen, und folgen Sie der B122 Richtung Fivemiletown bis Murley Cross Roads. Diese Strecke ist zwar einige Kilometer länger als der gerade Weg von Fintona über die B80 nach Enniskillen, nutzt aber eine der schönsten Strecken der Region durch eine reizvolle Berglandschaft (knapp 200 m Höhenunterschied). Nach Überqueren des Berges gelangen Sie zur Murley-Straßenkreuzung, wo Sie rechts auf eine unklassifizierte Nebenstraße nach Clabby einbiegen.

Camping: Round Lake Caravan Park, Murley Road, Fivemiletown, 6 Zstpl., ganzj., 4 km südöstlich.

Dort geht es geradeaus weiter auf die B107, die kurz vor dem Dorf *Tempo* auf die B80 trifft. Die B80 bringt Sie geradewegs nach **Enniskillen** (s. Etappe 116); ca. 3 km hinter dem Ort Tempo zweigt die Straße dabei nach rechts ab – nicht versehentlich geradeaus Rchtg. Lisbellaw weiterfahren!

Ortsnamens-Verzeichnis Gälisch-Englisch

Dieses Verzeichnis enthält alle gälischen Ortsnamen, die in diesem Reiseführer genannt werden. Es dient besonders der Identifikation von Orts- und Hinweisschildern in gälischen Sprachgebieten.

Bitte beachten Sie, daß die Wörter *Baile* und *An* oftmals als Vorsilben behandelt werden und in manchen Schreibweisen von Ortsnamen fehlen oder auch zugefügt werden. Falls Sie also einen gälischen Namen in diesem Register nicht sofort finden, schauen Sie auch unter „Baile" und „An" nach bzw. lassen Sie diese Wörter bei dem von Ihnen gesuchten Ort weg.

Acaill – Achill (Island)
Ailltreacha Mothair – Cliffs of Moher
Ailt an Chorráin – Burtonport
Aonach – Nenagh
An Bun Beag – Bunbeg
An Cabhán – Cavan
An Charraigh – Carrick
An Chathair – Cahir
An Cheathrú Rua – Carraroe
An Clochán – Clifden
An Clochán Liath – Dungloe
An Cloch Bhreac – Cloghbrack
An Coireán – Waterville
An Corrán – Curraun
An Crois – Cross
An Daingean – Dingle
An Dúchbraidh – Doocharry
An Fál Carrach – Falcarragh
An Fhairche – Clonbur
An Inse – Inch
An Leacht Uí Chonchubhair – Lahinch
An Mhála Raithní – Mulrany (Mallaranny)
An Muileann gCearr – Mullingar
An Seanchaisleán – Oldcastle
An Sciobairín – Skibbereen
An Spidéal – Spiddle
An tinbhear Mór – Arklow
An Uaimh – Navan
Ard na Rátha – Ardara
Arrainn Mhór – Arranmore (Island)
Atha Luain – Athlone
Ath an Rí-Athenry
Ath an tSléibhe – Athea

Ath Dara – Adare

Baile an Cáisil – Ballycastle
Baile an Fheirtéaraigh – Ballyferriter
Baile an Mhóta – Ballymote
Baile an Sceilg – Ballinskelligs
Baile Atha – Athy
Baile Atha Cliath – Dublin
Baile Bhuinneánaigh – Ballybunion
Baile Bhuirne – Ballyvourney
Baile Canaola – Ballyconneely
Baile Dubh – Ballyduff
Baile Mhic Ire – Ballymakeery
Baile Mhistéala – Mitchelstown
Baile na Lorgan – Castleblaney
Baile Uí Bheacháin – Ballyvaughan
Baile Uí Bheoláin – Mountshannon
Baile Uí Fhiacháin – Newport
Baile Uí Mhatháin – Ballymahon
Bealach an Doirín – Ballaghaderreen
Bealach Conglais – Baltinglass
Bealach Féich – Ballybofey
Béal an Atha – Ballina
Béal Atha an Ghaorthaidh – Ballingeary
Béal Atha na Sluaighe – Ballinasloe
Béal Atha Seanaidh – Ballyshannon
Béal Deirg – Belderg
Béal Tairbirt – Belturbet
Beanntraí – Bantry
Bearna – Barna
Binn Éadair – Howth
Bóthar na Trá – Salthill
Brugh na Bóinne – Palace of Boyne
Buiríos Uí Chéin – Borrisokane

Bun Cranncha – Buncrana
Bun Dóbhráin – Bundoran
Bun na hAbhna – Bunnahowen

Cairlinn – Carlingford
Caiseal – Cashel
Caisleán an Bharraigh – Castlebar
Caisleán an Chomair – Castlecomer
Caisleán Bhun Tráisce – Castlematrix
Caisleán Ghriaire – Castlegregory
Caisleán na Mainge – Castlemaine
Caisleán Riabhach – Castlerea
Calafort Ros Láir – Rosslare Harbour
Callainn – Callan
Carn Domhnach – Carndonagh
Carraig Airt – Carrigart
Casla – Costello
Cathair Chonaill – Caherconnell
Cathair na Mart – Westport
Cathair Saidhbhín – Caherciveen
Cealla Beaga – Killybegs
Ceanannus Mór – Kells
Ceann Clochair – Clogher Head
Ceann Sléibhe – Slea Head
Ceann Toirc – Kanturk
Ceann Trá – Ventry
Ceatharlach – Carlow
Cill Airne – Killarney
Cill Ala – Killala
Cill Chainnigh – Kilkenny
Cill Chartaigh – Kilcar
Cill Chiaráin – Kilkieran
Cill Chonaill – Kilconnell
Cill Dalua – Killaloe
Cill Dara – Kildare
Cill Fhionáin – Kilfinane
Cill Fionnúrach – Kilfenora
Cill Garbhain – Kilgarvan
Cill Iomair – Killimer
Cillín Chaoimhín – Hollywood
Cill Mocheallog – Kilmallock
Cill Orglan – Killorglin
Cill Rois – Kilrush
Cinn Mhara – Kinvara
Cionn tSáile – Kinsale
Cloch na Coillte – Clonakilty
Cloch na Rón – Roundstone
Cluain Cearbhan – Louisburgh

Cluain Eois – Clones
Colmán – Arthurstown
Conga – Cong
Cora Droma Rúisc – Carrick-on-Shan-non
Corcaigh – Cork
Corr na Mona – Cornamona
Crois Mhaoilíona – Crossmolina
Croithlí – Crolly
Cúil an tSúdaire – Portarlington

Droichead Atha – Drogheda
Droichead Nua – Newbrigde
Druimseanbhoth – Drumshanbo
Dún an Oir – Fort del Oro
Dún Beag – Dunbeg (Fort)
Dún Chaoin – Dunquin
Dún Dealgan – Dundalk
Dún Garbhan – Dungarvan
Dún Laoghaire – Dunleary
Dún Lúi – Dunlewy
Dún na nGall – Donegal

Eachroim – Aughrim

Fhear Maí – Fermoy
Fiodh Ard – Fethard
Fionn Mhuighe – Finny

Gaillimh – Galway
Gaoth Dobhair – Gweedore
Gleann Beithe – Glenbeigh
Gleann Cholm Cille – Glencolumbkille
Gleann dá loch – Glendalough
Gleann Domhain – Glendowan
Gleann Garbh – Glengarriff
Gleann na Muaidhe – Glenamoy
Gleannta – Glenties
Gob an Choire – Achill Sound
Gort an Choirce – Gortahork
Guaire – Gorey

Indreabhán – Inveran
Inis – Ennis
Inis Cathaigh – Scattery Island
Inis Córthaidh – Enniscorthy
Inis Diomáin – Ennistymon
Inis Eoaghain – Inishowen

Leasa Mhóir – Lismore
Leitir Ceanainn – Letterkenny
Leitir Mhic an Bhaird – Lettermacaward
Lios Ceannuir – Liscannor
Lios Dúin Bhearna – Lisdoonvarna
Lios Mór – Lismore
Lios Tuathail – Listowel
Loch Garman – Wexford
Longphort – Longford
Luimneach – Limerick

Maigh Chromtha – Macroom
Maigh Cuillinn – Moycullen
Maigh Nuad – Maynooth
Mám – Maam
Maothail – Mohill
Móinteach Mílic – Mountmellick
Muinchille – Cootehill
Muineachán – Monaghan
Mullach Ide – Malahide

Na Dúnaibh – Downings
Na Rosa – The Rosses
Nás – Naas
Neidin – Kenmare

Oileáin Arainn – Aran Islands
Oileán Cléire – Cape Clear (Island)

Poll an tSómais – Pollatomish
Port Láirge – Waterford
Port Omna – Portumna

Ráth Caola – Rathkeale
Ráth Droma – Rathdrum
Ráth Luirc – Charleville
Riasc – Reask
Ros Comáin – Roscommon
Ros Cré – Roscrea
Ros Mhic Thriúin – New Ross
Ros Neamhlach – Rossnowlagh
Ross an Mhil – Rossaveel

Scairbh – Scarriff
Scríob – Screeb
Searcóg – Shercock
Sliabh na Caillighe – Loughcrew Cairns
Sligeach – Sligo

Sord – Swords
Sráid na Cathrach – Milltown Malbay

Tairbeart – Tarbert
Tiobraid Arann – Tipperary
Tobar an Choire – Tobercurry
Trá Lí – Tralee
Trá Mhór – Tramore
Troim – Trim
Tuaim – Tuam
Tuaim Greine – Tuamgraney

Uachtar Ard – Oughterard

X – s. Crois

Register

Bei mehreren Seitenangaben zu einem Stichwort ist die jeweilige Hauptnennung **halbfett** gekennzeichnet; die Seitenzahlen der Abbildungen sind *kursiv* gesetzt.

Der Wind kommt immer von vorn

Der Titel dieses Buches steht stellvertretend für die Erfahrungen auf einer Fahrradreise.
Bei der Planung, Vorbereitung und Durchführung einer Reise, angefangen mit der Auswahl und Ausstattung eines geeigneten Fahrrades, gibt es eine Vielzahl von Details zu beachten.

Der Autor Jürgen Rieck hat in seinem Buch alle nötigen Informationen zusammengetragen. Die darin gegebenen Hinweise sind für jede Radtour gültig, gleich wie lange sie dauert und wohin sie geht. Sie sollen dazu beitragen, daß Fahrradreisen mit Planungsfehlern der Vergangenheit angehören.

Zur Vorbereitung Ihrer Reise sollten Sie sich dieses Buch besorgen. Da wird Ihnen auch dann der Spaß an der Reise nicht vergehen, wenn Sie das meteorologische Wunder erleben:

Der Wind kommt immer von vorn.

ISBN 3-921939-72-0; 176 Seiten, zahlreiche Fotos und Abbildungen.
Preis: DM/sfr 19,80

CYKLOS-Fahrrad-Reiseführer

Irland ist nicht das einzige Fahrrad-Reisegebiet. Für die wichtigsten radtouristischen Gebiete vor allem Europas erscheinen Fahrrad-Reiseführer mit Routenbeschreibungen auf bis zu 320 Seiten. Alle Bände dieser Reihe sind speziell für den deutschsprachigen Radtouristen konzipiert und recherchiert worden.

1999 sind folgende Fahrrad-Reiseführer lieferbar:

Schottland per Rad
England per Rad
Island per Rad
Norwegen per Rad
Finnland per Rad
Südschweden per Rad
Dänemark per Rad
Holland per Rad
Belgien/Luxemburg per Rad

Fortsetzung nächste Seite